JN221124

Quantum Logic Gates Cheat Sheet (1)

1量子ビットの基本ゲート

演算	ゲート	行列
恒等演算	Id	$\begin{pmatrix}1 & 0\\ 0 & 1\end{pmatrix}$
ビット反転演算	X	$\begin{pmatrix}0 & 1\\ 1 & 0\end{pmatrix}$
位相反転演算	Z	$\begin{pmatrix}1 & 0\\ 0 & -1\end{pmatrix}$
位相・ビット反転演算	Y	$\begin{pmatrix}0 & -i\\ i & 0\end{pmatrix}$
アダマール演算	H	$\frac{1}{\sqrt{2}}\begin{pmatrix}1 & 1\\ 1 & -1\end{pmatrix}$
π/2位相シフト演算	S	$\begin{pmatrix}1 & 0\\ 0 & i\end{pmatrix}$
−π/2位相シフト演算	S†	$\begin{pmatrix}1 & 0\\ 0 & -i\end{pmatrix}$
π/4位相シフト演算	T	$\begin{pmatrix}1 & 0\\ 0 & e^{i(\pi/4)}\end{pmatrix}$
−π/4位相シフト演算	T†	$\begin{pmatrix}1 & 0\\ 0 & e^{-i(\pi/4)}\end{pmatrix}$

アダマール変換

$|0\rangle$ —H— $\frac{|0\rangle+|1\rangle}{\sqrt{2}}$

$|1\rangle$ —H— $\frac{|0\rangle-|1\rangle}{\sqrt{2}}$

パウリ演算子のテンソル積

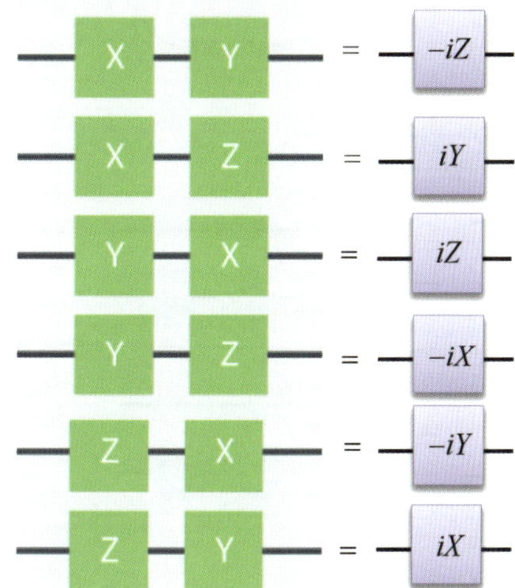

アダマール変換によるパウリ演算子の変換

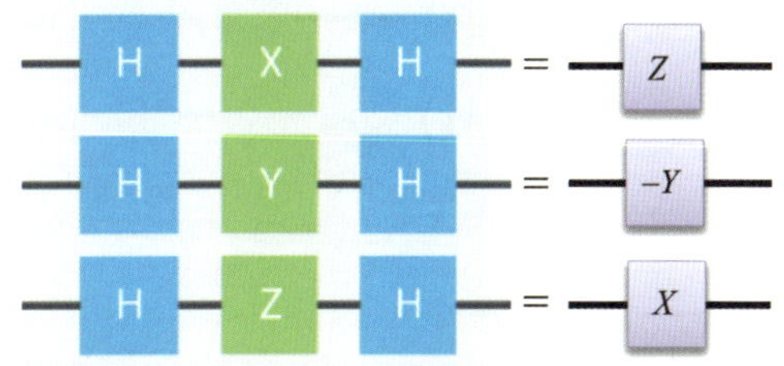

基底の固有ベクトル変換

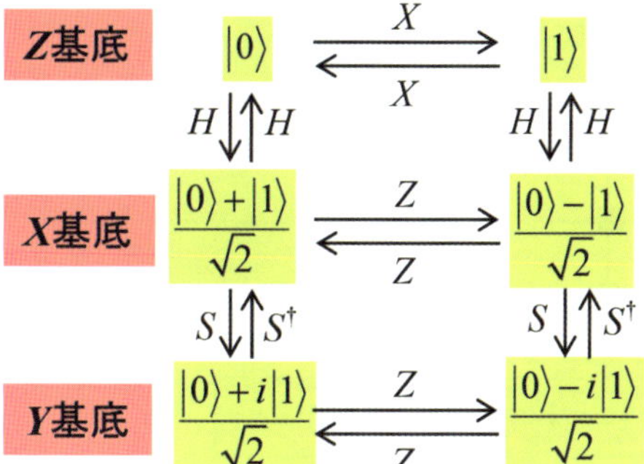

位相シフト演算によるパウリ演算子の変換

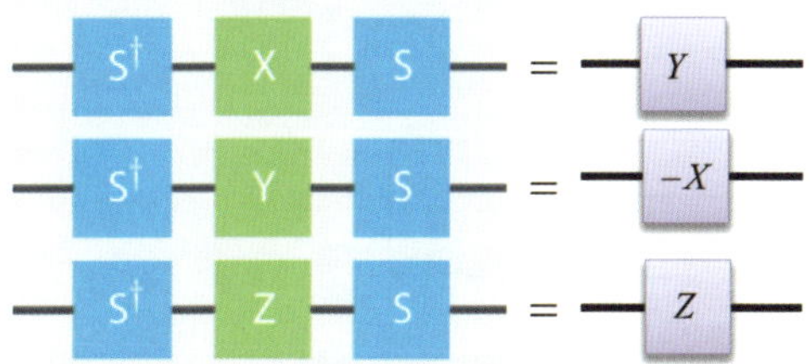

Quantum Logic Gates Cheat Sheet (2)

制御 NOT ゲート

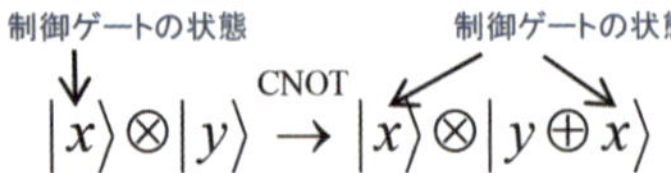

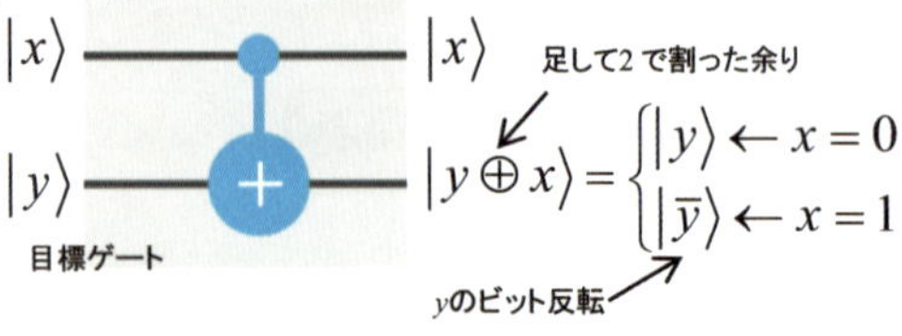

量子オラクル

入力： $|x\rangle|y\rangle \xrightarrow{U_f} |x\rangle|y \oplus f(x)\rangle$ ：出力

$|x\rangle$ ── 問題関数を計算する量子オラクル U_f ── $|x\rangle$

$|y\rangle$ ── U_f ── $|y \oplus f(x)\rangle$

制御 *U* ゲート

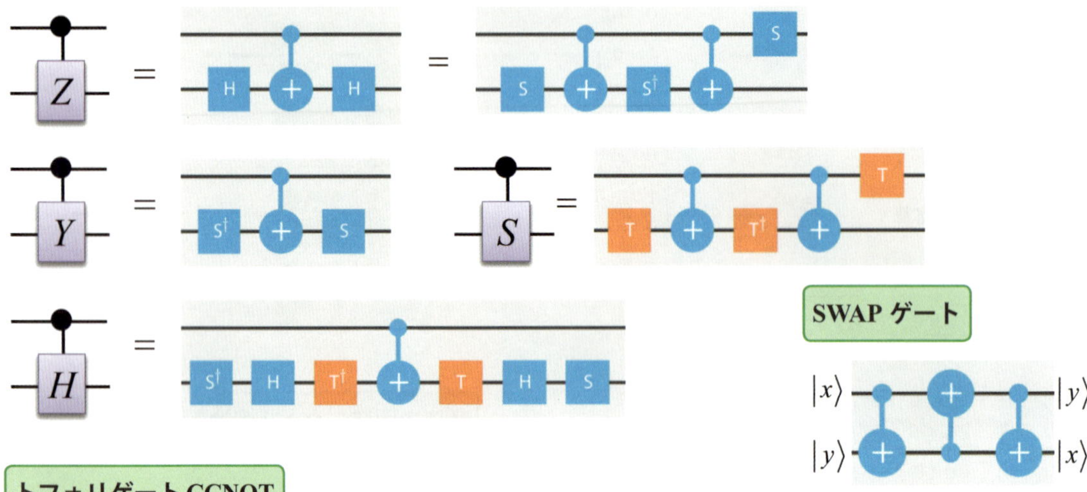

SWAP ゲート

$|x\rangle$ $|y\rangle$ → $|y\rangle$ $|x\rangle$

トフォリゲート CCNOT

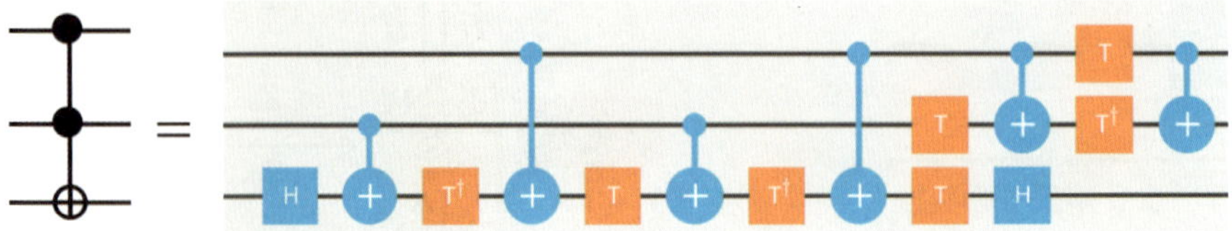

フレッドキンゲート CSWAP

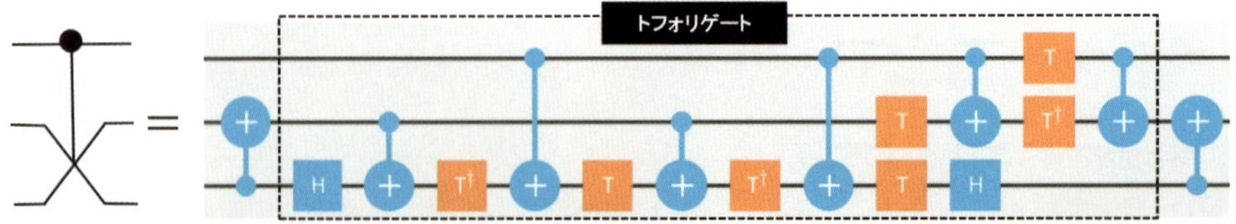

Quantum Logic Gates Cheat Sheet (3)

ドイチゲート　均等な関数

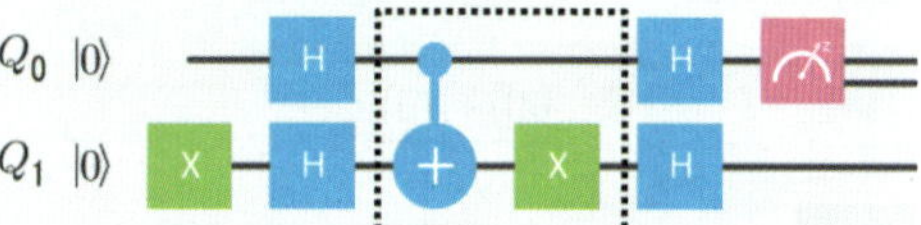

ドイチ・ジョザゲート　均等な関数

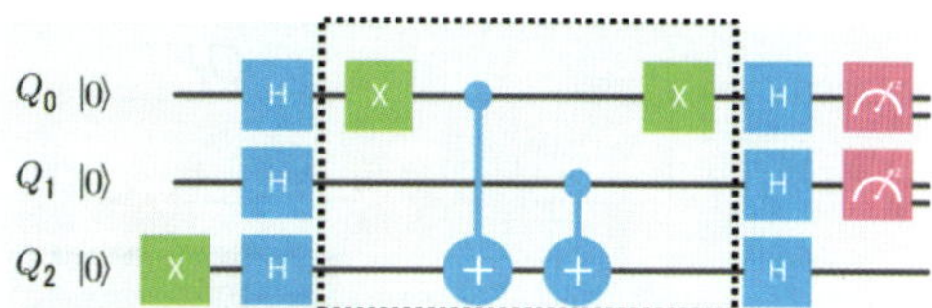

ベルンシュタイン・ヴァジラニゲート　*a*=11

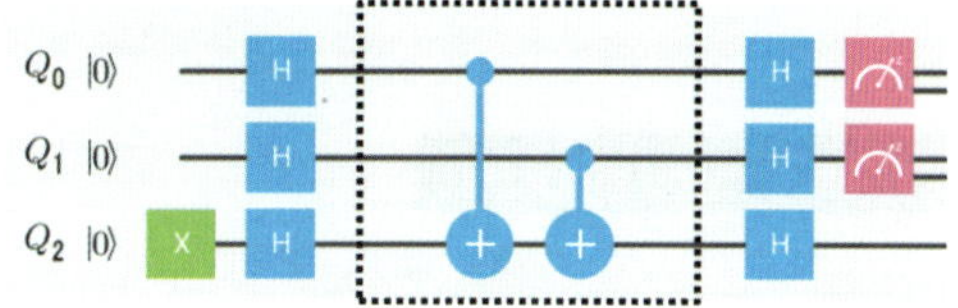

サイモンゲート　*s*=11

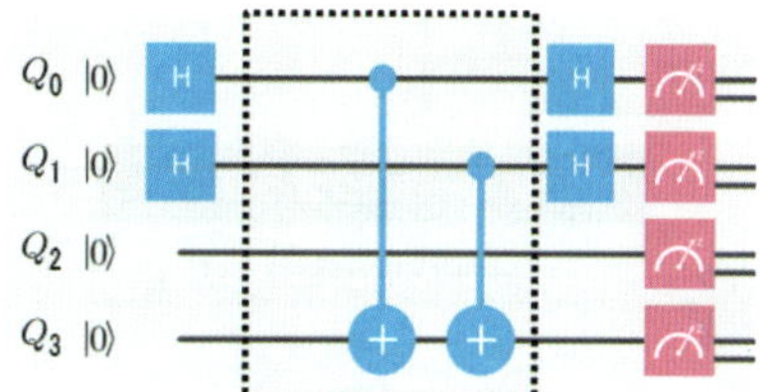

量子フーリエ変換 QFT_4

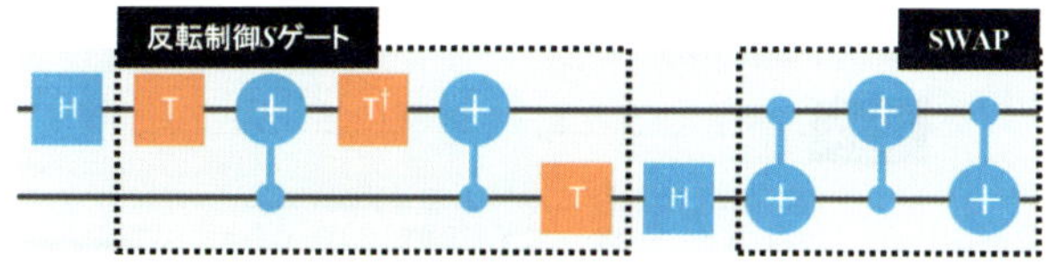

位相推定ゲート $\phi = 0.x_1$

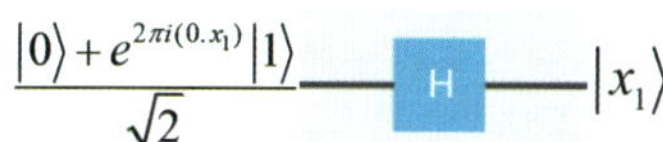

逆量子フーリエ変換 QFT_4^{-1}

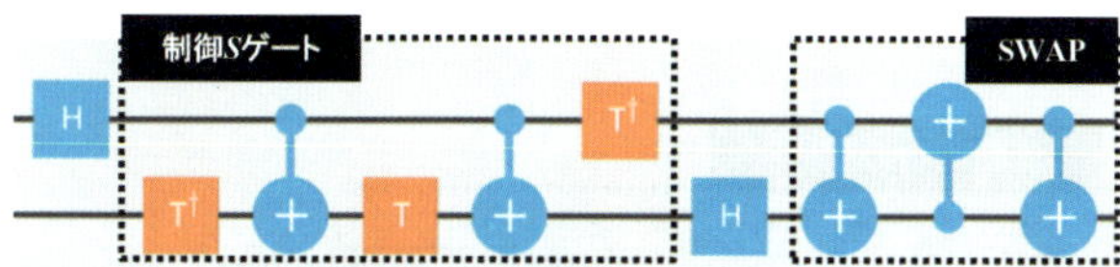

固有値推定ゲート（Z演算）

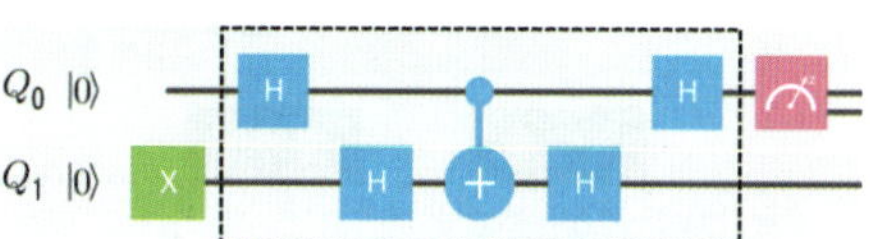

位相推定ゲート $f(x) = 3^x \pmod 8$

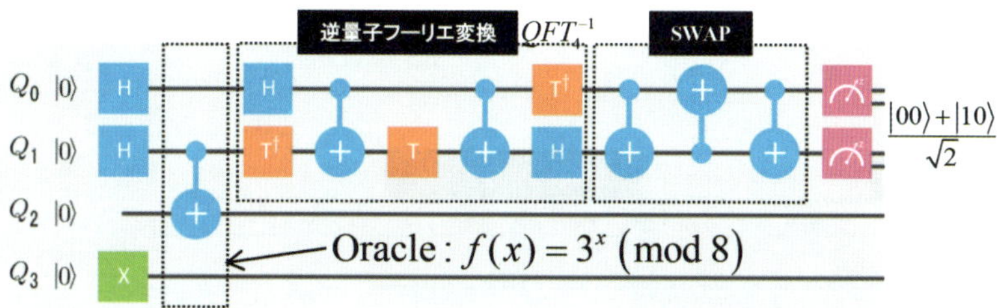

Quantum Logic Gates Cheat Sheet (4)

ショアの周期発見ゲート $f(x)=4^x \bmod 15$

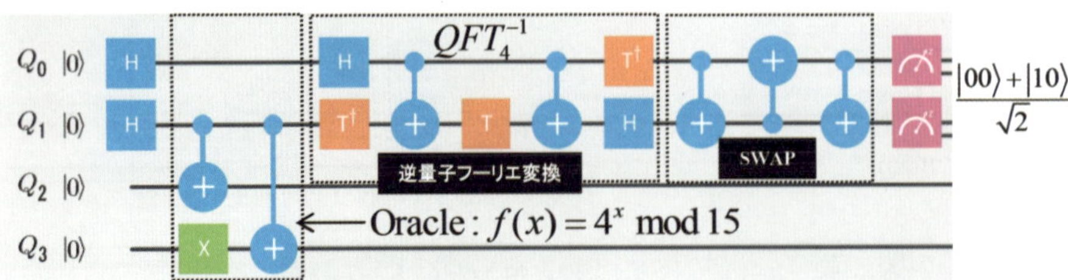

グローバーの探索ゲート

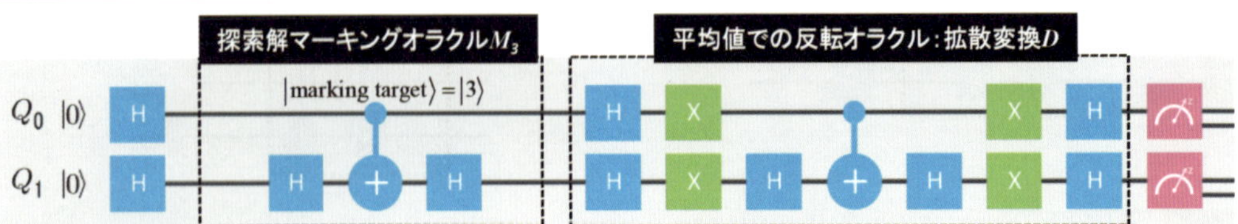

量子高密度符号化ゲート

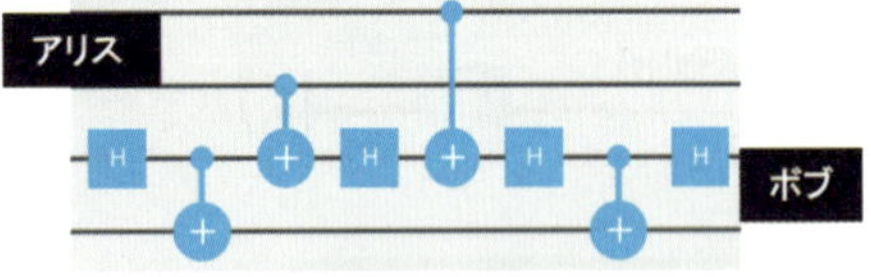

量子転送ゲート

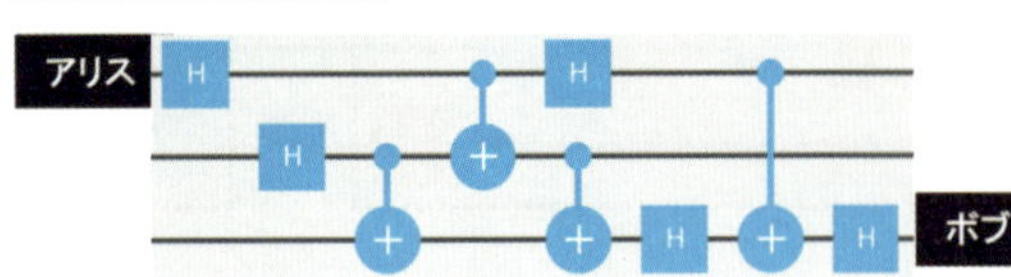

ビットエラーの量子誤り訂正ゲート

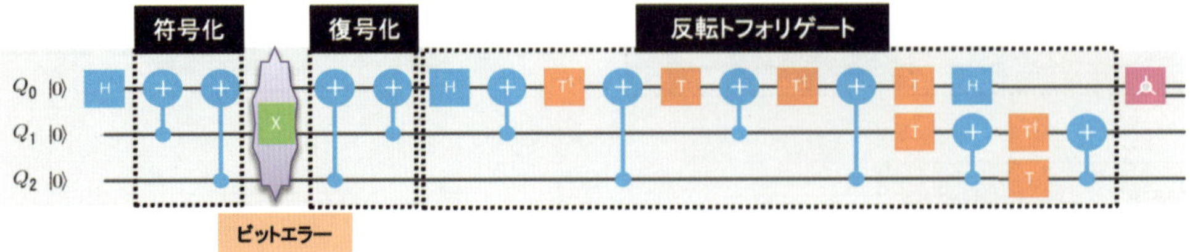

位相エラーの量子誤り訂正ゲート

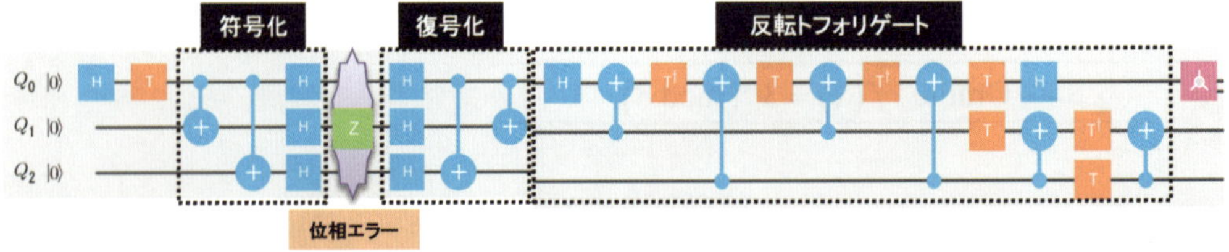

クラウド量子計算入門

IBMの量子シミュレーションと量子コンピュータ

中山 茂◉著

■免責事項

本書はIBMが公開しているIBM Quantum Experienceの仕様を主に参考にして、独自に調査して、量子プログラム例を作成し、執筆しました。本書は、量子ゲートによる学習用の量子回路例を紹介したもので、IBM Quantum Experienceの理想的な量子シミュレータで動作確認を行っています。本書で記載した30年以上にわたって研究された量子ゲートで、量子回路そのものは今後も変わらず使用できると考えています。

しかし、今後のIBM Quantum Experienceの仕様やクラウドサービスには、いろいろな変更点があると予想され、反映されない点が出てくる可能性はあり得ますが、ご了承願います。変更点は逐次、カットシステムのホームページにて掲載していく予定です。また、本書にある演習問題は、大学での学生実験などに利用されることを想定して解答は付けていません。演習問題は本書を熟読すれば容易に解けるもので、その解答に関するご質問は受付けられません。本書に記載されている量子プログラムを使用したことで引き起こされるコンピュータやデバイス上のトラブル、損害、不利益に対して一切の責任を負いかねます。

■商標

はじめに

今、量子コンピュータを作る時代から量子コンピュータを使う時代へのパラダイムシフトが起きている。量子コンピュータは、将来が期待されるコンピュータであり、世界中の大学や研究所の中だけで研究されて、開発されてきた。そして、カナダのD-Wave社による商用の量子コンピュータも販売され始めて、GoogleやNASAで購入され、実用的な量子計算に応用されようとしてきている。その量子コンピュータは10億円ともいわれ、一般に購入できる金額ではない。しかし、実際の量子コンピュータが存在し、誰でもネットで自由に使えれば、高価な量子コンピュータを買わなくてもよいことになる。そこで、IBMは、2016年5月4日に無料でPCでもタブレットでもスマートフォンでも実際に操作可能な5量子ビットの量子コンピュータ

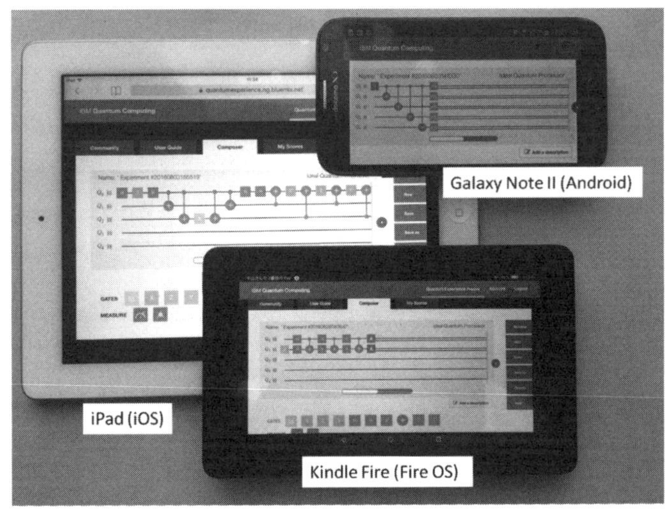

が現実に稼働するクラウドサービスを開始した。実際の装置は、ニューヨーク州ヨークタウン・ハイツのIBM研究所にあり、超電導回路で量子ビットを作成し、大がかりな冷却装置で管理されている。IBMは、その実際の量子計算装置をクラウドで利用できるようにインタフェイスを作成し、誰でもプログラムできる量子計算をクラウドで提供した。そのために、誰でも量子ビットや量子論理ゲートの意味が分かれば、クラウド量子計算ができ、量子コンピュータが使える時代になってきた。

そこで、本書では、量子コンピュータに必要な量子ビットと量子論理ゲートの基礎知識を説明し、これらの量子ビットと量子論理ゲートを使って公開されたIBMの量子コンピュータでどのようにクラウド量子計算が可能かを解説した。IBMの量子コンピュータは、5量子ビット上に、量子論理ゲートのアイコンをドラッグ&ドロップで配置するだけで量子計算ができるようにしたもので、量子プログラムの操作自体は子供でも可能である。これはあたかも音楽の5線譜に音符を配置すると音楽が流れていくようなイメージで、量子コンピュータが時間とともに計算されていく。ここで、クラウド量子計算では2つのトポロジー（接続形態）があり、理想的な量子シミュレータで計算する場合と実際の量子プロセッサで計算する場合とを選択できる。理想的な量子シミュレータは、雑音がなく理論通りに動き、従来のテキスト通りに即座に動作する。しかし、実際の量子プロセッサで計算する場合、世界中で利用されているために混んでいれば、何人待っているかが表示され、実際に計算実行されれば、待ち状態にもよるが数分程度で計算が終了したことがメール通知される。同じような量子アルゴリズムで実際に過去に計算した実験データがある場合は、それを表示させれば、待ち時間は発生しない。

本書では、IBMの量子シミュレータを使いながら、基本的な量子論理ゲートの使い方からいろいろな量子アルゴリズムに基づく量子回路と量子プログラムについて説明した。IBMの量子シミュレータでは、このように量子ビットと量子論理ゲートが配置されて量子計算され、最後に量子ビットを観測して量子シミュレーションの結果が出ることになる。しかし、量子ビットの状態がどのように変換されているか数式は表示されないために、十分に量子論理ゲートの入出力を把握しておく必要がある。そこで、IBMの量子シミュレーションの量子論理ゲートと量子ビットのベクトル計算式とを対比しながら解説したので、どのように量子計算されたかを、量子ビットのベクトル計算式でも確かめられる。そのために、量子ビットのベクトル計算式からIBMの量子シミュレーションの量子論理ゲートにいかに反映させるかも容易となるであろう。

古典的コンピュータでは解けない量子アルゴリズムの簡単な例として、コインの真偽判定がよく挙げられる。両面の絵柄が異なるコインを真のコイン、同じ絵柄を持ったコインを偽コインとすると、片面だけ見て真偽判定できるであろうか？　古典的コンピュータではどうしても両面を調べる必要があるが、量子コンピュータでは片面だけ調べれば真偽判定は可能となる。これは1985年にデイビッド・ドイチが発見した世界ではじめての量子アルゴリズムであり、本書ではドイチアルゴリズムとしてIBMの量子シミュレータで解いている。

コインの真偽判定

別な例では、4 枚のトランプがありその中に欲しいダイヤのキングが 1 枚だけあり、すべて伏せられているときに何回めくればダイヤのキングが見つかるであろうか？　という問題がある。トランプはソートされていないために総当たりで順にめくる古典的なアルゴリズムしかなく、偶然に最初に見つかることもあるが、最悪な場合、最後に見つかることもあり、平均確率は 25% である。しかし、雑音がなければ 1 回で必ず 100% の確率で見つけるアルゴリズムがあるとすると凄いと思われる。それが、1996 年にロブ・グローバーが発見した量子探索アルゴリズムで、本書でそれを IBM の量子シミュレータで解いている。

トランプ当てクイズ（キングのダイヤを探せ）

大学ではまだまだ量子コンピュータが身近な存在ではないが、この IBM の量子コンピュータを PC やタブレット、スマートフォンで容易に使えるようになった現在、ベクトル空間や内積・外積、固有値、固有ベクトル、量子論理ゲートを理解した大学生以上を対象とし、大学の研究室や講義、学生実験でも広く普通に利用されることが著者の本望である。

私が、分かりやすく
説明します

2016 年 8 月鹿児島にて

中山　　茂

目次

1 はじめての IBM の 5 量子ビット実験

まず最初に、IBM より 2016 年 5 月 4 日に無料で公開された 5 量子ビットの量子コンピュータ実験について説明する。クラウドサービスとして Web サイトで公開されているので、PC でもタブレットやスマートフォンでも操作可能となる。IBM の量子実験では、最大 5 量子ビットの量子シミュレーションと実際の量子コンピュータを使った実験が可能である。通常の量子コンピュータのテキストで説明されているのは、5 量子ビット程度までで、この IBM の量子シミュレーションや量子コンピュータ実験で十分に量子アルゴリズムの動作が学習できる。そのために、誰でも量子ビットと量子論理ゲートの意味が分かれば、量子計算ができる。

1.1 IBM の量子シミュレーションと量子コンピュータ実験

IBM より 2016 年 5 月 4 日に **IBM 量子体験**（IBM Quantum Experience）と呼ばれる次のような Web サイトを公開した。

□ IBM 量子体験　http://www.research.ibm.com/quantum/

図1.1　IBM量子体験

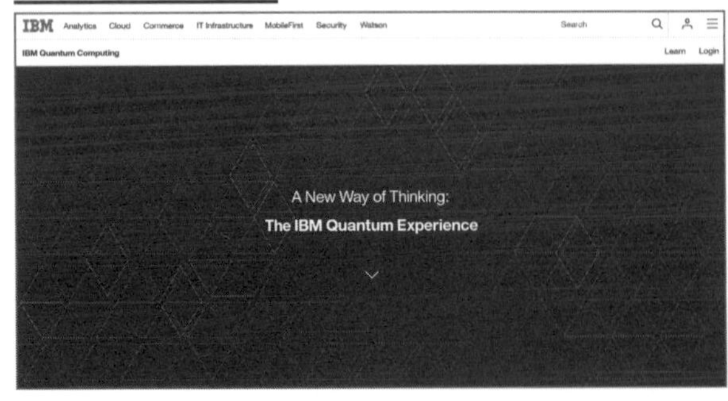

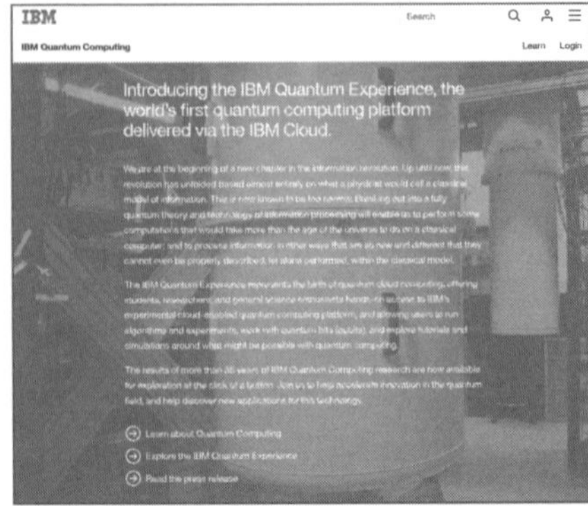

□ 量子計算入門　http://www.research.ibm.com/quantum/expertise.html

図1.2　量子計算入門

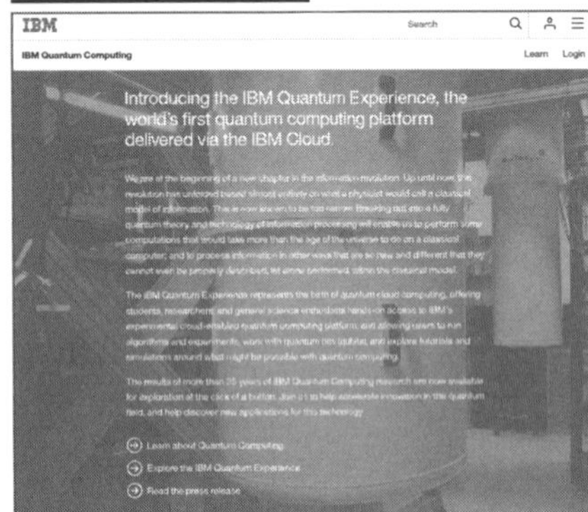

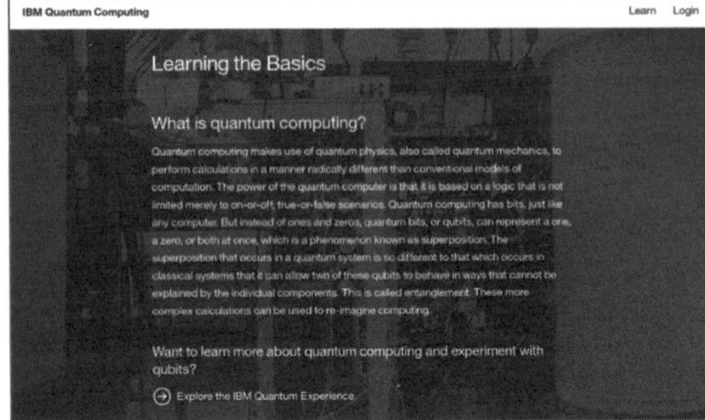

□ IBM 量子計算　https://quantumexperience.ng.bluemix.net/qstage/

図1.3　IBM量子計算

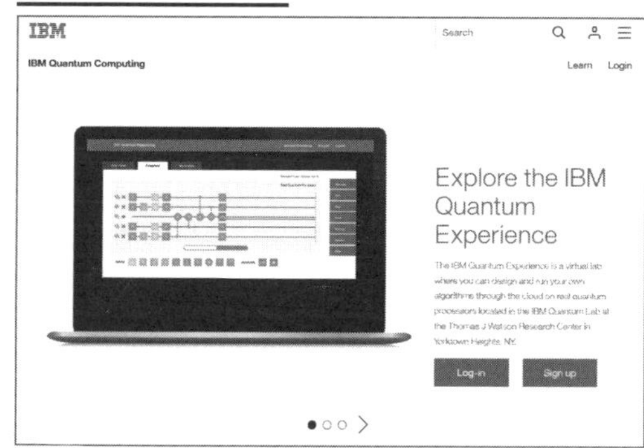

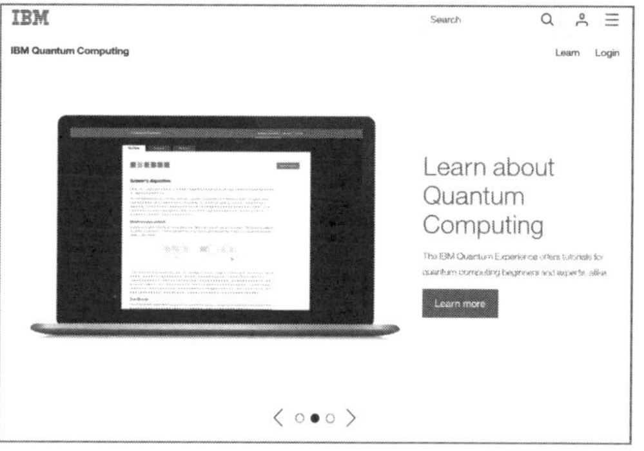

これは、IBM がクラウドサービスして提供した世界ではじめての量子計算プラットフォームである。そして、IBM 量子体験の Web サイトは、クラウド量子計算（Quantum Cloud Computing）の誕生であるとも言っている。これは、量子計算に興味のある学生や研究者、企業に Hands-on の量子コンピュータを提供している。このようなクラウド量子計算機を使って、量子ビットと量子論理ゲートを用いて、量子アルゴリズムの実行結果を確かめることができる。理論的に量子ビットのベクトル計算式で計算するよりも、量子回路が複雑になれば、IBM 量子体験の方が直感的に理解しやすい。また、量子ビットのベクトル計算式でやるよりも、量子ビット操作と量子論理ゲートのアイコンのドラッグ&ドロップでいろいろな試行錯誤による量子シミュレーション実験が即座にできる利点がある。

しかし、何と言ってもニューヨーク州ヨークタウン・ハイツの IBM 研究所にある超電導回路で量子ビットを作成し、大がかりな冷却装置で管理されている実際の量子コンピュータを操作できることは驚異的である。筆者はオックスフォード大学クラレンドン研究所でイオントラップを用いた量子コンピュータの基礎的な実験に携わってきたが、5，6 人の PhD の研究者がそれぞれの半導体レーザーを管理分担し、費用も人材も大変なものだったと思った。それが、スマートフォンで IBM の実際の量子コンピュータにアクセスして、実験できることは素晴らしく、実験室でのみ利用できていた量子コンピュータがクラウドで使える時代になった。しかし、量子コンピュータがクラウドで利用できることがなぜよいのか？

1.2 クラウド量子計算に期待されること

量子コンピュータの従来のテキストに記載されているのは、雑音がない理想的な場合で、NOT 演算では |0> 状態を反転すれば |1> 状態になる。しかし、実際の量子コンピュータでは雑音が入り、|0> 状態を反転しても完全な |1> 状態にならず、この NOT 演算を実際の量子コンピュータで 1,024 回実行したときにどれだけの雑音が入り、どれだけの確率で |1> 状態が観測されるか知ることは重要である。テキストだけではそのような知見は得られず、実際の量子コンピュータを持っていないと、そのような実験はできなかった。どのように量子論理ゲートを組み合わせれば、精度良く正解のビット状態が観測されるか、実際の量子コンピュータを操作しながら実験して確かめられることになる。ユーザが実際の量子コンピュータの極低温の温度管理やメンテナンスを気にすることなく、PC やタブレット、スマートフォンを使ってクラウドで量子計算実験できる点がよいと考える。

当然、IBM 研究所にある量子コンピュータは温度管理やメンテナンスが必要で、メンテナンス中は使用できない時間もあるが、ジョブを投げかけておき、メンテナンス処理が終了した時点で、量子計算実験を行ってくれてメールで実験結果へのリンク先が知らされることもある。また、世界中の研究者が利用するので、ジョブ待ちのキューが発生し、キューにどれだけのジョブがあるかが表示されることもある。過去に同じ量子論理ゲートで計算された実験データも残されており、混雑を避ける意味でも、実際の量子計算は行わないで、過去に行われた実験データを参照するだけでもよいこともある。

このような地道な研究で考えられる量子コンピュータの応用例として、次のような 4 つが IBM の量子体験で述べられている。

■ 量子コンピュータに期待される応用例

□ 量子暗号による安全な通信の研究

量子コンピュータは、RSA 暗号などの暗号解読で有名になったが、解読不可能な量子暗号で安全なインターネット通信が確立できる。

□ 新薬・新素材開発

量子コンピュータは、その自然な計算スタイルにより、いろいろな分子合成などの操作が可能で、新薬や新素材の開発に役立ちそうである。

□量子機械学習

量子コンピュータでの高速機械学習などに期待が集まっている。

□ビッグデータ探索

ビッグデータにおける高速なデータ解析や位相解析の可能性もある。

図1.4 量子コンピュータに期待される応用例

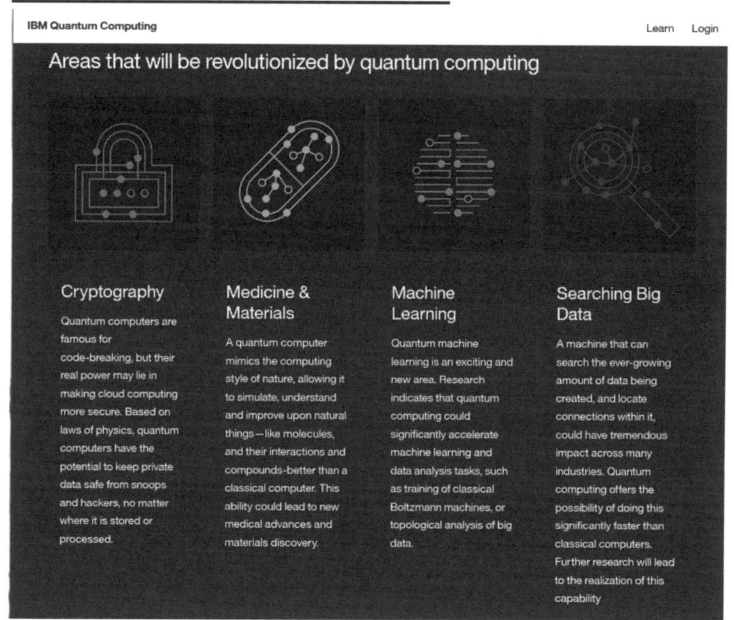

1.3 クラウド量子計算への歩み

量子コンピュータの 80 年の歩みが述べられている IBM の Web サイトによれば、量子コンピュータの始まりは、1935 年に Einstein, Podolsky と Rosen が 2 つの状態が絡み合って個々の状態に分離できない**もつれ状態**を EPR パラドックスとして不可解な量子状態と見なしたことに始まるとしている。これは **EPR 状態**ともいわれ、量子非局所性を表し、量子情報の最も根本的な発想を示した。この発表論文は、現在最も長く引用されている EPR 論文である。最近アメリカで発見された重力波も、100 年前に Einstein が予言したものであった。そして、1981 年に計算物理会議でリチャード・ファイマン（Richard P. Feynmann）が量子コンピュータの提案を行い、古典的なコンピュータよりも優れた計算能力があるのではないかと考えた。1984年にCharlie Bennett と Gilles Brassard が BB84 と呼ばれるようになった量子暗号を発表した。その後、1993年に Charlie Bennett らにより、古典的な情報ともつれ状態を使って量子状態を転送できる量子転送の考え方が示された。

量子コンピュータが広く一般に注目されたのは、1994年にAT&Tベル研究所のピーター・ショア（Peter Shor）が整数の素因数分解を多項式的時間で効率的に計算する量子アルゴリズムを発見したときである。1995年には、量子コンピュータ構築のためのDiVincenzoの5つの基準が示された。DiVincenzoの5つの基準とは、次のような項目である。

量子コンピュータ構築のためのDiVincenzoの5つの基準

①必要十分な量子ビット数を準備できること
②全量子ビットを基準状態 |00...00> に設定できること
③外界との相互作用によるディコヒーレンスが小さく、計算が終了するまで量子状態が安定なこと
④どのような量子論理ゲートでも作成できること
⑤計算結果が読み取り可能なこと

1997年には、Alexey Kitaev が量子誤り訂正のためのトロピカルコード（tropical code）を考案し、フォルトトレラント（耐故障性の）の量子コンピュータ構築のためのプラットフォームとして有望視されている。トロピカルコードとは、表面コード（surface code）とも呼ばれ、すべてのパリティチェック演算が空間的に局所的になるように、量子ビットを2次元のグリッド状に配置したコードである。

そして、2001年にはIBMが整数15の素因数分解を実験的に成功した。また、そのIBMが、2016年5月4日に5量子ビットの量子コンピュータを無料で使用できるような、クラウド量子計算（本書で解説）を開始した。これはクラウドサービスとしてWebサイトで公開されているので、PCでもタブレットでもスマートフォンでも操作可能となる。IBMの量子実験では、最大5量子ビットの量子シミュレータと実際の量子コンピュータを使った実験が可能である。

図1.5　量子コンピュータの歩み

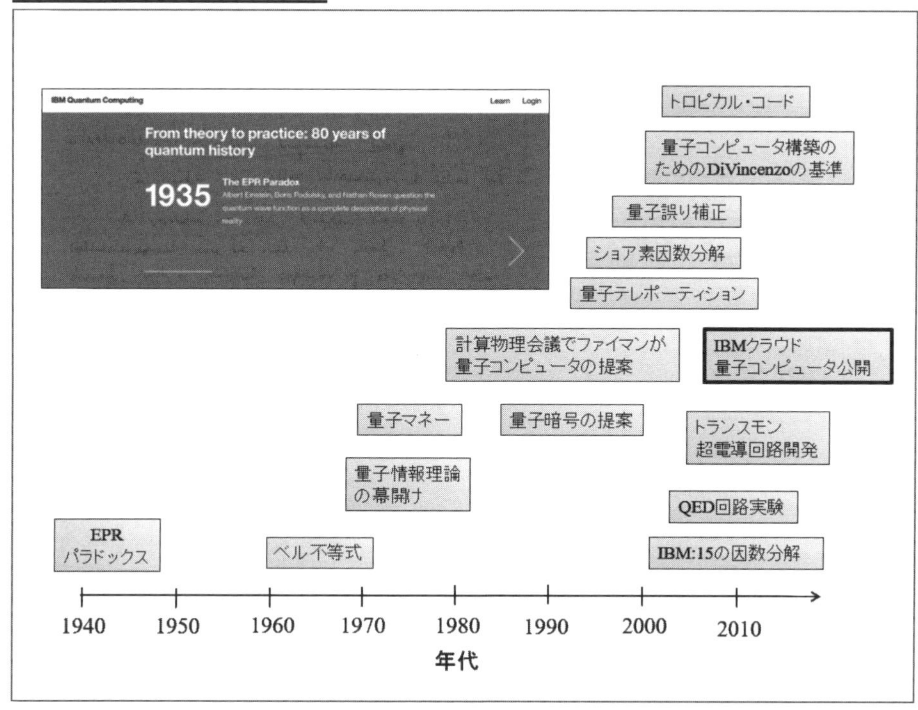

1.4 はじめての IBM のクラウド量子計算

それでは、IBM の Web サイトから、サインアップしてログインしてみよう。サインアップには、Google などのアカウントを使うか、メールアドレスや機関名を記入して行う。メールアドレスは、どうしても IBM との量子実験の頻繁なデータのやり取りに必要となる。

ログインが完了すると、IBM の量子体験が可能となり、4 つの選択タグが表示される。

1.4.1 IBM の量子体験

□ Community

最初の仕様にはなかったが、途中から追加された項目で、IBM の量子体験でのユーザ間のフォーラム欄である。

図1.6　Community

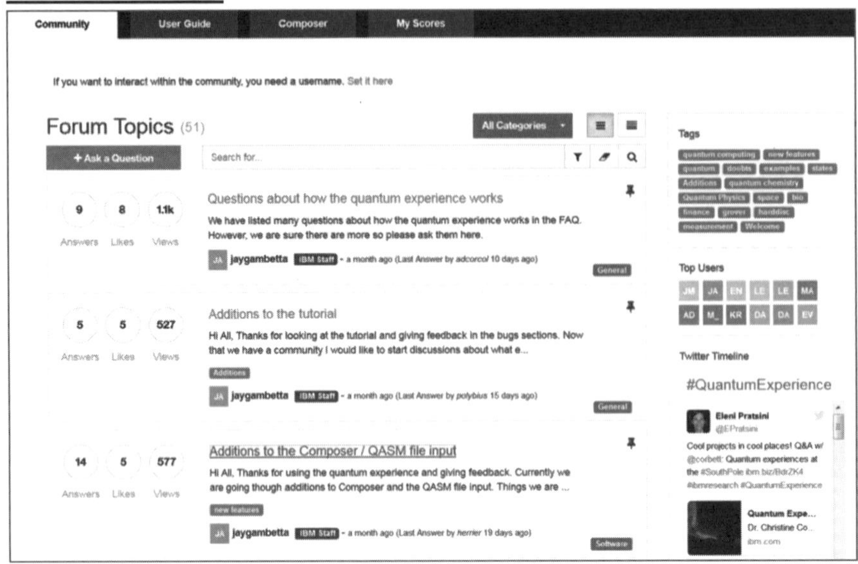

□ User Guide

量子コンピュータのチュートリアルがあり、量子回路例が示されている。その量子回路例を実際に確かめたいときには、右側にある「Open in Compose」ボタンや「Show Results」ボタンをクリックすれば、量子回路の編集画面や実行結果が表示される。

図1.7　User Guide

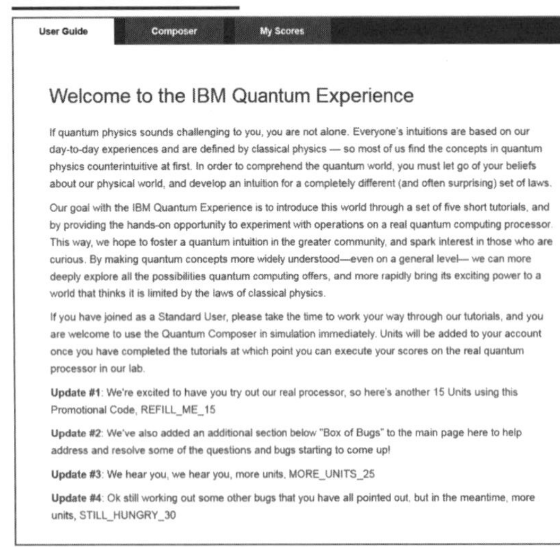

□ Composer

Composer（コンポーザ）は作曲家とも訳されるが、次のような5量子ビットが5線譜のように見えて、それに音符を入れ込んで作曲するように、量子論理ゲートをドラッグ＆ドロップで貼り付けて量子プログラムを作成することになる。

コンポーザには2種類あり、雑音のない理想的な量子プロセッサで計算させる場合と実際の量子プロセッサで計算させる場合である。ここでは、理想的な量子プロセッサで計算させる場合を**量子シミュレータ**と呼び、実際の量子コンピュータとのトポロジー（接続形態）とは無関係な量子計算である。一方、実際の量子プロセッサで計算させる場合を**量子コンピュータ**と呼び、実際のトポロジーに基づいた量子計算である。

図1.8 量子シミュレータ

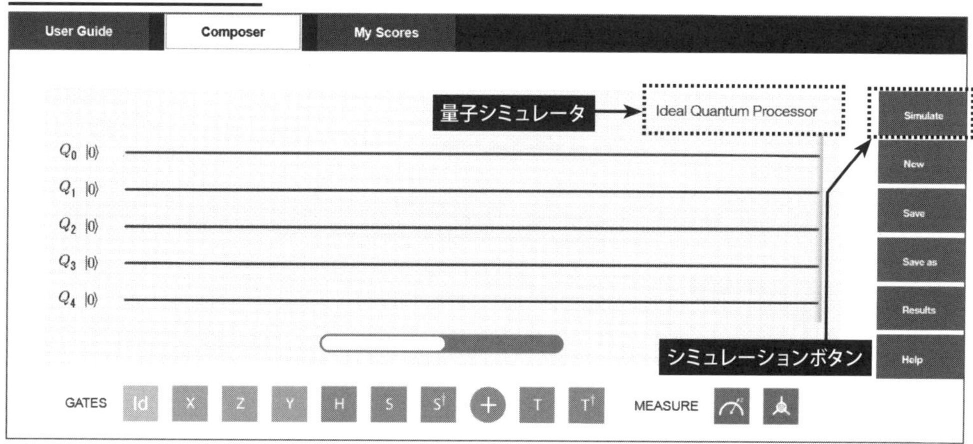

図1.9 量子コンピュータ

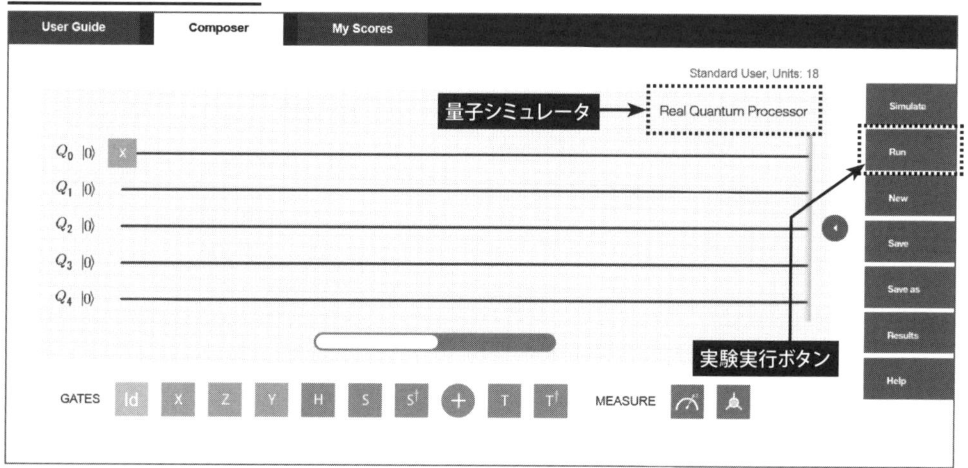

□ My Scores

Scores は総譜とも訳されるが、過去にユーザが作成して保存した量子プログラムが保存されている。これらの量子回路をツイッター投稿するボタンや、量子回路を再度編集して修正できるボタン、削除ボタンがある。

図1.10　My Scores

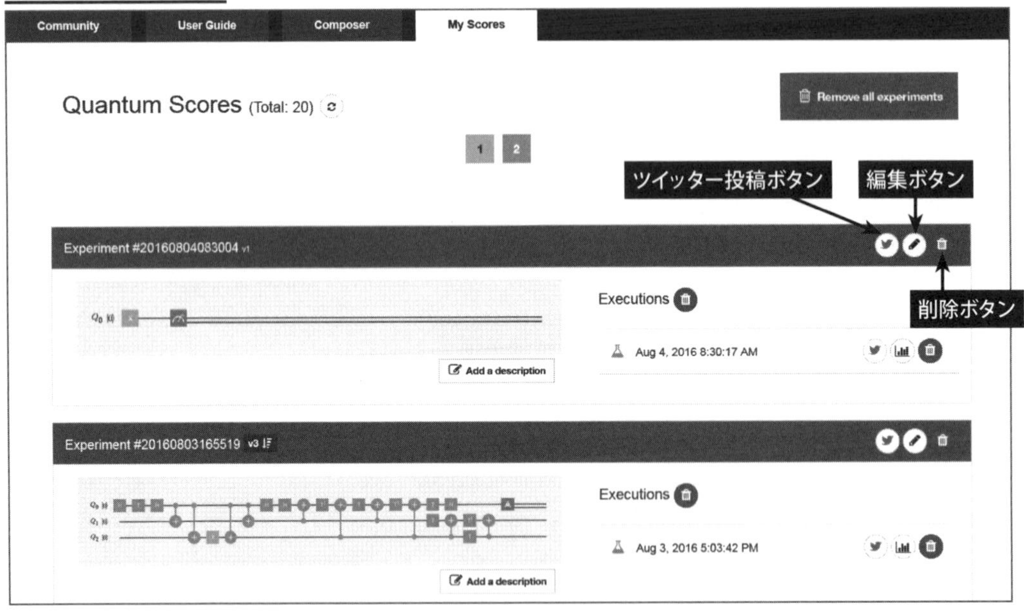

1.5 はじめてのIBMの量子シミュレータ

「Composer」タグをクリックして、はじめての量子計算を実行してみよう。コンポーザを呼び出したり、「New」ボタンで新規に量子プログラムするときに、新規実験名とIBMの量子シミュレータか実際の量子コンピュータで動作させるかを選択するダイアログボックスが現れる。

図1.11　量子シミュレータを選択

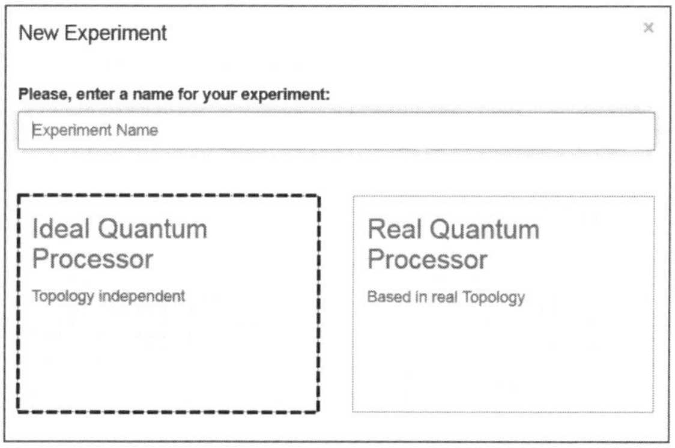

まず、実際の量子コンピュータとのトポロジーとは無関係で、雑音のない理想的な量子プロセッサで計算させる、量子シミュレータで量子計算をさせてみよう。

量子シミュレータのコンポーザの構成内容は、次のようになっている。左上には指定された量子実験名が表記され、右上には指定された理想的な量子演算器が表記される。5線譜は5量子ビットを示し、上位ビットからQ_0, Q_1, Q_2, Q_3, Q_4と下位ビットへ並んでいる。量子計算は、古典的コンピュータのゲートを空間的に配置する演算とは異なり、時間的な演算で左から右へ音符が流れるように計算されていく。多くの量子論理ゲートを配置させると長くなるが、5線譜の下に時間軸スクロールがあるので、横移動できる。そして、使える量子論理ゲートが10個あり、量子ビットの測定には2種類がある。さらに、実験に対する自分用のコメントを追加するボタンがある。量子ゲートが並べられる横方向の列数は40ほどまで設定できる。

これらの量子論理ゲートや量子ビットの観測方法が決まれば、右側の操作ボタンでシミュレーション演算の実行、新規作成、保存、別名保存、演算結果の表示、量子論理ゲートの意味を説明したヘルプなどを実行できる。

図1.12　IBMの量子シミュレータ

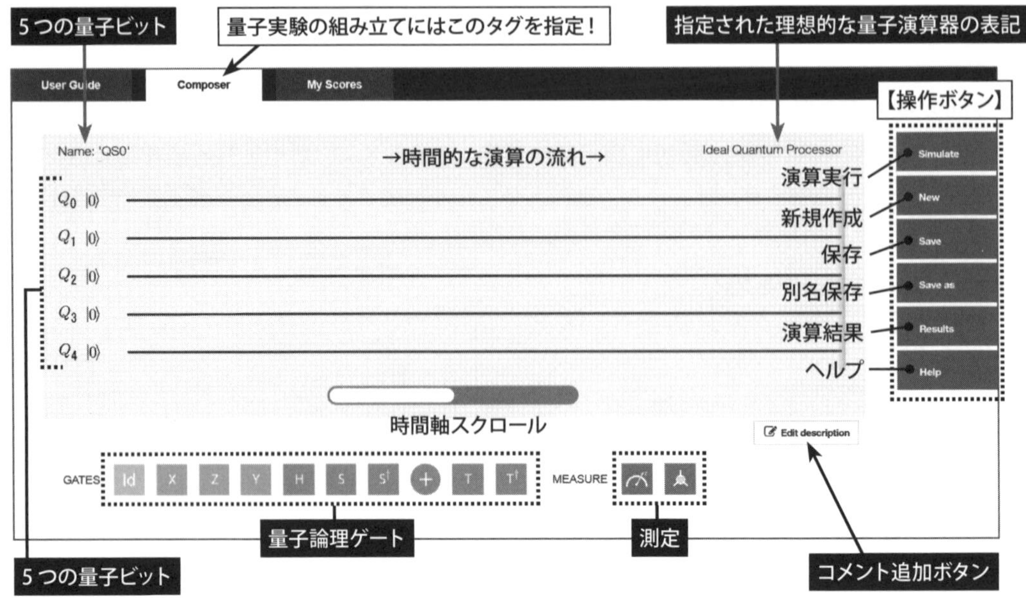

ここで、新規の実験名を指定していなかったときには、シミュレーション実行前にその量子回路を保存させるために、図 1.13 のように実験名を付けるか自動的に実験番号が割り振られることになる。

図1.13　実験名

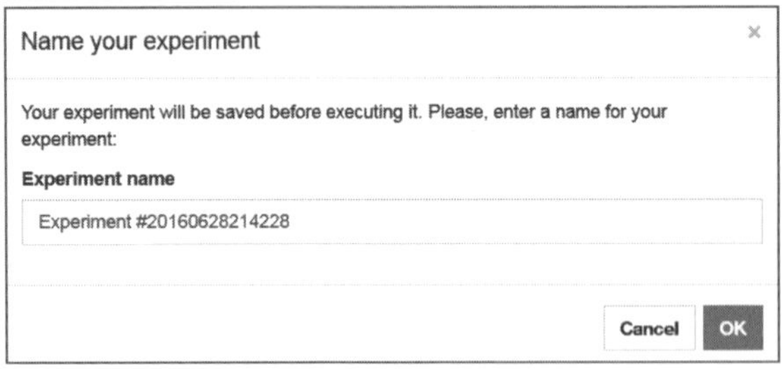

Name your experiment ×

Your experiment will be saved before executing it. Please, enter a name for your experiment:

Experiment name

Experiment #20160628214228

Cancel　OK

それでは、量子論理ゲートや測定を５線譜にドラッグ＆ドロップしてみよう。５量子ビットすべてを使う必要はなく、量子計算させたい量子ビット数だけを使えばよく、１量子ビットでもシミュレーションは可能である。

５つの量子ビットの初期状態は、すべて古典的なビットの０に相当する |0> 状態にある。つまり、５ビットは０に初期化されていることになる。そのために、初期状態を測定するだけの

量子計算でもよい。それには、図 1.14 のように左の測定ボタンを 5 線譜にドラッグ& ドロップしてみよう。このとき、部品をドラッグ& ドロップさせるときにドロップされるべき配置位置を示すドットが現れるので、このドット近辺にドロップすればよい。この測定ボタンは、|0> 状態と |1> 状態の**標準基底測定（*Z* 測定）**で観測された確率を表示させることになる。

図1.14　5線譜にドラッグ& ドロップ

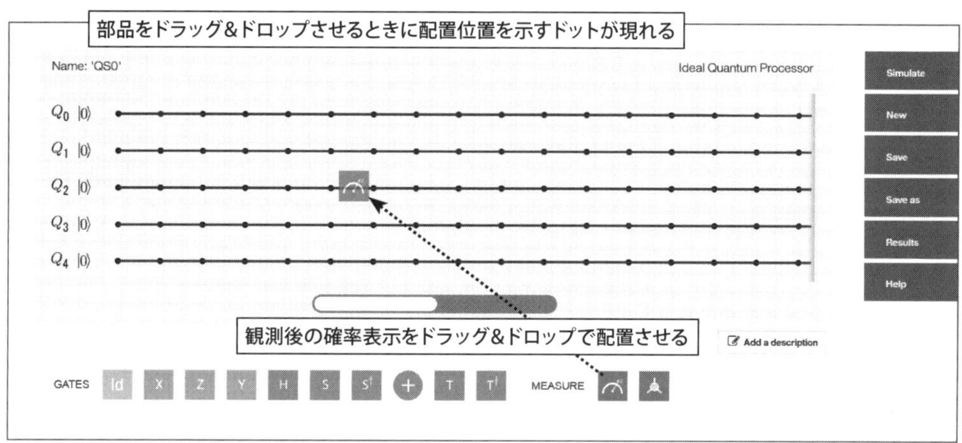

観測後の確率表示ボタンをドラッグ& ドロップで配置させると、それ以降に 2 本線が表示される。これは、測定により量子ビットは壊れてしまったので、部品を追加できないことを示す。これで、Q_0 の量子ビットを観測できる量子回路が構築できたことになり、当然、量子シミュレータでは |0> 状態が観測できる確率が 100% となることは予想できる。

図1.15　5線譜にドラッグ& ドロップ後

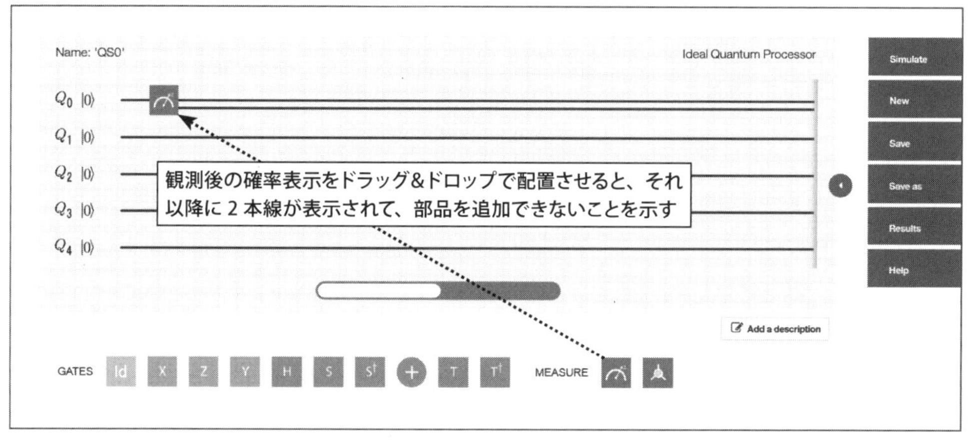

他の量子論理ゲートも追加してみよう。部品の追加はドット表示されるスペース位置があれば、前後のどの場所にも後から追加できる。配置した部品を指定し間違えたときには、その部品をダブルクリックすれば、削除となり、別な部品をドラッグ&ドロップすればよい。または、部品をドラッグ中には、中央上部にゴミ箱が現れるので、このゴミ箱にドロップしてもよい。ただし、量子ビットを測定した後に表示される 2 本線には部品を追加できないことに注意する。なぜなら、測定後の量子ビットの値は不変なために、量子論理ゲートの追加や新たな測定は意味がないことになる。

たとえば、Q_0 の初期の |0> 状態を NOT 演算の X ゲートでビット反転させて、その後、その量子ビットを測定してみよう。そのためには、X ゲートを測定の前にドラッグ&ドロップで配置させる。そうすれば、Q_0 の量子ビットは |1> 状態になり、雑音のない理想的な量子シミュレータでは 1 が観測される確率が 100% になると予想される。

図1.16　*X*ゲートでビット反転後にドラッグ&ドロップ

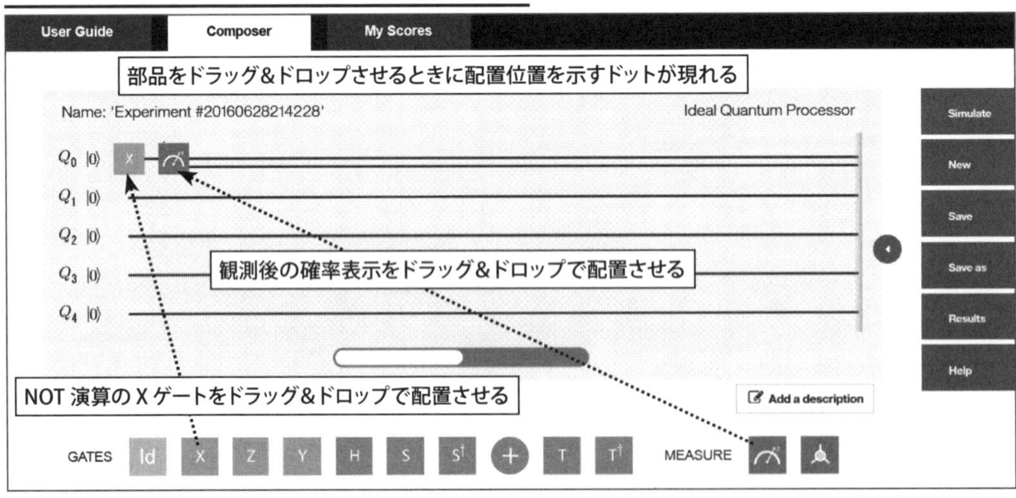

そこで「Simulate」ボタンをクリックすれば、次のような実行結果が Qshere と Bars で切り替えて表示される。Qshere 表示では、球をドラッグすれば見やすい位置に回転できる。Bars 表示では、観測確率分布図が表示されて、予想通りに Q_0 の量子ビットは観測確率が 100% で |1> 状態になっている。観測確率分布の縦軸は、小数点表記になっており、小数 1.000 が観測確率 100% となる。この実行結果は、右上にある「Download CSV」ボタンで、CSV ファイルとして distribution.csv というファイル名で保存できる。このファイルは Excel などで読み込め、グラフ表示に使える。この中で、Shots は実行の繰り返し回数、Value は量子ビット状態の値で 0 は

|0> 状態、1 は |1> 状態となり、Probability はそれらの小数点表記の観測確率、Qubits Measured は測定された量子ビット番号で 0 は Q_0 の量子ビットとなる。また、最後にある量子スコアは、作成された量子回路を忠実に順番通り量子プログラムをコード表示したファイルである。

図1.17 実行結果：Qshere表示

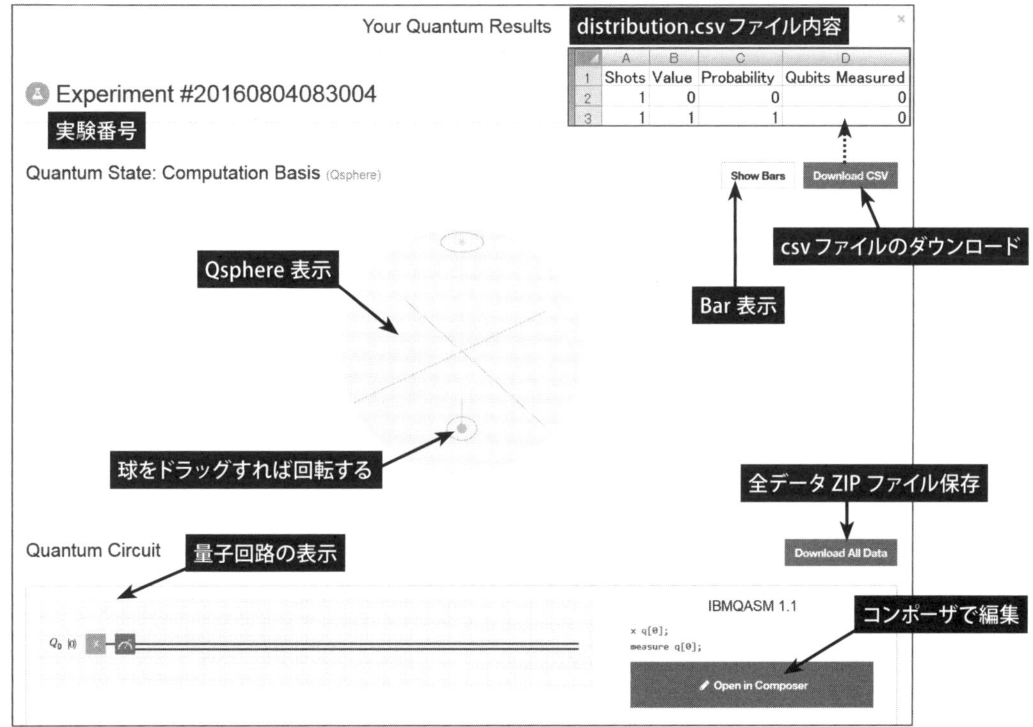

	A	B	C	D
1	Shots	Value	Probability	Qubits Measured
2	1	0	0	0
3	1	1	1	0

図1.18　実行結果：Bar表示

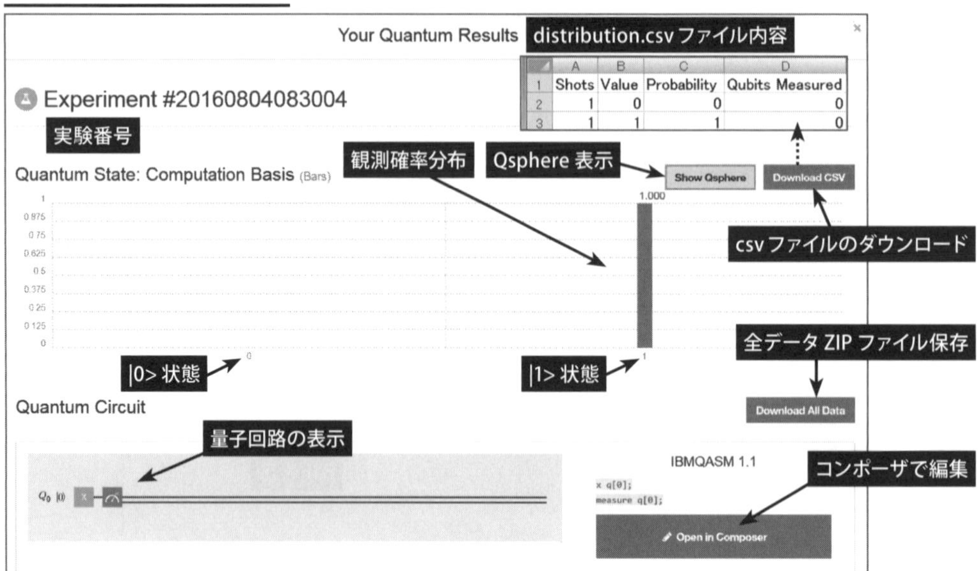

	A	B	C	D
1	Shots	Value	Probability	Qubits Measured
2	1	0	0	0
3	1	1	1	0

また、この量子スコアは、量子シミュレータ上でも確認できる。量子シミュレータ上で量子スコアを提示するには、部品を配置すれば、図1.19のように5線譜の右の丸ボタンの上に三角記号が現れるので、このボタンをクリックすれば表記される。

図1.19　量子スコア

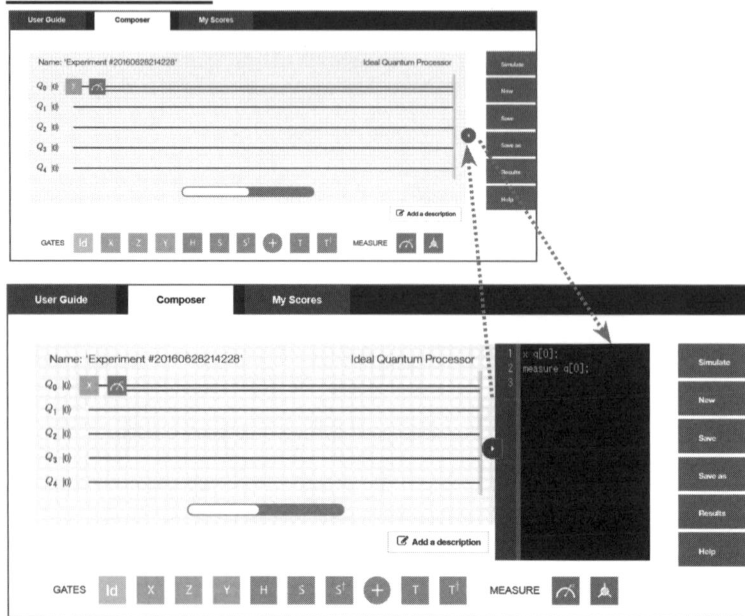

量子ビットはベクトルであり、純粋状態であれば、ブロッホ球と呼ばれる球面上に配置される。このブロッホ球上のベクトルのトモグラフィー（断層撮影）として表すことも可能で、量子ビットの**ブロッホ測定**と呼ばれる。それには、測定アイコンの右のアイコンをドラッグ＆ドロップで配置させる。その前に、先にあった標準基底測定アイコンはダブルクリックで削除しておくこと。異なった2種類の測定方法は、同時には指定できない。

図1.20 ブロッホ測定

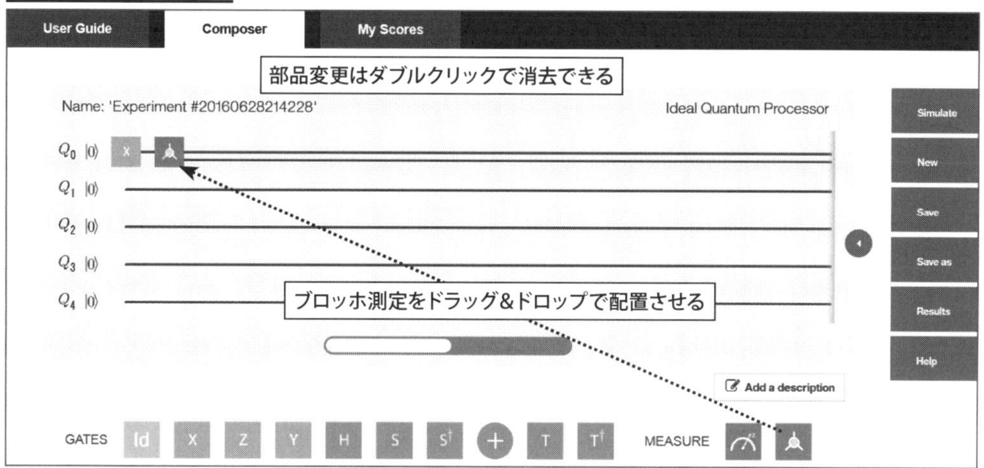

量子ビットは2つの直交する純粋状態であれば、ブロッホ球と呼ばれる3次元の球面上に配置されるベクトルであり、北極に当たる位置が|0>状態で、南極に当たる位置が|1>状態である。図1.21のような任意のベクトル位置は、2つの角度パラメータの θ と ϕ で特定される。

図1.21 量子ビットのブロッホ球

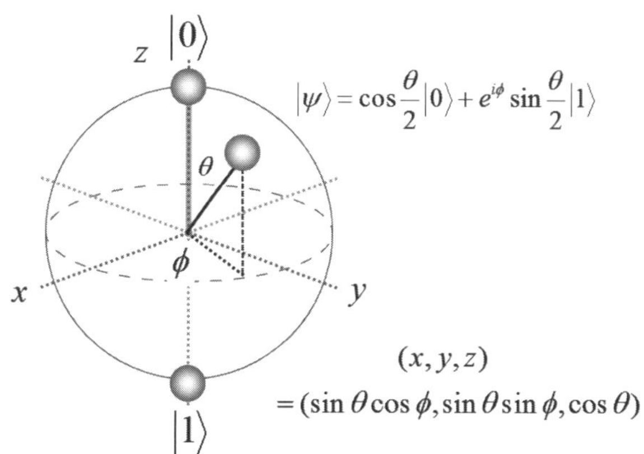

一般的に直交座標 (x,y,z) と極座標 (r,θ,ϕ) との間には、次の変換式があるが、

$$
\begin{aligned}
|\psi\rangle &= z|0\rangle + (x+iy)|1\rangle \\
&= \cos\theta|0\rangle + (\sin\theta\cos\phi + i\sin\theta\sin\phi)|1\rangle
\end{aligned}
$$

これでは、θ=0°のときに |0> となり、θ=90°のときに |1> となり、上半球の領域しか覆わないので、ブロッホ球では θ=0°のときに |0> となり、θ=180°のときに |1> とするように、球全体に広げた表示なので、新しい角度 $\theta'=2\theta$ を導入した。そのために、ブロッホ球での量子ビットの一般的な状態ベクトルは、実数 θ', ϕ, γ を用いて、次のようになる。

$$
|\psi\rangle = e^{i\gamma}\left(\cos\frac{\theta'}{2}|0\rangle + e^{i\phi}\sin\frac{\theta'}{2}|1\rangle\right)
$$

ここで、$e^{i\gamma}$ は全体にかかっている位相因子であり、実際に観測できない量のため、無視できる。そこで、この θ' を θ として書けば、量子ビットのブロッホ球での状態ベクトルは、次のように書き直される。ブロッホ球での直交座標成分 (x,y,z) には対応づけられる。

$$
|\psi\rangle = \cos\frac{\theta}{2}|0\rangle + e^{i\phi}\sin\frac{\theta}{2}|1\rangle, \quad (x,y,z) = (\sin\theta\cos\phi, \sin\theta\sin\phi, \cos\theta)
$$

ここで、「Simulate」ボタンをクリックすれば、次のように観測前の量子状態がブロッホ球上に表示される。観測後の量子ビットが 0 か 1 になった標準基底測定とは異なり、このブロッホ測定は、観測前でまだ量子状態が収斂する前の量子ビットの状態を示している。そのために、観測後の確率表示ではなく、ブロッホ球での量子ビットのベクトルの複素数表示となる。その直交座標 (x,y,z) が量子ビット（Qubits）として表示されている。左側のブロッホ球は個々の量子ビットごとに表示され、複数の量子ビットがブロッホ測定され、各量子ビット間のベクトル関係が一目瞭然となる。

この実行結果は右上にある「Download CSV」ボタンで CSV ファイルが Bloch.csv というファイル名で保存できる。このファイルは Excel などで読み込め、グラフ表示に使える。この中で、Shots は実行の繰り返し回数、Qubit は量子ビット番号、X、Y、Z は量子ビットのベクトルの直交座標 (x,y,z) の値となる。最後にある量子スコアは、作成された量子回路を忠実に順番通り量子プログラムとしてコード表示したファイルである。「Show in 3D」ボタンは、ブロッホ球の 3 次元表示となり、ブロッホ球をドラッグすれば回転できる点だけが異なり、他は同じである。

図1.22　実行結果：ブロッホ球の2次元表示

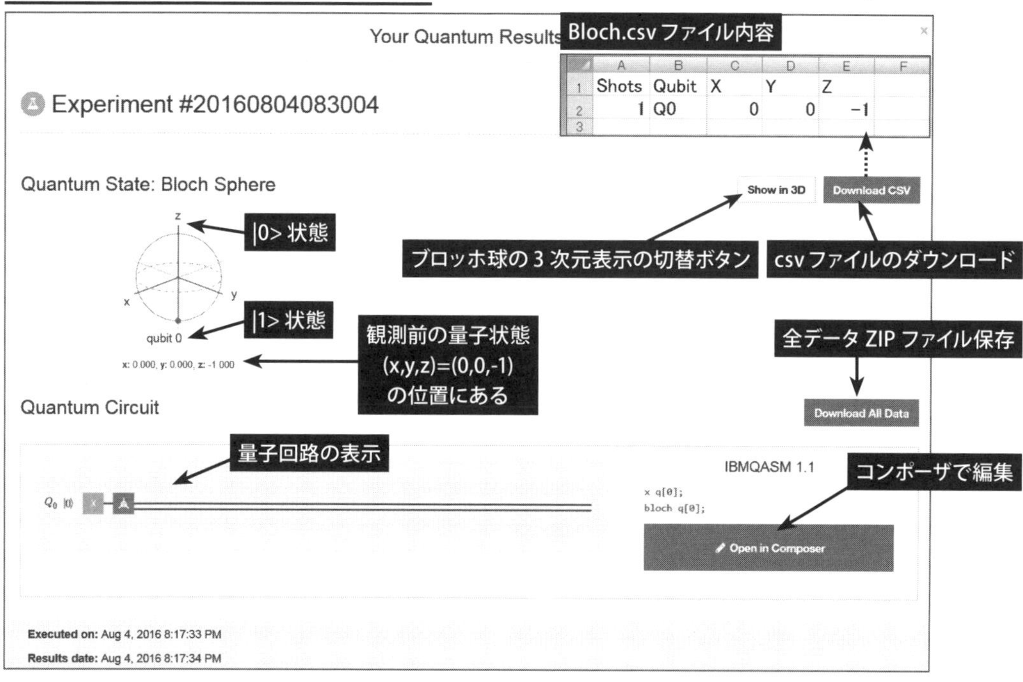

図1.23　実行結果：ブロッホ球の3次元表示

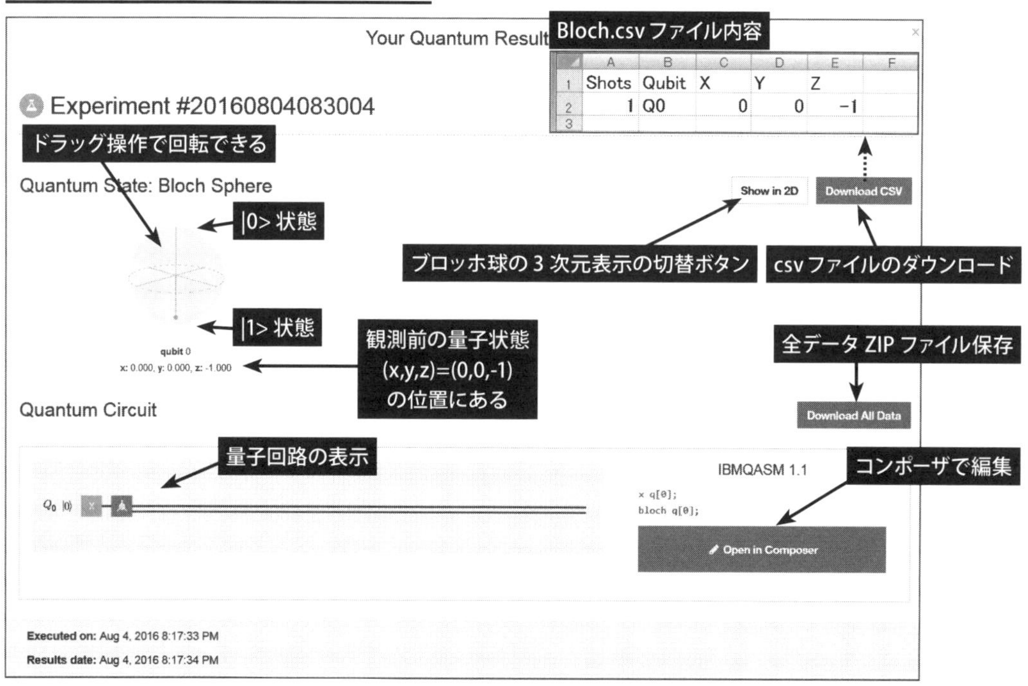

1.6 はじめての IBM の量子コンピュータ

量子シミュレータの手順は理解できたと思うので、いよいよ、実際の IBM の量子コンピュータを動かして、量子プログラムを実行してみよう。同様に「Composer」タグをクリックしてコンポーザを呼び出すか、「New」ボタンで新規に量子回路を組んでみよう。

量子プログラムするときに、新規実験名と IBM の量子シミュレータか実際の量子コンピュータで動作させるかを選択するダイアログボックスが現れる。今回は実際の量子コンピュータで量子計算させたいので、「Real Quantum Processor」をクリックしてみよう。

図1.24　実際の量子コンピュータを選択

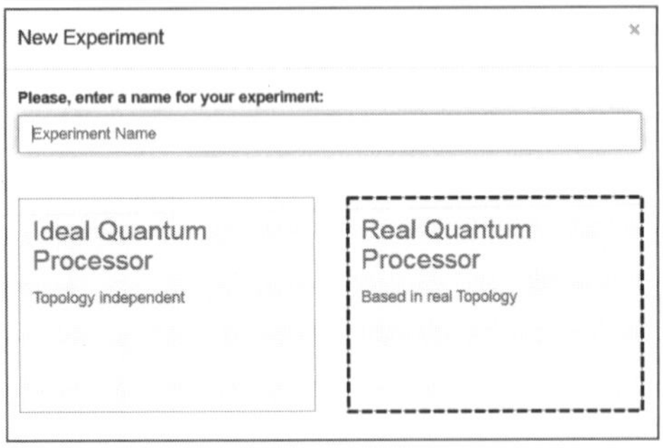

New Experiment ×

Please, enter a name for your experiment:

Experiment Name

Ideal Quantum Processor
Topology independent

Real Quantum Processor
Based in real Topology

IBM の量子コンピュータのコンポーザの構成内容は、量子シミュレータとほとんど同じで、次のようにプロセッサ名が変わり、実際の量子コンピュータの実行を示す「Run」ボタンが追加される。今回も X ゲートを指定して、標準基底測定してみよう。

図1.25　量子コンピュータ：標準基底測定

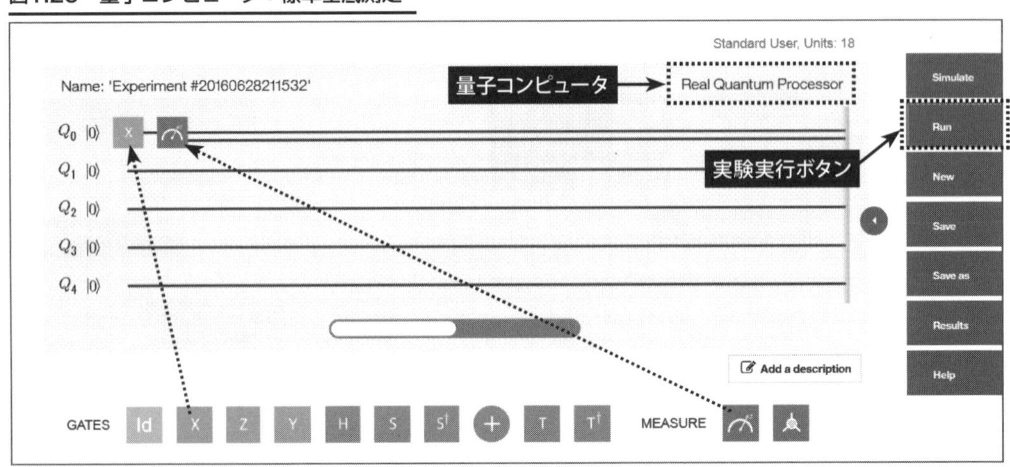

実際の IBM の量子コンピュータの 5 つの量子ビットの現在の実験数値パラメータが、図 1.26 のように表示され、極低温の温度管理のもと、実際に Active に稼働していることが見て取れる。図の中に、5 量子ビットの各状態のデータが表示されている。たとえば、T_1 は縦緩和時間を示し、ビットエラーに関係し、T_2 は横緩和時間に関係し、位相エラーに関係する。それぞれ縦緩和時間 T_1 と横緩和時間 T_2 は**ディコヒーレンス**に関連し、量子ビットが外部環境からの撹乱による影響を受けやすくなる程度を表す。量子コンピュータでは、ディコヒーレンスをできるだけ抑圧する量子アルゴリズムが重要となる。右下の虫ボタンは、バグレポートである。

図1.26　量子ビットの現在の実験数値パラメータ

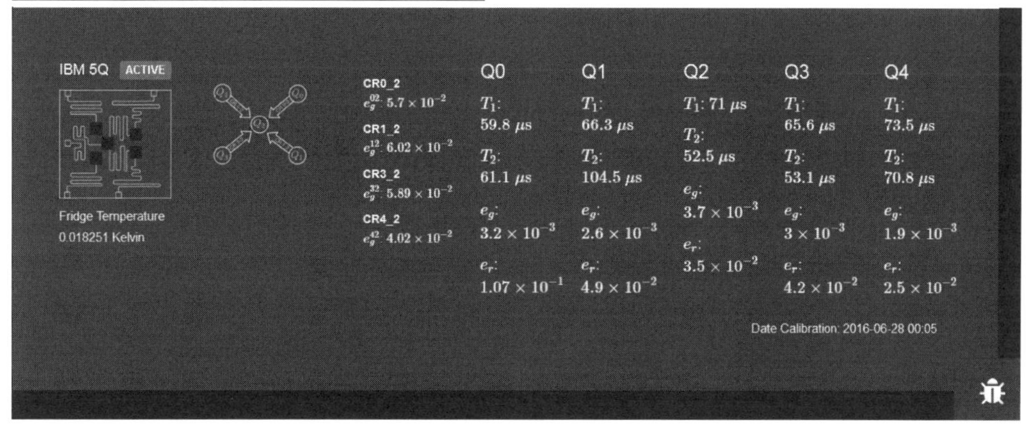

量子コンピュータで X ゲートを指定すると、Q_0 の量子ビットは |1> 状態になり、雑音のない理想的な量子シミュレータでは 1 が観測される確率が 100% になったが、実際の量子コンピュータでは、雑音が入るために 1 が観測される確率が 100% よりも下がると考えられる。

ここで、「Run」ボタンをクリックしてすぐには実行しないで、実行前にいくつかの手順がある（図 1.27）。雑音が予想されるので、実際の量子コンピュータで何回発射させるのかの Shots 数を設定する。ショット数が多いほど、S/N 比の向上が期待できるので、ここでは、1024 のショット数を指定してみよう。ショット数の違いによる実行結果の違いも詳細に調べれば、十分に研究的価値はあると考える。

図1.27　Shots数の設定

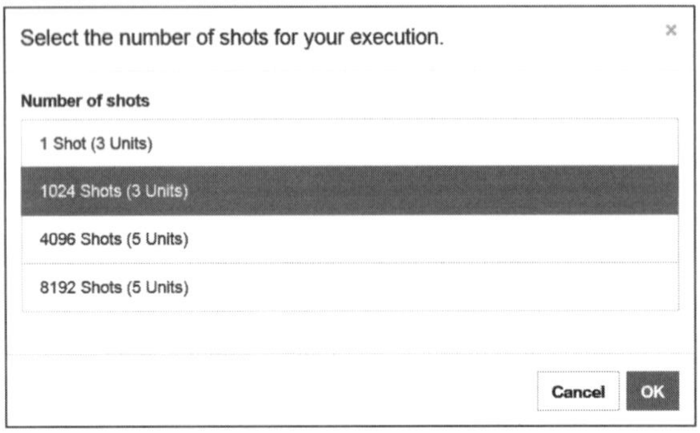

Select the number of shots for your execution.
×
Number of shots
1 Shot (3 Units)
1024 Shots (3 Units)
4096 Shots (5 Units)
8192 Shots (5 Units)
Cancel
OK

図 1.27 で「OK」ボタンをクリックすれば、図 1.28 のように実行の確認ダイアログボックスに進むが、まだ実行しない。世界中の研究者がこの 1 台の IBM の量子コンピュータを利用することを考えると、むやみやたらに実験するには気が引ける。そこで、全く同じ量子回路で最近実行された結果があれば、その実行結果を見るだけで参考になれば、時間のロスも避けられる。

図1.28　「Result from Cache」を選択

Confirm your execution (shots: 1024)
×
We found a result of the same code executed recently on the device. Would you like to get this result? Otherwise, a new execution will be planned.
Result from Cache
Get Existing Result (Units Free)
New Execution
Run a New Execution (3 Units)
Cancel
OK

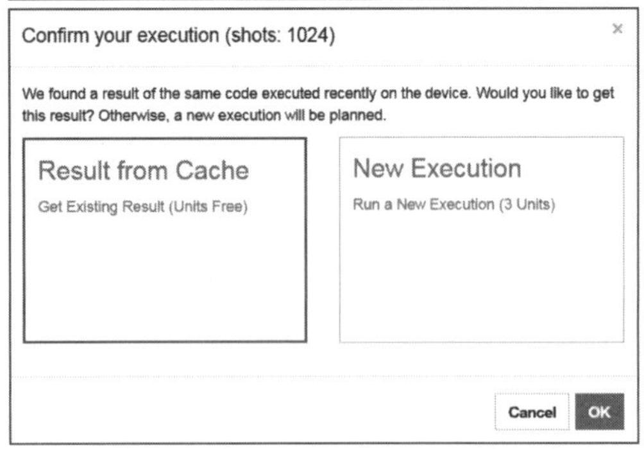

そこで、「Result from Cache」を選択すると、図 1.29 のようにキャッシュにある実験データの一覧が表示される。どれも同じ量子回路で、実際の量子コンピュータで実行された結果である。どれか 1 つを選択すれば、図 1.30 のような実行結果が現れる。はやり、雑音の影響で、|1> 状態が 100% 観測されず 96.2% で、|0> 状態が 3.8% 残っていた。そのために、X ゲートを使用したこの場合、100 回中 3.8 回は間違って演算されることになる。これが実際の量子コンピュータによる実験で、いかにして正確に量子計算させるか研究の余地があるということである。

図1.29　キャッシュにある実験データ

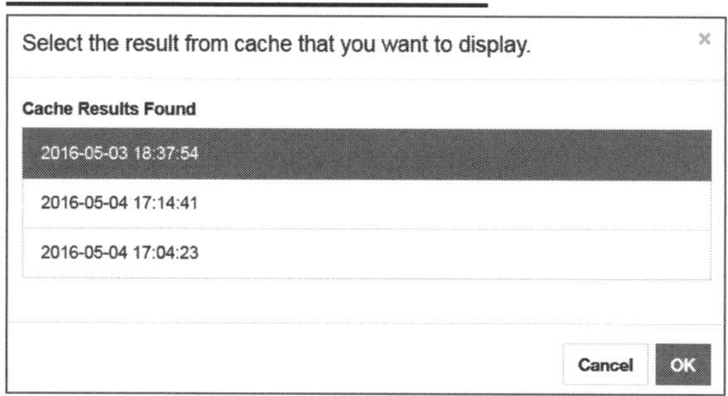

図1.30　キャッシュにある実験データの実行結果

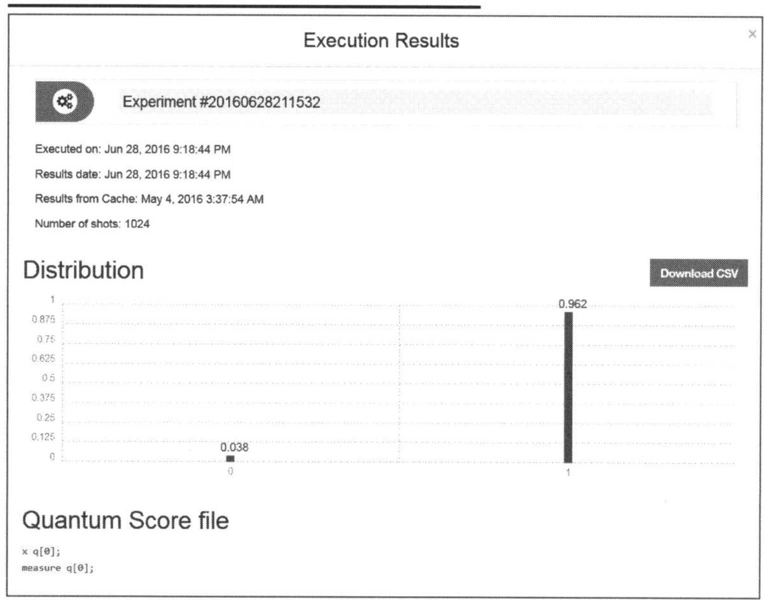

どうしても実際の IBM の量子コンピュータを動かしたい場合には、図 1.31 で「New Execution」を選択すれば、本当に実行したいのか執拗に再度聞いてくる。確かに高価な装置なので、X ゲートを確かめるだけで、本当にやるのかと言われているようである。しかし、実験費用は IBM 持ちの on the company で無料なので心配することはない。多少の後ろめたさはあるが、意を決して実行してみた。

図1.31　New Execution

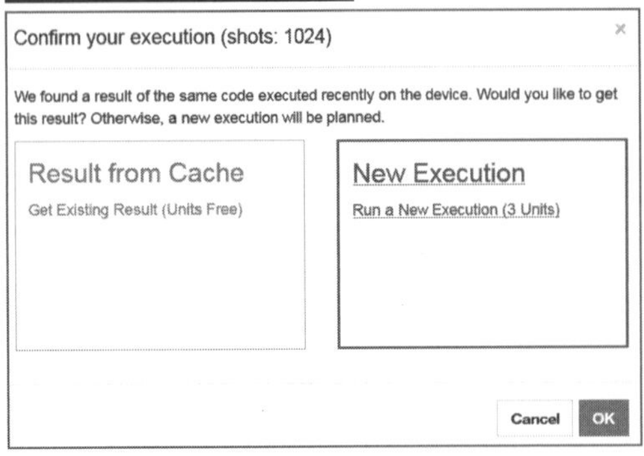

そうすると、案の定、順番待ちがある。このジョブの前に1つのジョブがあるとのことで、世界中が使っていることを考えればいたしかたない。自分のジョブは予定通りジョブのキュー（待ち行列）で計画されているとのことである。しばらくは、量子シミュレータでも使って楽しんで欲しいとのことだ。

このとき、ものの数分も待てば、初期登録したメールアドレスに、次のような実行結果終了の連絡が入り、指定されたリンク先にアクセスすると、実験レポートが表示される。

図1.32　実行結果終了の連絡

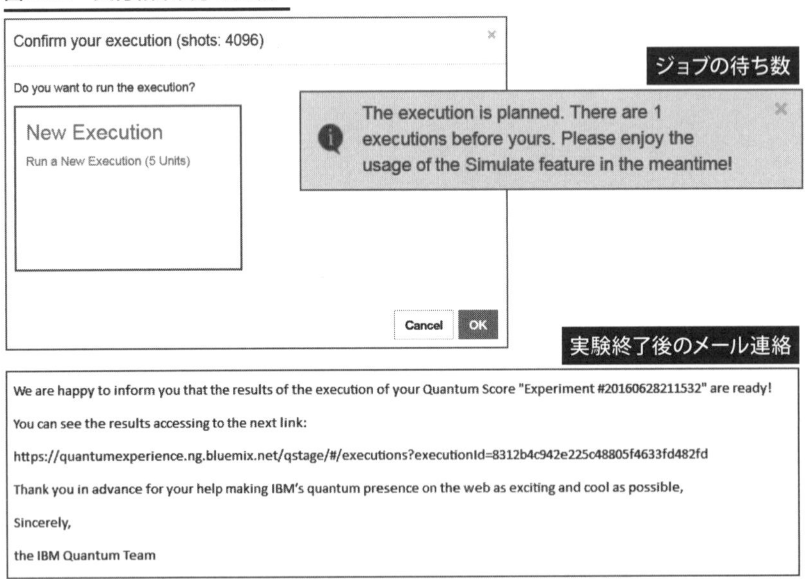

今回の実験レポートは、雑音の影響で|1>状態が100%観測されず、88.4%で過去のデータの96.2%よりも悪くなったことが分かった。|0>状態が11.6%も残っていた。そのときの

フリッジ内の温度や各量子ビットの実験データ、使用した量子回路も表示されている。また、CSVファイルを作成すると、Excelなどで3次元風のバーグラフ表示が可能となり、量子コンピュータの実験論文でよく見かけるグラフを作成できる。このような実験から、実際の量子コンピュータは使い物にならないと考えるか、これからの伸び代があり研究の余地がまだ残されていると考えるかは、人様々であろう。

図1.33 実験結果

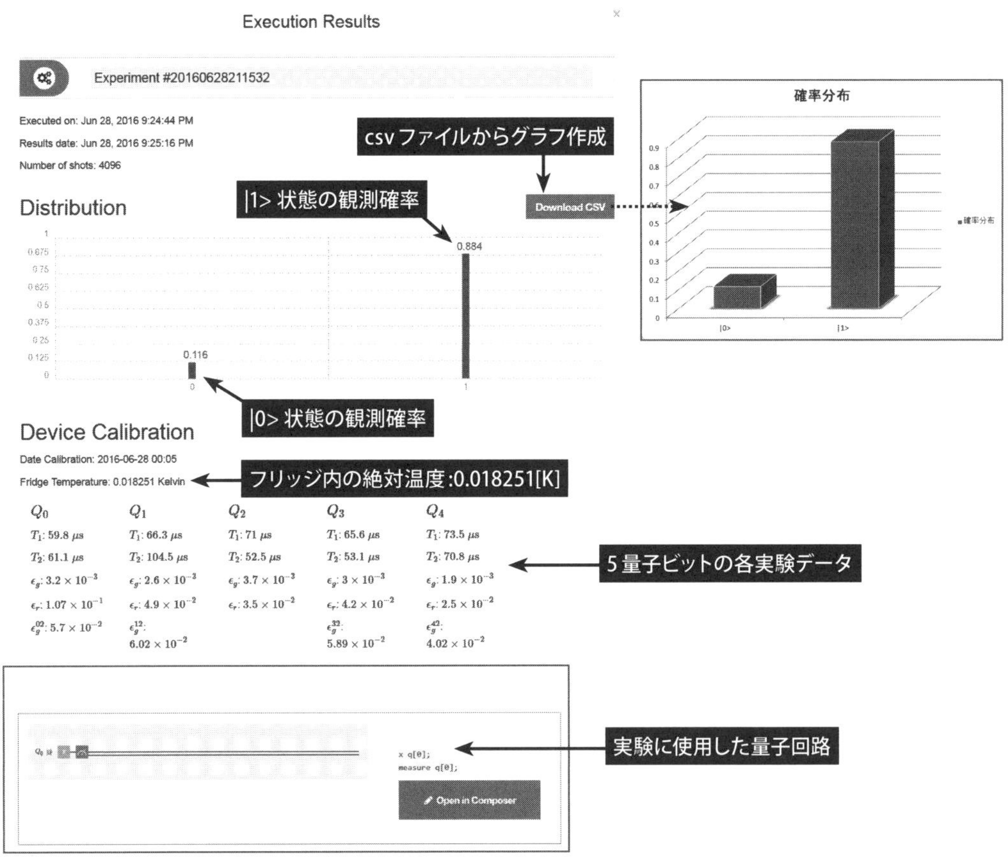

本書では、IBMの量子コンピュータばかりを稼働させて、雑音の研究をするわけにはいかないので、主に量子シミュレータを使い、10個しかない量子論理ゲートの使い方やこれらを組み合わせて、平方根ゲートを作成したり、量子アルゴリズムとして、ドイチ問題やドイチ・ジョザ問題、サイモン問題、ベルンシュタイン・バジラニ問題を量子回路を使って解いてみよう。さらに、位相推定問題や量子フーリエ変換、ショアの素因数分解、グローバーの量子探索、量

子非局所性、量子転送、量子高密度符号、量子誤り訂正などを、IBMの量子シミュレータで解いてみた。

そのために、大学での量子コンピュータの講義が盛んになること、量子コンピュータの学生実験などを想定して、15回分以上のテーマで解説や練習問題、演習問題などを設定した。本書の前提知識として、量子コンピュータの基礎が必要となる。これに関しては、拙著の『量子アルゴリズム』（技報堂出版）を参考にしていただきたい。同書の400頁ものの同じ内容を再度記述するわけにはいかない。本書は、基本的な事項は説明するが、量子アルゴリズムの内容をIBMの量子シミュレータで実行させる演習テキストとしてご活用願いたい。

また、本書では、参考にした論文番号を「arXiv:quant-ph/番号」のように記載した。「arXiv:」「quant-ph/」「arXiv:quant-ph/」のいずれかに「番号」を付けてGoogle検索すると、検索トップに論文が見つかるので、PDFの論文ファイルを参考にしていただきたい。量子アルゴリズムの研究の便利なところは、この研究が始まってまだ30年ほどしか経っていないこともあり、ほとんどの論文がこのアーカイブに存在し、探し回る必要がないことである。

IBMの量子体験がメンテナンスや一時的に使えないときには、次のようなWebサイトで公開されている量子シミュレータが使える。

(1) 量子回路シミュレータ（Quantum Circuit Simulator）

http://www.davyw.com/quantum/

IBMの量子シミュレータのように量子論理ゲートや量子フーリエ変換ゲートを組み合わせてシミュレーションできる。9量子ビットまで利用できる。

(2) 量子計算プレイグラウンド（Quantum Computing Playground）

http://www.quantumplayground.net/#/home

IBMの量子シミュレータにあった量子スコアのような擬似コードで量子回路が作成でき、計算結果が2Dや3Dで表示できる。

また、最近の話題では、大阪市立大学が2016年08月10日に「量子化学を量子コンピュータで解く！電子構造を解明するための超高速量子アルゴリズムを開発」したとして報じられた（https://www.osaka-cu.ac.jp/ja/news/2016/160810）。さらに、2016年8月16日には、中国が世界初の量子通信衛星を打ち上げたと報じられた。解読不可能な量子暗号を用いた通信システムを構築したとしている。

今後、ますます量子アルゴリズムが注目され始めており、本書のクラウド量子計算が多いに活用されて、新しい量子アルゴリズムの発見に寄与できれば、ありがたい。

2 パウリゲートの量子実験

量子コンピュータの数学は、内積が定義されたベクトル空間ですべて議論でき、行列計算ができればほとんど理解できる。ここでは、まず、量子ビットをケットベクトルで定義し、|0> の状態と |1> の状態を列ベクトルで表し、それらの重ね合わせ状態を示す。

この量子ビットに作用する基本的な演算子は３つある。パウリ演算子と呼ばれ、ビット反転演算 X、位相反転演算 Z、位相・ビット反転演算 Y である。ここでは、この３つのパウリ演算子のベクトル計算や使い方、パウリゲートとしてパウリ演算子による量子ゲート表示を説明する。また、パウリ演算子の相互の変換式についても説明する。古典的コンピュータでは出てこなかった複素数の確率振幅も出てくる。

2.1 パウリゲートとは

2.1.1 量子ビットとパウリ演算子

古典的なビットは 0,1 の 2 進数で表されるが、量子ビットは、それぞれに対応して 2 次元複素ベクトル空間での正規直交基底として表される。ケットベクトルと呼ばれる記号で、|0> の状態と |1> の状態が対応し、次のような列ベクトルとなる。

$$|0\rangle = \begin{pmatrix} 1 \\ 0 \end{pmatrix} \quad |1\rangle = \begin{pmatrix} 0 \\ 1 \end{pmatrix}$$

これらの基底状態を用いて、一般的な量子ビット $|x>$ は、重み情報と位相情報が含まれた複素数 a, b を用いて、次のような重ね合わせ状態を作成できる。

$$|x\rangle = a|0\rangle + b|1\rangle = a\begin{pmatrix} 1 \\ 0 \end{pmatrix} + b\begin{pmatrix} 0 \\ 1 \end{pmatrix} = \begin{pmatrix} a \\ b \end{pmatrix} \begin{matrix} \leftarrow |0\rangle \\ \leftarrow |1\rangle \end{matrix}$$

この量子ビット $|x>$ は、$|0>$ 状態は複素数の確率振幅 a を持ち観測される確率が $|a|^2$ で、$|1>$ 状態は複素数の確率振幅 b を持ち観測される確率が $|b|^2$ であることを示し、$|a|^2+|b|^2=1$ と規格化されている。

この量子ビットに作用する演算子には、パウリのスピン行列と呼ばれる、次のようなパウリ演算子がある。ここで、ビット反転演算は X、位相反転演算は Z、位相・ビット反転演算は Y と表記される。

$$X = \begin{pmatrix} 0 & 1 \\ 1 & 0 \end{pmatrix} \quad Y = \begin{pmatrix} 0 & -i \\ i & 0 \end{pmatrix} \quad Z = \begin{pmatrix} 1 & 0 \\ 0 & -1 \end{pmatrix}$$

たとえば、パウリ演算子 X を $|0>$ 状態と $|1>$ 状態に作用させてみよう。

$$X|0\rangle = \begin{pmatrix} 0 & 1 \\ 1 & 0 \end{pmatrix}\begin{pmatrix} 1 \\ 0 \end{pmatrix} = \begin{pmatrix} 0 \\ 1 \end{pmatrix} = |1\rangle \qquad X|1\rangle = \begin{pmatrix} 0 & 1 \\ 1 & 0 \end{pmatrix}\begin{pmatrix} 0 \\ 1 \end{pmatrix} = \begin{pmatrix} 1 \\ 0 \end{pmatrix} = |0\rangle$$

そうすると、パウリ演算子 X は、$|0>$ 状態を $|1>$ 状態へ、$|1>$ 状態を $|0>$ 状態へ変えるビット反転を引き起こしていることが分かり、NOT 演算になっている。

さらに、パウリ演算子 Z を $|0>$ 状態と $|1>$ 状態に作用させると、

$$Z|0\rangle = \begin{pmatrix} 1 & 0 \\ 0 & -1 \end{pmatrix}\begin{pmatrix} 1 \\ 0 \end{pmatrix} = \begin{pmatrix} 1 \\ 0 \end{pmatrix} = |0\rangle \qquad Z|1\rangle = \begin{pmatrix} 1 & 0 \\ 0 & -1 \end{pmatrix}\begin{pmatrix} 0 \\ 1 \end{pmatrix} = \begin{pmatrix} 0 \\ -1 \end{pmatrix} = -|1\rangle$$

パウリ演算子 Z は $|0>$ 状態に対しては何もしないで、$|1>$ 状態に対してのみ位相反転を引き起こしていることが分かる。これは、$|0>$、$|1>$ 状態がパウリ演算子 Z の**固有ベクトル**になっていて、固有値が ±1 となっていることを示し、$|0>$、$|1>$ を**標準基底**または ***Z* 基底**という。

さらに、パウリ演算子 Y を |0> 状態と |1> 状態に作用させると、

$$Y|0\rangle = \begin{pmatrix} 0 & -i \\ i & 0 \end{pmatrix}\begin{pmatrix} 1 \\ 0 \end{pmatrix} = \begin{pmatrix} 0 \\ 1 \end{pmatrix} = i|1\rangle \qquad Y|1\rangle = \begin{pmatrix} 0 & -i \\ i & 0 \end{pmatrix}\begin{pmatrix} 0 \\ 1 \end{pmatrix} = \begin{pmatrix} -i \\ 0 \end{pmatrix} = -i|0\rangle$$

パウリ演算子 Y は位相反転とビット反転を同時に引き起こしていることが分かる。ここで、パウリ演算子 Y には複素数 $\pm i$ が掛けられた行列も定義できるが、全体にかかるグローバルな位相因子で観測できない量であり、無視できる。

さらに、次のように、対角要素が 1 で非対角要素が 0 となる**単位行列**は**恒等演算子**と呼ばれ、ベクトルをそれ自身に変換し、何も変えないアイドルなゲートになる。

$$Id = \begin{pmatrix} 1 & 0 \\ 0 & 1 \end{pmatrix}$$

$$Id|0\rangle = |0\rangle, \quad Id|1\rangle = |1\rangle$$

これらの恒等演算子やパウリ演算子は、量子論理ゲートとして次のようなボックスで示すことにする。横棒は、1 つの量子ビットに作用していることを表す。

図2.1　1量子ビットの基本的なゲート

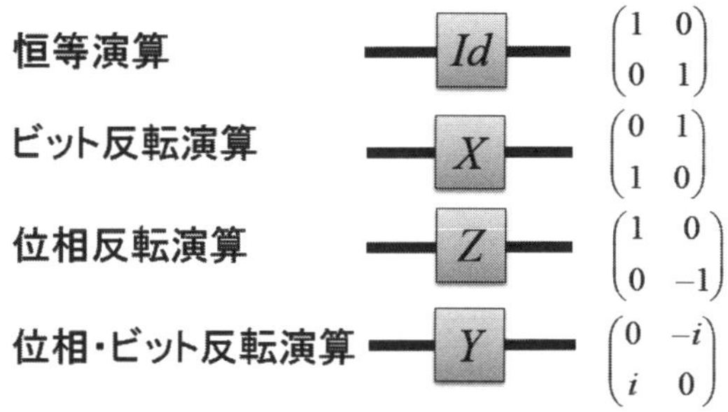

	ゲート	行列
恒等演算	Id	$\begin{pmatrix} 1 & 0 \\ 0 & 1 \end{pmatrix}$
ビット反転演算	X	$\begin{pmatrix} 0 & 1 \\ 1 & 0 \end{pmatrix}$
位相反転演算	Z	$\begin{pmatrix} 1 & 0 \\ 0 & -1 \end{pmatrix}$
位相・ビット反転演算	Y	$\begin{pmatrix} 0 & -i \\ i & 0 \end{pmatrix}$

2.1.2　量子シミュレータでのパウリゲートの使い方

それでは、パウリ演算子を使って、量子回路を組み、量子シミュレータ実験を行ってみよう。コンポーザにある量子論理ゲートのアイコンは、次のような意味に使われている。

図2.2　IBMの量子シミュレータ実験

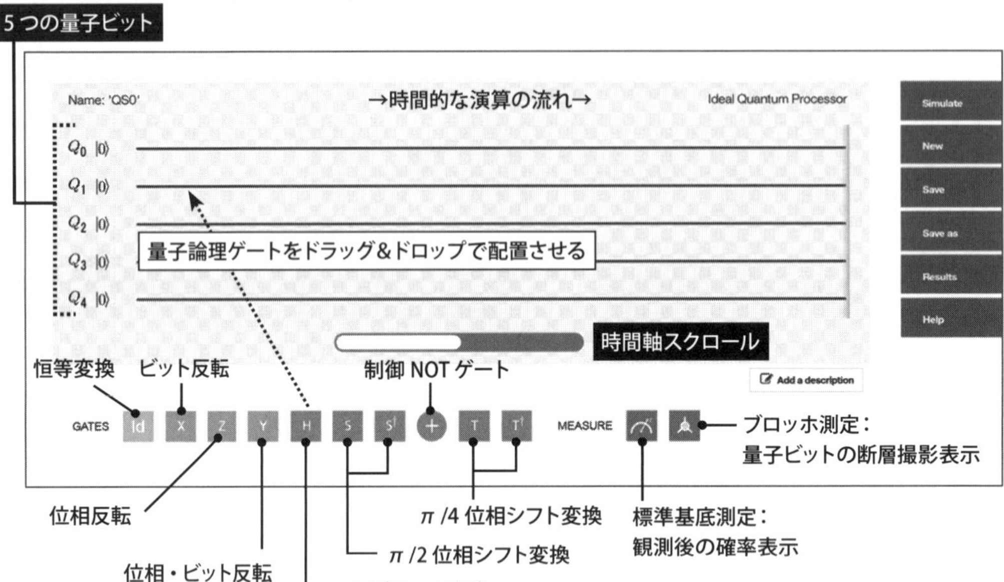

IBMの量子シミュレータに使われている量子論理ゲートと測定は、次のように定義されているが、各量子論理ゲートは順を追って説明する。

図2.3　量子論理ゲートと測定を説明しているヘルプ画面

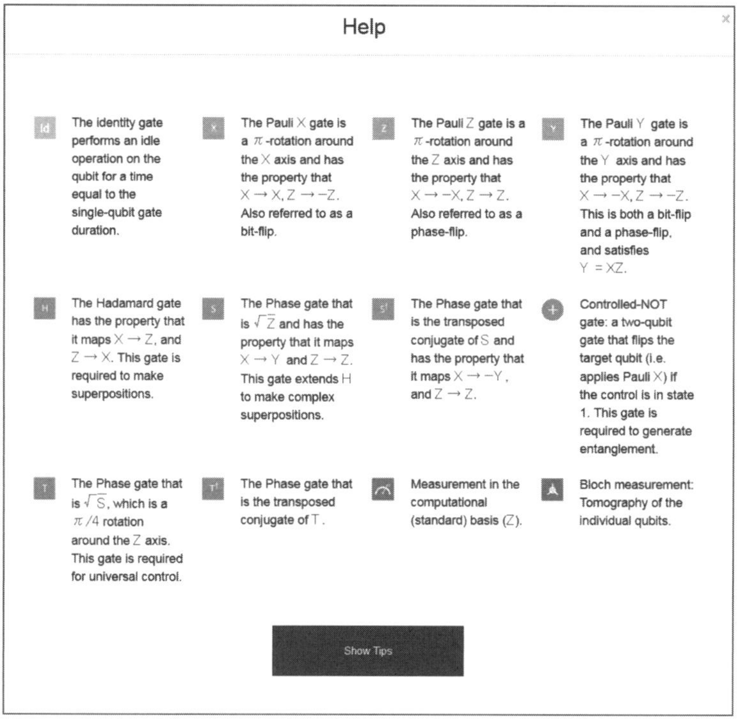

Help

×

Id The identity gate performs an idle operation on the qubit for a time equal to the single-qubit gate duration.

X The Pauli X gate is a π-rotation around the X axis and has the property that X → X, Z → −Z. Also referred to as a bit-flip.

Z The Pauli Z gate is a π-rotation around the Z axis and has the property that X → −X, Z → Z. Also referred to as a phase-flip.

Y The Pauli Y gate is a π-rotation around the Y axis and has the property that X → −X, Z → −Z. This is both a bit-flip and a phase-flip, and satisfies Y = XZ.

H The Hadamard gate has the property that it maps X → Z, and Z → X. This gate is required to make superpositions.

S The Phase gate that is √Z and has the property that it maps X → Y and Z → Z. This gate extends H to make complex superpositions.

S† The Phase gate that is the transposed conjugate of S and has the property that it maps X → −Y, and Z → Z.

⊕ Controlled-NOT gate: a two-qubit gate that flips the target qubit (i.e. applies Pauli X) if the control is in state 1. This gate is required to generate entanglement.

T The Phase gate that is √S, which is a π/4 rotation around the Z axis. This gate is required for universal control.

T† The Phase gate that is the transposed conjugate of T.

Measurement in the computational (standard) basis (Z).

Bloch measurement: Tomography of the individual qubits.

Show Tips

2.2 恒等ゲートとパウリゲートを使った量子シミュレータ実験

2.2.1　恒等演算 *Id*

恒等演算 *Id* は、次のように単位行列になっている。

$$Id = \begin{pmatrix} 1 & 0 \\ 0 & 1 \end{pmatrix}$$

任意の量子ビットに演算しても、その量子ビット自身に変換されて、何も変えないアイドルなゲートになっている。

$$Id|0\rangle = |0\rangle, \quad Id|1\rangle = |1\rangle$$

まず、この恒等演算子を量子シミュレータで確かめてみよう。

例題 2-1　恒等演算の実装

行列計算と量子シミュレータを使って、$Id|0\rangle=|0\rangle$ を確かめよ。量子シミュレータでの測定はブロッホ測定で確かめよ。

【解答】

$Id|0\rangle=|0\rangle$ を行列で書き直すと、次のようになる。

$$Id\,|0\rangle=\begin{pmatrix}1 & 0\\ 0 & 1\end{pmatrix}\begin{pmatrix}1\\ 0\end{pmatrix}=\begin{pmatrix}1\\ 0\end{pmatrix}=|0\rangle$$

また、量子シミュレータでは、次のように恒等演算 Id のアイコンを使って量子プログラムする。測定には、ブロッホ測定アイコンを指定する。

図2.4　恒等演算の実装

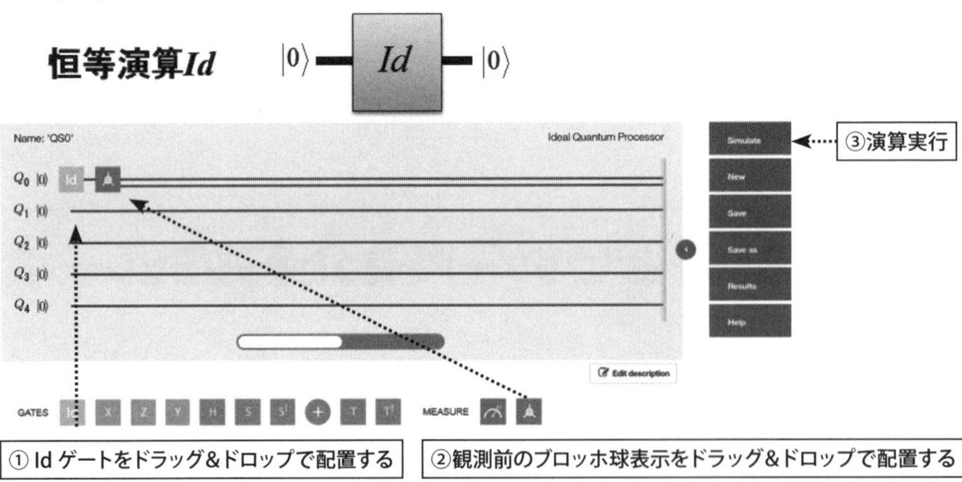

この量子シミュレータの実行結果は、次のようになり、量子ビットのベクトルが $|0\rangle$ 状態にあることが分かる。

図2.5　恒等演算の実装の実行結果

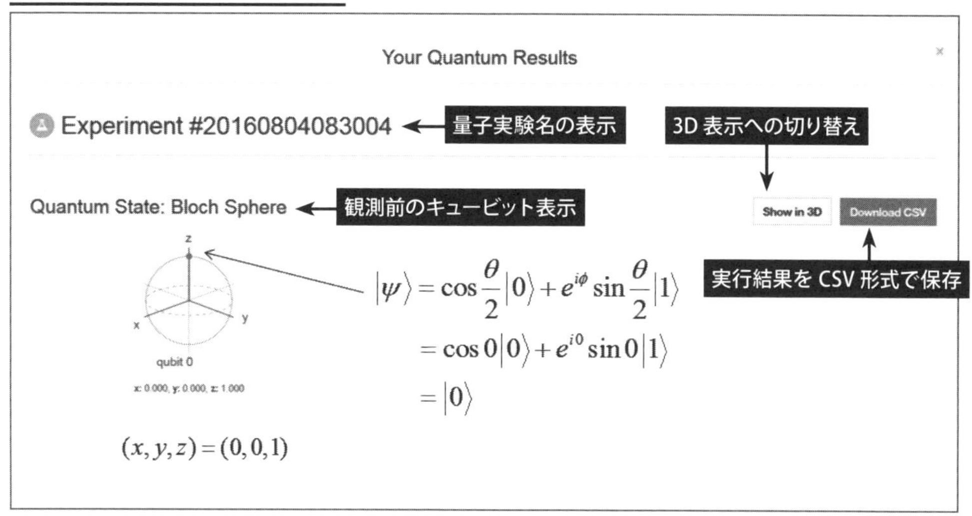

演習 2-1

行列計算と量子シミュレータを使って、$Id|1\rangle=|1\rangle$ を確かめよ。量子シミュレータでの測定は、標準基底測定とブロッホ測定とで別々に確かめよ。

図2.6　恒等演算の実装

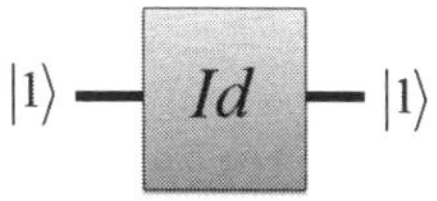

$$|1\rangle — \boxed{Id} — |1\rangle$$

2.2.2　ビット反転演算 X

ビット反転演算 X は、x 軸の周りに角度 π だけ回転させる演算で、次のように対角要素が 0 で非対角要素が 1 の行列になっている。

$$X=\begin{pmatrix}0 & 1\\ 1 & 0\end{pmatrix}$$

そのために、ビット反転演算 X は NOT 演算のように働き、$|0\rangle$ 状態や $|1\rangle$ 状態に作用させると量子ビット状態が反転していることが分かる。

図2.7　ビット反転演算（NOT演算）

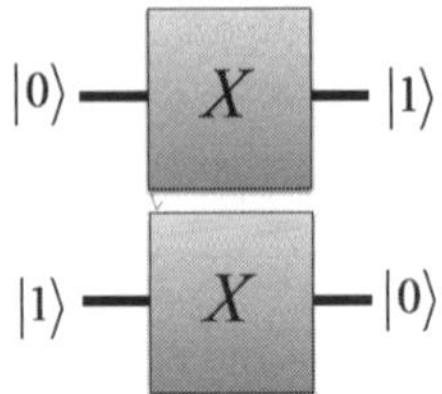

$$X|0\rangle = |1\rangle, \quad X|1\rangle = |0\rangle$$

そうすると、量子ビットの重ね合わせ状態にビット反転演算を作用させると、次のようになる。

図2.8　*X*基底のビット反転演算

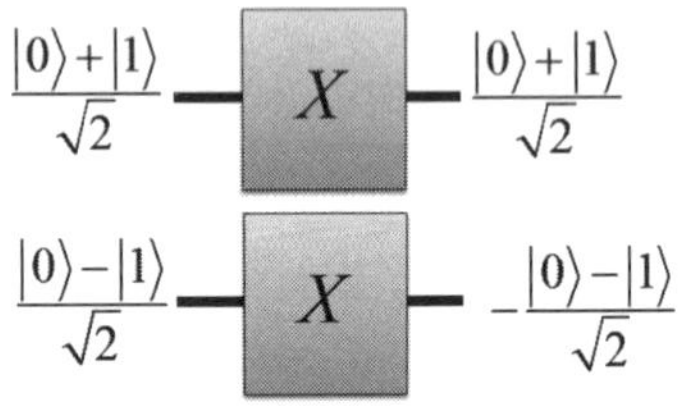

$$\frac{|0\rangle+|1\rangle}{\sqrt{2}} \;-\!\boxed{X}\!-\; \frac{|0\rangle+|1\rangle}{\sqrt{2}}$$

$$\frac{|0\rangle-|1\rangle}{\sqrt{2}} \;-\!\boxed{X}\!-\; -\frac{|0\rangle-|1\rangle}{\sqrt{2}}$$

$$X|+\rangle \equiv X\frac{|0\rangle+|1\rangle}{\sqrt{2}} = \frac{1}{\sqrt{2}}\begin{pmatrix}0 & 1\\ 1 & 0\end{pmatrix}\begin{pmatrix}1\\ 1\end{pmatrix} = \frac{1}{\sqrt{2}}\begin{pmatrix}1\\ 1\end{pmatrix} = \frac{|0\rangle+|1\rangle}{\sqrt{2}} \equiv |+\rangle$$

$$X|-\rangle \equiv X\frac{|0\rangle-|1\rangle}{\sqrt{2}} = \frac{1}{\sqrt{2}}\begin{pmatrix}0 & 1\\ 1 & 0\end{pmatrix}\begin{pmatrix}1\\ -1\end{pmatrix} = \frac{1}{\sqrt{2}}\begin{pmatrix}-1\\ 1\end{pmatrix} = -\frac{|0\rangle-|1\rangle}{\sqrt{2}} \equiv -|-\rangle$$

これは、状態 $(|0\rangle \pm |1\rangle)/\sqrt{2}$ がパウリ演算子 X の固有ベクトルになっていて、固有値が ±1 となっていることを示し、$(|0\rangle \pm |1\rangle)/\sqrt{2}$ を**双対基底**または ***X* 基底**といい、|±> と書くこともある。

例題 2-2　恒等演算とビット反転の実装

量子シミュレータで 2 量子ビット用いて、$Id|0>=|0>$, $X|1>=|0>$ を確かめる量子回路作成せよ。量子シミュレータでの測定はブロッホ測定で確かめよ。

【解答】

第 1 量子ビット Q_0 には $Id|0>$ として例題 2-1 を使用し、第 2 量子ビット Q_1 には $X|1>$ を設定し、次のような量子プログラムを作成する。

図2.9

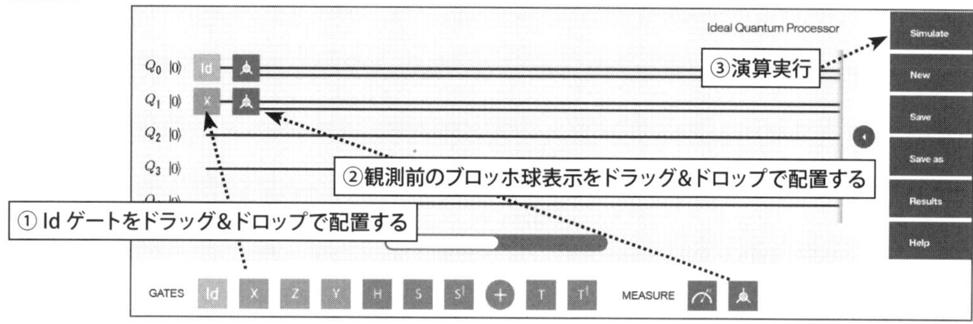

この実行結果は、次のようになり、確かにビット反転していることが分かる。

図2.10

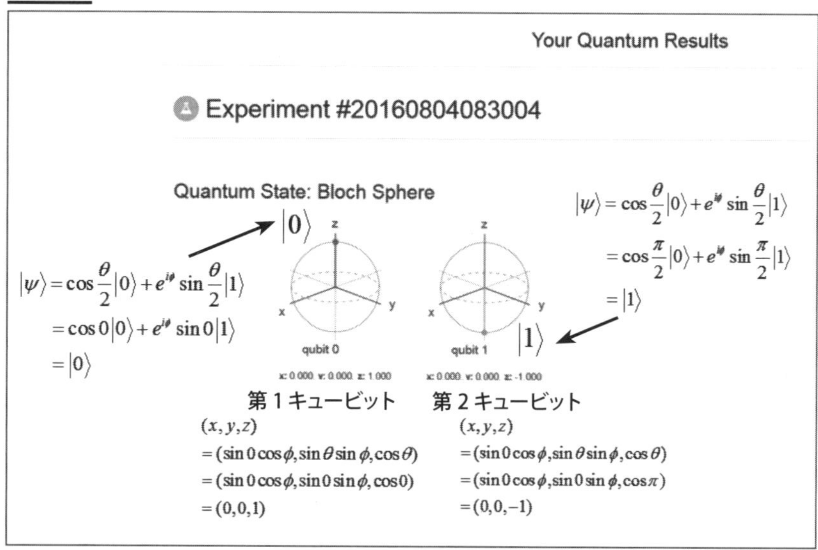

例題 2-3　ビット反転の繰り返し実装

行列計算と量子シミュレータを使って、$X(X|0>)=|0>$ を確かめよ。量子シミュレータでの測定はブロッホ測定で行う。

図2.11　ビット反転の繰り返し実装

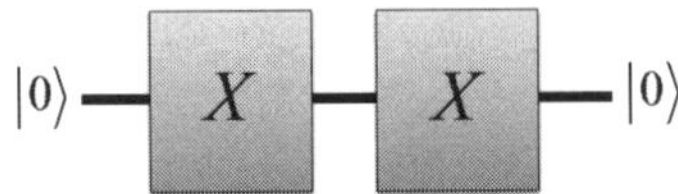

【解答】

$X(X|0>)=|0>$ を行列で書き直すと、次のようになる。

$$X(X|0\rangle)=\begin{pmatrix}0&1\\1&0\end{pmatrix}\begin{pmatrix}0&1\\1&0\end{pmatrix}\begin{pmatrix}1\\0\end{pmatrix}=\begin{pmatrix}0&1\\1&0\end{pmatrix}\begin{pmatrix}0\\1\end{pmatrix}=\begin{pmatrix}1\\0\end{pmatrix}=|0\rangle$$

また、量子シミュレータでは、比較のために第1量子ビット Q_0 には初期状態 $|0>$ をそのままブロッホ測定し、第2量子ビット Q_1 では、次のようにビット反転演算 X を2回連続で指定してブロッホ測定を行った。行列で求めたように、確かに初期状態 $|0>$ に戻ったことが量子シミュレータでも確かめられた。

図2.12　ビット反転の繰り返し効果の比較実験

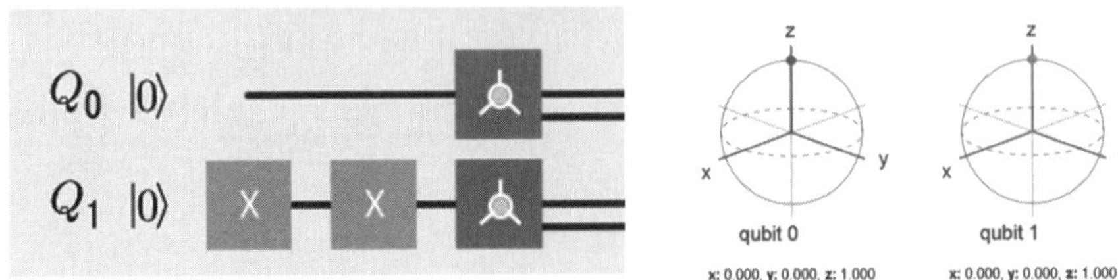

演習 2-2

行列と量子シミュレータを使って、$X(X|1>)=|1>$ を確かめよ。量子シミュレータでの測定はブロッホ測定で行う。

図2.13

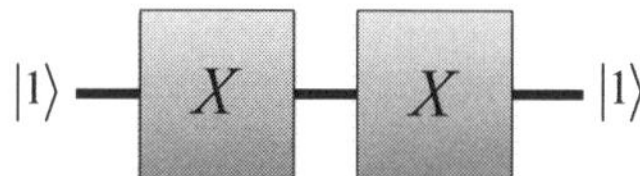

2.2.3　位相反転演算 Z

位相反転演算 Z は、z 軸の周りに角度 π だけ回転させる演算で、次のような対角行列になっていて、|0> 状態に対しては何も変えないが、|1> 状態に対しては状態は同じで位相のみ反転を引き起こす演算子であった。

図2.14　位相反転

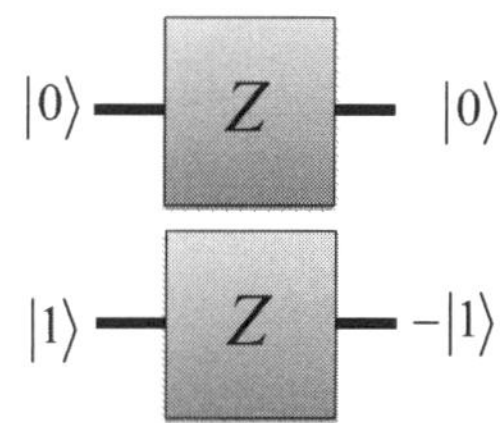

$$Z = \begin{pmatrix} 1 & 0 \\ 0 & -1 \end{pmatrix} \qquad Z|0\rangle = |0\rangle, Z|1\rangle = -|1\rangle$$

これは、状態 |0>, |1> が位相反転演算子 Z の固有ベクトルになっていて、固有値が ± 1 となっていることを示し、|0>, |1> を**標準基底**または **Z 基底**という。

また、位相反転演算 Z を重ね合わせ状態 $|x>=a|0+b|1>$ に作用させると、次のように行列計算できる。

図2.15　重ね合わせ状態の位相反転

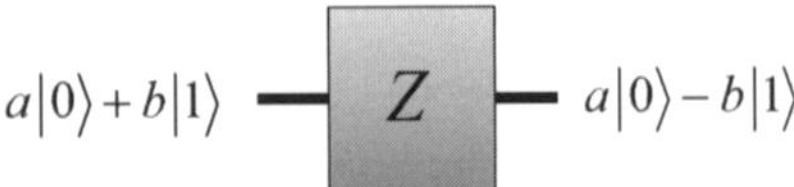

$$Z|x\rangle = Z\left(a|0\rangle + b|1\rangle\right) = \begin{pmatrix} 1 & 0 \\ 0 & -1 \end{pmatrix}\begin{pmatrix} a \\ b \end{pmatrix}$$

$$= \begin{pmatrix} a \\ -b \end{pmatrix} = a|0\rangle - b|1\rangle$$

例題 2-4　ビット反転と位相反転との比較実装

4量子ビットを使って、$X|0\rangle=|1\rangle$, $X|1\rangle=|0\rangle$ と $Z|0\rangle=|0\rangle$, $Z|1\rangle=-|1\rangle$ を同時に確かめる量子回路を作成せよ。量子シミュレータでの測定はブロッホ測定で確かめよ。

【解答】

次のような量子回路で、$|1\rangle$ 状態はビット反転演算 X を使って生成し、最初の2量子ビットで $X|0\rangle=|1\rangle$, $X|1\rangle=|0\rangle$ を組み、後の2量子ビットで $Z|0\rangle=|0\rangle$, $Z|1\rangle=-|1\rangle$ を組んだ。その実行結果を2次元のブロッホ球で示した。確かに式通りになるが、最後のマイナスは、グローバル位相因子なので表示はされないことに注意する。

図2.16　ビット反転と位相反転との比較実装

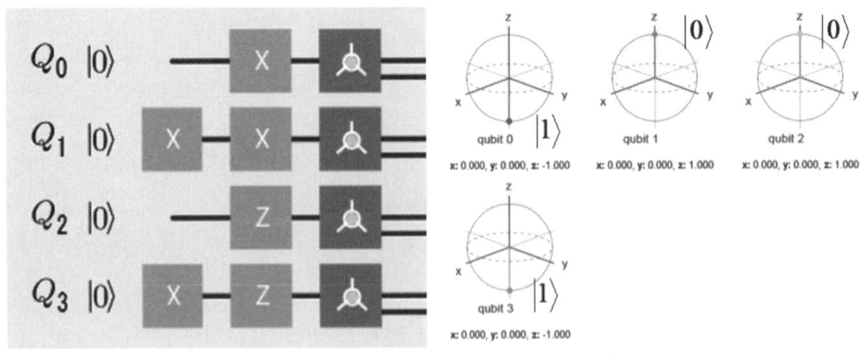

演習 2-3

行列計算と量子シミュレータを使って、$ZZ|0\rangle=|0\rangle$, $ZZ|1\rangle=|1\rangle$ を確かめよ。量子シミュレータでの測定は、標準基底測定とブロッホ測定とで別々に確かめよ。

図2.17　位相反転の繰り返し効果

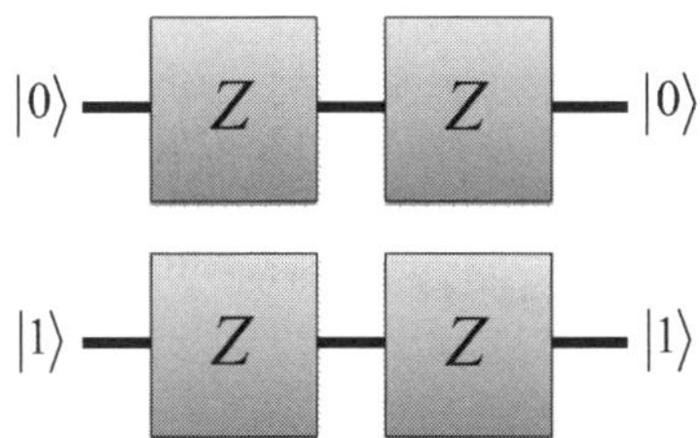

一般に、2 つの行列の積は順番が変わると異なった結果を生み出す。たとえば、体操で右向いて逆立ちするのと、逆立ちして右を向くのでは顔の向きが異なる。行列も交換すると一般的には異なり、たとえば、$XZ \neq ZX$ となる。

ここで、行列積の演算子の順序と量子回路の演算子の順序とが逆なことに注意する。

図2.18　演算順序入れ替え

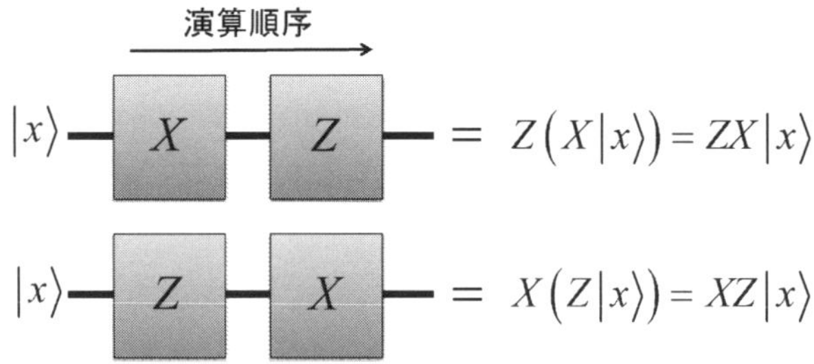

例題 2-5　ビット反転と位相反転との非可換

ビット反転演算 X と位相反転演算 Z を交換して結果が違うこと、つまり、$XZ \neq ZX$ を行列計算で証明せよ。

【解答】

行列積 XZ と ZX を個別に行列計算して、生成された結果が違うことを示せばよいので、次のように行列計算でき、マイナス位置が異なり、行列を交換すると同じにならないことが分かる。

$$XZ = \begin{pmatrix} 0 & 1 \\ 1 & 0 \end{pmatrix}\begin{pmatrix} 1 & 0 \\ 0 & -1 \end{pmatrix} = \begin{pmatrix} 0 & -1 \\ 1 & 0 \end{pmatrix},$$

$$ZX = \begin{pmatrix} 1 & 0 \\ 0 & -1 \end{pmatrix}\begin{pmatrix} 0 & 1 \\ 1 & 0 \end{pmatrix} = \begin{pmatrix} 0 & 1 \\ -1 & 0 \end{pmatrix}$$

例題 2-6　ビット反転と位相反転との非可換の実装

4 量子ビットを使って、$ZX|0>=|1>$, $ZX|1>=-|0>$ と $XZ|0>=|1>$, $XZ|1>=-|0>$ を同時に確かめる量子回路を作成せよ。量子シミュレータでの測定はブロッホ測定で確かめよ。

【解答】

図 2.19 のような量子回路で、$ZX|0>=|1>$, では、Q_0 量子ビットでは初期状態 $|0>$ にビット反転演算 X と位相反転演算 Z を順に作用させると $|1>$ 状態が得られる。また、$ZX|1>=-|0>$ では、Q_1 量子ビットを使ってビット反転演算 X を使って初期状態 $|1>$ を準備し、同様にビット反転演算 X と位相反転演算 Z を順に作用させると $|0>$ 状態が得られた。ここでのブロッホ測定ではマイナスの位相は表示できない。

さらに、$XZ|0>=|1>$ では、Q_2 量子ビットを使って、初期状態 $|0>$ に先ほどとは逆に位相反転演算 Z を入れてからビット反転演算 X を作用させると $|1>$ 状態が得られ、$XZ|1>=-|0>$ では、Q_3 量子ビットを使ってビット反転演算 X を使った初期状態 $|1>$ に同じ順に Z 演算の後に X 演算を入れると $|0>$ 状態が得られた。ここでもブロッホ測定ではマイナスの位相は表示できない。ここでのマイナスは、グローバル位相因子なので観測できず、そのままのブロッホ測定では、行列の順を入れ替えても同じ結果となった。

図2.19　ビット反転と位相反転との非可換の実装実験

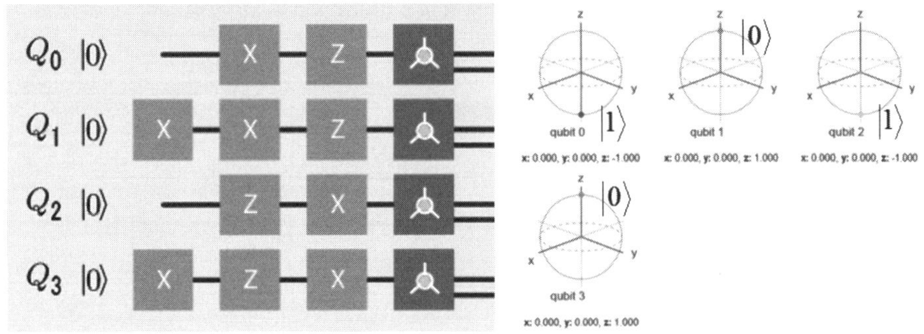

2.2.4　位相・ビット反転演算 Y

位相・ビット反転演算 Y は、y 軸の周りに角度 π だけ回転させる演算で、対角要素はなく非対角要素のみある行列で、次のようになる。位相反転した後に、ビット反転する必要がある。そのために、|1> 状態に作用するとマイナスの位相因子が出てくるが、|0> 状態に作用してもマイナスの位相因子が出てこないことになる。

$$Y = \begin{pmatrix} 0 & -i \\ i & 0 \end{pmatrix} \qquad Y|0\rangle = i|1\rangle, \quad Y|1\rangle = -i|0\rangle$$

この演算子 Y には複素数 $\pm i$ が掛けられて、複素数表示のない行列も定義できるが、全体にかかるグローバルな位相因子で観測できない量であり、無視できる。

例題 2-7　位相・ビット反転演算の等価回路の実装

先の例題 2-6 で XZ を実装したが、位相反転演算 Z をしてからビット反転演算 X をすると演算子 Y と同じになるが、これを確かめる量子回路を作成せよ。

【解答】

XZ 演算と Y 演算とを比較すると、次のようになり確かに一致する。

$$XZ = \begin{pmatrix} 0 & 1 \\ 1 & 0 \end{pmatrix}\begin{pmatrix} 1 & 0 \\ 0 & -1 \end{pmatrix} = \begin{pmatrix} 0 & -1 \\ 1 & 0 \end{pmatrix} = -iY$$

そのため、$XZ|0\rangle=|1\rangle$, $XZ|1\rangle=-|0\rangle$ と $Y|0\rangle=i|1\rangle$, $Y|1\rangle=-i|0\rangle$ と比較し、同じになるか確かめるように量子回路を作成すればよいので、次のような量子回路となり、確かにブロッホ測定での量子ビットの状態も同じであることが確認できた。

図2.20　位相・ビット反転演算の等価回路の実装実験

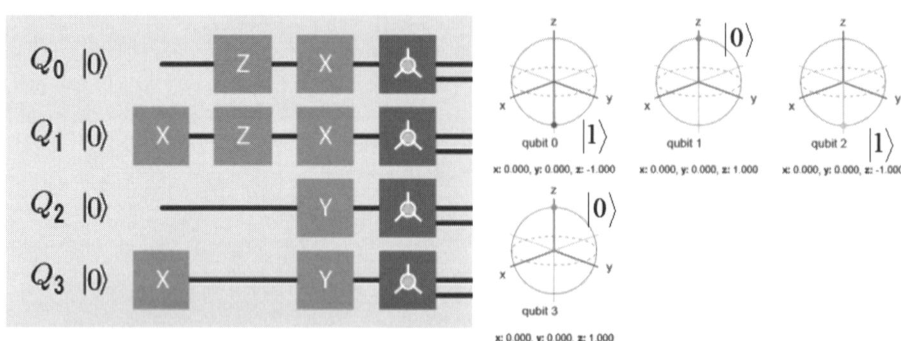

さらに、パウリ演算子X, Y, Zをいろいろと組み替えて、パウリ演算子の性質を調べてみよう。まず、YZ 演算を考えると、次のようになる。

図2.21　演算順序の入れ替え

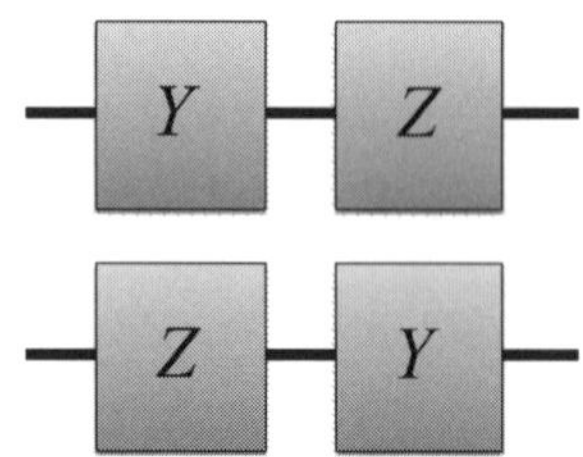

$$YZ = \begin{pmatrix} 0 & -i \\ i & 0 \end{pmatrix}\begin{pmatrix} 1 & 0 \\ 0 & -1 \end{pmatrix} = \begin{pmatrix} 0 & i \\ i & 0 \end{pmatrix} = iX$$

これは、$Y=iXZ$ より、$YZ=iXZZ=iX$ となる。演算子の意味として、位相反転を２回繰り返してビット反転しているので、位相反転は相殺しビット反転のみとなるので合点がいく。

例題 2-8　演算 ZY の量子回路の実装

演算 ZY を行列計算して、何になるかを求めよ。また、演算 ZY の量子回路を作成して、行列計算したようになるか確かめよ。

【解答】

ZY 演算を行列計算すると、次のようになり、$YZ=iXZZ=iX$ の結果と比較して、マイナス因子が発生する。

$$ZY=\begin{pmatrix}1&0\\0&-1\end{pmatrix}\begin{pmatrix}0&-i\\i&0\end{pmatrix}=\begin{pmatrix}0&-i\\-i&0\end{pmatrix}=-i\begin{pmatrix}0&1\\1&0\end{pmatrix}=-iX$$

そのため、$ZY|0\rangle=-i|1\rangle$, $ZY|1\rangle=-i|0\rangle$ と $X|0\rangle=|1\rangle$. $X|1\rangle=|0\rangle$ と比較し、マイナスの位相因子は無視して、同じになるか確かめるように量子回路を作成すればよいので、次のような量子回路となる。マイナスの位相因子を無視すれば、ブロッホ測定での量子ビットの状態も同じであることが確認できた。

図2.22　演算ZYの量子回路の実装

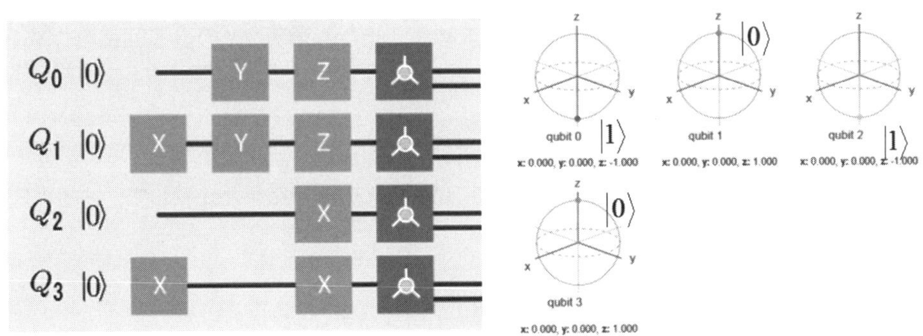

最後に、パウリ演算子 X, Y を組み替えて、次の XY 演算を考えると、図 2.23 のように位相反転演算 Z なる。

図2.23　演算順序の入れ替え

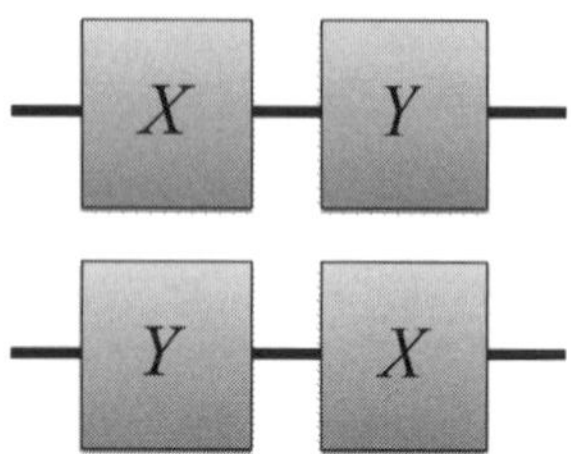

$$XY = \begin{pmatrix} 0 & 1 \\ 1 & 0 \end{pmatrix}\begin{pmatrix} 0 & -i \\ i & 0 \end{pmatrix} = \begin{pmatrix} i & 0 \\ 0 & -i \end{pmatrix} = iZ$$

これは、$Y=iXZ$ より、$XY=iXXZ=iZ$ となる。演算子の意味として、Y 演算で位相反転を行った後にビット反転を行い、さらに X 演算でビット反転しているので、最後の繰り返されたビット反転は相殺し、最初の位相反転だけが残るので、Z 演算となる。

例題 2-9　演算 YX の量子回路の実装

演算 YX を行列計算して、何になるかを求めよ。また、演算 YX の量子回路を作成して、行列計算したようになるか確かめよ。

【解答】

YX 演算を行列計算すると、次のようになり、$XY=iXXZ=iZ$ の結果と比較して、マイナス因子が発生する。

$$YX = \begin{pmatrix} 0 & -i \\ i & 0 \end{pmatrix}\begin{pmatrix} 0 & 1 \\ 1 & 0 \end{pmatrix} = \begin{pmatrix} -1 & 0 \\ 0 & 1 \end{pmatrix} = -i\begin{pmatrix} 1 & 0 \\ 0 & -1 \end{pmatrix} = -iZ$$

そのため、$YX|0\rangle=-i|0\rangle$, $YX|1\rangle=i|1\rangle$ と $Z|0\rangle=|0\rangle$, $Z|1\rangle=-|1\rangle$ と比較し、マイナスの位相因子は無視して、同じになるか確かめるように量子回路を作成すればよいので、次のような量子回路となる。マイナスの位相因子を無視すれば、ブロッホ測定での量子ビットの状態も同じであることが確認できた。

図2.24　演算 YX の量子回路の実装実験

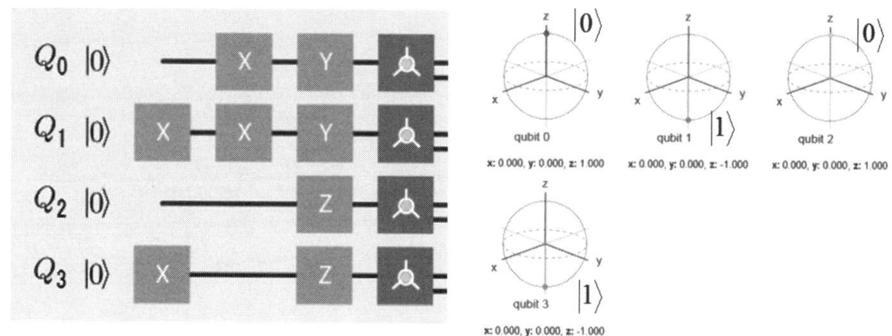

これらのパウリ演算子 X, Y, Z をいろいろと組み替えて、次のような互換の性質が分かった。これから様々な演算子を組み合わせる上で、重要な互換性である。

図2.25　パウリ演算子の互換性

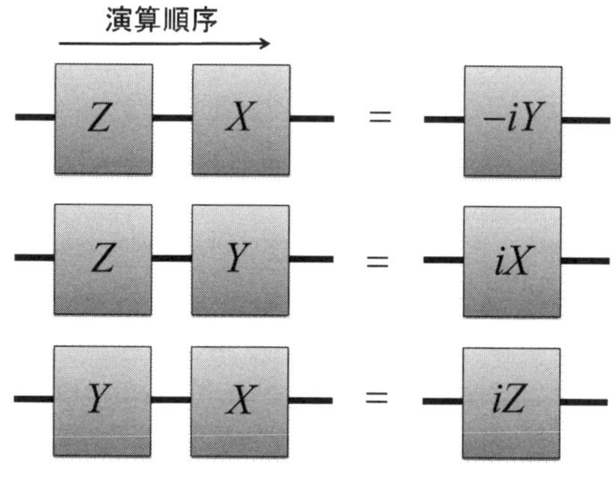

$$XZ = -iY,$$
$$YZ = iX,$$
$$XY = iZ$$

これらを量子回路で設計するとき、図 2.25 のように演算順序は逆に書くので注意すること。

また、左辺の行列の積を交換するとマイナスの位相因子が付いたことも分かった。

図2.26　パウリ演算子の互換性

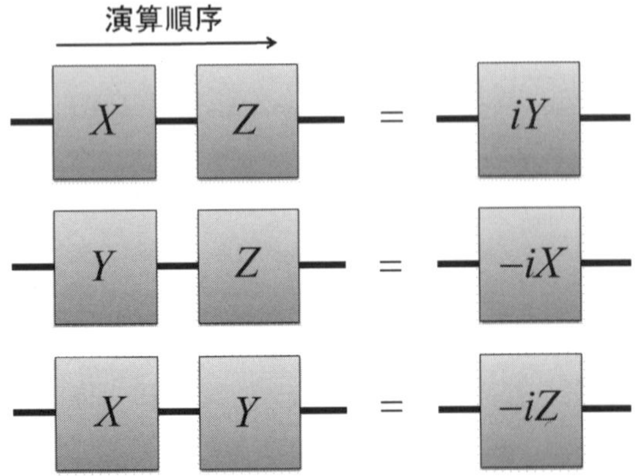

$$ZX = iY,$$
$$ZY = -iX,$$
$$YX = -iZ$$

そのために、次のような交換関係が成立する。

$$XZ - ZX = -2iY,$$
$$YZ - ZY = 2iX,$$
$$XY - YX = 2iZ$$

実験 2-1

本章で作成した量子回路を量子シミュレータではなく、実際の IBM の量子コンピュータを使って、量子実験をしてみよう。理論値と異なり、どの程度の誤差が発生するか実験で確かめてみよう。量子コンピュータでの測定には、ブロッホ測定はできないので、標準基底測定で行うこと。また、量子シミュレータでは置けた演算子が、実際の量子コンピュータ実験では置けない位置もあるので工夫して作成してみよう。

3 アダマールゲートの量子実験

パウリゲートの次によく使われる量子ゲートは、アダマールゲートである。ここでは、アダマール変換による量子ゲートについて詳細に説明する。そのためには、量子コンピュータで使われるユニタリ行列やエルミート行列について学ぶ。そして、ユニタリ行列での固有ベクトルや固有値を復習する。1量子ビットだけではなく、複数の量子ビットを取り扱うので、行列のテンソル積も説明する。

さらに、量子コンピュータのいかなる量子ゲートも構築できる万能ゲートとなるユニバーサルゲートセットについて説明し、これらはパウリ演算やアダマール演算を含んだクリフォード演算と非クリフォード演算から構築される。そして、クリフォード演算を用いて、パウリ演算 X, Y, Z からパウリ演算 X, Y, Z に変換できることを説明する。

3.1 アダマール変換とは

3.1.1 エルミート行列とユニタリ行列

量子コンピュータで使われる行列 M の要素には、複素数が含まれることがあり、虚数の符号の正負を入れ替えた複素共役を取った**複素共役行列** M^* を次のように定義する。当然実数の行列要素の場合は、同じ行列となる。

$$M = \begin{pmatrix} a & b \\ c & d \end{pmatrix} \rightarrow M^* = \begin{pmatrix} a^* & b^* \\ c^* & d^* \end{pmatrix}$$

また、行列 M の要素の行と列を入れ替えて、次のような**転置行列** M^T を用いることもある。

$$M = \begin{pmatrix} a & b \\ c & d \end{pmatrix} \rightarrow M^T = \begin{pmatrix} a & c \\ b & d \end{pmatrix}$$

そこで、この転置操作と複素共役操作を同時に取ることを**転置共役**とか**エルミート共役**と呼び、次のような記号 †（短剣：ダガー）を用いて表す。

$$M = \begin{pmatrix} a & b \\ c & d \end{pmatrix} \rightarrow M^\dagger = \left(M^T\right)^* = \begin{pmatrix} a^* & c^* \\ b^* & d^* \end{pmatrix}$$

いろいろな行列のエルミート共役として、行列の和差 $M \pm N$ の全体のエルミート共役は、次のようにそれぞれのエルミート共役を取った行列の和差になる。

$$(M \pm N)^\dagger = M^\dagger \pm N^\dagger$$

複素数の定数 λ と行列 M との積のエルミート共役は、定数 λ の転置はないので、次のように定数 λ の複素共役とエルミート共役を取った行列との積になる。

$$(\lambda M)^\dagger = \lambda^* M^\dagger$$

さらに、行列 M のエルミート共役のエルミート共役は元に戻ることになる。

$$\left(M^\dagger\right)^\dagger = M$$

行列の積 MN の全体のエルミート共役は、次のように行列の順序は逆になり、それぞれのエルミート共役を取ったものになる。

$$(MN)^\dagger = N^\dagger M^\dagger$$

ここで、転置共役された行列 $M^{\dagger}$ が元の行列 M と同じであれば、その行列は**エルミート行列**であると呼ばれる。

エルミート行列の条件： $M = M^{\dagger}$

また、元の行列 U と転置共役された行列 $U^{\dagger}$ との行列の積が単位行列 I となれば、その行列は**ユニタリ行列**と呼ばれる。

ユニタリ行列の条件： $UU^{\dagger} = U^{\dagger}U = I$

そのため、ユニタリ行列 U は、元の行列の逆行列 U^{-1} に等しい行列となる。

$$U^{\dagger} = U^{-1}$$

量子コンピュータでは、このユニタリ行列を用いて、量子ビットをブロッホ球上の任意の場所に回転させて量子計算することになる。ユニタリ行列は**可逆行列**のために、出力から入力を決定できることが保証されている。

また、状態ベクトル $|u>$ に対して、ユニタリ変換 U した状態ベクトル $U|u>$ は、そのベクトルの長さ（ノルム）は変わらない。また、ユニタリ変換 U した状態ベクトル $U|u>$ が、次のように状態ベクトルが変わらず単にそのスカラー λ 倍だけになるとき、状態ベクトル $|u>$ を**固有ベクトル**、λ を**固有値**という。

$$U|u\rangle = \lambda|u\rangle$$

ユニタリ行列 U の固有値は、次の計算で固有値 λ の絶対値は $|\lambda|=1$ となる。つまり、状態ベクトルがユニタリ行列によるいかなる回転を受けても、いつもブロッホ球の上に存在することになる。

$$|u\rangle = U^{\dagger}\left(U|u\rangle\right) = \lambda U^{\dagger}|u\rangle = \lambda\lambda^{*}|u\rangle = |\lambda|^{2}|u\rangle \rightarrow |\lambda| = 1$$

3.1.2　アダマール変換

パウリ演算子よりももう少し複雑な量子ビットの回転操作を行う、次のような**アダマール変換**の行列を考えてみよう。これは、量子コンピュータで非常に重要な基本的な演算子で、1 量子ビットでの**量子フーリエ変換**（第 10 章参照）に相当する。

図3.1　アダマール変換

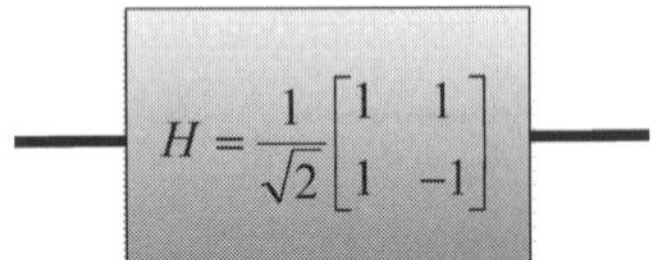

$$H=\frac{1}{\sqrt{2}}\begin{pmatrix}1 & 1\\ 1 & -1\end{pmatrix}$$

このアダマール変換は、エルミート行列 $H=H^\dagger$ であり、ユニタリ行列 $HH^\dagger=I$ にもなっている。

このアダマール変換を、Z 基底である |0> 状態と |1> 状態にそれぞれ作用すると、次のように計算できる。

図3.2　*Z*基底のアダマール変換での計算

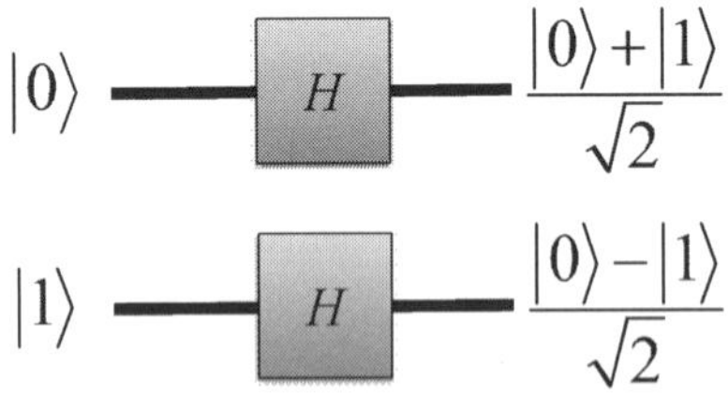

$|0\rangle$ ― H ― $\frac{|0\rangle+|1\rangle}{\sqrt{2}}$

$|1\rangle$ ― H ― $\frac{|0\rangle-|1\rangle}{\sqrt{2}}$

$$H|0\rangle=\frac{1}{\sqrt{2}}\begin{pmatrix}1 & 1\\ 1 & -1\end{pmatrix}\begin{pmatrix}1\\ 0\end{pmatrix}=\frac{1}{\sqrt{2}}\begin{pmatrix}1\\ 1\end{pmatrix}=\frac{|0\rangle+|1\rangle}{\sqrt{2}}\equiv|+\rangle$$

$$H|1\rangle=\frac{1}{\sqrt{2}}\begin{pmatrix}1 & 1\\ 1 & -1\end{pmatrix}\begin{pmatrix}0\\ 1\end{pmatrix}=\frac{1}{\sqrt{2}}\begin{pmatrix}1\\ -1\end{pmatrix}=\frac{|0\rangle-|1\rangle}{\sqrt{2}}\equiv|-\rangle$$

つまり、|1> 状態の前の位相の違いはあるが、|0> と |1> とが均等に混ざった重ね合わせ状態を生成できることが分かる。これらの重ね合わせ状態 $(|0\rangle\pm|1\rangle)/\sqrt{2}$ は |±> とも表記され、X 基底に変換された。

量子シミュレータで |0>, H|0> をブロッホ測定で調べると、次のように |0> と |1> との均等な重ね合わせ状態はブロッホ球の赤道に来ており、量子ビットが回転していることが分かる。

図3.3　*Z*基底のアダマール変換実装

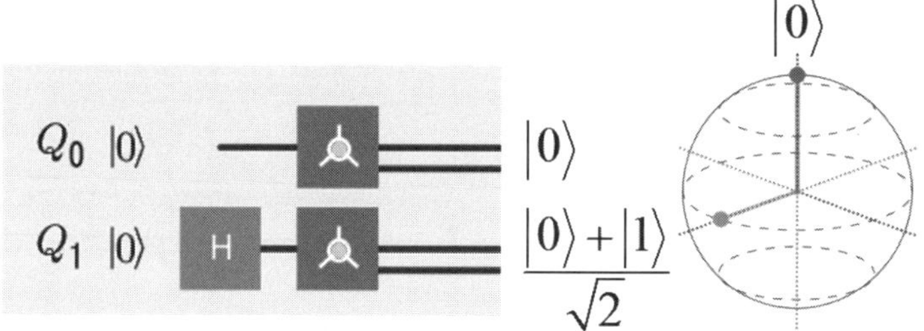

例題 3-1　アダマール変換の繰り返し効果

量子シミュレータでさらに、アダマール変換を 2 回繰り返すとどうなるか、3 量子ビット使って、|0>, *H*|0>, *HH*|0> を計算する量子回路を作成し、ブロッホ測定の 3 次元表示で調べてみよう。また、行列計算でも確認してみよう。

【解答】

アダマール変換はエルミート行列 $H=H^{\dagger}$ であり、ユニタリ行列 $HH^{\dagger}=I$ でもあるので、アダマール変換を 2 回繰り返すと $HH=I$ より単位行列となり元に戻る。また、アダマール変換により、次のようにも忠実に計算していける。

$$HH|0\rangle = H\left(\frac{|0\rangle+|1\rangle}{\sqrt{2}}\right) = \frac{1}{2}\left(|0\rangle+|1\rangle+|0\rangle-|1\rangle\right) = |0\rangle$$

これを量子シミュレータで量子回路を組むと、次のようになり、確かにブロッホ球の赤道に移動し、また |0> 状態に戻っていることが分かる。ここでは、古い量子シミュレータでのブロッホ球表示であるが、こちらの方が見やすく、新しい表示は薄くて見にくいために、古い方を参考に表記した。

図3.4　アダマール変換の繰り返し実装

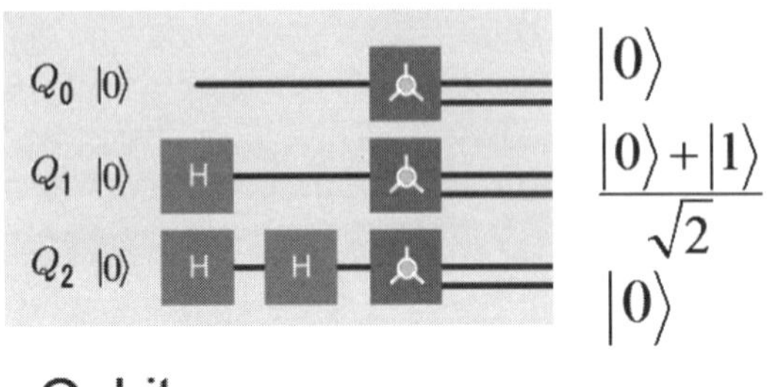

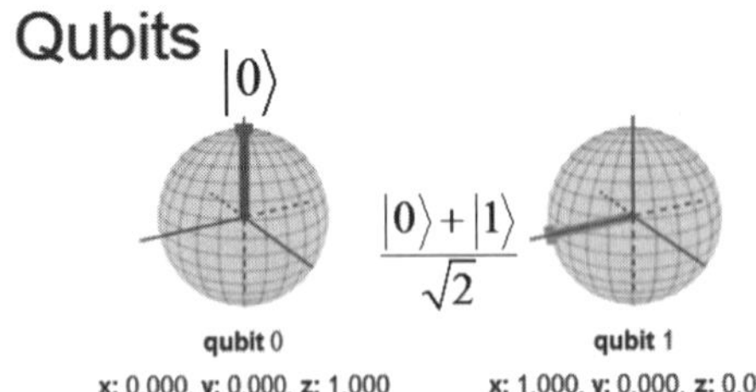

アダマール変換は $H=H^{\dagger}=H^{-1}$ により可逆になっているので、次のように逆戻りしても成立する。

図3.5　X基底のアダマール変換

$$\frac{|0\rangle+|1\rangle}{\sqrt{2}} \;—\; \boxed{H} \;—\; |0\rangle$$

$$\frac{|0\rangle-|1\rangle}{\sqrt{2}} \;—\; \boxed{H} \;—\; |1\rangle$$

$$H|+\rangle=H\left(\frac{|0\rangle+|1\rangle}{\sqrt{2}}\right)=\frac{1}{2}\left(|0\rangle+|1\rangle+|0\rangle-|1\rangle\right)=|0\rangle$$

$$H|-\rangle=H\left(\frac{|0\rangle-|1\rangle}{\sqrt{2}}\right)=\frac{1}{2}\left(|0\rangle+|1\rangle-|0\rangle+|1\rangle\right)=|1\rangle$$

演習 3-1

量子シミュレータで 4 量子ビット使って、$|0>$, $H|0>$, $|1>$, $H|1>$ を計算する量子回路を作成し、ブロッホ測定の 3 次元表示で調べてみよ。

3.1.3 アダマール変換による均等な重ね合わせ状態の生成

次のような 2 つの量子ビット $|x>$, $|y>$ に対して、

$$|x\rangle = a|0\rangle + b|1\rangle, \quad |y\rangle = c|0\rangle + d|1\rangle$$

古典的な 2 ビットは 00, 01, 10, 11 の 4 成分があるように、2 つの量子ビットも 4 個の要素を持つ列ベクトルがあり、次のように計算される**テンソル積** $|x> \otimes |y>$ を導入する。

$$|x\rangle\otimes|y\rangle=\begin{pmatrix}a\\b\end{pmatrix}\otimes\begin{pmatrix}c\\d\end{pmatrix}=\begin{pmatrix}a\begin{pmatrix}c\\d\end{pmatrix}\\ b\begin{pmatrix}c\\d\end{pmatrix}\end{pmatrix}=\begin{pmatrix}ac\\ad\\bc\\bd\end{pmatrix}\begin{matrix}\leftarrow|00\rangle\\ \leftarrow|01\rangle\\ \leftarrow|10\rangle\\ \leftarrow|11\rangle\end{matrix}$$

そのため、$|0>$, $|1>$ のテンソル積は、次のように計算でき、これらが、2 量子ビットの基底ベクトルで、便宜上 $|00>$, $|01>$, $|10>$, $|11>$ と書くことにする。そうすれば、これらはテンソル積 $|x> \otimes |y>$ の列ベクトルの各 4 要素の基底ベクトルになっていて、列ベクトルの各行の 4 要素は、それぞれの基底状態が観測される確率振幅となる。

$$|0\rangle\otimes|0\rangle=\begin{pmatrix}1\\0\end{pmatrix}\otimes\begin{pmatrix}1\\0\end{pmatrix}=\begin{pmatrix}1\cdot\begin{pmatrix}1\\0\end{pmatrix}\\ 0\cdot\begin{pmatrix}1\\0\end{pmatrix}\end{pmatrix}=\begin{pmatrix}1\\0\\0\\0\end{pmatrix}\equiv|00\rangle$$

$$|0\rangle\otimes|1\rangle=\begin{pmatrix}1\\0\end{pmatrix}\otimes\begin{pmatrix}0\\1\end{pmatrix}=\begin{pmatrix}1\cdot\begin{pmatrix}0\\1\end{pmatrix}\\ 1\cdot\begin{pmatrix}0\\1\end{pmatrix}\end{pmatrix}=\begin{pmatrix}0\\1\\0\\0\end{pmatrix}\equiv|01\rangle$$

$$|1\rangle\otimes|0\rangle=\begin{pmatrix}0\\1\end{pmatrix}\otimes\begin{pmatrix}1\\0\end{pmatrix}=\begin{pmatrix}0\cdot\begin{pmatrix}1\\0\end{pmatrix}\\1\cdot\begin{pmatrix}1\\0\end{pmatrix}\end{pmatrix}=\begin{pmatrix}0\\0\\1\\0\end{pmatrix}\equiv|10\rangle$$

$$|1\rangle\otimes|1\rangle=\begin{pmatrix}0\\1\end{pmatrix}\otimes\begin{pmatrix}0\\1\end{pmatrix}=\begin{pmatrix}0\cdot\begin{pmatrix}0\\1\end{pmatrix}\\1\cdot\begin{pmatrix}0\\1\end{pmatrix}\end{pmatrix}=\begin{pmatrix}0\\0\\0\\1\end{pmatrix}\equiv|11\rangle$$

これらのテンソル積では、ベクトル和に対して

分配則：$(|x\rangle+|y\rangle)\otimes|z\rangle=|x\rangle\otimes|z\rangle+|y\rangle\otimes|z\rangle$

が成り立ち、スカラー倍に対して

結合則：$(\lambda|x\rangle)\otimes|y\rangle=\lambda(|x\rangle\otimes|y\rangle)=|x\rangle\otimes(\lambda|y\rangle)$

が成り立つ。

また、量子ビット数が多くなると、列ベクトルの中を短く表現するために、2進数ではなく10進数で書いたりすることもある。

$$|00\rangle\equiv|0\rangle,|01\rangle\equiv|1\rangle,|10\rangle\equiv|2\rangle,|11\rangle\equiv|3\rangle$$

そうすれば、アダマール変換された重ね合わせ状態のテンソル積は、次のように書ける。

$$\frac{|0\rangle+|1\rangle}{\sqrt{2}}\otimes\frac{|0\rangle+|1\rangle}{\sqrt{2}}=\frac{1}{2}\left(|00\rangle+|01\rangle+|10\rangle+|11\rangle\right)\equiv\frac{1}{2}\left(|0\rangle+|1\rangle+|2\rangle+|3\rangle\right)$$

量子シミュレータで、これを確しかめてみよう。2量子ビットを使い、各初期状態 |0> をアダマール変換すれば、各量子ビットに均等な重ね合わせ状態ができ、次のようにブロッホ測定（旧表記）でも確かめられる。ここで、測定方法を標準基底測定に切り替えると、各基底ベクトル |00>, |01>, |10>, |11> での観測確率の分布図が表示され、それぞれ均等に 25% ずつになっていることが分かる。これは、量子アルゴリズムでの量子ビットの初期状態として、均等な重ね合わせ状態を生成するのに、非常によく利用される。

図3.6 2量子ビットでの均等な重ね合わせ状態の実装

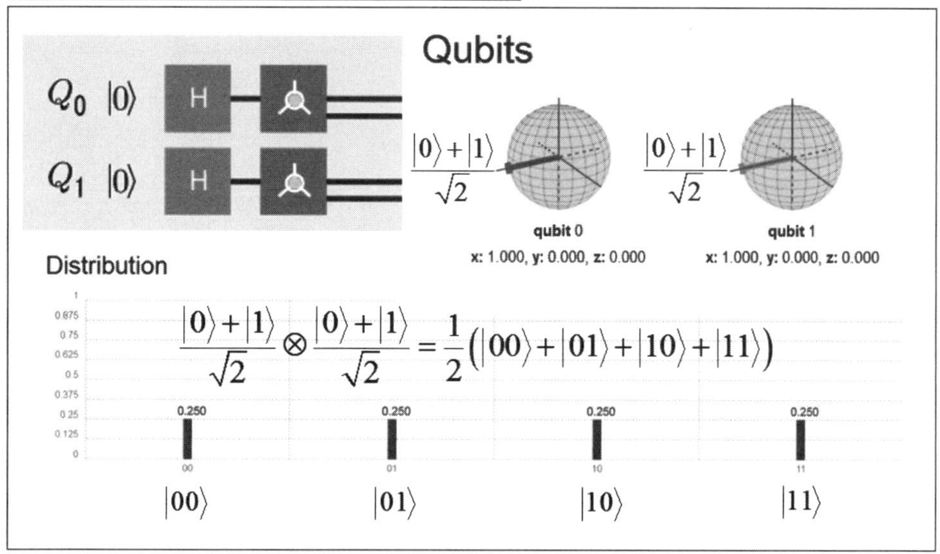

例題 3-2　4 量子ビットでの均等な重ね合わせ状態の実装

量子シミュレータで 4 量子ビット用いて、均等な重ね合わせ状態を生成して、各標準基底での確率が理論と一致しているか確かめよ。

【解答】

4 量子ビット使用するので、4 つの各初期状態 |0> をアダマール変換すれば、次のようなテンソル積で表記でき、各量子ビットに均等な重ね合わせ状態が、次のように 10 進数表記で計算される。

$$|x\rangle=\bigotimes_{i=1}^{4}\left(\frac{|0\rangle+|1\rangle}{\sqrt{2}}\right)=\left(\frac{1}{\sqrt{2}}\right)^{4}\left(|0\rangle+|1\rangle+,\ldots,+|2^4-1\rangle\right)=\left(\frac{1}{\sqrt{2}}\right)^{4}\sum_{n=0}^{2^4-1}|n\rangle$$

そのために、各標準基底での確率振幅は 1/4 なので、観測確率は 1/16=0.0625 となる。

それでは、量子シミュレータで実験してみると、次のような量子回路となる。測定は標準基底測定で行うと、実験結果として確率分布図が現れ、均等な重ね合わせ状態となっている。観測確率は 0.063 となり、ほぼ一致した。

図3.7　4量子ビットでの均等な重ね合わせ状態の実装

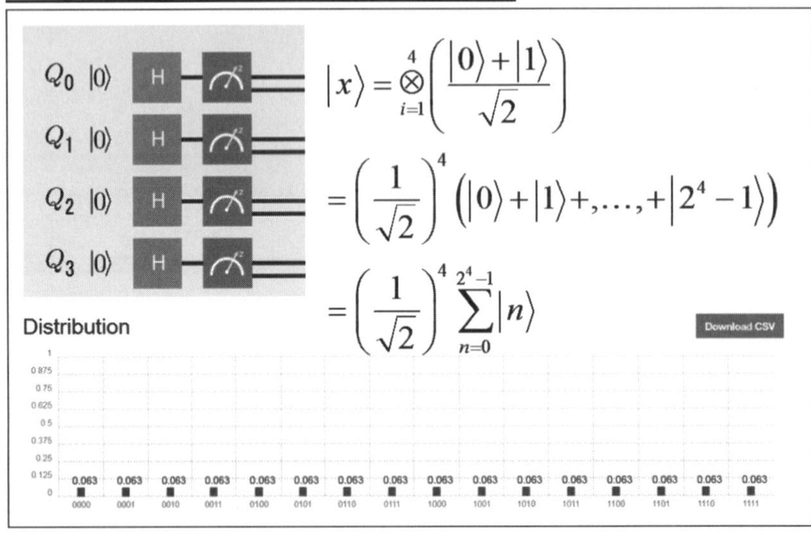

演習 3-2

量子シミュレータで5量子ビット用いて、均等な重ね合わせ状態を生成して、各標準基底での確率が理論と一致しているか確かめよ。

実験 3-1

量子シミュレータでなく5量子ビット用いて、均等な重ね合わせ状態を生成して、各標準基底での確率が理論とどれぐらい異なるか、ショット数を変えて、観測確率の平均値や標準偏差を求めて、評価せよ。
※たとえば、過去の1,024ショット数の実際の実験データ例では、次のように相当バラツキがあることが分かり、非常に興味深い。量子誤り訂正がない5量子ビットでの限界でもある。

図3.8　実際の量子コンピュータによる5量子ビットの重ね合わせ状態の生成実験結果

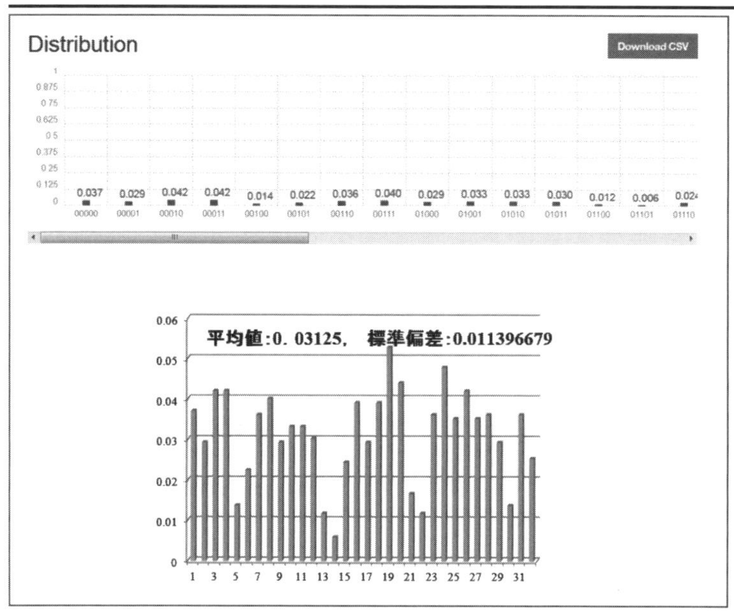

3.2 アダマール演算による量子シミュレータ実験

3.2.1 クリフォード演算と非クリフォード演算

古典的コンピュータではNANDゲートがあれば、このNANDゲートだけを組み合わせてどのような論理ゲートやブール関数も作成できる。このようなゲートを**ユニバーサルゲート**と呼んだ。量子コンピュータでも、ブロッホ球上の任意の場所に近似的に回転させるゲートは1つではなく、いくつかのゲートを組み合わせる必要があり、これらの組み合わせを**ユニバーサルゲートセット**と呼ぶ。

IBMの量子シミュレータで使える量子論理ゲートにはX, Y, Z, H, S, S†, CNOTがあり、これらのゲートは、**クリフォード演算**として知られる。クリフォード演算を用いて、パウリ演算X, Y, Zからパウリ演算X, Y, Zに変換できる。Gottesman-Knillの定理によれば、これらのクリフォード演算は、古典的コンピュータを用いて効率的に作成できるとした。つまり、逆説的で、クリフォード演算だけでは量子コンピュータは作れないということで、クリフォード演算だけではユニバーサルゲートセットを作れないことを示している。

そこで、ユニバーサルゲートセットを構築するためには、クリフォード演算の他に、少なくとも 1 つの**非クリフォード演算**を追加する必要がある。非クリフォード演算にはいろいろな候補が考えられるが、IBM の量子シミュレータでは、次の章で説明する位相シフト演算 $T, T^\dagger$ が追加されている。そのために、クリフォード演算 $X, Y, Z, H, S, S^\dagger$, $CNOT$ と非クリフォード演算の位相シフト演算 $T, T^\dagger$ を組み合わせれば、ユニバーサルゲートセットが完成することになる。

しかし、ブロッホ球のいろいろな位置に量子ビットを回転させるには、多くの非クリフォード演算の位相シフト演算 $T, T^\dagger$ を用いる必要があり、量子回路が複雑になる。そこで、位相シフト演算 $T, T^\dagger$ による量子回路の複雑さを表す指標として、***T* 深度**（***T*-depth**）を用いて、どれだけの回数だけ位相シフト演算 $T, T^\dagger$ が使われたかを表す。T 深度 1 であれば、量子回路に位相シフト演算 $T, T^\dagger$ が 1 回だけ使われ、T 深度 3 であれば、位相シフト演算 $T, T^\dagger$ が 3 回だけ使われたことになる。

3.2.2　アダマール演算によるパウリ演算の変換

アダマール演算を用いて、パウリ演算子からパウリ演算子へ変換できる。そこで、ビット反転演算 X とアダマール演算との組み合わせ演算は説明したので、次のように、位相反転演算 Z や位相・ビット反転演算 Y とアダマール演算との組み合わせ演算を調べてみよう。

$$HY|0\rangle = \frac{1}{\sqrt{2}}\begin{pmatrix}1 & 1\\ 1 & -1\end{pmatrix}\begin{pmatrix}0 & -i\\ i & 0\end{pmatrix}\begin{pmatrix}1\\ 0\end{pmatrix} = i\frac{|0\rangle - |1\rangle}{\sqrt{2}}$$

$$HZ|0\rangle = \frac{1}{\sqrt{2}}\begin{pmatrix}1 & 1\\ 1 & -1\end{pmatrix}\begin{pmatrix}1 & 0\\ 0 & -1\end{pmatrix}\begin{pmatrix}1\\ 0\end{pmatrix} = \frac{|0\rangle + |1\rangle}{\sqrt{2}}$$

ここで、位相反転 Z や位相・ビット反転 Y は、位相の違いはあるが、1 量子ビットを |0> か |1> に変えるので、その後にアダマール変換すると、|0> と |1> との均等な重ね合わせ状態に変換されたと予想できる。

例題 3-3　パウリ演算とアダマール変換と組み合わせ実装

5 量子ビットの量子シミュレータを使って、|0>, H|0>, HX|0>, HY|0>, HZ|0> を確かめる量子回路を作成し、行列計算と一致しているか確かめよ。測定はブロッホ測定で確かめよ。

【解答】

量子シミュレータを使って、表示の演算子の順序が量子回路では逆になっていることに注意し、各量子ビットに順に |0>, H|0>, HX|0>, HY|0>, HZ|0> を配置すればよい。そうすれば、この量子シミュレータの実行結果は、次のようにベクトル計算でき、アダマール変換後 |0> と |1> との均等な重ね合わせ状態に変換されていることが確認できた。グローバルな位相因子は無視する。

図3.9　パウリ演算とアダマール変換と組み合わせ実装

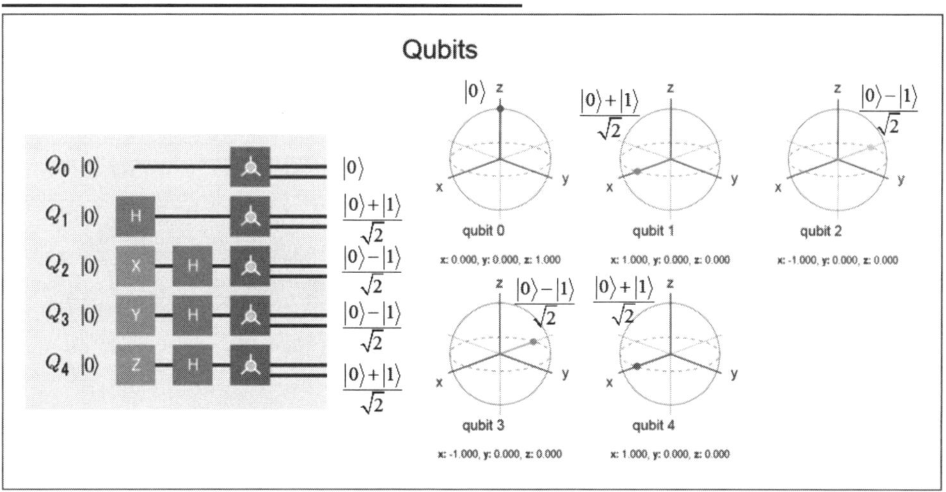

逆に、アダマール変換後にパウリ演算を行うとどうなるか考えてみよう。まず、次のように初期状態 |0> からアダマール変換を行うと、|0> と |1> との均等な重ね合わせ状態が生成される。その後、位相反転演算 Z を行うと、|0> の位相は変えないで、|1> の位相を反転させるので、先の演算 HZ|0> とは異なり、|0> と –|1> との均等な重ね合わせ状態に変換されることになる。

$$ZH|0\rangle = \frac{1}{\sqrt{2}}\begin{pmatrix}1 & 0\\ 0 & -1\end{pmatrix}\begin{pmatrix}1 & 1\\ 1 & -1\end{pmatrix}\begin{pmatrix}1\\ 0\end{pmatrix} = \frac{|0\rangle-|1\rangle}{\sqrt{2}}$$

さらに、その後に、アダマール変換するとどうなるか、次の例題で確かめてみよう。

例題 3-4　位相反転演算とアダマール変換との組み合わせ実装

3 量子ビットの量子シミュレータを使って、*H*|0>, *ZH*|0>, *HZH*|0> を確かめる量子回路を作成し、行列計算と一致しているか確かめよ。測定はブロッホ測定の 3 次元表示で確かめよ。

【解答】

量子シミュレータを使って、*H*|0>, *ZH*|0>, *HZH*|0> の演算の順序に注意して、次のように配置すればよい。そうすれば、この量子シミュレータの実行結果は、最終的に、|1> の状態に変換され、ビット反転演算 *X* を施したと同じ効果が出てきた。3 次元ブロッホ球は旧表記を利用した。また、行列計算で確かめると、次のようになり、*HZH*=*X* と判断できる。

$$HZH\left|0\right\rangle=\frac{1}{2}\begin{pmatrix}1 & 1\\ 1 & -1\end{pmatrix}\begin{pmatrix}1\\ -1\end{pmatrix}=\begin{pmatrix}0\\ 1\end{pmatrix}=\left|1\right\rangle=X\left|0\right\rangle$$

図3.10　位相反転演算とアダマール変換との組み合わせ実装

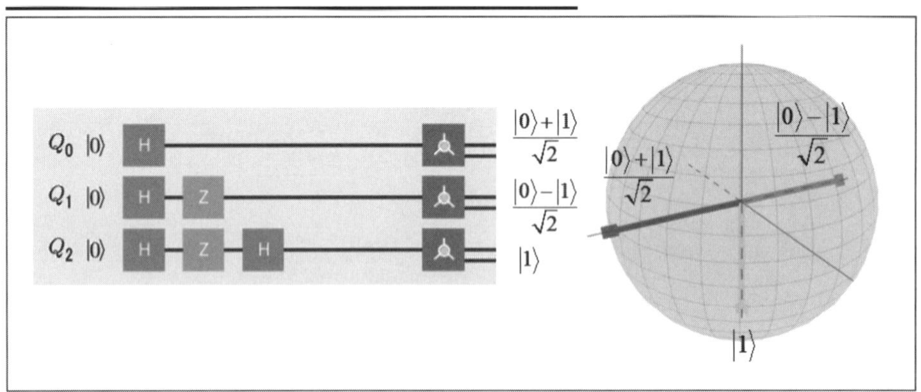

演習 3-3

3 量子ビットの量子シミュレータを使って、*H*|1>, *ZH*|1>, *HZH*|1> を確かめる量子回路を作成し、行列計算と一致しているか確かめよ。測定はブロッホ測定の 3 次元表示で確かめよ。

例題で *HZH*=*X* のようにパウリ演算子をアダマール演算でサンドイッチにして挟めば、パウリ演算子になったことが分かったが、他のパウリ演算子についてはどうなるか、*HXH*, *HYH* も確かめてみよう。

例題 3-5　パウリ演算子をアダマール演算で挟む効果

5 量子ビットの量子シミュレータを使って、パウリ演算子をアダマール演算で挟んだ HXH, HYH, HZH の演算結果を、|0>, HH|0>, HXH|0>, HYH|0>, HZH|0> の量子回路を作成し、行列計算と一致しているか確かめよ。測定はブロッホ測定の 2 次元表示で確かめよ。

【解答】

量子シミュレータを使って、|0>, HH|0>, HXH|0>, HYH|0>, HZH|0> の演算の順序に注意して、次のように配置すればよい。アダマール演算 H はエルミート行列でありユニタリ行列なので、HH のように連続して繰り返し使うと元に戻る。HXH|0>, HYH|0> は、次のように行列計算できる。

$$HXH|0\rangle = \frac{1}{2}\begin{pmatrix}1 & 1\\ 1 & -1\end{pmatrix}\begin{pmatrix}1\\ 1\end{pmatrix} = \begin{pmatrix}1\\ 0\end{pmatrix} = |0\rangle$$

$$HYH|0\rangle = \frac{1}{2}\begin{pmatrix}1 & 1\\ 1 & -1\end{pmatrix}\begin{pmatrix}-i\\ i\end{pmatrix} = -i\begin{pmatrix}0\\ 1\end{pmatrix} = -i|1\rangle$$

そこで、この量子シミュレータの実行結果は、最終的に、|0> か |1> の状態に変換されることになる。グローバルな位相因子は測定にはかからないので、無視する。

図3.11　パウリ演算子をアダマール演算で挟む効果

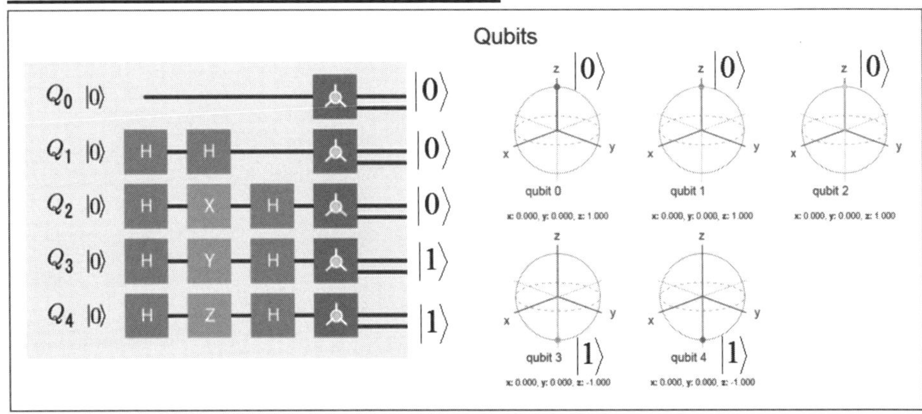

演習 3-4

3量子ビットの量子シミュレータを使って、|1>, HH|1>, HXH|1>, HYH|1>, HZH|1> を確かめる量子回路を作成し、行列計算と一致しているか確かめよ。測定はブロッホ測定の3次元表示で確かめよ。

一般に、パウリ演算子 X, Y, Z をアダマール演算 H でサンドイッチにして挟めば、行列計算では、次のように変換される。アダマール変換によりビット反転演算 X と位相反転演算 Z とは入れ替わっているが、位相・ビット反転演算 Y は入れ替わっていない。

図3.12　パウリ演算子をアダマール演算で挟む効果

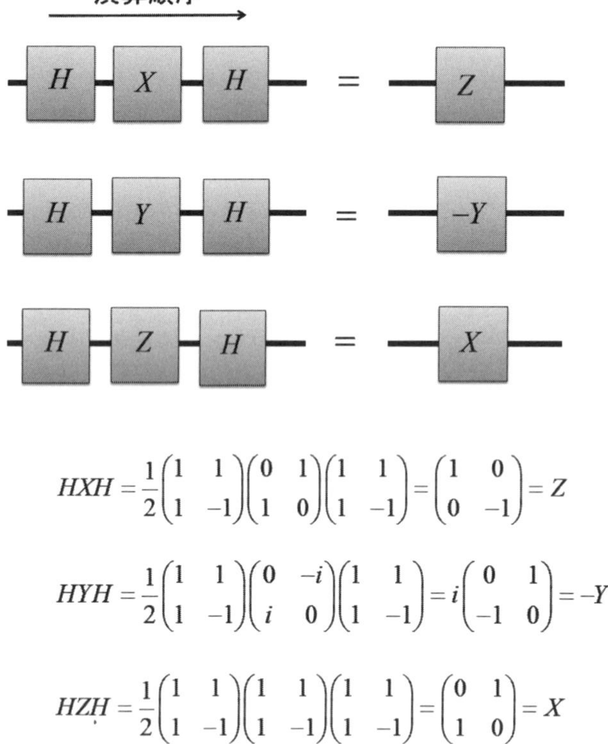

$$HXH = \frac{1}{2}\begin{pmatrix}1 & 1\\1 & -1\end{pmatrix}\begin{pmatrix}0 & 1\\1 & 0\end{pmatrix}\begin{pmatrix}1 & 1\\1 & -1\end{pmatrix} = \begin{pmatrix}1 & 0\\0 & -1\end{pmatrix} = Z$$

$$HYH = \frac{1}{2}\begin{pmatrix}1 & 1\\1 & -1\end{pmatrix}\begin{pmatrix}0 & -i\\i & 0\end{pmatrix}\begin{pmatrix}1 & 1\\1 & -1\end{pmatrix} = i\begin{pmatrix}0 & 1\\-1 & 0\end{pmatrix} = -Y$$

$$HZH = \frac{1}{2}\begin{pmatrix}1 & 1\\1 & -1\end{pmatrix}\begin{pmatrix}1 & 1\\1 & -1\end{pmatrix}\begin{pmatrix}1 & 1\\1 & -1\end{pmatrix} = \begin{pmatrix}0 & 1\\1 & 0\end{pmatrix} = X$$

例題 3-6　*HZH*=*X* を確かめる量子回路の実装

量子シミュレータで 4 量子ビット用いて、*HZH*=*X* を確かめる量子回路を作成せよ。たとえば、*Z*|0>, *HXH*|0>, *Z*|1>, *HXH*|1> の量子回路で前半と後半とでそれぞれ同じ実行結果を与えれば、同じ演算と考えられる。

【解答】

第 1 量子ビット Q_0 には比較のため |0> としたが、量子回路には初期状態がすべて |0> なので、実際の量子回路には *Z*|0>, *HXH*|0>, *ZX*|0>, *HXHX*|0> と設定した。その実行結果は次のようになり、|0> と |1> に対して *Z* と *HXH* とが同じ出力結果を与えたので、同じ演算と考えられる。

図3.13　*HZH*=*X*を確かめる量子回路の実装

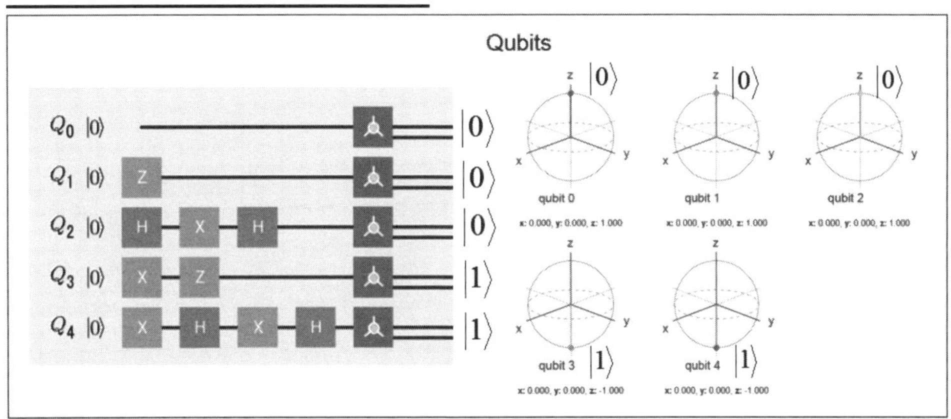

演習 3-5

量子シミュレータで 4 量子ビット用いて、*HYH*=–*Y* を確かめる量子回路を作成せよ。グローバルな位相因子は無視してよい。

演習 3-6

量子シミュレータで 4 量子ビット用いて、*HZH*=*X* を確かめる量子回路を作成せよ。

実験 3-2

本章で作成した量子回路を量子シミュレータではなく、実際の IBM の量子コンピュータを使って、量子実験をしてみよう。理論値と異なり、どの程度の誤差が発生するか実験で確かめてみよう。量子コンピュータでの測定には、ブロッホ測定はできないので、標準基底測定で行うこと。また、量子シミュレータでは置けた演算子が、実際の量子コンピュータ実験では置けない位置もあるので工夫して作成してみよう。

4 位相シフトゲートの量子実験

クリフォード演算の中でまだ説明していない位相反転演算子 $S, S^\dagger$ について説明しよう。そして、ユニバーサルゲートセットを構築するためには、少なくとも 1 つの非クリフォード演算を追加する必要があったが、ここでは、別な位相シフト演算 $T, T^\dagger$ を追加して併せて説明しよう。

また、非クリフォード演算の位相シフト演算 $T, T^\dagger$ とアダマール変換とを組み合わせて、ブロッホ球のいろいろな位置に量子ビットを回転させてみよう。また、位相シフト演算 $T, T^\dagger$ の使用回数による量子回路の複雑さを表す指標として、T 深度（T-depth）について説明する。

4.1 位相シフト演算とは

4.1.1 位相シフト演算

クリフォード演算 $X, Y, Z, H, S, S^\dagger$, $CNOT$ の中で、パウリ演算とアダマール演算とは説明したが、ここでは**位相シフト演算** $S, S^\dagger$ について説明しよう。さらに、ユニバーサルゲートセットを構築するためには、クリフォード演算の他に、少なくとも 1 つの**非クリフォード演算**を追加する必要があった。非クリフォード演算にはいろいろな候補が考えられるが、IBM の量子シミュレータでは、さらに別な**位相シフト演算** $T, T^\dagger$ が追加されている。そのために、クリフォード演算と非クリフォード演算の位相シフト演算 $T, T^\dagger$ を組み合わせれば、ユニバーサルゲートセットが完成することになる。

量子ビットの位相をずらせる一般的な位相シフト演算 P_θ は、次のように定義され、|0> の状態に対しては何もしないが、|1> の状態に対しては位相因子 $e^{i\theta}$ を掛ける。ただし、$\theta \in [0, 2\pi]$ とする。

$$P_\theta = \begin{pmatrix} 1 & 0 \\ 0 & e^{i\theta} \end{pmatrix}$$

次のように、エルミート行列ではないが、ユニタリ行列になっていることが分かる。

$$P_\theta^\dagger = \begin{pmatrix} 1 & 0 \\ 0 & e^{i\theta} \end{pmatrix}^\dagger = \begin{pmatrix} 1 & 0 \\ 0 & e^{-i\theta} \end{pmatrix} \neq P_\theta$$

$$P_\theta^\dagger P_\theta = \begin{pmatrix} 1 & 0 \\ 0 & e^{-i\theta} \end{pmatrix}\begin{pmatrix} 1 & 0 \\ 0 & e^{i\theta} \end{pmatrix} = \begin{pmatrix} 1 & 0 \\ 0 & e^{-i\theta+i\theta} \end{pmatrix} = \begin{pmatrix} 1 & 0 \\ 0 & 1 \end{pmatrix} = I$$

位相シフト演算 P_θ を標準基底ベクトル |0>, |1> に作用させると、

$$P_\theta|0\rangle = \begin{pmatrix} 1 & 0 \\ 0 & e^{i\theta} \end{pmatrix}\begin{pmatrix} 1 \\ 0 \end{pmatrix} = \begin{pmatrix} 1 \\ 0 \end{pmatrix} = |0\rangle$$

$$P_\theta|1\rangle = \begin{pmatrix} 1 & 0 \\ 0 & e^{i\theta} \end{pmatrix}\begin{pmatrix} 0 \\ 1 \end{pmatrix} = \begin{pmatrix} 0 \\ e^{i\theta} \end{pmatrix} = e^{i\theta}|1\rangle$$

位相シフト行列 P_θ は、|0> に対しては何もしないが、|1> に対しては位相 θ だけをずらせる働きがある。たとえば，位相シフト行列 P_θ で $\theta = 0$ であれば、当然位相は変えないので、次のように単位行列となる。

$$P_{\theta=0} = \begin{pmatrix} 1 & 0 \\ 0 & 1 \end{pmatrix} \equiv I$$

また、位相が $\theta = \pi$ であれば、|0> に対しては何もしないが、|1> に対してのみ角度 $\theta = \pi$ だけ回転させる、すなわち、位相を反転させる位相反転演算 Z となった。

$$P_{\theta=\pi} = \begin{pmatrix} 1 & 0 \\ 0 & -1 \end{pmatrix} \equiv Z$$

また、位相が $\theta = \pi/2$ であれば、|0> に対しては何もしないが、|1> に対してのみ角度 $\theta = \pi/2$ だけ回転させる、すなわち、位相を i だけずらせる位相シフト演算を S とおく。

$$P_{\theta=\pi/2} = \begin{pmatrix} 1 & 0 \\ 0 & e^{i(\pi/2)} \end{pmatrix} = \begin{pmatrix} 1 & 0 \\ 0 & i \end{pmatrix} \equiv S$$

また、位相が $\theta = \pi/4$ であれば、|0> に対しては何もしないが、|1> に対してのみ角度 $\theta = \pi/4$ だけ回転させる。すなわち、位相を $e^{i\pi/4}$ だけずらせる位相シフト演算を T とおく。

$$P_{\theta=\pi/4} = \begin{pmatrix} 1 & 0 \\ 0 & e^{i\frac{\pi}{4}} \end{pmatrix} = \begin{pmatrix} 1 & 0 \\ 0 & \dfrac{1+i}{\sqrt{2}} \end{pmatrix} = \begin{pmatrix} 1 & 0 \\ 0 & \sqrt{i} \end{pmatrix} \equiv T$$

そこで、位相シフト演算 S と T のエルミート共役は、次のように書ける。

図4.1 位相シフト演算

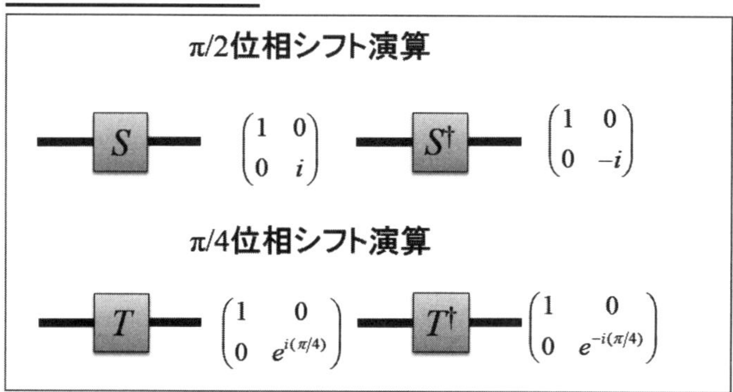

$$S = \begin{pmatrix} 1 & 0 \\ 0 & i \end{pmatrix} \to S^{\dagger} = \begin{pmatrix} 1 & 0 \\ 0 & e^{-i(\pi/2)} \end{pmatrix} = \begin{pmatrix} 1 & 0 \\ 0 & -i \end{pmatrix}$$

$$T = \begin{pmatrix} 1 & 0 \\ 0 & e^{i(\pi/4)} \end{pmatrix} \to T^{\dagger} = \begin{pmatrix} 1 & 0 \\ 0 & e^{-i(\pi/4)} \end{pmatrix} = \begin{pmatrix} 1 & 0 \\ 0 & \dfrac{1-i}{\sqrt{2}} \end{pmatrix}$$

つまり、位相シフト演算 $S^{\dagger}$ と $T^{\dagger}$ は、もともとの位相シフト演算 S と T の回転操作とは逆向きに回転させたことになる。そのために、位相シフト演算 S と T との回転操作の後に、位相シフト演算 $S^{\dagger}$ と $T^{\dagger}$ という逆回転操作を行うと元に戻ることになる。

$$SS^{\dagger}=\begin{pmatrix}1 & 0\\ 0 & i\end{pmatrix}\begin{pmatrix}1 & 0\\ 0 & -i\end{pmatrix}=I$$

$$TT^{\dagger}=\begin{pmatrix}1 & 0\\ 0 & e^{i(\pi/4)}\end{pmatrix}\begin{pmatrix}1 & 0\\ 0 & e^{-i(\pi/4)}\end{pmatrix}=I$$

すなわち、これは、位相シフト演算 S と T がユニタリ行列であることを示している。また、位相シフト演算 S と T はユニタリ行列であるので、$S^{\dagger}=S^{-1}$, $T^{\dagger}=T^{-1}T^{\dagger}$ により、次のようにも書ける。

$$SS^{\dagger}=SS^{-1}=I,$$
$$TT^{\dagger}=TT^{-1}=I$$

また、次のような平方根ゲートにも対応していることが分かる。

$$Z=SS=S^{2}\rightarrow\sqrt{Z}=S,$$
$$S=TT=T^{2}\rightarrow\sqrt{S}=T$$

4.1.2　位相シフト演算 S と T

位相シフト演算 S と T を任意の重ね合わせ状態 $|x>=a|0>+b|1>$ に作用させると、次のように $|0>$ に対しては何もしないが、$|1>$ に対してのみ位相をずらせている

$$S|x\rangle=\begin{pmatrix}1 & 0\\ 0 & i\end{pmatrix}\begin{pmatrix}a\\ b\end{pmatrix}=a|0\rangle+ib|1\rangle$$

$$T|x\rangle=\begin{pmatrix}1 & 0\\ 0 & e^{i(\pi/4)}\end{pmatrix}\begin{pmatrix}a\\ b\end{pmatrix}=a|0\rangle+e^{i(\pi/4)}b|1\rangle$$

例題 4-1　位相シフト演算 S の実装

量子シミュレータで、|0>, S|0>, |1>, S|1> を計算する量子回路をブロッホ測定で調べてみよう。

【解答】

位相シフト演算 S により、S|0>=|0>, S|1>=i|1> となるが、ここでの位相 i はグローバルな位相因子なので、観測されず無視できる。そこで、これを量子シミュレータで量子回路を組むと、次のようになり、|0> または |1> の状態なっていることが確かめられた。

図4.2　位相シフト演算Sの実装

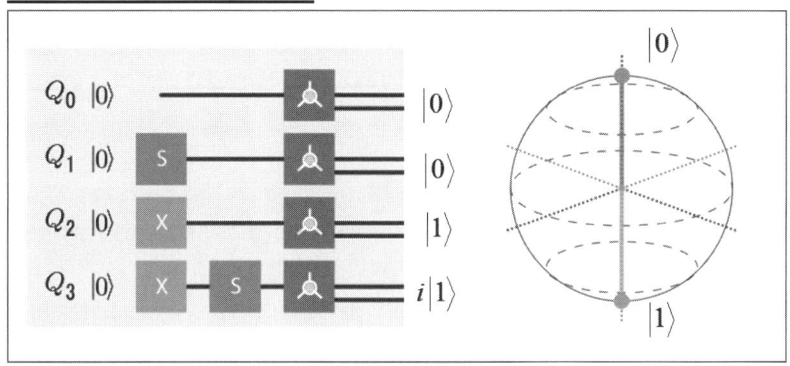

例題 4-2　位相シフト演算 T の実装

量子シミュレータで、|0>, T|0>, |1>, T|1> を計算する量子回路をブロッホ測定で調べてみよう。

【解答】

位相シフト演算 T により、T|0>=|0>, T|1>=$e^{i\pi/4}$|1> となるが、ここでの位相 $e^{i\pi/4}$ はグローバルな位相因子なので、観測されず無視できる。そこで、これを量子シミュレータで量子回路を組むと、次のようになり、|0> または |1> の状態なっていることが確かめられた。

図4.3　位相シフト演算Tの実装

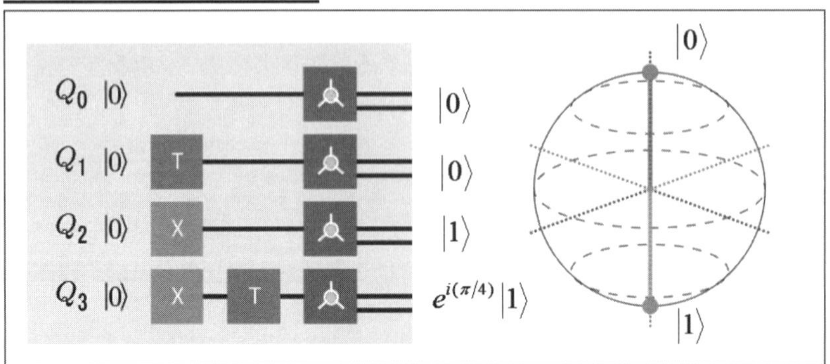

位相シフト演算Sは、|1> に対してのみ角度$\theta = \pi/2$だけ回転させ、位相シフト演算Tは、角度$\theta = \pi/4$だけ回転させるので、位相シフト演算Tを 2 回を連続して繰り返せば、位相シフト演算Sと同じになる。

$$TT = \begin{pmatrix} 1 & 0 \\ 0 & e^{i\frac{\pi}{4}} \end{pmatrix}\begin{pmatrix} 1 & 0 \\ 0 & e^{i\frac{\pi}{4}} \end{pmatrix} = \begin{pmatrix} 1 & 0 \\ 0 & i \end{pmatrix} = S$$

例題 4-3　位相シフト演算の組み合わせ実装

量子シミュレータで、$S|1>$, $TT|1>$, $S^\dagger S|1>$, $T^\dagger T|1>$ を計算する量子回路をブロッホ測定で調べてみよう。行列計算でも一致するか確かめよ。

【解答】

位相シフト演算Sにより、$S|1>=i|1>$、となり、位相シフト演算Tにより、$TT|1>=e^{i(\pi/4)}e^{i(\pi/4)}|1>=i|1>$, $T|1>=e^{i(\pi/4)}|1>$, $T^\dagger T|1>=e^{i(\pi/4)}e^{i(\pi/4)}|1>=|1>$ となるが、ここでのグローバルな位相因子は観測されず無視できる。そこで、これらの量子回路を組むと、次のようになり、すべて |1> の状態なっていることが確かめられた。

図4.4　位相シフト演算の組み合わせ実装

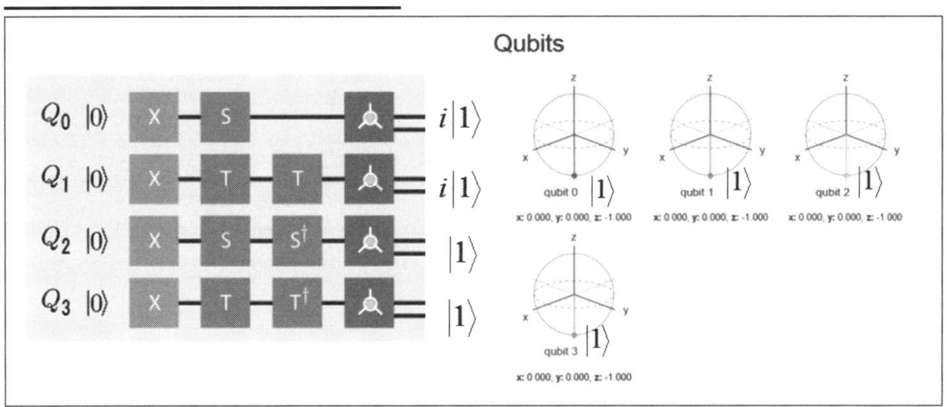

クリフォード演算 $X, Y, Z, H, S, S^{\dagger}$, $CNOT$を用いて、パウリ演算 X, Y, Z からパウリ演算 X, Y, Z に変換できるが、前章では、アダマール演算 H を用いてパウリ演算 X, Y, Z からパウリ演算 X, Y, Z に変換した。ここでは、アダマール演算 H でなくて他のクリフォード演算を用いて変換する。次のように位相シフト演算 S を用いて、パウリ演算子 X, Y, Z からパウリ演算子 X, Y, Z に変えてみよう。

図4.5　パウリ演算子を位相シフト演算Sで挟む効果

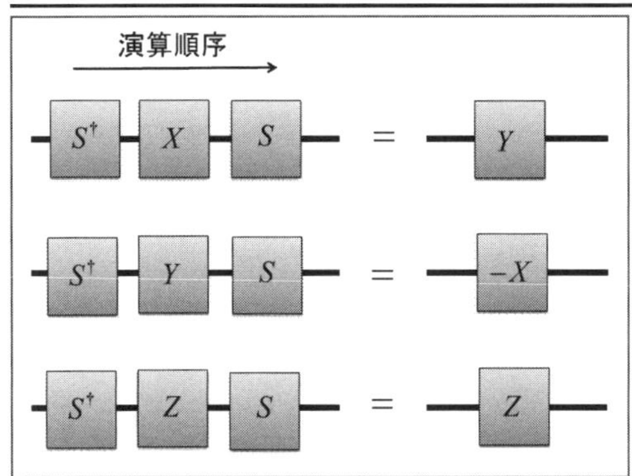

$$SXS^{\dagger} = \begin{pmatrix} 1 & 0 \\ 0 & i \end{pmatrix}\begin{pmatrix} 0 & 1 \\ 1 & 0 \end{pmatrix}\begin{pmatrix} 1 & 0 \\ 0 & -i \end{pmatrix} = \begin{pmatrix} 0 & -i \\ i & 0 \end{pmatrix} = Y$$

$$SYS^{\dagger} = \begin{pmatrix} 1 & 0 \\ 0 & i \end{pmatrix}\begin{pmatrix} 0 & -i \\ i & 0 \end{pmatrix}\begin{pmatrix} 1 & 0 \\ 0 & -i \end{pmatrix} = -\begin{pmatrix} 0 & 1 \\ 1 & 0 \end{pmatrix} = -X$$

$$SZS^{\dagger} = \begin{pmatrix} 1 & 0 \\ 0 & i \end{pmatrix}\begin{pmatrix} 1 & 0 \\ 0 & -1 \end{pmatrix}\begin{pmatrix} 1 & 0 \\ 0 & -i \end{pmatrix} = \begin{pmatrix} 1 & 0 \\ 0 & -1 \end{pmatrix} = Z$$

例題 4-4　$SXS^\dagger=Y$ を確かめる量子回路の実装

量子シミュレータで、変換式 $SXS^\dagger=Y$ を確かめる量子回路を作成し、一致しているか確かめよ。

【解答】

変換式 $SXS^\dagger=Y$ を確かめるためには、Y|0>, Y|1>, $SXS^\dagger$ |0>, $SXS^\dagger$ |1> を量子回路で組み、対応している出力が一致してればよいので、図 4.6 のように量子回路を作成した。ここで、演算順序が逆になっていることに注意すること。行列計算では、次のようになるが、

$$Y|0\rangle=i|1\rangle, Y|1\rangle=-i|0\rangle, SXS^\dagger|0\rangle=i|1\rangle, SXS^\dagger|1\rangle=-i|0\rangle$$

ここで、グローバルな位相因子は無視する。対応する量子ビットは、|0> または |1> 状態で一致していることが分かる。

図4.6　$SXS^\dagger=Y$ を確かめる量子回路の実装

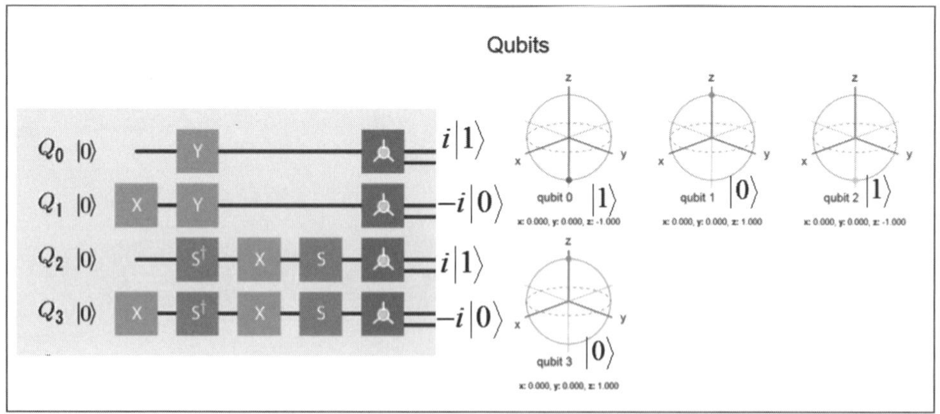

演習 4-1

量子シミュレータで、変換式 $SYS^\dagger=-X$ を確かめる量子回路を作成し、一致しているか確かめよ。

演習 4-2

量子シミュレータで、変換式 $SZS^\dagger=Z$ を確かめる量子回路を作成し、一致しているか確かめよ。

4.1.3 位相シフト演算 *S* でのアダマール変換

ここでは、位相シフト演算を用いて、量子ビットをブロッホ球上のいろいろな場所に移動させて、問題を解くための量子アルゴリズムに使いたい。

位相シフト演算でパウリ演算子からパウリ演算子へ変換できることが分かったが、移動先は |0>, |1> でそれほど代わり映えしなかった。そこで、アダマール演算によって均等な重ね合わせ状態を生成し、それに位相シフト演算 *S* を行うとブロッホ球上のどこに移動するか調べてみよう。

4

$$S\left(\frac{|0\rangle+|1\rangle}{\sqrt{2}}\right)=\frac{1}{\sqrt{2}}\begin{pmatrix}1 & 0\\ 0 & i\end{pmatrix}\begin{pmatrix}1\\ 1\end{pmatrix}=\frac{|0\rangle+i|1\rangle}{\sqrt{2}}$$

$$HS\left(\frac{|0\rangle+|1\rangle}{\sqrt{2}}\right)=\frac{1}{2}\begin{pmatrix}1 & 1\\ 1 & -1\end{pmatrix}\begin{pmatrix}1\\ i\end{pmatrix}=\frac{(1+i)|0\rangle+(1-i)|1\rangle}{2}=e^{i(\pi/4)}\frac{|0\rangle-i|1\rangle}{\sqrt{2}}$$

例題 4-5 位相シフト演算 *S* をアダマール演算で挟む効果

量子シミュレータで、アダマール演算によって均等な重ね合わせ状態を生成し、それに位相シフト演算 *S* として *H*|0>, *SH*|0>, *HSH*|0> のように行うとブロッホ球上のどこに移動するか確かめる量子回路を作成せよ。

【解答】

アダマール演算 *H* と位相シフト演算 *S* とによる行列計算は式で示されているので、量子回路では、*H*|0>, *SH*|0>, *HSH*|0> を次のように組み立てた。行列計算式のような出力結果になっていることが確かめられた。ここで、グローバルな位相因子 $e^{i(\pi/4)}$ は観測できないので、無視できた。

図4.7　位相シフト演算Sをアダマール演算で挟む効果

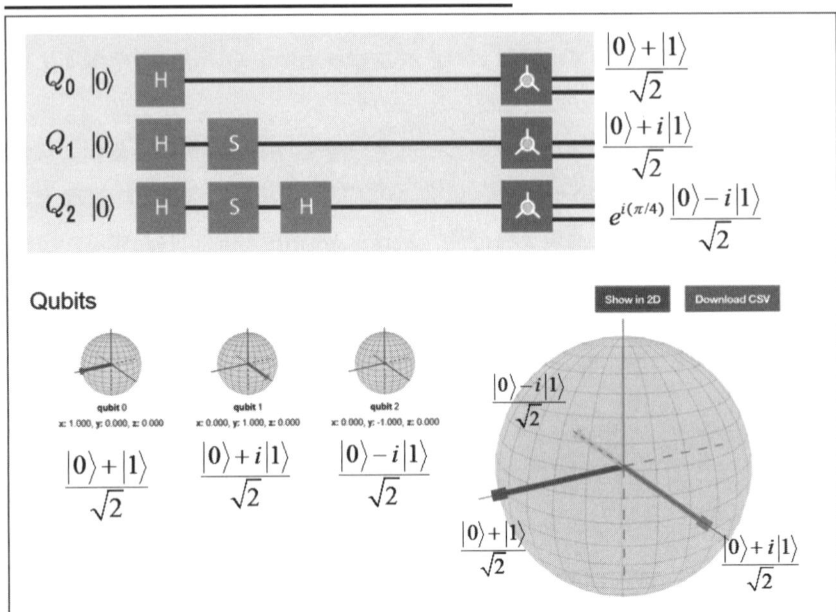

演習 4-3

量子シミュレータで、$H|0\rangle$, $S^{\dagger}H|0\rangle$, $HS^{\dagger}H|0\rangle$ を確かめる量子回路を作成し、どのように量子ビットが回転するか行列計算とともに比較して確かめよ。

例題 4-6　アダマール変換と位相シフト演算との効果

量子シミュレータで、初期状態 $|0\rangle$ と $|1\rangle$ に対するアダマール演算 H と位相シフト演算 S とを連続で作用させるとどうなるか、$|0\rangle$, $SH|0\rangle$, $|1\rangle$, $SH|1\rangle$ として量子回路を作成して行列計算とともに確かめよ。

【解答】

アダマール演算 H と位相シフト演算 S とによる行列計算は、次のように計算される。

$$SH|0\rangle = \frac{1}{\sqrt{2}}\begin{pmatrix}1 & 0\\ 0 & i\end{pmatrix}\begin{pmatrix}1\\ 1\end{pmatrix} = \frac{|0\rangle + i|1\rangle}{\sqrt{2}}$$

$$SH|1\rangle = \frac{1}{\sqrt{2}}\begin{pmatrix}1 & 0\\ 0 & i\end{pmatrix}\begin{pmatrix}1\\ -1\end{pmatrix} = \frac{|0\rangle - i|1\rangle}{\sqrt{2}}$$

そこで、量子回路では、|0>, SH|0>, |1>, SH|1> を次のように組み立てた。行列計算式のような出力結果になっていることが確かめられた。

図4.8 アダマール変換と位相シフト演算との効果

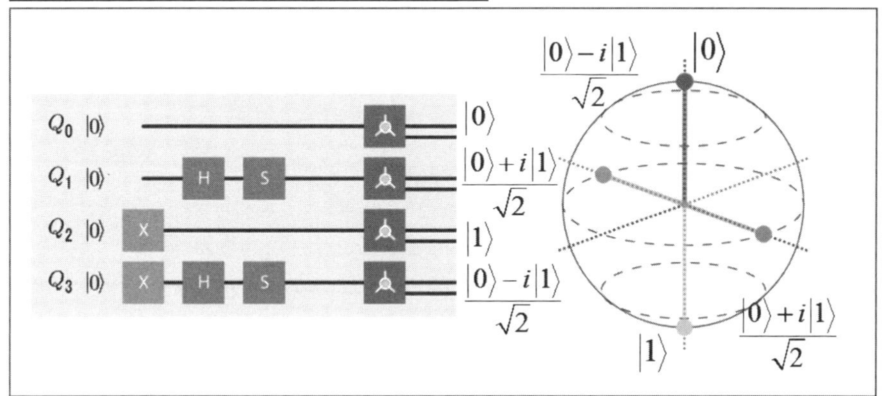

演習 4-4

量子シミュレータで、H|1>, SH|1>, HSH|1> を確かめる量子回路を作成し、どのように量子ビットが回転するか行列計算とともに比較して確かめよ。

演習 4-5

量子シミュレータで、H|1>, $S^{\dagger}H$|1>, $HS^{\dagger}H$|1> を確かめる量子回路を作成し、どのように量子ビットが回転するか行列計算とともに比較して確かめよ。

例題 4-7 平方根ゲート $\sqrt{X}$ の行列計算

平方根ゲートがあるが、ビット反転演算 X の平方根ゲート $\sqrt{X}$ を求めよ。

【解答】

$X=HZH$ であったので、$\sqrt{X}=H\sqrt{Z}H=HSH$ となる。行列計算で確かめると、次のようになる。

$$\sqrt{X}=HSH=\frac{1}{2}\begin{pmatrix}1 & 1\\ 1 & -1\end{pmatrix}\begin{pmatrix}1 & 0\\ 0 & i\end{pmatrix}\begin{pmatrix}1 & 1\\ 1 & -1\end{pmatrix}=\frac{1}{2}\begin{pmatrix}1+i & 1-i\\ 1-i & 1+i\end{pmatrix}$$

4.1.4　位相シフト演算 T でのアダマール変換

さらに、アダマール演算によって均等な重ね合わせ状態を生成し、それに位相シフト演算 T を行うとブロッホ球上のどこに移動するか調べてみよう。行列計算では、次のようになる。

$$T\left(\frac{|0\rangle+|1\rangle}{\sqrt{2}}\right)=\frac{1}{\sqrt{2}}\begin{pmatrix}1 & 0\\ 0 & e^{i(\pi/4)}\end{pmatrix}\begin{pmatrix}1\\1\end{pmatrix}=\frac{|0\rangle+e^{i(\pi/4)}|1\rangle}{\sqrt{2}}$$

$$HT\left(\frac{|0\rangle+|1\rangle}{\sqrt{2}}\right)=\frac{1}{2}\begin{pmatrix}1 & 1\\ 1 & -1\end{pmatrix}\begin{pmatrix}1\\ e^{i(\pi/4)}\end{pmatrix}=\frac{(1+e^{i(\pi/4)})|0\rangle+(1-e^{i(\pi/4)})|1\rangle}{2}$$

ここまで進んでくると、量子ビットがブロッホ球上でどこに位置するかイメージしにくくなり、量子シミュレータで確認する必要がある。

例題 4-8　位相シフト演算 T をアダマール演算で挟む効果

量子シミュレータで、アダマール演算によって均等な重ね合わせ状態を生成し、それに位相シフト演算 T として $H|0>$, $TH|0>$, $HTH|0>$ のように行うとブロッホ球上のどこに移動するか確かめる量子回路を作成せよ。

【解答】

アダマール演算 H と位相シフト演算 T とによる行列計算は式で示されているので、量子回路では、$H|0>$, $TH|0>$, $HTH|0>$ を次のように組み立てた。$TH|0>$ の出力は赤道平面にあり、$HTH|0>$ の出力は、上空にあることが見て取れる。ブロッホ球の 3 次元表示はドラッグして回転できるので、位置確認に役立つ。この場合の位相因子 $e^{i(\pi/4)}$ は、グローバルな位相因子でないので無視できない。

図4.9　位相シフト演算Tをアダマール演算で挟む効果

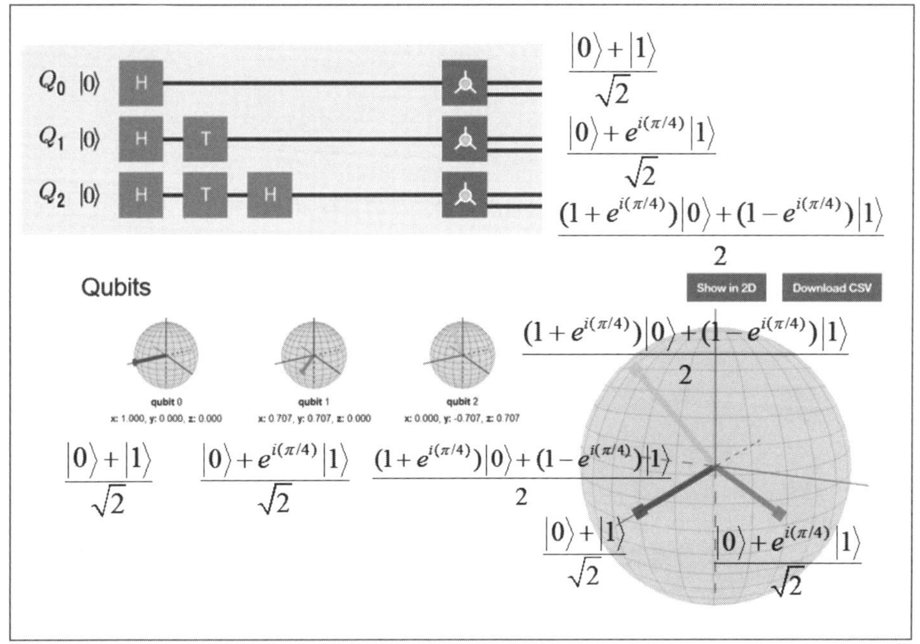

演習 4-6

量子シミュレータで、$H|0>$, $T^\dagger H|0>$, $HT^\dagger H|0>$ を確かめる量子回路を作成し、どのように量子ビットが回転するか行列計算とともに比較して確かめよ。

例題 4-9　アダマール変換と位相シフト演算 T との効果

量子シミュレータで、初期状態 $|0>$ と $|1>$ に対するアダマール演算 H と位相シフト演算 T とを連続で作用させるとどうなるか、$|0>$, $TH|0>$, $|1>$, $TH|1>$ として量子回路を作成して行列計算とともに確かめよ。

【解答】

アダマール演算 H と位相シフト演算 T とによる行列計算は式で示されているので、量子回路では、$|0>$, $TH|0>$, $|1>$, $TH|1>$ を次のように組み立てた。行列計算式のような出力結果になっていることが確かめれた。

$$TH|0\rangle = \frac{1}{\sqrt{2}}\begin{pmatrix}1 & 0\\ 0 & e^{i(\pi/4)}\end{pmatrix}\begin{pmatrix}1\\ 1\end{pmatrix} = \frac{|0\rangle + e^{i(\pi/4)}|1\rangle}{\sqrt{2}}$$

$$TH|1\rangle = \frac{1}{\sqrt{2}}\begin{pmatrix}1 & 0\\ 0 & e^{i(\pi/4)}\end{pmatrix}\begin{pmatrix}1\\ -1\end{pmatrix} = \frac{|0\rangle - e^{i(\pi/4)}|1\rangle}{\sqrt{2}}$$

TH|0> の出力は赤道平面にあり、*TH*|1> の出力は、その真反対側にあることが見て取れる。この場合の位相因子 $e^{i(\pi/4)}$ は、グローバルな位相因子でないので無視できない。

図4.10　アダマール変換と位相シフト演算*T*との効果

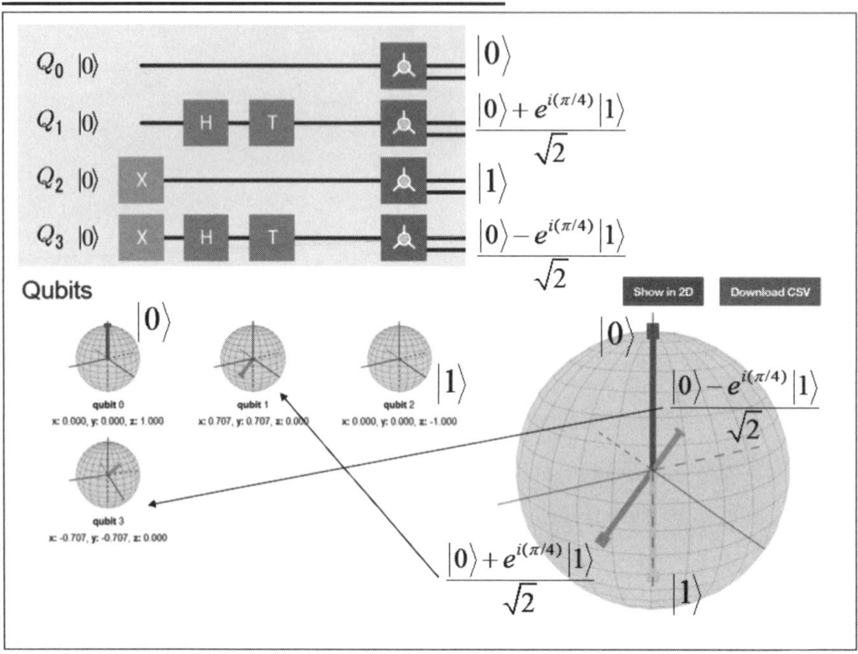

例題 4-10　アダマール演算と位相シフト演算 *T* との連続組み合わせ効果

量子シミュレータで、アダマール演算 *H* と位相シフト演算 *T* との組み合わせを連続で作用させるとどうなるか、比較のために、*H*|0>, *TH*|0>, *HTH*|0>, *THTH*|0> として量子回路を作成して行列計算とともに確かめよ。

【解答】

アダマール演算 H と位相シフト演算 T とによる行列計算で $H|0>$, $TH|0>$ は既に求めたので、それらの計算結果を利用して、次のように $HTH|0>$, $THTH|0>$ を求めた。

$$HTH\left|0\right\rangle = \frac{1}{2}\begin{pmatrix}1 & 1\\ 1 & -1\end{pmatrix}\begin{pmatrix}1\\ e^{i(\pi/4)}\end{pmatrix} = \frac{(1+e^{i(\pi/4)})\left|0\right\rangle + (1-e^{i(\pi/4)})\left|1\right\rangle}{2}$$

$$THTH\left|0\right\rangle = \frac{1}{2}\begin{pmatrix}1 & 0\\ 0 & e^{i(\pi/4)}\end{pmatrix}\begin{pmatrix}1+e^{i(\pi/4)}\\ 1-e^{i(\pi/4)}\end{pmatrix} = \frac{(1+e^{i(\pi/4)})\left|0\right\rangle + (e^{i(\pi/4)}-i)\left|1\right\rangle}{2}$$

量子回路では、$H|0>$, $TH|0>$, $HTH|0>$, $THTH|0>$ を次のように組み立てた。ブロッホ球の3次元表示で、場所を特定することは難しいが、$TH|0>$ の出力は赤道平面にあり、$HTH|0>$ や $THTH|0>$ は、その上空にあることが見て取れる。このように量子回路が複雑になると、量子シミュレータの威力が発揮される。

図4.11　アダマール演算と位相シフト演算Tとの連続組み合わせ効果

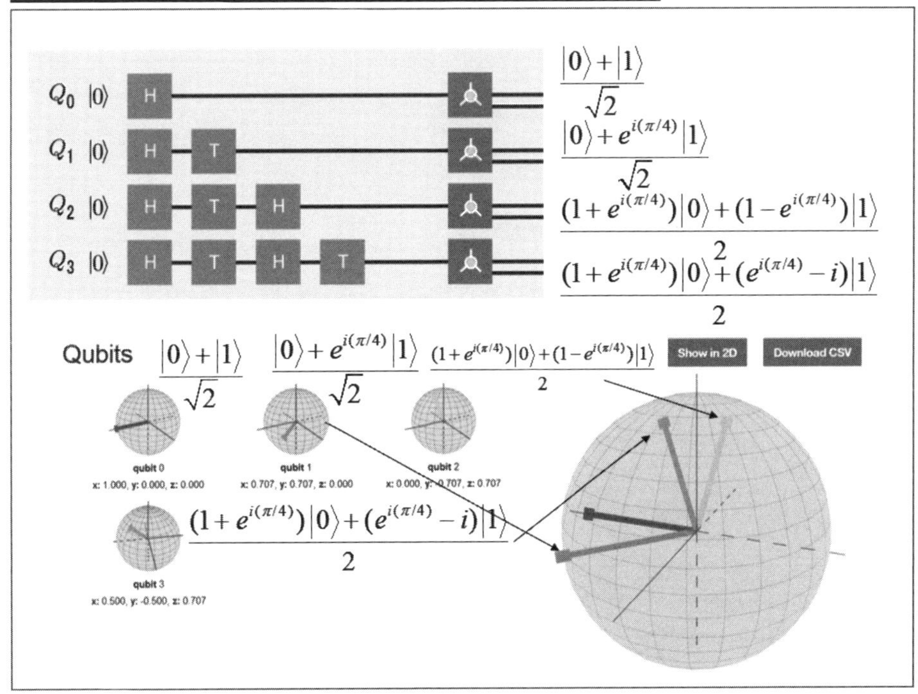

演習 4-7

量子シミュレータで、$H|1>$, $TH|1>$, $HTH|1>$ を確かめる量子回路を作成し、どのように量子ビットが回転するか行列計算とともに比較して確かめよ。

演習 4-8

量子シミュレータで、$H|1>$, $T^\dagger H|1>$, $HT^\dagger H|1>$ を確かめる量子回路を作成し、どのように量子ビットが回転するか行列計算とともに比較して確かめよ。

演習 4-9

量子シミュレータで、初期状態 $|1>$ に対してアダマール演算 H と位相シフト演算 T との組み合わせを連続で作用させるとどうなるか、$H|1>$, $TH|1>$, $HTH|1>$, $THTH|1>$ として量子回路を作成して行列計算とともに比較して確かめよ。

4.2 T 深度による量子実験

4.2.1　位相シフト演算 T の深度

ブロッホ球にいろいろな位置に量子ビットを回転させるには、多くの非クリフォード演算の位相シフト演算 T, $T^\dagger$ を用いる必要があり、量子回路は複雑になる。そこで、位相シフト演算 T, $T^\dagger$ による量子回路の複雑さを表す指標として、**T 深度**（T-depth）を用いて、1 つの量子ビットに対してどれだけの回数だけ位相シフト演算 T, $T^\dagger$ が使われたかを表す。T 深度 1 であれば、量子回路の量子ビットごとに位相シフト演算 T, $T^\dagger$ が 1 回だけ使われ、T 深度 3 であれば、量子ビットごとに位相シフト演算 T, $T^\dagger$ が 3 回だけ使われたことになる。量子回路に使用する位相シフト演算 T, $T^\dagger$ をできるだけ少なくする、量子論理ゲートの研究が進められている。位相シフト演算 T は高価で補助ビットは安価なので、補助ビットを多数使って T-depth 1 で完成したという研究（arXiv:1210.0974v2）もある。

4.2.2 複数の位相シフト演算 S, T による変換

初期状態 |0> のアダマール変換 H として均等な重ね合わせ状態を生成し、位相シフト演算 S を繰り返して連続で作用させると、ブロッホ球の赤道面を z 軸の周りに 90° ずつ回転していくことが予想できる。行列計算では、次のように 1 回の位相シフト演算 S ごとに |1> の位相が i 倍されていくことになる。

$$SH|0\rangle = \frac{|0\rangle + i|1\rangle}{\sqrt{2}} \to SSH|0\rangle = \frac{|0\rangle - |1\rangle}{\sqrt{2}} \to$$

$$SSSH|0\rangle = \frac{|0\rangle - i|1\rangle}{\sqrt{2}} \to SSSSH|0\rangle = \frac{|0\rangle + |1\rangle}{\sqrt{2}}$$

量子シミュレータでは、次のように量子回路を組めば、ブロッホ球の赤道面を z 軸の周りに 90° ずつ回転していき、元に戻ることが見て取れる。

図4.12　位相シフト演算Sの繰り返し効果

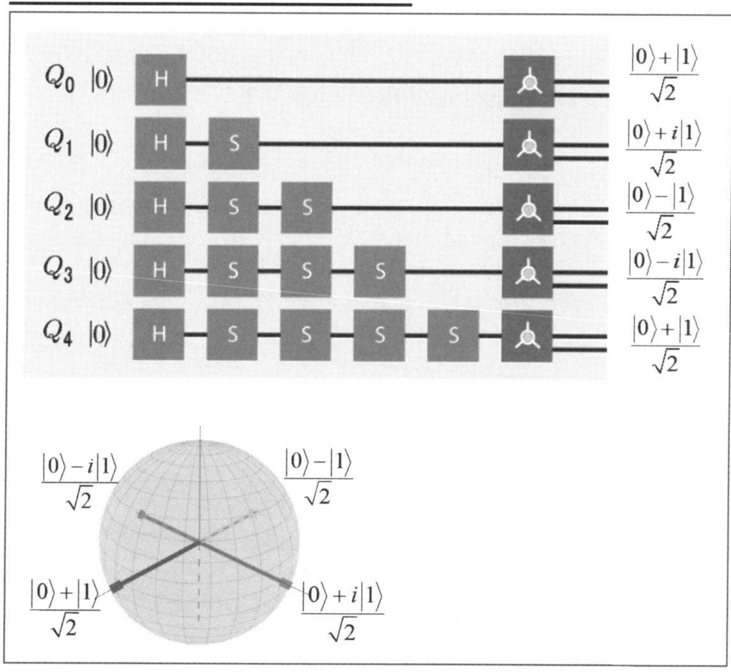

演習 4-10

初期状態 |0> のアダマール変換 H として均等な重ね合わせ状態を生成し、位相シフト演算 $S^{\dagger}$ を繰り返して連続で作用させると、ブロッホ球の赤道面を z 軸の周りに –90° ずつ回転していくことが予想できる。そこで、量子シミュレータで、位相シフト演算 $S^{\dagger}$ を 4 回まで繰り返し、どのように回転していくか量子回路を作成して行列計算とともに比較して確かめよ。

例題 4-11　位相シフト演算 T の繰り返し効果

5 量子ビットの量子シミュレータを使って、初期状態 |0> をアダマール変換 H で均等な重ね合わせ状態を生成し、位相シフト演算 T を 4 回繰り返して連続で作用させる量子回路を作成せよ。H|0>, TH|0>, TTH|0>, $TTTH$|0>, $TTTTH$|0> を確かめる量子回路を作成し、行列計算と一致しているか確かめよ。測定はブロッホ測定で確かめよ。

【解答】

初期状態 |0> をアダマール変換 H として均等な重ね合わせ状態を生成し、位相シフト演算 T を繰り返して連続で作用させると、ブロッホ球の赤道面を z 軸の周りに 45° ずつ回転していくことが予想できる。行列計算では、次のように 1 回の位相シフト演算 T ごとに |1> の位相が倍されていくことになる。

$$TH\left|0\right\rangle = \frac{\left|0\right\rangle + e^{i(\pi/4)}\left|1\right\rangle}{\sqrt{2}} \rightarrow TTH\left|0\right\rangle = \frac{\left|0\right\rangle + \left|1\right\rangle}{\sqrt{2}} \rightarrow$$

$$TTTH\left|0\right\rangle = \frac{\left|0\right\rangle + e^{i(3\pi/4)}\left|1\right\rangle}{\sqrt{2}} \rightarrow TTTTH\left|0\right\rangle = \frac{\left|0\right\rangle - i\left|1\right\rangle}{\sqrt{2}}$$

量子シミュレータでは、次のように量子回路を組めば、ブロッホ球の赤道面を z 軸の周りに 45° ずつ回転していき、正反対側に移動したことが見て取れる。

図4.13　位相シフト演算Tの繰り返し効果

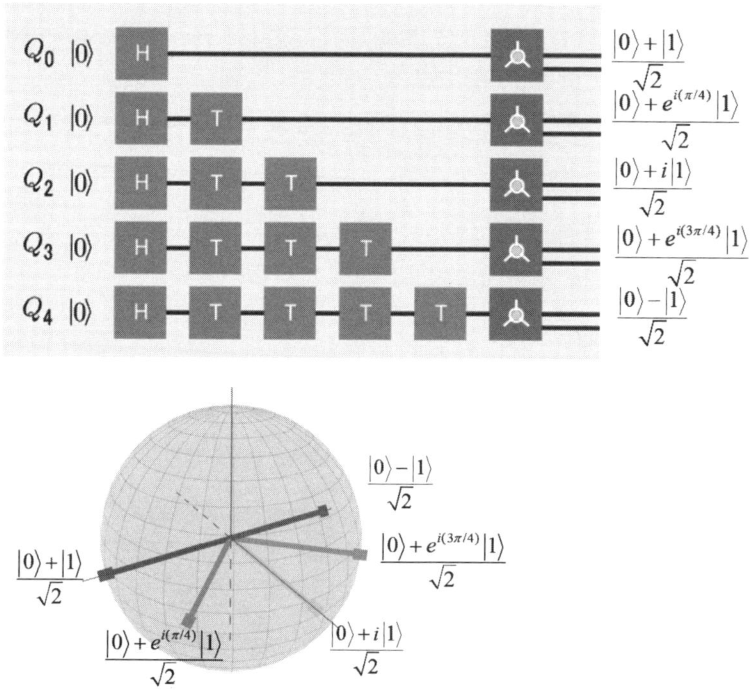

演習 4-11

初期状態 |0> のアダマール変換 H として均等な重ね合わせ状態を生成し、位相シフト演算 $T^{\dagger}$ を繰り返して連続で作用させると、ブロッホ球の赤道面を z 軸の周りに –45° ずつ回転していくことが予想できる。そこで、量子シミュレータで、位相シフト演算 $T^{\dagger}$ を 4 回まで繰り返し、どのように回転していくか量子回路を作成して行列計算とともに比較して確かめよ。

例題 4-12　位相シフト演算 S, T の効果的な利用

例題4-11では、位相シフト演算 T を4回まで繰り返して使われたが、$TT=S$ を利用すれば、少ない量子論理ゲート数で同じ効果が期待できる。そこで、位相シフト演算 S, T を使って、少ない量子論理ゲート数で同じ実行結果が得られるような量子回路を作成せよ。

【解答】

$TT=S$ の関係より、偶数の位相シフト演算 T は S に置き換えられるので、図のような量子回路が考えられる。この実行結果は、例題4-11と同じとなる。

図4.14　位相シフト演算S, Tの効果的な利用

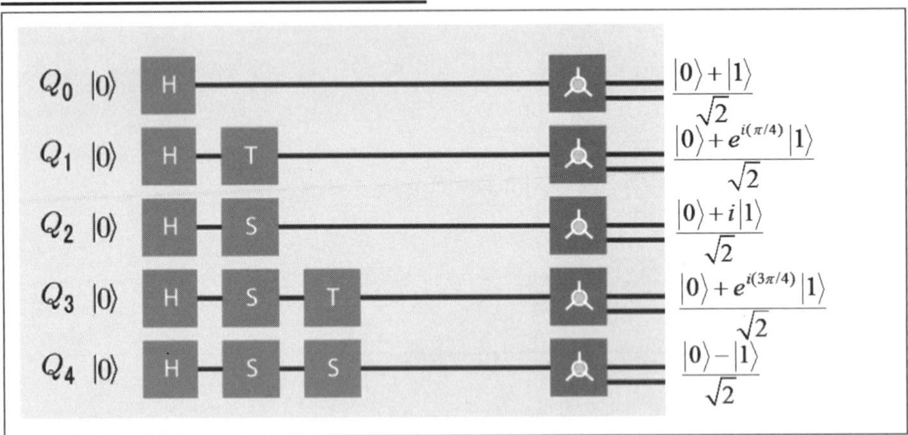

演習 4-11

例題4-12で初期状態を |0> でなく |1> として同じ量子回路を組んで、量子シミュレータでの実行結果がどうなるか行列計算とともに確かめよ。

4.2.3　複数の位相シフト演算 $S^\dagger$, $T^\dagger$ による変換

もっと複雑な量子回路に挑戦してみよう。これらは、量子論理ゲートの平方根ゲートと呼ばれるゲートを作成する上で、重要となる。平方根ゲートは、トフォリゲートと呼ばれる制御制御 NOT ゲートを作成する上で分解して作成するときに必要となるゲートである。

4

例題 4-13　アダマール演算と位相シフト演算 $T^\dagger$ との連続組み合わせ

量子シミュレータで、アダマール演算 H と位相シフト演算 $T^\dagger$ との組み合わせを連続で作用させるとどうなるか、$H|0\rangle$, $T^\dagger H|0\rangle$, $HT^\dagger H|0\rangle$, $T^\dagger HT^\dagger H|0\rangle$, $T^\dagger T^\dagger HT^\dagger H|0\rangle$ として量子回路を比較のために作成して行列計算とともに確かめよ。

【解答】

アダマール演算 H と位相シフト演算 $T^\dagger$ とによる行列計算で、既に求めた $H|0\rangle$, $TH|0\rangle$ と同様に、逆方向に回転するので、それらの計算結果を利用して、次のように計算できる。

$$HT^\dagger H\left|0\right\rangle = \frac{1}{2}\begin{pmatrix}1 & 1\\ 1 & -1\end{pmatrix}\begin{pmatrix}1\\ e^{-i(\pi/4)}\end{pmatrix} = \frac{(1+e^{-i(\pi/4)})\left|0\right\rangle + (1-e^{-i(\pi/4)})\left|1\right\rangle}{2}$$

$$T^\dagger HT^\dagger H\left|0\right\rangle = \frac{1}{2}\begin{pmatrix}1 & 0\\ 0 & e^{-i(\pi/4)}\end{pmatrix}\begin{pmatrix}1+e^{-i(\pi/4)}\\ 1-e^{-i(\pi/4)}\end{pmatrix} = \frac{(1+e^{-i(\pi/4)})\left|0\right\rangle + (i+e^{-i(\pi/4)})\left|1\right\rangle}{2}$$

$$T^\dagger T^\dagger HT^\dagger H\left|0\right\rangle = \frac{1}{2}\begin{pmatrix}1 & 0\\ 0 & e^{-i(\pi/4)}\end{pmatrix}\begin{pmatrix}1+e^{-i(\pi/4)}\\ e^{-i(\pi/4)}+i\end{pmatrix} = \frac{(1+e^{-i(\pi/4)})\left|0\right\rangle - i(1-e^{-i(\pi/4)})\left|1\right\rangle}{2}$$

量子回路では、$H|0\rangle$, $T^\dagger H|0\rangle$, $HT^\dagger H|0\rangle$, $T^\dagger HT^\dagger H|0\rangle$, $T^\dagger T^\dagger HT^\dagger H|0\rangle$ を次のように組み立てた。ブロッホ球の 3 次元表示で、場所を特定することは難しいが、第 2 量子ビット以降、$|0\rangle$ の成分は変更はないので、それらの出力は赤道平面と並行に回転していることが見て取れる。

図4.15　アダマール演算と位相シフト演算$T^\dagger$との連続組み合わせ

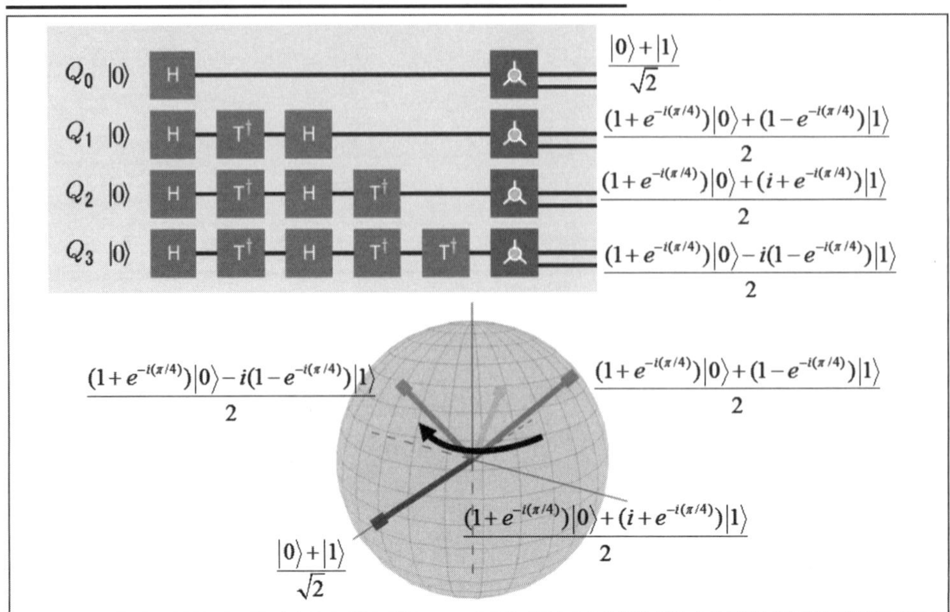

例題 4-14　アダマール演算と位相シフト演算 S, $S^\dagger$, T, $T^\dagger$との連続組み合わせ効果

量子シミュレータを使って、|0>, $HS^\dagger TH$|0>, $HS^\dagger T^\dagger H$|0>, $HT^\dagger SH$|0>, $HTSH$|0> の量子回路を作成し、行列計算と一致しているか確かめよ。測定はブロッホ測定の 2 次元表示で確かめよ。

【解答】

|0>, $HS^\dagger TH$|0>, $HS^\dagger T^\dagger H$|0>, $HT^\dagger SH$|0>, $HTSH$|0> の演算の順序に注意して、図のように配置すればよい。位相シフト演算 S には $S=TT$, $S^\dagger=T^\dagger T^\dagger$ の性質があるので、右辺と等価になる。

$$HS^\dagger TH|0\rangle=\frac{1}{2}\begin{pmatrix}1&1\\1&-1\end{pmatrix}\begin{pmatrix}1\\e^{-i(\pi/4)}\end{pmatrix}=\frac{(1+e^{-i(\pi/4)})|0\rangle+(1-e^{-i(\pi/4)})|1\rangle}{2}=HT^\dagger H|0\rangle$$

$$HS^\dagger T^\dagger H|0\rangle=\frac{1}{2}\begin{pmatrix}1&1\\1&-1\end{pmatrix}\begin{pmatrix}1\\e^{-i(3\pi/4)}\end{pmatrix}=\frac{(1+e^{-i(3\pi/4)})|0\rangle+(1-e^{-i(3\pi/4)})|1\rangle}{2}=HT^\dagger T^\dagger T^\dagger H|0\rangle$$

$$HT^{\dagger}SH\left|0\right\rangle = \frac{1}{2}\begin{pmatrix}1 & 1\\ 1 & -1\end{pmatrix}\begin{pmatrix}1\\ e^{i(\pi/4)}\end{pmatrix} = \frac{(1+e^{i(\pi/4)})\left|0\right\rangle + (1-e^{i(\pi/4)})\left|1\right\rangle}{2} = HTH\left|0\right\rangle$$

$$HTSH\left|0\right\rangle = \frac{1}{2}\begin{pmatrix}1 & 1\\ 1 & -1\end{pmatrix}\begin{pmatrix}1\\ e^{i(3\pi/4)}\end{pmatrix} = \frac{(1+e^{i(3\pi/4)})\left|0\right\rangle + (1-e^{i(3\pi/4)})\left|1\right\rangle}{2} = HTTTH\left|0\right\rangle$$

そこで、この量子シミュレータの実行結果は、|0> の確率振幅に注意すれば、上半球と下半球とに分かれていることが判別できる。

図4.16 アダマール演算と位相シフト演算S, $S^{\dagger}$, T, $T^{\dagger}$との連続組み合わせ効果

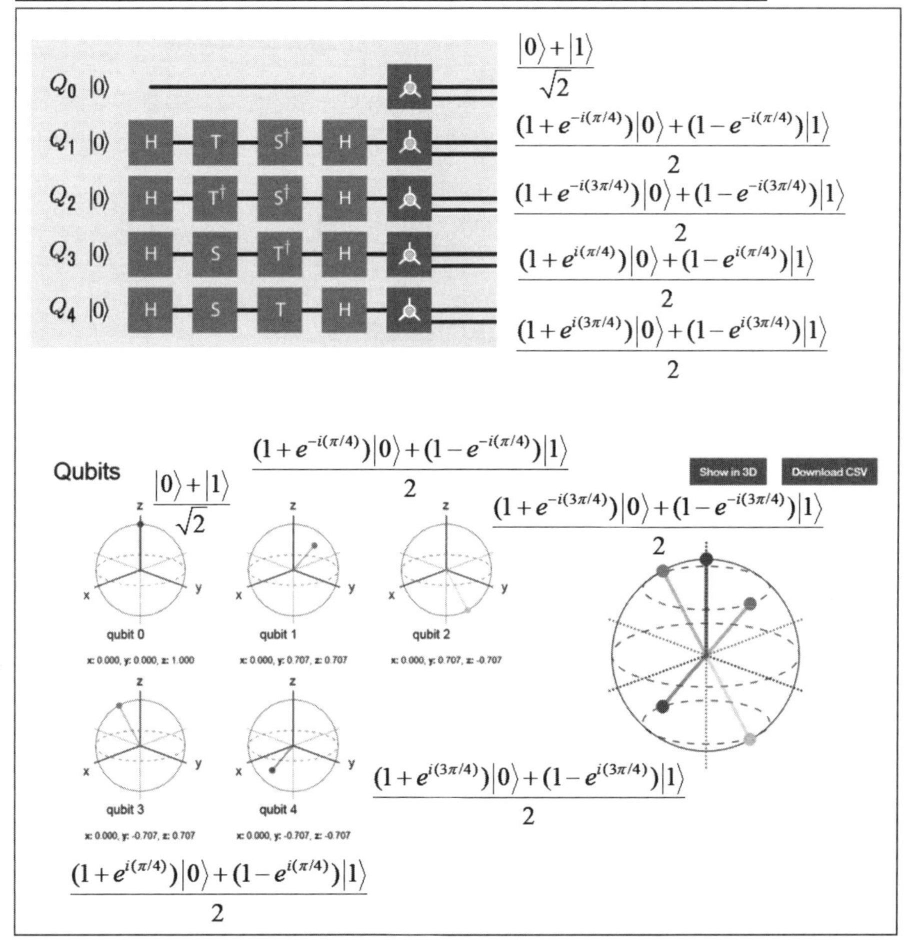

演習 4-12

$HTH|0>$, $THTH|0>$, $TTHTH|0>$, $TTTHTH|0>$, $TTTTHTH|0>$ を確かめる量子回路を作成し、行列計算と一致しているか確かめよ。測定はブロッホ測定の 3 次元表示で確かめよ。

演習 4-13

$HT^{\dagger}H|0>$, $T^{\dagger}HT^{\dagger}H|0>$, $T^{\dagger}T^{\dagger}HT^{\dagger}H|0>$, $T^{\dagger}T^{\dagger}T^{\dagger}HT^{\dagger}H|0>$, $T^{\dagger}T^{\dagger}T^{\dagger}T^{\dagger}HT^{\dagger}H|0>$ を確かめる量子回路を作成し、行列計算と一致しているか確かめよ。測定はブロッホ測定の 3 次元表示で確かめよ。

実験 4-1

本章で作成した量子回路を量子シミュレータではなく、実際の IBM の量子コンピュータを使って、量子実験をしてみよう。理論値と異なりどの程度の誤差が発生するか実験で確かめてみよう。量子コンピュータでの測定には、ブロッホ測定はできないので、標準基底測定で行うこと。また、量子シミュレータでは置けた演算子が、実際の量子コンピュータ実験では置けない位置もあるので工夫して作成してみよう。

図4.17　パウリ演算子とアダマール変換による基底の相互変換（まとめ）

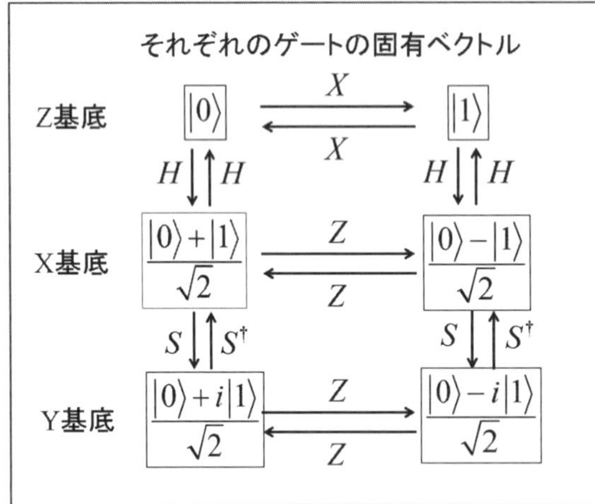

5 制御 NOT ゲートの量子実験

クリフォード演算 $X, Y, Z, H, S, S^\dagger$, $CNOT$ の中でまだ説明していなかったのは、最も重要な制御 NOT ゲートである。これまで 1 量子ビットの演算子とは異なり、制御 NOT ゲートは 2 量子ビットを必要とする。基本的には、ビット反転演算 X であるが、このビット反転の演算が別な量子ビットで制御されている点が大きく異なる。ユニバーサルゲートセットを構築するために、この制御 NOT ゲートが必要で、量子コンピュータの特徴をよく表すもつれ状態の生成に不可欠である。

この制御 NOT ゲートから発展して、交換ゲートや制御 NOT ゲートよりももっと一般化した制御ユニタリゲートとして制御 Z ゲートや制御 Y ゲート、制御 H ゲートなどに拡張した。これらの制御 NOT ゲートや制御ユニタリゲートは、今後の量子アルゴリズムのための量子回路を考える上で、重要な量子ゲートとなる。

5.1 制御 NOT ゲートと重ね合わせ状態

5.1.1 制御 NOT ゲートとは

クリフォード演算 $X, Y, Z, H, S, S^\dagger$, $CNOT$ の中で、パウリ演算 X, Y, Z とアダマール演算 H、位相シフト演算 $S, S^\dagger$ については説明した。さらに、ユニバーサルゲートセットを構築するために、クリフォード演算の他に、少なくとも 1 つの**非クリフォード演算**を追加する必要があったが、別な位相シフト演算 T, $T^\dagger$ が追加された。ここでは、最後に残った制御（Controlled）NOT ゲート CNOT について説明しよう。そうすれば、ユニバーサルゲートセットでのすべてのゲートを説明したことになる。

制御 NOT ゲート CNOT とは、2 量子ビットを使ったゲートであり、**制御ゲート**の 0, 1 の値に応じて**目標ゲート**にある X ゲートを実行しない（x=0 のとき）か、実行するか（x=1 のとき）を決定する。つまり，ルールは単純で、NOT 演算であるビット反転 X ゲートを実行するかしないかは、制御ゲートの 0, 1 の値で NOT 演算が制御されたゲートとなる。この制御 NOT ゲートは、実験的にも作成が難しく、古典的コンピュータにはなく、量子コンピュータの特徴をよく表した**もつれ状態**の作成に非常に重要なゲートとなる。

図5.1　制御NOTゲート

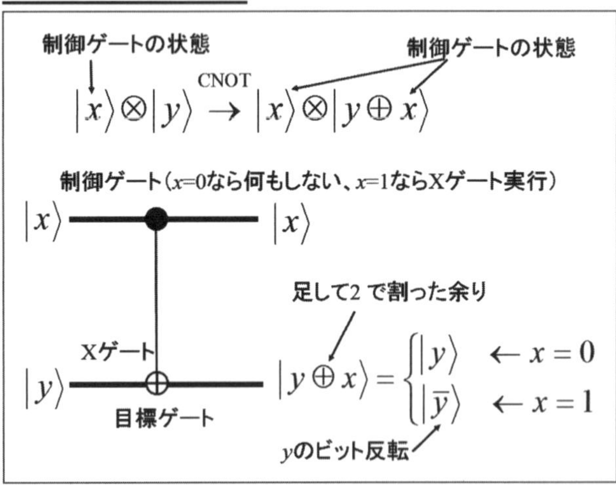

5.1.2　制御 NOT ゲートと重ね合わせ状態

制御 NOT ゲートは、当然、制御ゲートと目標ゲートの 2 つのゲートに重ね合わせ状態も設定できる。重ね合わせ状態が入力されたときには、**線形性の原理**により、重ね合わせ状態 |0>+|1> が入力されても個別の |0> 状態や |1> 状態で計算して後で足せばよい。たとえば、次のような重ね合わせ状態 $(|0\rangle + |1\rangle)/\sqrt{2}$ が入力されたとき、2 つの入力の |01> 状態と |11> 状態とで別々に計算する。ここでは、制御ゲートが |0> のとき |01> 状態は何も変えないで、制御ゲートが |1> のとき |11> 状態はビット反転の X ゲートを実行すると |10> となり、次のように後で足せばよいだけである。

$$|x\rangle \otimes |y\rangle = \frac{|0\rangle + |1\rangle}{\sqrt{2}} \otimes |1\rangle \equiv \frac{1}{\sqrt{2}}\left(|01\rangle + |11\rangle\right) \xrightarrow{CNOT} \frac{1}{\sqrt{2}}\left(|01\rangle + |10\rangle\right)$$

量子シミュレータでの制御 NOT ゲートの設定方法は、次のようになる。

制御 NOT ゲートの設定方法

①制御 NOT ゲートのアイコンを目標ゲートへドラッグ＆ドロップする。

②その後、マウスボタンを触れずに、マウスをそのまま制御ゲートの位置へ上下に移動させれば、制御 NOT ゲートの縦線が現れる

③指定したい制御ゲートの位置で、マウスをクリックすれば制御ゲート位置が確定し、制御 NOT ゲートの設定が完了する。

④指定間違いがあれば、制御 NOT ゲートのアイコンをダブルクリックすれば削除できる。

そこで、上の式を量子シミュレータで量子回路を作成すると、次のようになり、もつれ状態 $\left(|01\rangle + |10\rangle\right)/\sqrt{2}$ が生成されており、それぞれの確率振幅を 2 乗すれば、|01> 状態と |10> 状態とのそれぞれの観測確率は 50% となる。

図5.2　重ね合わせ状態での制御NOTゲート（もつれ状態の生成）

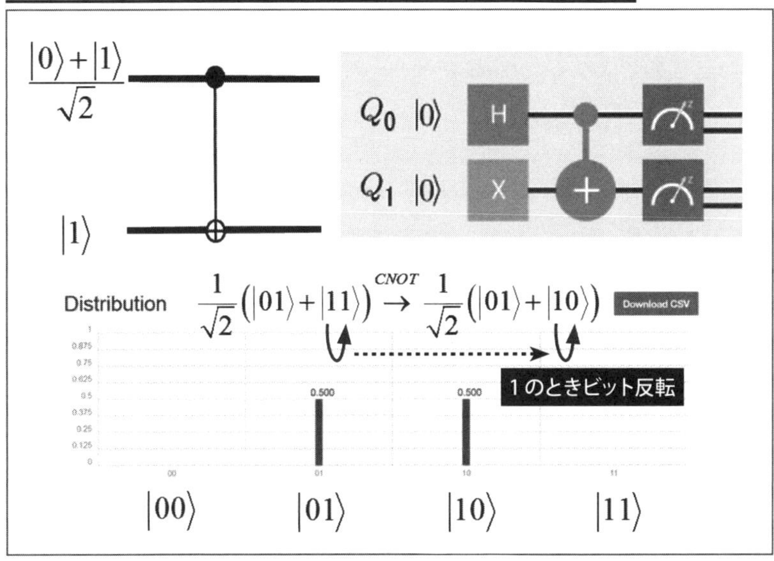

ここで、出力はもつれ状態となっていて個々のテンソル積には書けないので、個別の量子ビッ

トの状態は取り出せず、ブロッホ測定はできないので、ここでは標準基底測定としている。ブロッホ測定を指定してもエラーにはならないが、ブロッホ球での量子ビットのベクトル表示は、ブロッホ球の中心に点が表示されるだけであり、個別の量子ビットの状態は取り出せず、もつれ状態にあることを示している。

図5.3　もつれ状態でのベクトル表示

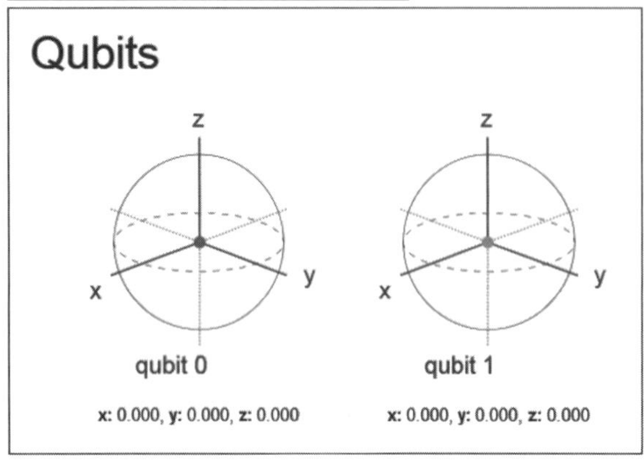

例題 5-1　制御 NOT ゲートの実装

量子シミュレータで、制御 NOT ゲートの動作を調べる量子回路として、次の 4 つの量子回路を作成し、重ね合わせ状態ではなく、|0> または |1> の状態を入力し、実行結果が一致しているか確かめよ。

$$|00\rangle \overset{CNOT}{\rightarrow} |00\rangle,\quad |01\rangle \overset{CNOT}{\rightarrow} |01\rangle,\quad |10\rangle \overset{CNOT}{\rightarrow} |11\rangle,\quad |11\rangle \overset{CNOT}{\rightarrow} |10\rangle$$

【解答】

次のような量子回路を作成し実行すると、確かに制御ゲートに |0> が入力されると NOT 演算は実行されず、制御ゲートに |1> が入力されると NOT 演算は実行されて、ビット反転が起きていることが分かり、観測確率がそれぞれ 100% になっていることが確かめられた。

図5.4　制御NOTゲートの実装

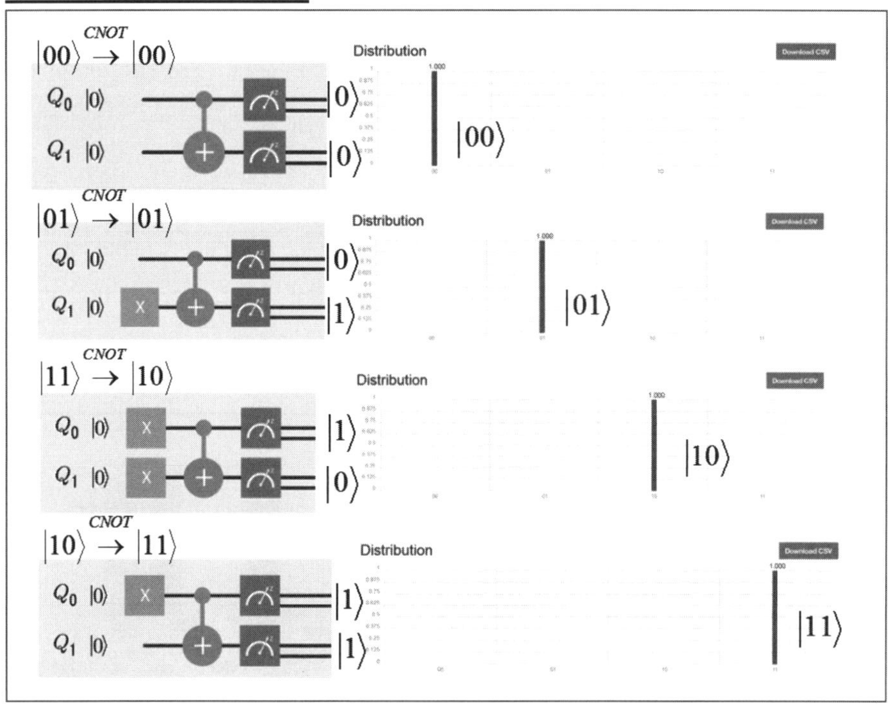

最初の制御 NOT ゲートの例で、次のような重ね合わせ状態であったが、

$$|01\rangle + |11\rangle \xrightarrow{CNOT} |01\rangle + |10\rangle$$

線形性の原理を使えば、個別に計算して、後で足せばよいので、次のように個別に計算ででき、最後の結果を足し合わせれば、重ね合わせ状態の計算と同じ結果になった。

$$|01\rangle \xrightarrow{CNOT} |01\rangle, \quad |11\rangle \xrightarrow{CNOT} |10\rangle$$

そのため、量子回路に重ね合わせ状態が入力されたときには、線形性の原理を使って、「**個別に計算して、後で足せばよい**」を使う。

実験 5-1

4 つの量子回路で制御 NOT ゲートの動作を調べた例題 5-1 の課題

$$|00\rangle \overset{CNOT}{\rightarrow} |00\rangle,\quad |01\rangle \overset{CNOT}{\rightarrow} |01\rangle,\quad |10\rangle \overset{CNOT}{\rightarrow} |11\rangle,\quad |11\rangle \overset{CNOT}{\rightarrow} |10\rangle$$

を実際の量子コンピュータで実験を行い、ノイズがどの程度含まれているか調べ、次のような分布図を作成せよ。量子コンピュータの実験論文ではよく見かける分布図で、量子計算の性能を見るのに重要である。ただし、IBM の実際の量子コンピュータでは、制御 NOT ゲートが置けない量子ビット位置があるので注意すること。

図5.5　制御NOTゲートの量子コンピュータ実験結果

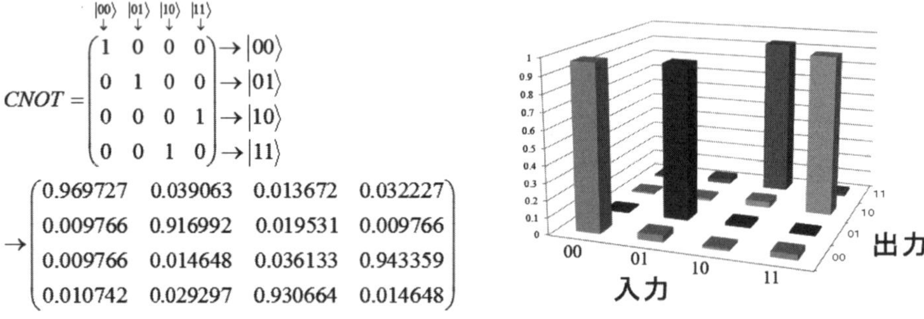

例題 5-2　2 つの制御 NOT ゲートの実装

量子シミュレータで、4 量子ビットで 2 つの制御 NOT ゲートを作成してみよう。ここでは、図 5.6 のような量子回路を作成し、標準基底測定でどのような出力結果になるか求めよ。

図5.6　2つの制御NOTゲートの実装

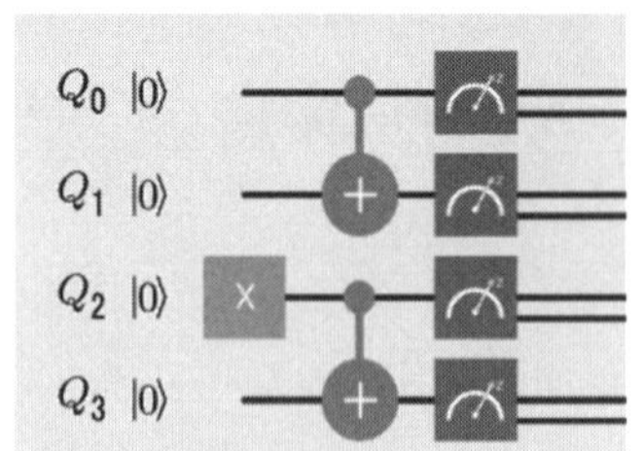

【解答】

2つの独立した制御 NOT ゲートがあるので、個別に実行すればよい。そこで、次のようにどのゲート間で制御 NOT ゲートが設定されているのか、それぞれ CNOT に添字（制御ゲート番号 0→目標ゲート番号 1、制御ゲート番号 2→目標ゲート番号 3）を付けた。

$$|00\rangle \xrightarrow{CNOT_{01}} |00\rangle, \quad |10\rangle \xrightarrow{CNOT_{23}} |11\rangle$$

そのため、4 量子ビット併せても、次のように書ける。

$$|0010\rangle \xrightarrow{CNOT_{01}CNOT_{23}} |0011\rangle$$

そのため、実行結果は、次のように |0011> が 100% 観測されることになる。

図5.7　2つの制御NOTゲートの実装実験結果

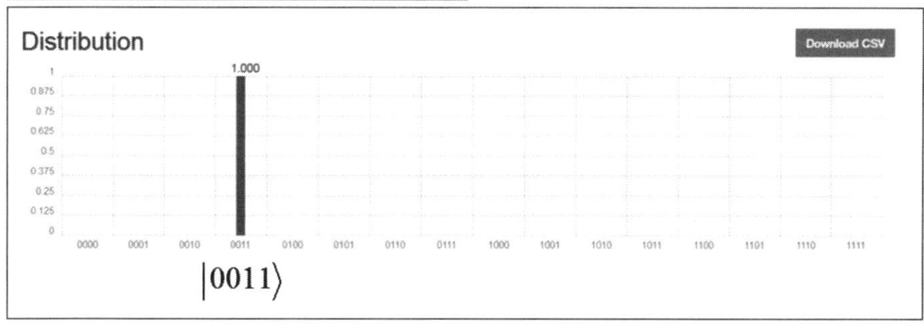

例題 5-3　3 つの制御 NOT ゲートの実装

量子シミュレータで、4量子ビットで3つの制御NOTゲートを作成してみよう。ここでは、図のような量子回路を作成し、標準基底測定でどのような出力結果になるか求めよ。

図5.8　3つの制御NOTゲートの実装

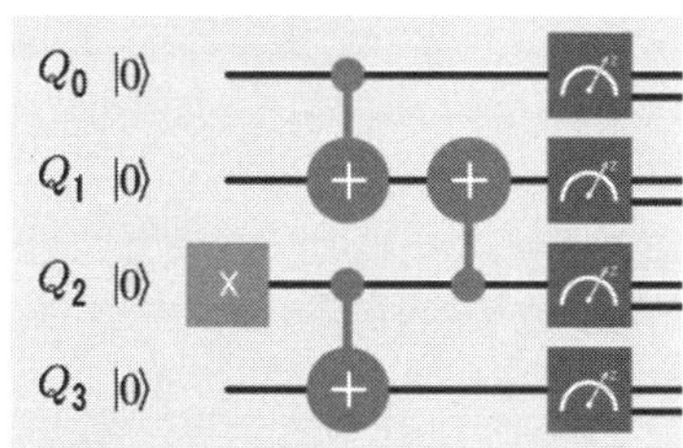

【解答】

例題 5-2 の表記方法で、3 つの制御 NOT ゲートを式で表すと、次のように書ける。

$$|0010\rangle \overset{CNOT_{01}CNOT_{23}}{\rightarrow} |0011\rangle \overset{CNOT_{21}}{\rightarrow} |0111\rangle$$

このように量子計算では、時間の流れで、ビット反転演算が次から次に伝搬していくことになる。そのため、実行結果は、次のように |0111> が 100% 観測されることになる。

図5.9　3つの制御NOTゲートの実装実験結果

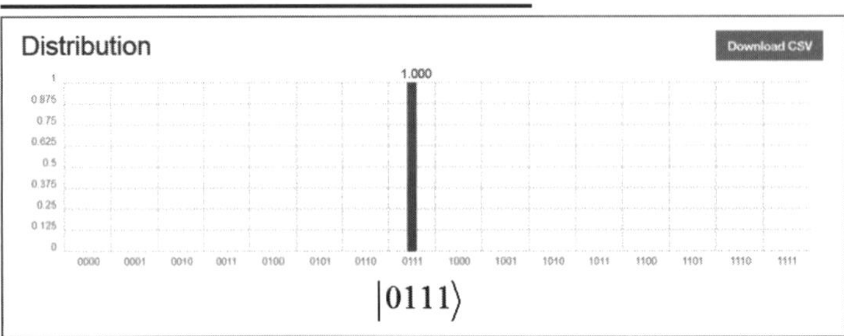

5.2 制御 NOT ゲートによるもつれ状態生成

5.2.1　ベル状態の生成

5.1.1 項の最初にもつれ状態の生成例を説明したが、**ベル状態（EPR 状態）**といわれて最ももつれた状態は位相の違いを含めて 4 種類ある。そこで、他の生成例を説明する。

図5.10　ベル状態の生成ゲート

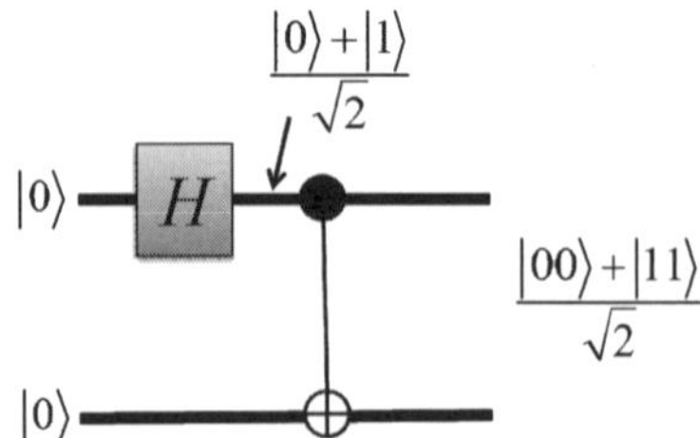

図 5.10 のように、初期状態 |00> で、制御 NOT ゲートの前に制御ゲートにアダマール演算を設けて、重ね合わせ状態を作る。そうすれば、次のようになり、出力の 2 つの量子ビットは分離できないもつれ状態が生成される。

$$|00\rangle \xrightarrow{H\otimes I} \frac{|0\rangle+|1\rangle}{\sqrt{2}}\otimes|0\rangle = \frac{1}{\sqrt{2}}\left(|00\rangle+|10\rangle\right) \xrightarrow{CNOT} \frac{1}{\sqrt{2}}\left(|00\rangle+|11\rangle\right)$$

ここで、最初の演算 $H\otimes I$ は、アダマール演算 H と恒等演算 I との**クロネッカー積**と呼ばれ、次のような演算子のテンソル積になる。

$$H\otimes I = \frac{1}{\sqrt{2}}\begin{pmatrix} 1\begin{pmatrix}1 & 0\\ 0 & 1\end{pmatrix} & 1\begin{pmatrix}1 & 0\\ 0 & 1\end{pmatrix} \\ 1\begin{pmatrix}1 & 0\\ 0 & 1\end{pmatrix} & -1\begin{pmatrix}1 & 0\\ 0 & 1\end{pmatrix}\end{pmatrix} = \frac{1}{\sqrt{2}}\begin{pmatrix}1 & 0 & 1 & 0\\ 0 & 1 & 0 & 1\\ 1 & 0 & -1 & 0\\ 0 & 1 & 0 & -1\end{pmatrix}$$

これを、初期状態 |00> の 2 量子ビットに演算させると、次のようになる。

$$H\otimes I|00\rangle = \frac{1}{\sqrt{2}}\begin{pmatrix}1 & 0 & 1 & 0\\ 0 & 1 & 0 & 1\\ 1 & 0 & -1 & 0\\ 0 & 1 & 0 & -1\end{pmatrix}\begin{pmatrix}1\\0\\0\\0\end{pmatrix} = \frac{1}{\sqrt{2}}\begin{pmatrix}1\\0\\1\\0\end{pmatrix} \begin{matrix}\leftarrow|00\rangle\\ \leftarrow|01\rangle\\ \leftarrow|10\rangle\\ \leftarrow|11\rangle\end{matrix}$$

そこで、この結果に制御 NOT ゲートを作用させると、前回とは異なるもつれ状態が生成される。

例題 5-4　ベル状態の実装

量子シミュレータで、次のように初期状態 |00> でアダマール演算と制御 NOT ゲートとを用いて、もつれ状態を生成する量子回路を作成し、実行結果が一致しているか確かめよ。

$$|00\rangle \xrightarrow{H\otimes I} \xrightarrow{CNOT} \frac{1}{\sqrt{2}}\left(|00\rangle+|11\rangle\right)$$

【解答】

次のような量子回路を作成し実行すると、もつれ状態 $(|00\rangle+|11\rangle)/\sqrt{2}$ が生成されており、それぞれの確率振幅を 2 乗すれば、|00> 状態と |11> 状態とのそれぞれの観測確率は 50% となった。

図5.11　ベル状態の実装実験結果

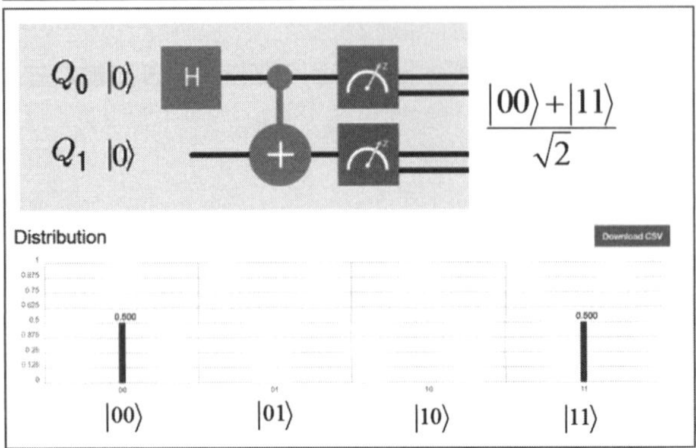

演習 5-1

量子シミュレータで、次のように初期状態 |10> でアダマール演算と制御 NOT ゲートとを用いて、もつれ状態を生成する量子回路を作成し、実行結果が行列計算とも一致しているか確かめよ。

$$|10\rangle \xrightarrow{H\otimes I} \xrightarrow{CNOT} \frac{1}{\sqrt{2}}\left(|00\rangle-|11\rangle\right)$$

演習 5-2

量子シミュレータで、次のように初期状態 |01> でアダマール演算と制御 NOT ゲートとを用いて、もつれ状態を生成する量子回路を作成し、実行結果が行列計算とも一致しているか確かめよ。

$$|11\rangle \xrightarrow{H\otimes I} \xrightarrow{CNOT} \frac{1}{\sqrt{2}}\left(|01\rangle-|10\rangle\right)$$

5.2.2　制御 NOT ゲートの上下反転

図 5.12 のように、制御 NOT ゲートの前に、制御ゲートも目標ゲートもアダマール変換してから入力するとどのような結果になるか、ベクトル計算してみよう。

図5.12　重ね合わせ状態の同時入力での制御NOTゲート

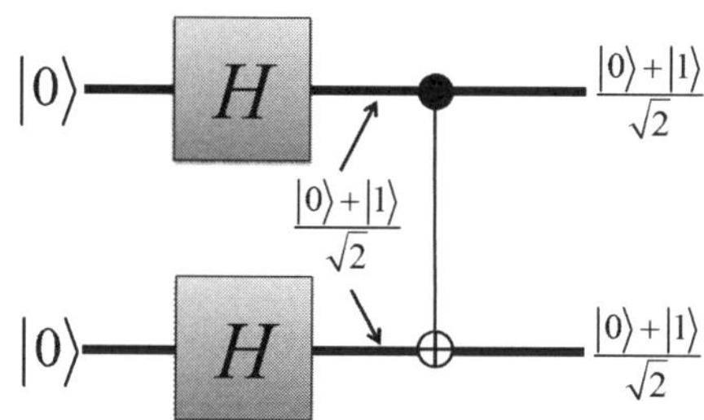

$$|00\rangle \overset{H\otimes H}{\rightarrow} \frac{|0\rangle+|1\rangle}{\sqrt{2}} \otimes \frac{|0\rangle+|1\rangle}{\sqrt{2}}$$

$$= \frac{1}{\sqrt{2}}\left(|00\rangle+|01\rangle+|10\rangle+|11\rangle\right)$$

$$\overset{CNOT}{\rightarrow} \frac{1}{\sqrt{2}}\left(|00\rangle+|01\rangle+|10\rangle+|11\rangle\right)$$

ここでは、均等な重ね合わせ状態が生成されて、制御 NOT ゲートがあってもなくても同じ結果となった。出力結果はもつれていないことになる。量子シミュレータでも確かめると、次のような実行結果となり、これは Z 基底で観測しているので、***ZZ* 測定**と呼ばれる。

図5.13　重ね合わせ状態の同時入力での制御NOTゲートの実装実験結果

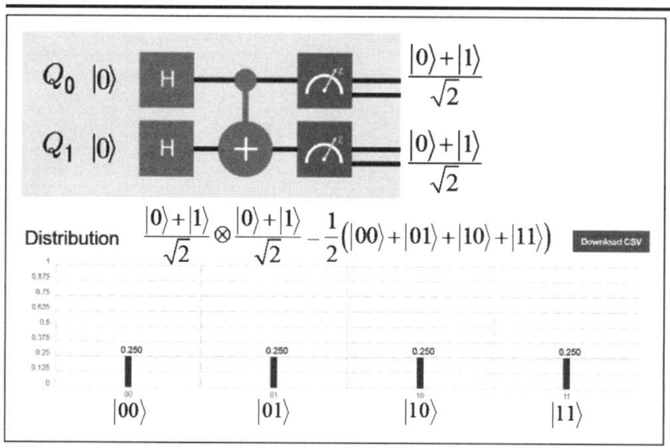

また、図 5.14 のように、制御 NOT ゲートの前後に、制御ゲートも目標ゲートもアダマール変換で挟めば、制御 NOT ゲートが上下反転して、制御ゲートと目標ゲートとが入れ替わることになる。たとえば、入力ビット |01> として、これらをベクトル計算で示すと、次のようになる。

図5.14　制御NOTゲートの上下反転ゲート

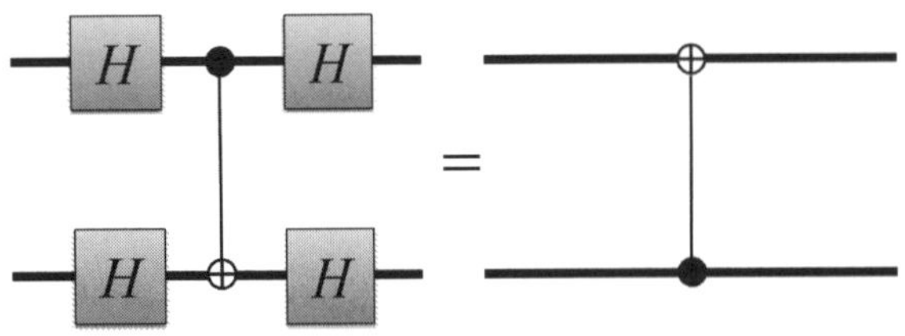

$$\left|\mathbf{01}\right\rangle \xrightarrow{H\otimes H} \frac{\left|0\right\rangle+\left|1\right\rangle}{\sqrt{2}} \otimes \frac{\left|0\right\rangle-\left|1\right\rangle}{\sqrt{2}} = \frac{1}{\sqrt{2}}\left(\left|00\right\rangle-\left|01\right\rangle+\left|10\right\rangle-\left|11\right\rangle\right)$$

$$\xrightarrow{CNOT} \frac{1}{\sqrt{2}}\left(\left|00\right\rangle-\left|01\right\rangle-\left|10\right\rangle+\left|11\right\rangle\right) = \frac{\left|0\right\rangle-\left|1\right\rangle}{\sqrt{2}} \otimes \frac{\left|0\right\rangle-\left|1\right\rangle}{\sqrt{2}} \xrightarrow{H\otimes H} \left|\mathbf{11}\right\rangle$$

このような量子ゲートは、後で説明する**交換ゲート**（5.4 節参照）などへ応用される。

演習 5-3

量子シミュレータで、制御 NOT ゲートの前後に制御ゲートも目標ゲートもアダマール変換で挟んだ量子回路を作成し、入力ビット |11> とすると、その実行結果とベクトル計算式とで一致しているか確かめよ。

5.3 制御 NOT ゲートにおけるパウリ演算子

5.3.1 制御 NOT ゲートでのビット反転演算の波及効果

制御 NOT ゲートとパウリ演算子との組合せ回路について考えてみよう。図 5.15 のような制御 NOT ゲートとビット反転演算 X とを用いた量子ゲートが等価となる。行列計算では、制御ゲートの入力ビットを $|c\rangle$ と目標ゲートの入力ビットを $|t\rangle$ とすると、次のようになり、同じ出力結果を与えるので、等価となる。

5

図5.15 制御NOTゲートでのビット反転演算の波及効果

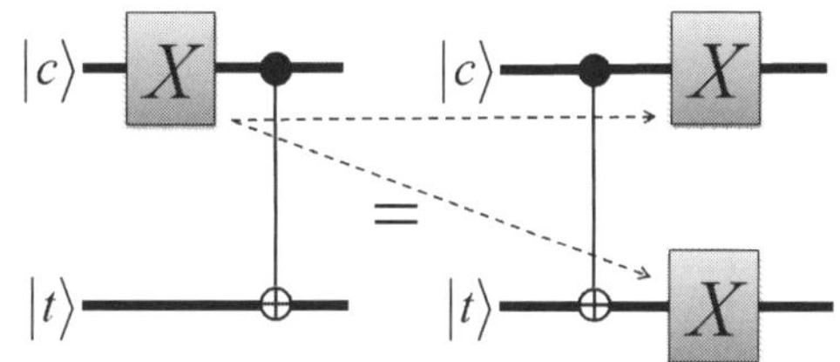

$$|c\rangle|t\rangle \xrightarrow{X\otimes I} |\bar{c}\rangle|t\rangle \xrightarrow{CNOT} |\bar{c}\rangle|t\oplus\bar{c}\rangle$$

$$|c\rangle|t\rangle \xrightarrow{CNOT} |c\rangle|t\oplus c\rangle \xrightarrow{X\otimes X} |\bar{c}\rangle|\overline{t\oplus c}\rangle = |\bar{c}\rangle|t\oplus\bar{c}\rangle$$

これは制御ゲートにあるビット反転演算 X が制御 NOT ゲートを通ると、制御ゲートと目標ゲートとの全体に波及していることを示している。

例題 5-5 制御 NOT ゲートの前のビット反転演算の波及効果

図 5.15 の等価となる制御 NOT ゲートとビット反転演算 X とを用いた量子回路で、入力ビットが $|c\rangle|t\rangle=|0\rangle|0\rangle$ や $|c\rangle|t\rangle=|1\rangle|1\rangle$ の場合に、等価回路の出力結果が同じとなることを、量子シミュレータで確かめよ。

【解答】

入力ビットが $|c\rangle|t\rangle=|0\rangle|0\rangle$ と $|c\rangle|t\rangle=|1\rangle|1\rangle$ の場合について、等価回路どうしの出力結果を比較すると、同じになっていることが確認できる。

$$|0\rangle|0\rangle \xrightarrow{X\otimes I} |1\rangle|0\rangle \xrightarrow{CNOT} |1\rangle|1\rangle, \quad |0\rangle|0\rangle \xrightarrow{CNOT} |0\rangle|0\rangle \xrightarrow{X\otimes X} |1\rangle|1\rangle$$

$$|1\rangle|1\rangle \xrightarrow{X\otimes I} |0\rangle|1\rangle \xrightarrow{CNOT} |0\rangle|1\rangle, \quad |1\rangle|1\rangle \xrightarrow{CNOT} |1\rangle|0\rangle \xrightarrow{X\otimes X} |0\rangle|1\rangle$$

量子シミュレータでの量子回路は、それぞれ、次のようになり、出力結果の上下がそれぞれにおいて $|1111\rangle = |11\rangle \otimes |11\rangle$ や $|0101\rangle = |01\rangle \otimes |01\rangle$ で前後が一致していることが分かる。

図5.16　制御NOTゲートの前のビット反転演算の波及効果実験

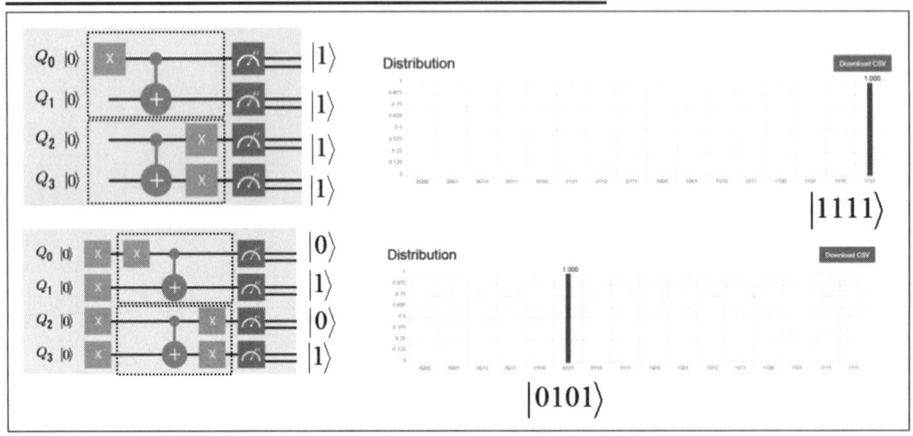

例題 5-6　制御 NOT ゲートの前のアダマール演算とビット反転演算の波及効果

図のような制御 NOT ゲートとビット反転演算 X とを用いた量子ゲートで、アダマール演算 H が入っても当然等価となるが、入力ビットが |c>|t>=|0>|0> の場合に、等価回路の出力結果が同じとなることを、量子シミュレータで確かめよ。

図5.17　制御NOTゲートの前のアダマール演算とビット反転演算の波及効果

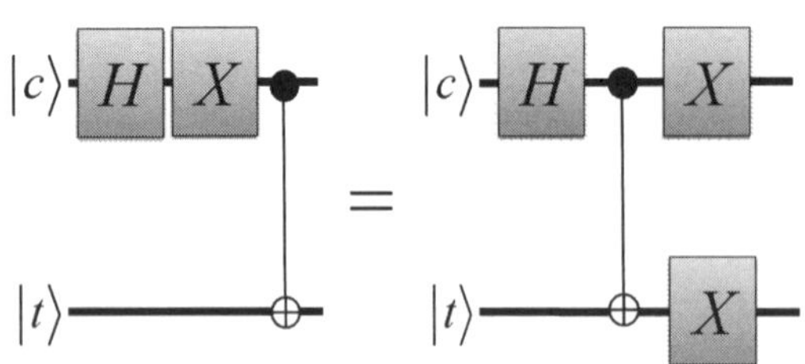

【解答】

制御ゲートがアダマール演算された後に、制御 NOT ゲートとビット反転演算 X とを用いた量子ゲートに入っても同じなので、入力ビットが |c>|t>=|0>|0> のときに、量子シミュレータで次のような量子回路で確かめた。

$$|0\rangle|0\rangle \xrightarrow{H\otimes I} \frac{1}{\sqrt{2}}\left(|0\rangle+|1\rangle\right)|0\rangle \xrightarrow{X\otimes I} \frac{1}{\sqrt{2}}\left(|1\rangle+|0\rangle\right)|0\rangle \xrightarrow{CNOT} \frac{1}{\sqrt{2}}\left(|11\rangle+|00\rangle\right)$$

$$|0\rangle|0\rangle \xrightarrow{H\otimes I} \frac{1}{\sqrt{2}}\left(|0\rangle+|1\rangle\right)|0\rangle \xrightarrow{CNOT} \frac{1}{\sqrt{2}}\left(|00\rangle+|11\rangle\right) \xrightarrow{X\otimes X} \frac{1}{\sqrt{2}}\left(|11\rangle+|00\rangle\right)$$

それぞれの出力ビットは、もつれ状態になっているが、出力結果の上下が一致していることが分かる。

図5.18　重ね合わせ状態でのビット反転演算の波及効果実験

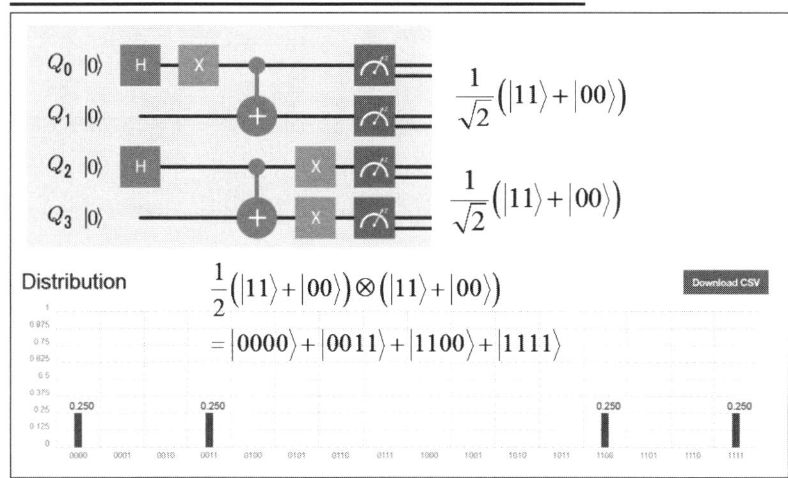

演習 5-4

制御ゲートではなく目標ゲートにビット反転演算 X があった場合に、その後、制御 NOT ゲートを通ると、制御ゲートと目標ゲートとの全体にどのように波及しているか述べよ。

5.3.2　制御 NOT ゲートでの位相反転演算の波及効果

制御 NOT ゲートとパウリ演算子との組合せ回路で、図 5.19 のような制御 NOT ゲートと位相反転演算 Z とを用いた量子ゲートが等価となる。

図5.19　制御NOTゲートでの位相反転演算の波及効果

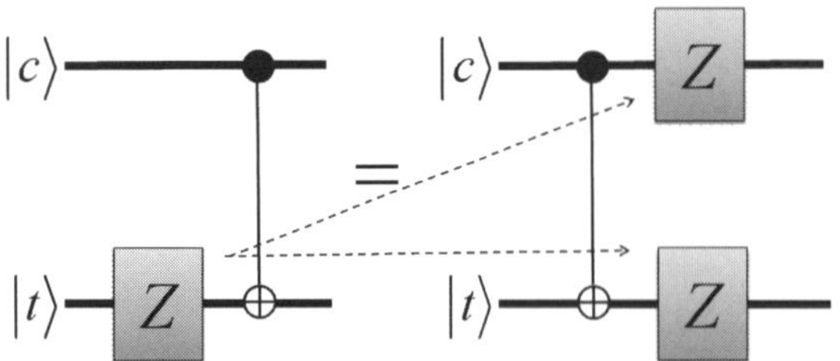

なぜなら、行列計算では、制御ゲートの入力ビットを |c> と目標ゲートの入力ビットを |t> とすると、次のようになり、同じ出力結果を与えるので、等価となる。

$$|c\rangle|t\rangle \xrightarrow{I\otimes Z} (-1)^t|c\rangle|t\rangle \xrightarrow{CNOT} (-1)^t|c\rangle|t\oplus c\rangle$$

$$|c\rangle|t\rangle \xrightarrow{CNOT} |c\rangle|t\oplus c\rangle \xrightarrow{Z\otimes Z} (-1)^{c+(t\oplus c)}|c\rangle|t\oplus c\rangle = (-1)^t|c\rangle|t\oplus c\rangle$$

つまり、これも位相反転演算 Z が制御 NOT ゲートを通ると、制御ゲートと目標ゲートとの全体に波及していることを示している。先のビット反転の波及効果と違って、位相反転演算は目標ゲートにあることに注意する。

例題 5-7　制御 NOT ゲートの前の位相反転演算の波及効果

図 5.19 の等価となる制御 NOT ゲートと位相反転演算 Z とを用いた量子回路で、入力ビットが |c>|t>=|1>|0> の場合に、等価回路の出力結果が同じとなることを、量子シミュレータで確かめよ。

【解答】

入力ビットが |c>|t>=|1>|0> の場合について、等価回路同士の出力結果を比較すると、同じになっていることが確認できる。

$$|1\rangle|0\rangle \xrightarrow{I\otimes Z} |1\rangle|0\rangle \xrightarrow{CNOT} |1\rangle|1\rangle, \quad |1\rangle|0\rangle \xrightarrow{CNOT} |1\rangle|1\rangle \xrightarrow{Z\otimes Z} (-1)^2|1\rangle|1\rangle = |1\rangle|1\rangle$$

量子シミュレータでの量子回路は、それぞれ、図 5.20 のようになり、出力結果の上下がそれぞれにおいて $|1111\rangle = |11\rangle \otimes |11\rangle$ で前後が一致していることが分かる。

図5.20　制御NOTゲートの前の位相反転演算の波及効果実験

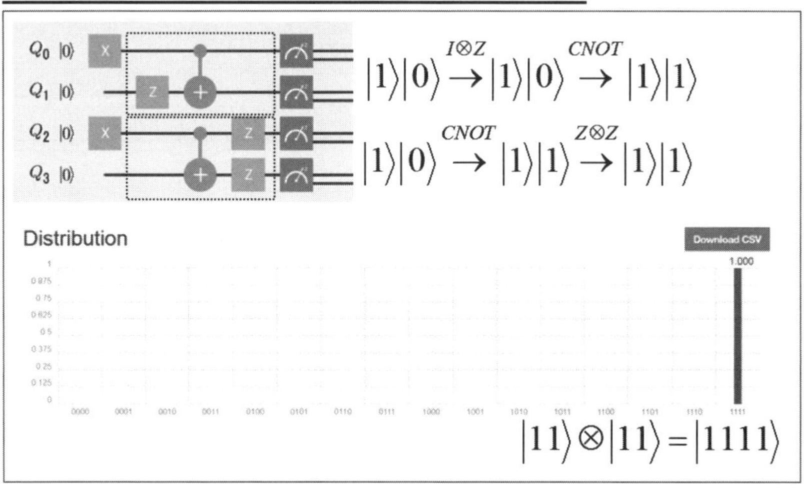

例題 5-8　制御 NOT ゲートの前のアダマール演算と位相反転演算の波及効果

図 5.21 のような制御 NOT ゲートとビット反転演算 X とを用いた量子ゲートで、アダマール演算 H が入っても当然等価となるが、入力ビットが |c>|t>=|0>|0> の場合に、等価回路の出力結果が同じとなることを、量子シミュレータで確かめよ。

図5.21

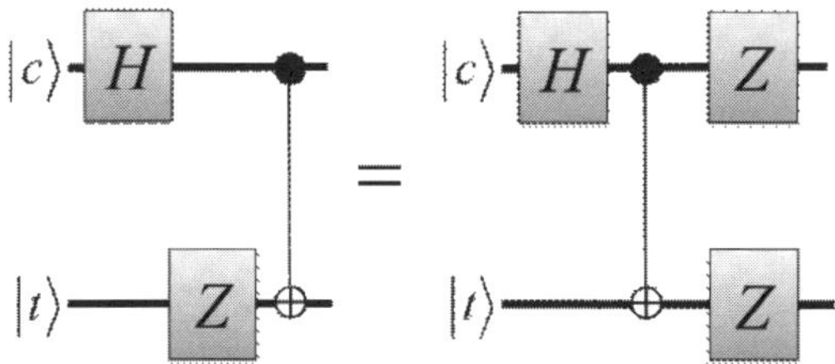

【解答】

制御ゲートがアダマール演算された後に、制御 NOT ゲートと位相反転演算 Z とを用いた量子ゲートに入っても同じなので、入力ビットが |c>|t>=|0>|0> のときに、量子シミュレータで次

のような量子回路で確かめた。

$$|0\rangle|0\rangle \xrightarrow{H\otimes I} \frac{1}{\sqrt{2}}\left(|0\rangle+|1\rangle\right)|0\rangle \xrightarrow{I\otimes Z} \frac{1}{\sqrt{2}}\left(|1\rangle+|0\rangle\right)|0\rangle \xrightarrow{CNOT} \frac{1}{\sqrt{2}}\left(|11\rangle+|00\rangle\right)$$

$$|0\rangle|0\rangle \xrightarrow{H\otimes I} \frac{1}{\sqrt{2}}\left(|0\rangle+|1\rangle\right)|0\rangle \xrightarrow{CNOT} \frac{1}{\sqrt{2}}\left(|00\rangle+|11\rangle\right) \xrightarrow{Z\otimes Z} \frac{1}{\sqrt{2}}\left(|11\rangle+|00\rangle\right)$$

それぞれの出力ビットは、もつれ状態になっているが、出力結果の上下が一致していることが分かる。

図5.22　重ね合わせ状態での位相反転演算の波及効果実験

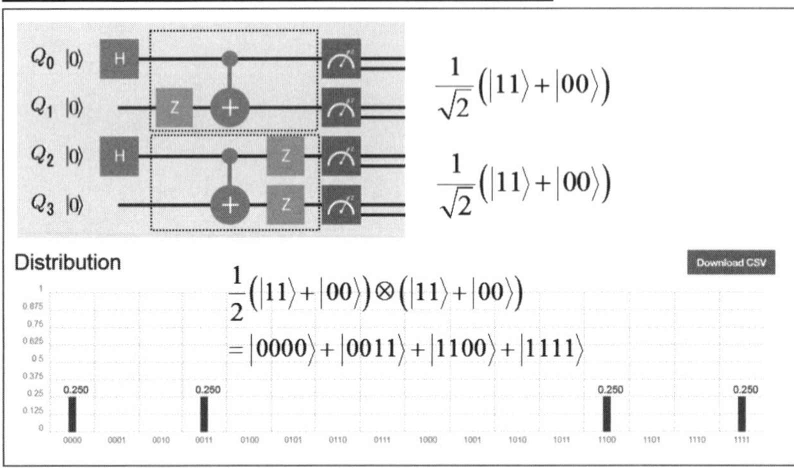

演習 5-5

目標ゲートではなく制御ゲートに位相反転演算 Z があった場合に、その後、制御 NOT ゲートを通ると、制御ゲートと目標ゲートとの全体にどのように波及しているか述べよ。

5.4 制御 NOT ゲートによる交換ゲート

5.4.1　入力ビットに |0> が含まれた簡単な交換ゲート

制御 NOT ゲートは量子コンピュータの特徴をよく表すもつれ状態の生成に重要なことが分かったが、ここでは、制御 NOT ゲートを組み合わせて量子ビットを入れ替える交換ゲートを作成してみよう。

図 5.23 のように 2 つの制御 NOT ゲートを上下反転させて連続で設定した量子回路を作成し、入力ビットに |c>|t>=|c>|0> を入れて、出力を求めてみよう。制御ゲートと目標ゲートとを注意すれば、次のように計算できる。

図5.23　入力ビットに|0>が含まれた交換ゲート

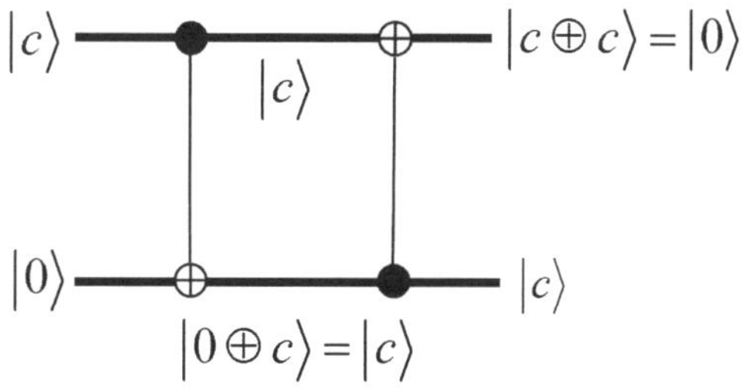

$|c\rangle$　$|c\rangle$　$|c\oplus c\rangle = |0\rangle$

$|0\rangle$　$|0\oplus c\rangle = |c\rangle$　$|c\rangle$

$$|c\rangle|0\rangle \xrightarrow{CNOT_{01}} |c\rangle|0\oplus c\rangle = |c\rangle|c\rangle \xrightarrow{CNOT_{10}} |c\oplus c\rangle|c\rangle = |0\rangle|c\rangle$$

ここで 2 を法とする加算 ⊕ は排他的論理和 XOR と同じ計算で、$0\oplus c = c$ となる。0 はなくてもよく、同じものの XOR は $c\oplus c = 0$ となる。そのため、2 つの制御 NOT ゲートを上下反転させて連続で設定した量子ゲートは、交換ゲートとして機能していることが分かる。

例題 5-9　上下反転した制御 NOT ゲートの効果

2 つの制御 NOT ゲートを上下反転させて連続で設定した交換ゲートに入力ビットに |1>|0> を入れて、出力が交換されているか量子シミュレータで確かめよ。

【解答】

この交換ゲートの入力ビットが |c>|t>=|1>|0> のときに、初期状態 |0>|0> なので、ビット反転演算 X ゲートを通すと、次のようになり、確かに入力ビットが交換されていることが分かる

$$|0\rangle|0\rangle \xrightarrow{X\otimes I} |1\rangle|0\rangle \xrightarrow{CNOT_{01}} |1\rangle|0\oplus 1\rangle = |1\rangle|1\rangle \xrightarrow{CNOT_{10}} |1\oplus 1\rangle|1\rangle = |0\rangle|1\rangle$$

この交換ゲートを、次のような量子回路で作成した結果、確かに |0>|1>=|01> が観測された。

図5.24　上下反転した制御NOTゲートによる交換ゲート実験

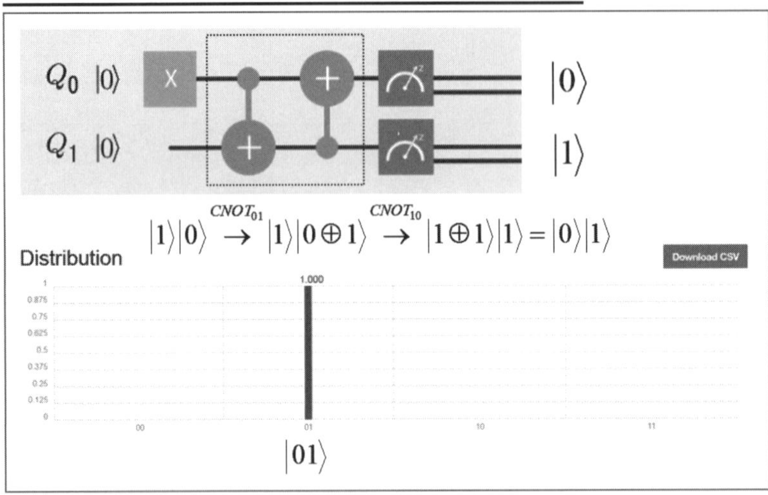

例題 5-10　重ね合わせ状態の簡易交換ゲートの実装

2 つの制御 NOT ゲートを上下反転させて連続で設定した交換ゲートに入力ビットに $(|0\rangle+|1\rangle)|0\rangle/\sqrt{2}$ を入れて、これらが交換されているか量子シミュレータで確かめよ。

【解答】

この交換ゲートの入力ビットが $|c\rangle|t\rangle=(|0\rangle+|1\rangle)|0\rangle/\sqrt{2}$ のときに、初期状態 |0>|0> なので、アダマール演算 H ゲートを通すと、次のようになり、確かに入力ビットが交換されていることが分かる

$$|0\rangle|0\rangle \xrightarrow{H\otimes I} \frac{|0\rangle+|1\rangle}{\sqrt{2}}|0\rangle \xrightarrow{CNOT_{01}} \frac{1}{\sqrt{2}}\left(|00\rangle+|11\rangle\right) \xrightarrow{CNOT_{10}} \frac{1}{\sqrt{2}}\left(|00\rangle+|01\rangle\right)=|0\rangle\frac{|0\rangle+|1\rangle}{\sqrt{2}}$$

この交換ゲートを、次のような量子回路で作成し、ブロッホ測定をした結果、確かに $|0\rangle\left(|0\rangle+|1\rangle\right)/\sqrt{2}$ が観測された。

図5.25 重ね合わせ状態の簡易交換ゲートの実装実験

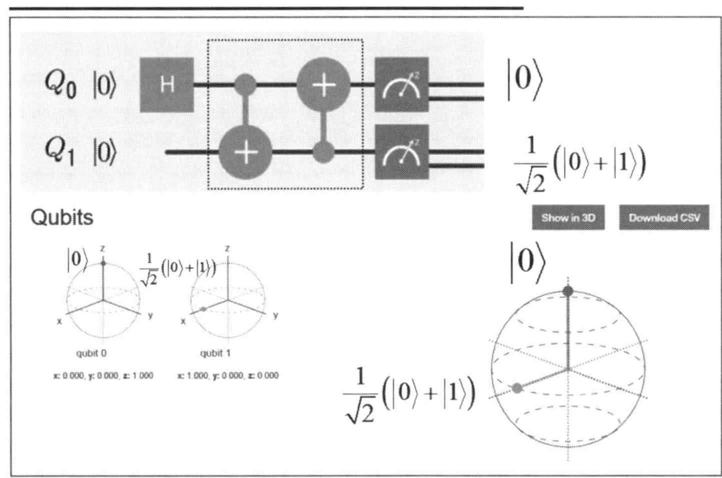

しかし、この交換ゲートは片方の量子ビットが |0> のときのみ成立する交換ゲートであった。そこで、入力ビットに任意の量子ビットが設定されても交換できるような汎用性のある交換ゲートを次項で作成する。

5.4.2 任意の入力ビットでの交換（SWAP）ゲート

これには、反転した2重の制御 NOT ゲートに、もう1つ制御 NOT ゲートを図 5.26 のように追加すればよいことが分かる。つまり、この**交換ゲート**（SWAP）を行列計算すると、次のように入力ビットが出力で交換されている。

図5.26　交換（SWAP）ゲート

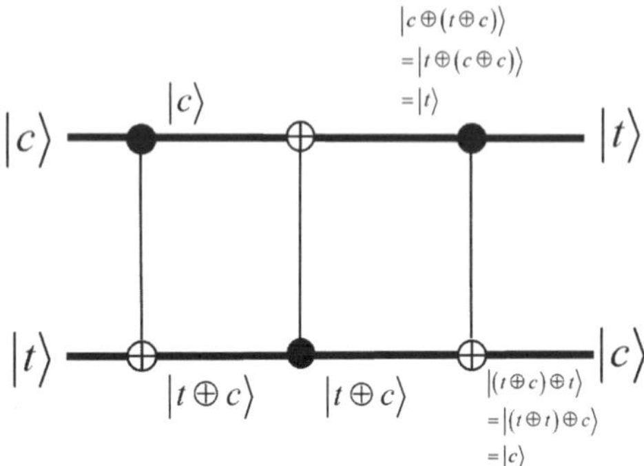

$$|c\rangle|t\rangle \xrightarrow{CNOT_{01}} |c\rangle|t\oplus c\rangle \xrightarrow{CNOT_{10}} |c\oplus(t\oplus c)\rangle|t\oplus c\rangle = |t\rangle|t\oplus c\rangle \xrightarrow{CNOT_{01}} |t\rangle|(t\oplus c)\oplus t\rangle = |t\rangle|c\rangle$$

このように 3 つの制御 NOT ゲートを使い、中央の制御 NOT ゲートを上下に反転すれば、入力ビットに任意の量子ビットが設定されても汎用性のある交換ゲートが完成することになる。

例題 5-11　交換ゲートの実装

3 つの制御 NOT ゲートを用いた汎用性のある交換ゲートで、入力ビットの制御ゲートに $(|0\rangle+|1\rangle)/\sqrt{2}$ と目標ゲートに $(|0\rangle+|1\rangle)/\sqrt{2}$ を入れて、これらが交換されるか量子シミュレータで確かめよ。

【解答】

この交換ゲートの入力ビットが |c>|t>=(|0>+|1>)(|0>−|1>)/2 のときに、初期状態 |0>|0> なので、制御ゲートはアダマール演算 H、目標ゲートはビット反転演算 X とアダマール演算 H を通すとよいので、次のようになり、確かに入力ビットが交換されていることが分かる

$$|0\rangle|0\rangle \xrightarrow{I\otimes X} |0\rangle|1\rangle \xrightarrow{H\otimes H} \frac{|\mathbf{0}\rangle+|\mathbf{1}\rangle}{\sqrt{\mathbf{2}}}\frac{|\mathbf{0}\rangle-|\mathbf{1}\rangle}{\sqrt{\mathbf{2}}} = \frac{1}{2}(|00\rangle-|01\rangle+|10\rangle-|11\rangle)$$

$$\xrightarrow{CNOT_{01}} \frac{1}{2}(|00\rangle-|01\rangle+|11\rangle-|10\rangle) \xrightarrow{CNOT_{10}} \frac{1}{2}(|00\rangle-|11\rangle+|01\rangle-|10\rangle)$$

$$\xrightarrow{CNOT_{01}} \frac{1}{2}(|00\rangle-|10\rangle+|01\rangle-|11\rangle) = \frac{|\mathbf{0}\rangle-|\mathbf{1}\rangle}{\sqrt{\mathbf{2}}}\frac{|\mathbf{0}\rangle+|\mathbf{1}\rangle}{\sqrt{\mathbf{2}}}$$

この交換ゲートを、次のような量子回路で作成し、ブロッホ測定をした結果、確かに (|0>–|1>)(|0>+|1>)/2 が観測された。

図5.27 交換ゲートの実装実験

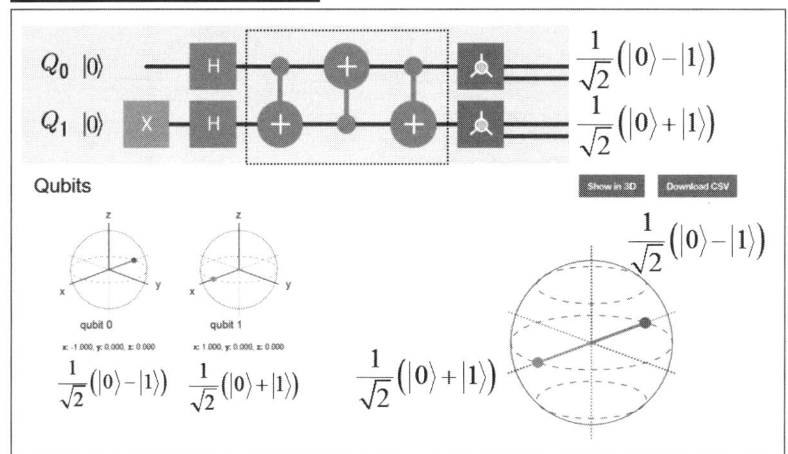

5

演習 5-6

交換ゲートでは上下反転した制御 NOT ゲートが使われていたが、アダマール変換を使えば、図 5.28 のように上下反転した制御 NOT ゲートが使えることを示し、量子シミュレータですべて同じ方向を向いた 3 つの制御 NOT ゲートを用いた交換ゲートの量子回路を作成し、一致していることを確かめよ。

図5.28 同じ方向を向いた制御NOTゲートによる交換ゲート

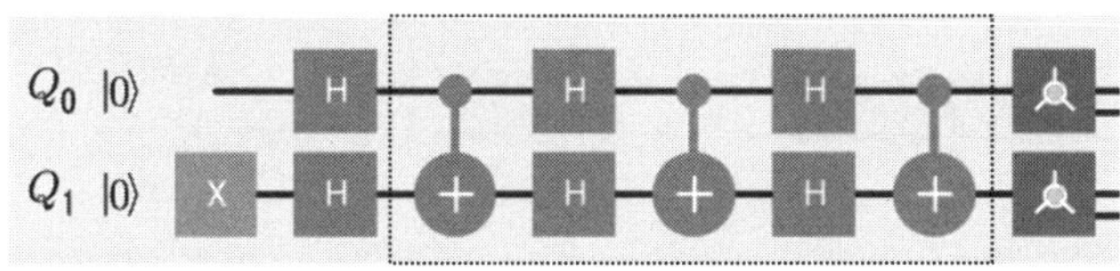

演習 5-7

図 5.29 の制御 NOT ゲートが多数使われた量子回路を作成し、どのような演算を行う量子回路であるか説明し、量子シミュレータでの実行結果を調べよ。

図5.29

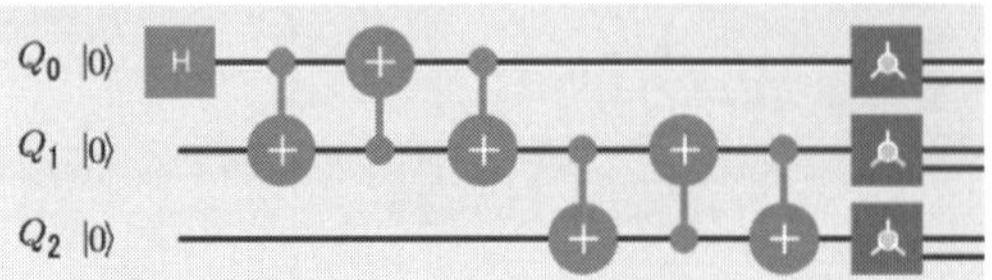

演習 5-8

図 5.30 の制御 NOT ゲートが多数使われた量子回路を作成し、どのような演算を行う量子回路であるか説明し、量子シミュレータでの実行結果を調べよ。

図5.30

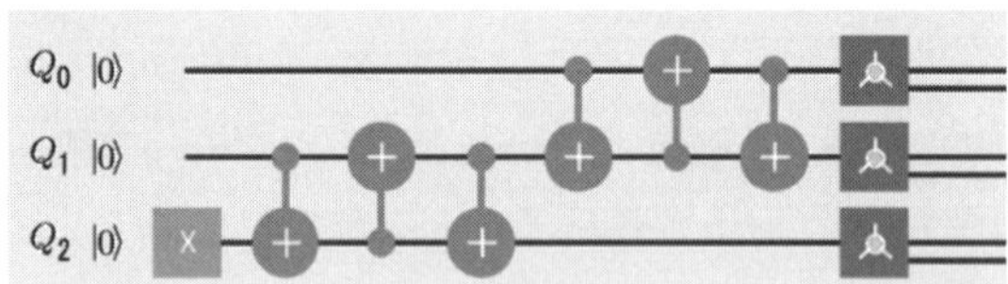

5.5 制御 U ゲートの生成

制御 NOT ゲートは、ビット反転演算 X が制御ゲートでコントロールされていて、制御 X ゲートであった。しかし、もっと一般的にいろいろな演算子も同じように制御できると考えられる。

たとえば、あるユニタリ演算 U を制御するような**制御 U ゲート**が考えられる。そこで、制御 Z ゲートや制御 Y ゲート、制御 H ゲート、制御 S ゲートを作成してみよう。

図5.31　制御*U*ゲート

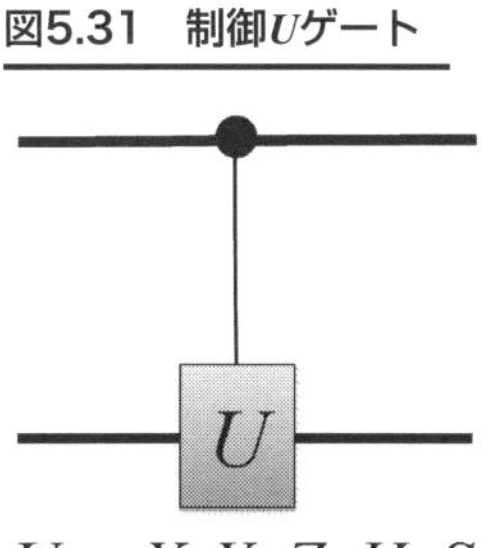

$$U = X, Y, Z, H, S$$

5.5.1　制御 *Z* ゲート

IBM の量子シミュレータでは、制御 *U* ゲートとして、制御 NOT ゲートがあるだけで、制御 NOT ゲートを使って、**制御 *Z* ゲート**を自ら構築する必要がある。

図5.32　制御*Z*ゲートと等価な量子回路

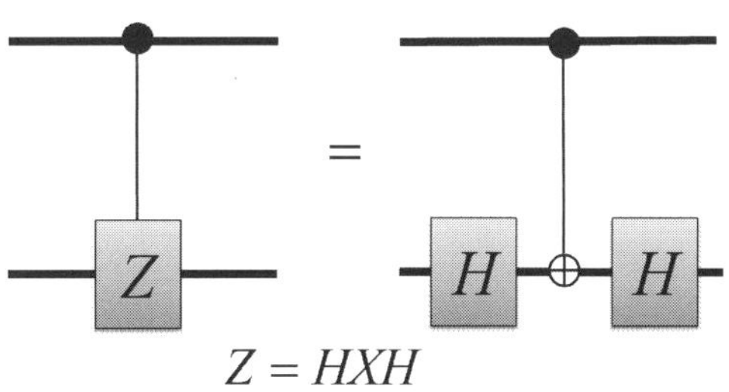

そのためには、アダマール演算によるパウリ演算の変換 *Z*=*HXH* を使えば、図 5.32 のように制御 *Z* ゲート *CZ* が作れそうである。制御 *Z* ゲートは、次のように入力ビットが |11> のときにのみ、位相が反転すればよい。

$$CZ = \begin{matrix} |00\rangle & |01\rangle & |10\rangle & |11\rangle \\ \downarrow & \downarrow & \downarrow & \downarrow \end{matrix}$$

$$CZ = \begin{pmatrix} 1 & 0 & 0 & 0 \\ 0 & 1 & 0 & 0 \\ 0 & 0 & 1 & 0 \\ 0 & 0 & 0 & -1 \end{pmatrix} \begin{matrix} \to |00\rangle \\ \to |01\rangle \\ \to |10\rangle \\ \to |11\rangle \end{matrix}$$

制御 NOT ゲートをアダマール演算で挟めば、次のような入力ビット |11> のときを計算すると、確かに位相反転が起きていることが分かる。

$$|1\rangle|1\rangle \xrightarrow{I\otimes H} |1\rangle\frac{|0\rangle-|1\rangle}{\sqrt{2}} \xrightarrow{CNOT} \frac{1}{\sqrt{2}}\left(|11\rangle-|10\rangle\right) = -|1\rangle\frac{|0\rangle-|1\rangle}{\sqrt{2}} \xrightarrow{I\otimes H} -|1\rangle|1\rangle$$

演習 5-9

アダマール演算で挟まれた制御 NOT ゲートで、入力ビットが |00> や |01>, |10> のときに位相反転が起きず、何も変わらないことを示せ。

例題 5-12　制御 Z ゲートの実装

量子シミュレータで制御 Z ゲートの量子回路を作成し、入力ビットが |01> と |11> の場合について、実行結果がどうなるかブロッホ測定で確かめよ。

【解答】

図 5.33 のように 2 組の制御 Z ゲートの量子回路を作成し、入力ビットにそれぞれ |01> と |11> を入力させた。

図5.33　制御Zゲートの実装実験

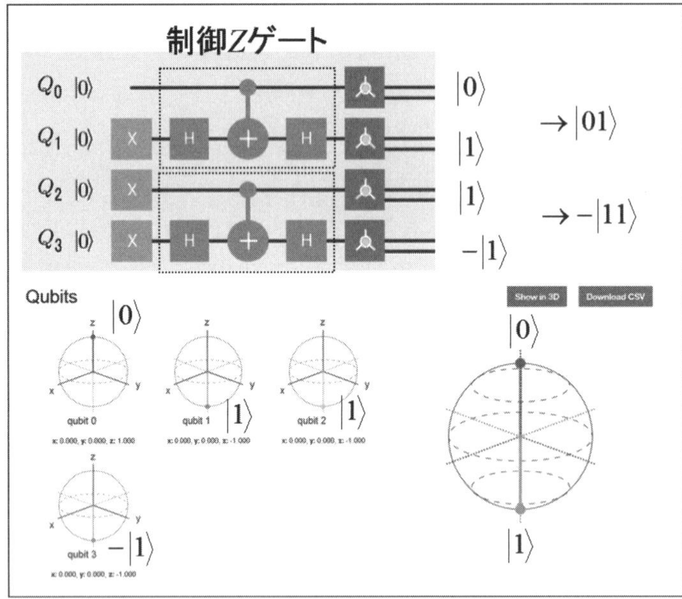

式では、制御 Z ゲートであるので、次のように書ける。

$$|0\rangle|1\rangle \xrightarrow{CZ_{01}} |0\rangle|1\rangle, \quad |1\rangle|1\rangle \xrightarrow{CZ_{23}} -|1\rangle|1\rangle$$

ここで、マイナスの位相は上下どちらのビットに付けてもよく、また、全体として考えるとグローバルな位相因子のために観測にかからない。

また、制御 Z ゲートは、図 5.34 のように上下反転しても等価な量子ゲートであることが分かる。

図5.34　上下反転した制御Zゲートの等価な量子ゲート

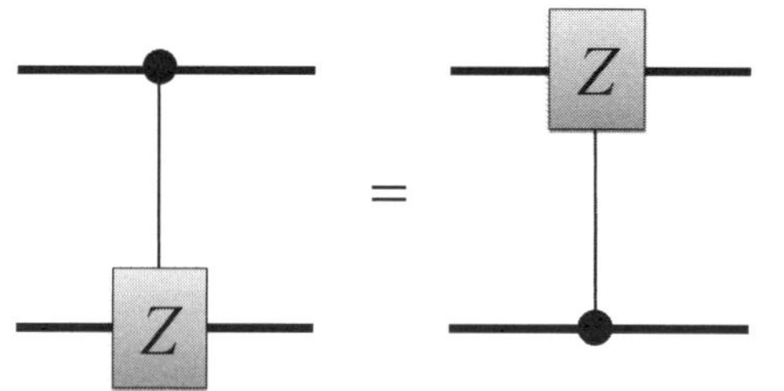

なぜなら、次のような入力ビット |11> のときだけに位相反転が起きているので、同じユニタリ行列 CZ となるためである。マイナスの位相は上下どちらのビットに付けてもよい。

$$|1\rangle|1\rangle \xrightarrow{CZ_{01}} -|1\rangle|1\rangle, \quad |1\rangle|1\rangle \xrightarrow{CZ_{10}} -|1\rangle|1\rangle$$

例題 5-13　制御 Z ゲートの実装

量子シミュレータで上下反転した制御 Z ゲートの量子回路を作成し、入力ビットが |01> と |11> の場合について、実行結果がどうなるかブロッホ測定で確かめよ。

【解答】

図 5.35 のように 2 組の上下反転し制御 Z ゲートの量子回路を作成し、入力ビットにそれぞれ |01> と |11> を入力させた。

図5.35　上下反転した制御Zゲートの実装実験

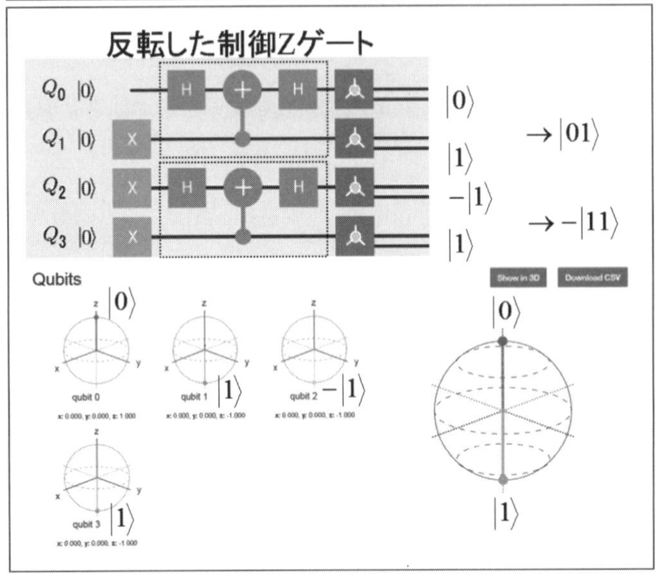

式では、上下反転し制御 Z ゲートであるので、次のように書ける。

$$|0\rangle|1\rangle \xrightarrow{CZ_{10}} |0\rangle|1\rangle, \quad |1\rangle|1\rangle \xrightarrow{CZ_{32}} -|1\rangle|1\rangle$$

ここで、マイナスの位相は上下どちらのビットに付けてもよく、また、全体として考えるとグローバルな位相因子のために観測にかからない。

図 5.36 のような量子回路は、等価な量子ゲートとなる。下の量子ゲートのビット反転演算 X の前に $HH=I$ となる量子ゲートを入れれば、アダマール演算で挟まれた制御 NOT ゲートは上下反転し（図 5.14 参照）、下の量子ゲートに残った $HXH=Z$ になり、等価な量子回路となる。

図5.36　制御NOTゲートの上下反転と位相反転演算

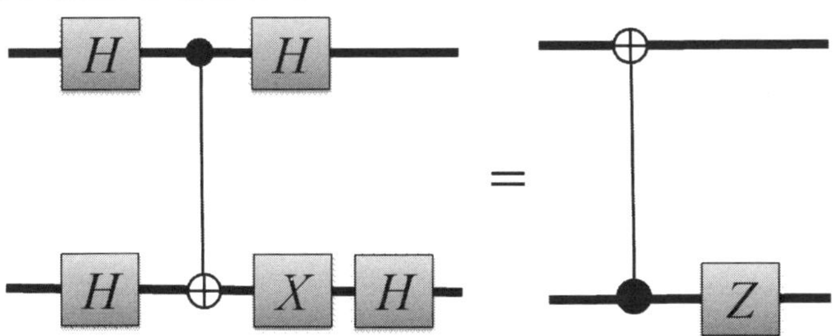

例題 5-14　量子回路の等価性の証明

量子シミュレータで図 5.36 の等価な量子回路を作成し、入力ビットが |11> の場合について、実行結果がどうなるかブロッホ測定で確かめよ。

【解答】

図 5.37 のように 2 組の上下反転した制御 NOT ゲートの量子回路を作成する。

図5.37

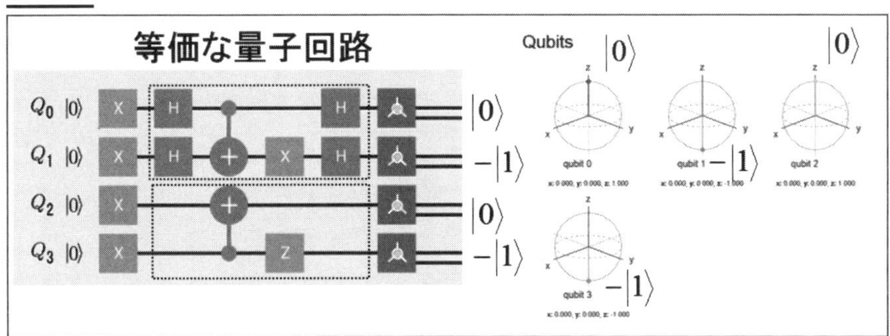

入力ビットに |11> を入力させ、図のように忠実に量子ゲートを実行すると、次のような式で演算できる。

$$|1\rangle|1\rangle \overset{H\otimes H}{\rightarrow} \frac{1}{2}\left(|00\rangle-|01\rangle-|10\rangle+|11\rangle\right) \overset{CNOT_{01}}{\rightarrow} \frac{1}{2}\left(|00\rangle-|01\rangle-|11\rangle+|10\rangle\right)$$

$$\overset{I\otimes X}{\rightarrow} \frac{1}{2}\left(|01\rangle-|00\rangle-|10\rangle+|11\rangle\right) = -\frac{|0\rangle+|1\rangle}{\sqrt{2}}\frac{|0\rangle-|1\rangle}{\sqrt{2}} \overset{H\otimes H}{\rightarrow} -|0\rangle|1\rangle$$

$$|1\rangle|1\rangle \overset{CNOT_{32}}{\rightarrow} |0\rangle|1\rangle \overset{I\otimes Z}{\rightarrow} -|0\rangle|1\rangle$$

ここで、マイナスの位相は上下どちらのビットに付けてもよく、また、全体として考えるとグローバルな位相因子のために観測にかからない。

また、図 5.38 のような量子回路も、等価な量子ゲートとなる。ここでは、制御 Z ゲートと制御 NOT ゲートが連続で演算された量子回路が、制御 Z ゲートと制御 NOT ゲートを前後交換し、位相反転演算 Z を上の量子ゲートで中に入れれば、等価な量子回路となる。

図5.38　制御Zゲートと制御NOTゲートとの入れ替え

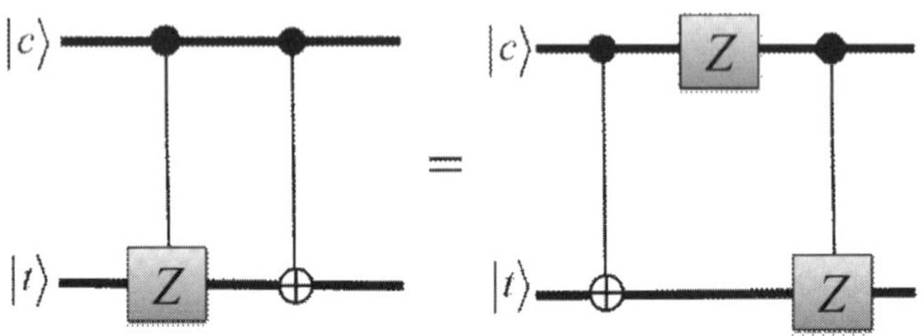

ベクトル計算で証明すると、制御 Z ゲートと制御 NOT ゲートが連続で演算された量子回路では、次のように書ける。

$$|c\rangle|t\rangle \xrightarrow{CZ} (-1)^{c\cdot t}|c\rangle|t\rangle \xrightarrow{CNOT} (-1)^{c\cdot t}|c\rangle|t\oplus c\rangle$$

また、制御 Z ゲートと制御 NOT ゲートを前後交換し、位相反転演算 Z を上の量子ゲートで中に入れた量子回路では、次のように書け、同じ演算結果となった。

$$|c\rangle|t\rangle \xrightarrow{CNOT} |c\rangle|t\oplus c\rangle \xrightarrow{Z\otimes I} (-1)^{c}|c\rangle|t\oplus c\rangle \xrightarrow{CZ} (-1)^{c+c\cdot(t\oplus c)}|c\rangle|t\oplus c\rangle$$
$$=\left[(-1)^{c}\right]^{2}(-1)^{c\cdot t}|c\rangle|t\oplus c\rangle = (-1)^{c\cdot t}|c\rangle|t\oplus c\rangle$$

例題 5-15　量子回路の等価性の証明

量子シミュレータで制御 Z ゲートと制御 NOT ゲートを用いたこの等価な量子回路をそれぞれ作成し、入力ビットが |00> と |01>, |10>, |11> の場合について、それぞれの実行結果がどうなるか標準基底測定で確かめよ。

【解答】

制御 Z ゲートは $HXH=Z$ を使い、量子シミュレータで図 5.39 のように作成すし、入力ビットとして |00> と |01>, |10>, |11> を入れる。それぞれの実行結果を標準基底測定で確かめると、次のように、上の 2 量子ビットと下の 2 量子ビットの状態がすべて同じとなった。

図5.39　制御Zゲートと制御NOTゲートとの入れ替えの実装実験

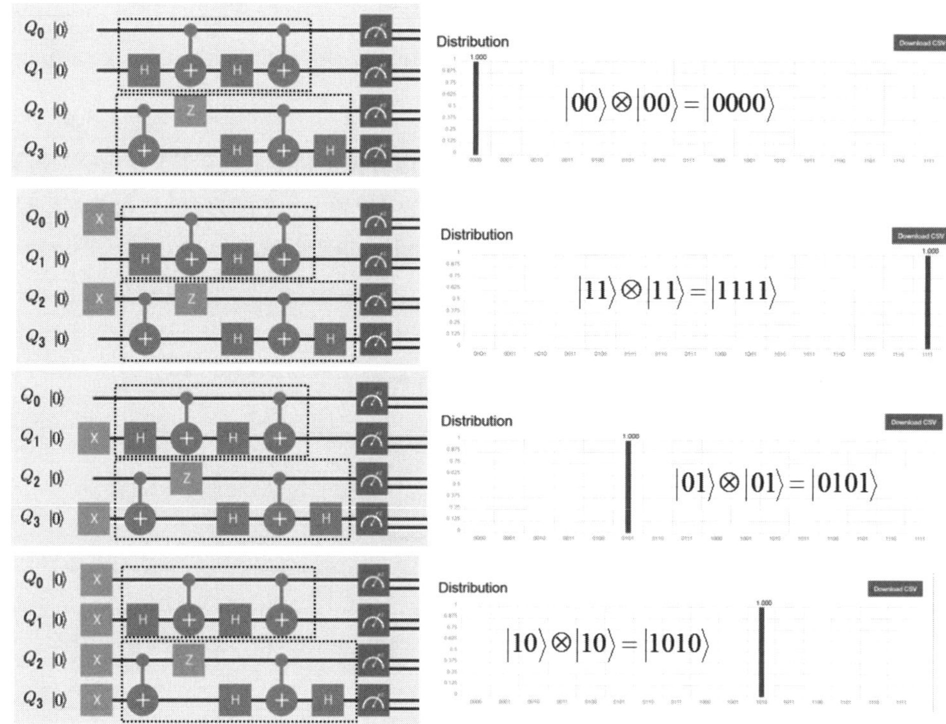

演習 5-10

量子シミュレータで制御 Z ゲートと制御 NOT ゲートを用いた等価な量子回路で、図 5.40 のようなアダマール演算による重ね合わせ状態を入れると、どのような演算結果になるか、量子シミュレータで確かめよ。

図5.40

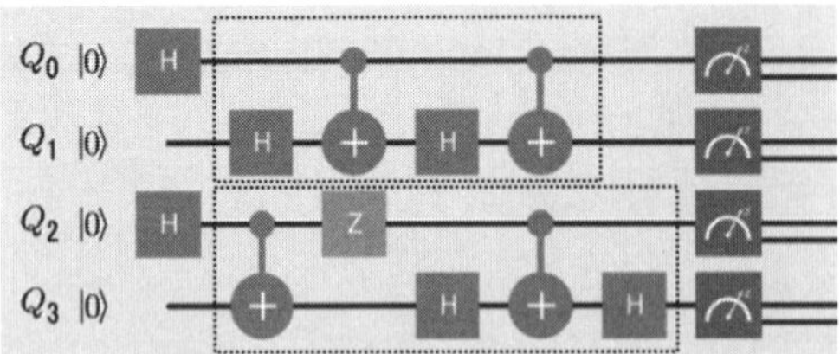

演習 5-11

図 5.41 のような制御ゲートにあるビット反転演算 X と制御 Z ゲートとを用いた量子ゲートで、ビット反転演算 X が制御 Z ゲートの後の波及効果として図のようになるか証明せよ。また、出力結果が同じとなることを、量子シミュレータでも確かめよ。

図5.41

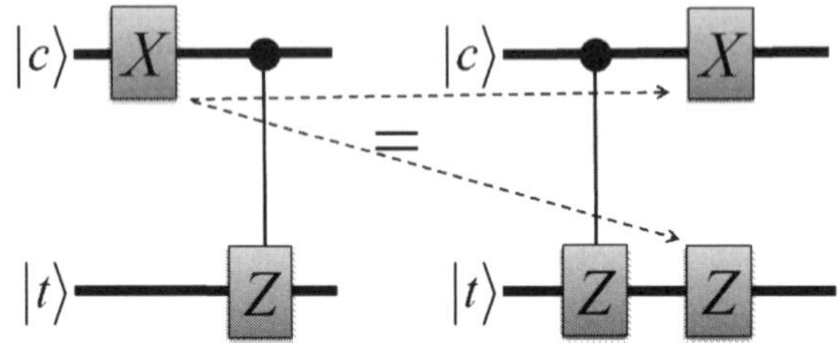

演習 5-12

図 5.42 のような目標ゲートにあるビット反転演算 X と制御 Z ゲートとを用いた量子ゲートで、ビット反転演算 X が制御 Z ゲートの後の波及効果として図のようになるか証明せよ。また、出力結果が同じとなることを、量子シミュレータでも確かめよ。

図5.42

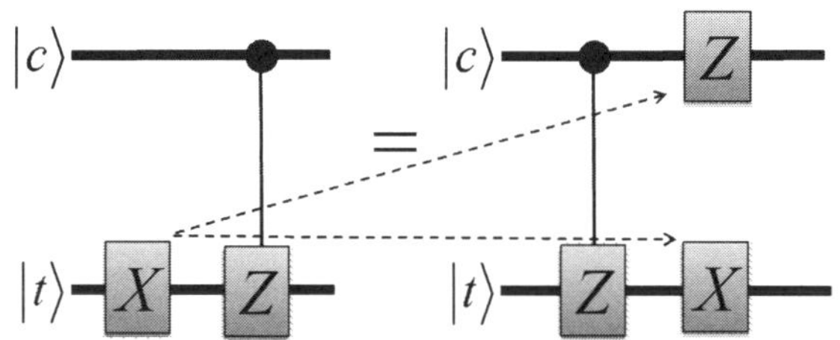

5.5.2　制御 Y ゲート

IBM の量子シミュレータでは、制御 U ゲートとして、制御 NOT ゲートと制御 Z ゲートができたが、これらのゲートを使って、制御 Y ゲートを構築する必要がある。

図5.43　制御 Y ゲート

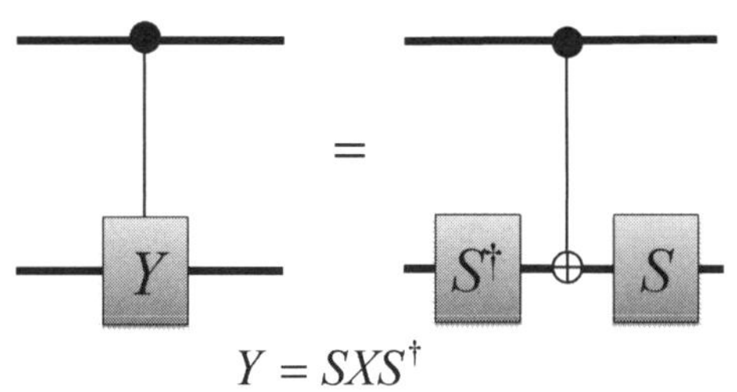

そのためには、アダマール演算によるパウリ演算の変換 $SXS^{\dagger}=Y$（図 4.5 参照）を使えば、図 5.43 のように制御 Y ゲート CY が作れそうである。制御 Y ゲートは、次のように入力ビットが |10> のときに i|11>, |11> のときに $-i$|10> になればよいので、次のようなユニタリ行列となる。

$$
\begin{array}{cc}
 & \begin{array}{cccc} |00\rangle & |01\rangle & |10\rangle & |11\rangle \\ \downarrow & \downarrow & \downarrow & \downarrow \end{array} \\
CY = & \begin{pmatrix} 1 & 0 & 0 & 0 \\ 0 & 1 & 0 & 0 \\ 0 & 0 & 0 & -i \\ 0 & 0 & i & 0 \end{pmatrix}
\begin{array}{l} \rightarrow |00\rangle \\ \rightarrow |01\rangle \\ \rightarrow |10\rangle \\ \rightarrow |11\rangle \end{array}
\end{array}
$$

そこで、位相シフト演算 $S^\dagger$, S で挟まれた制御 NOT ゲートで、次のような入力ビットが |10> と |11> のときを計算すると、確かに制御 Y ゲートになっていることが分かる。

$$|1\rangle|0\rangle \xrightarrow{I\otimes S^\dagger} |1\rangle|0\rangle \xrightarrow{CNOT} |1\rangle|1\rangle \xrightarrow{I\otimes S} i|1\rangle|1\rangle$$

$$|1\rangle|1\rangle \xrightarrow{I\otimes S^\dagger} -i|1\rangle|1\rangle \xrightarrow{CNOT} -i|10\rangle \xrightarrow{I\otimes S} -i|1\rangle|0\rangle$$

例題 5-16　制御 Y ゲートの実装

量子シミュレータで制御 Y ゲートの量子回路を作成し、入力ビットが |10> と |11> の場合について、実行結果がどうなるかブロッホ測定で確かめよ。

【解答】

図のように 2 組の制御 Y ゲートの量子回路を作成し、入力ビットにそれぞれ |10> と |11> を入力させた。

図5.44　制御Yゲートの実装

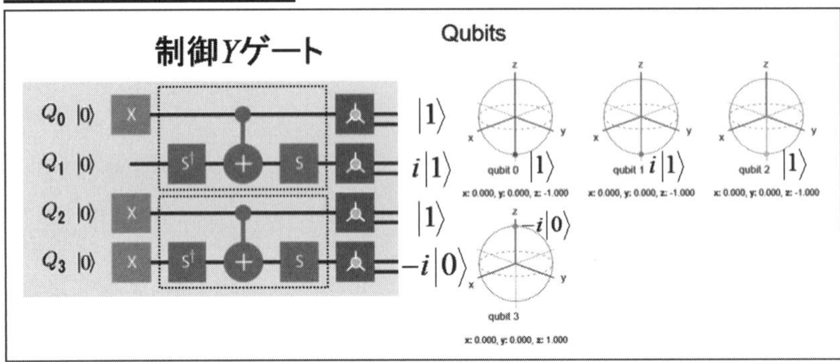

式では、制御 Y ゲートであるので、次のように書ける。

$$|1\rangle|0\rangle \xrightarrow{CY_{01}} i|1\rangle|1\rangle, \quad |1\rangle|1\rangle \xrightarrow{CY_{23}} -i|1\rangle|0\rangle$$

ここで、マイナスの位相 ±i は上下どちらのビットに付けてもよく、また、全体として考えるとグローバルな位相因子のために観測にかからないので無視できる。

演習 5-13

量子シミュレータで制御 Y ゲートの量子回路を作成し、入力ビットが |00> や |01> の場合についても、実行結果がどうなるかブロッホ測定で確かめよ。

5.5.3　制御 H ゲート

制御 U ゲートとして、制御 NOT ゲートと制御 Z ゲート、制御 Y ゲートができたが、さらに、制御 H ゲートを構築してみよう。

そのためには、アダマール演算と位相シフト演算による演算の変換式を利用すればよく、$SHTXT^\dagger HS^\dagger=H$ と $SHTT^\dagger HS^\dagger=I$ であるから、図 5.45 のように制御 H ゲート CH が作れそうである。

図5.45　制御Hゲート

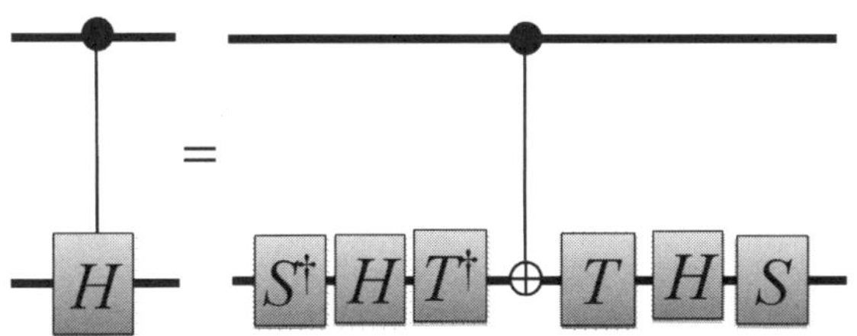

制御 H ゲートは、次のように制御ゲートの入力ビットが |0> のときに $SHTT^\dagger HS^\dagger=I$ により目標ゲートの量子ビットは何もせずそのまま通過するが、制御ゲートの入力ビットが |1> のときに $SHTXT^\dagger HS^\dagger=H$ により目標ゲートの量子ビットはアダマール演算 H を受けるので、制御 H ゲートになっている。式で示せば、次のように証明できる。

$$SHTT^\dagger HS^\dagger = SH\left(TT^\dagger\right)HS^\dagger = S\left(HH\right)S^\dagger = SS^\dagger = I$$

$$SHTXT^\dagger HS^\dagger = \frac{1}{2}\begin{pmatrix}1 & 0\\ 0 & i\end{pmatrix}\begin{pmatrix}1 & 1\\ 1 & -1\end{pmatrix}\begin{pmatrix}1 & 0\\ 0 & e^{i(\pi/4)}\end{pmatrix}\begin{pmatrix}0 & 1\\ 1 & 0\end{pmatrix}\begin{pmatrix}1 & 0\\ 0 & e^{-i(\pi/4)}\end{pmatrix}\begin{pmatrix}1 & 1\\ 1 & -1\end{pmatrix}\begin{pmatrix}1 & 0\\ 0 & -i\end{pmatrix}$$

$$=\frac{1}{2}\begin{pmatrix}1 & e^{i(\pi/4)}\\ i & -ie^{i(\pi/4)}\end{pmatrix}\begin{pmatrix}0 & 1\\ 1 & 0\end{pmatrix}\begin{pmatrix}1 & -i\\ e^{-i(\pi/4)} & ie^{-i(\pi/4)}\end{pmatrix}=\frac{e^{-i(\pi/4)}+e^{i(\pi/4)}}{2}\begin{pmatrix}1 & 1\\ 1 & -1\end{pmatrix}=\frac{1}{\sqrt{2}}\begin{pmatrix}1 & 1\\ 1 & -1\end{pmatrix}=H$$

この制御 H ゲート CH は、次のようなユニタリ行列となる。

$$CH = \frac{1}{\sqrt{2}}\begin{pmatrix} \sqrt{2} & 0 & 0 & 0 \\ 0 & \sqrt{2} & 0 & 0 \\ 0 & 0 & 1 & 1 \\ 0 & 0 & 1 & -1 \end{pmatrix} \begin{matrix} \to |00\rangle \\ \to |01\rangle \\ \to |10\rangle \\ \to |11\rangle \end{matrix}$$

（列：$|00\rangle$ $|01\rangle$ $|10\rangle$ $|11\rangle$）

例題 5-17　制御 H ゲートの実装

量子シミュレータで制御 H ゲート CH の量子回路を作成し、入力ビットが |10> の場合について、ベクトル計算と実行結果がどうなるかブロッホ測定で確かめよ。

【解答】

制御 H ゲート CH の量子回路に |10> を入力させると、次のようにベクトル計算できる。

$$|1\rangle|0\rangle \xrightarrow{I\otimes S^\dagger} |1\rangle|0\rangle \xrightarrow{I\otimes H} \frac{1}{\sqrt{2}}|1\rangle(|0\rangle+|1\rangle) \xrightarrow{I\otimes T^\dagger} \frac{1}{\sqrt{2}}|1\rangle(|0\rangle+e^{-i(\pi/4)}|1\rangle) \xrightarrow{CNOT} \frac{1}{\sqrt{2}}|1\rangle(|1\rangle+e^{-i(\pi/4)}|0\rangle)$$

$$\xrightarrow{I\otimes T} \frac{1}{\sqrt{2}}|1\rangle(e^{i(\pi/4)}|1\rangle+e^{-i(\pi/4)}|0\rangle) \xrightarrow{I\otimes H} \frac{1}{2}|1\rangle(e^{i(\pi/4)}(|0\rangle-|1\rangle)+e^{-i(\pi/4)}(|0\rangle+|1\rangle))$$

$$=\frac{1}{2}|1\rangle(\left(e^{i(\pi/4)}+e^{-i(\pi/4)}\right)|0\rangle-\left(e^{i(\pi/4)}-e^{-i(\pi/4)}\right)|1\rangle) \xrightarrow{I\otimes S} |1\rangle\frac{|0\rangle+|1\rangle}{\sqrt{2}}$$

また、量子シミュレータで、次のように制御 H ゲート CH の量子回路を作成し、|10> を入力させると、確かに、|0> がアダマール変換された重ね合わせ状態 $(|0\rangle+|1\rangle)/\sqrt{2}$ が生成されていることが確かめられた。

図5.46 制御Hゲートの実装実験

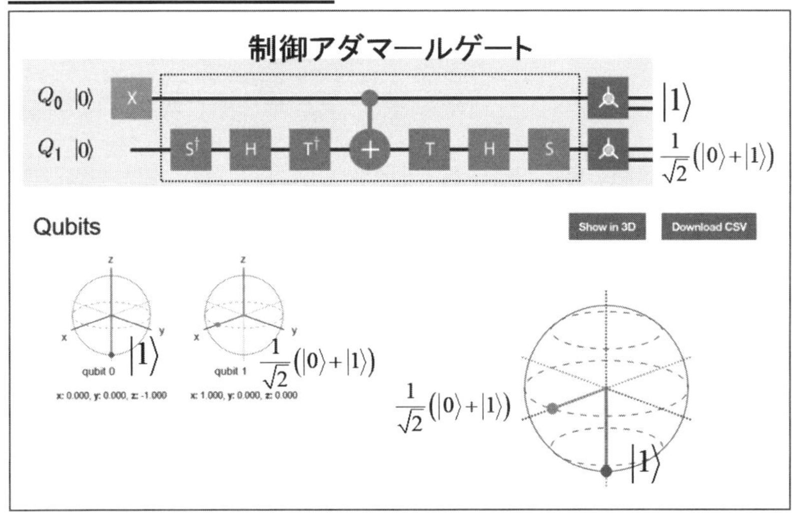

演習 5-14

量子シミュレータで制御 H ゲート CH の量子回路を作成し、入力ビットが |00> や |01>, |11> の場合について、ベクトル計算と実行結果がどうなるかブロッホ測定で確かめよ。

実験 5-2

本章で作成した量子回路を量子シミュレータではなく、実際の IBM の量子コンピュータを使って、量子実験をしてみよう。理論値と異なり、どの程度の誤差が発生するか実験で確かめてみよう。量子コンピュータでの測定には、ブロッホ測定はできないので、標準基底測定で行うこと。また、量子シミュレータでは置けた演算子が、実際の量子コンピュータ実験では置けない位置もあるので工夫して作成してみよう。

6 トフォリゲートの量子実験

これまで、クリフォード演算などの１量子ビット演算、制御 NOT ゲートや制御 U ゲートのような２量子ビット演算を説明した。ここでは、３量子ビットを用いたトフォリゲートや、それから生成できるフレッドキンゲートについて説明する。それには、まず最初に、３量子ビットによるもつれ状態として GHZ 状態や W 状態について説明しよう。２量子ビットでのもつれ状態はベル状態として説明したが、後で GHZ 状態などの量子非局所性や量子転送を利用するときに、重要となる。

そして、トフォリゲートは制御・制御 NOT ゲートで、フレッドキンゲートは制御交換ゲートで、量子シミュレータにはないために、これまでのクリフォード演算などを使って実装する必要がある。トフォリゲートの実装は、T 深度に従って、いろいろな量子ゲートの組合せ方法がある。トフォリゲートの応用として、ここでは半加算回路や半減算回路に応用したが、後の量子アルゴリズムの実装によく使われる。

6.1 3量子ビットのもつれ状態

6.1.1　多粒子もつれ状態

2量子ビットのもつれ状態としてベル状態があったが、3量子ビット以上に拡張すれば，いろいろな**多粒子もつれ状態**が考えられる。3量子ビット以上のもつれ状態は，***GHZ***（Greenberger-Horne-Zeilinger）**状態**や***W***（Wootters）**状態**と呼ばれ、たとえば、次のようなもつれ状態がある。

$$|GHZ\rangle = \frac{|000\rangle + |111\rangle}{\sqrt{2}}, \quad |GHZ\rangle = \frac{|0000\rangle + |1111\rangle}{\sqrt{2}}, \cdots, \quad |GHZ\rangle = \frac{|00\ldots0\rangle + |11\ldots1\rangle}{\sqrt{2}}$$

$$|W\rangle = \frac{|001\rangle + |010\rangle + |100\rangle}{\sqrt{3}}, \quad |W\rangle = \frac{|0001\rangle + |0010\rangle + |0100\rangle + |1000\rangle}{\sqrt{3}}, \cdots$$

この*GHZ*状態は、**シュレディンガーの猫状態**ともいわれ、ここで、3量子ビットでの*GHZ*状態を生成してみよう。

*GHZ*状態の生成はベル状態の生成と同様に考えて、図6.1のような量子回路でアダマール変換と2つの制御NOTゲートで生成でき、次のようにベクトル計算できる。

図6.1　*GHZ*状態の生成ゲート

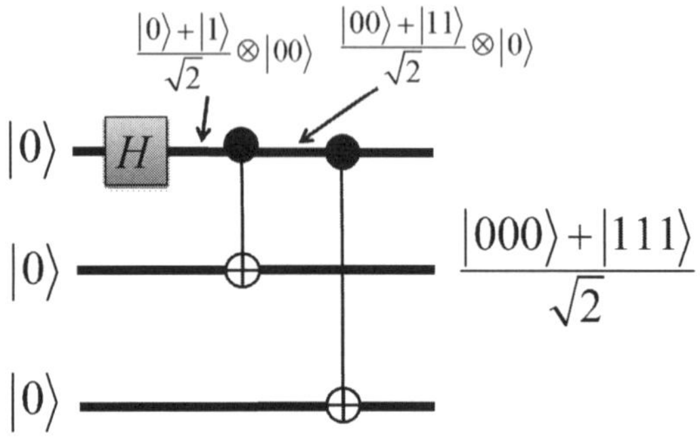

$\frac{|0\rangle+|1\rangle}{\sqrt{2}} \otimes |00\rangle$　$\frac{|00\rangle+|11\rangle}{\sqrt{2}} \otimes |0\rangle$

$|0\rangle$ — H

$|0\rangle$

$|0\rangle$

$\frac{|000\rangle+|111\rangle}{\sqrt{2}}$

$$|000\rangle \overset{H\otimes I\otimes I}{\rightarrow} \frac{|0\rangle + |1\rangle}{\sqrt{2}} \otimes |00\rangle$$

$$\overset{CNOT_{01}}{\rightarrow} \frac{|00\rangle + |11\rangle}{\sqrt{2}} \otimes |0\rangle$$

$$\overset{CNOT_{02}}{\rightarrow} \frac{|000\rangle + |111\rangle}{\sqrt{2}} = |GHZ\rangle$$

これらの *GHZ* 状態は、量子非局所性を調べたり、量子転送や反復符号化のために量子誤り訂正で活用されることになる。

例題 6-1　*GHZ* 状態生成の量子回路の実装

量子シミュレータで、3量子ビットでの *GHZ* 状態を生成する量子回路を作成し、実行結果が *GHZ* 状態になるか確かめよ。

【解答】

次のような3量子ビットでの *GHZ* 状態を生成する量子回路を作成し、入力ビットに |000> を入れて実行した。そうすると、確かに *GHZ* 状態のもつれ状態が生成されていることが確かめられた。

図6.2　*GHZ*状態の生成ゲートの実装実験

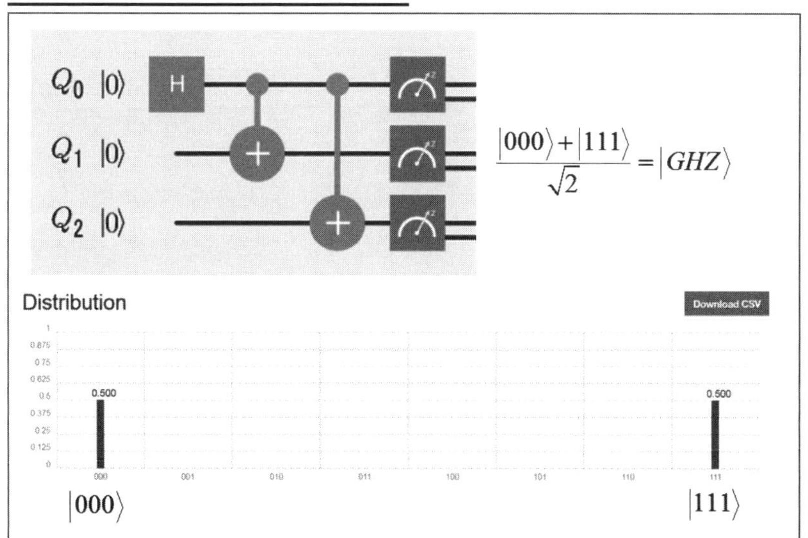

演習 6-1

量子シミュレータで、4量子ビットでの *GHZ* 状態を生成する量子回路を作成し、入力ビットに |0000> を入れて、実行結果を確かめてみよ。

6.1.2　符号パリティの異なる *GHZ* 状態

また、*GHZ* 状態で符号が違った状態を**符号パリティ**が異なるというが、3量子ビットでの符号パリティの異なる *GHZ* 状態を生成してみよう。符号パリティが異なる GHZ 状態の生成は、図 6.3 のような量子回路で生成でき、次のようにベクトル計算できる。

図6.3　符号パリティの異なる*GHZ*状態の生成ゲート

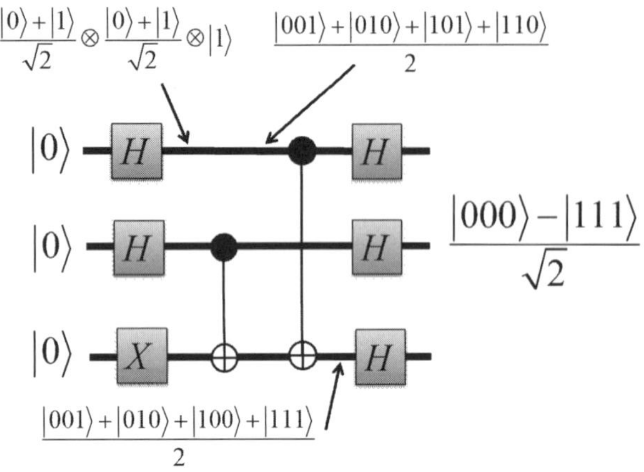

$$
\begin{aligned}
|000\rangle &\overset{H\otimes H\otimes X}{\rightarrow} \frac{|0\rangle+|1\rangle}{\sqrt{2}}\otimes\frac{|0\rangle+|1\rangle}{\sqrt{2}}\otimes|1\rangle \\
&\overset{CNOT_{12}}{\rightarrow} \frac{|001\rangle+|010\rangle+|101\rangle+|110\rangle}{2} \\
&\overset{CNOT_{02}}{\rightarrow} \frac{|001\rangle+|010\rangle+|100\rangle+|111\rangle}{2} \\
&\overset{H\otimes H\otimes H}{\rightarrow} \frac{|000\rangle-|111\rangle}{\sqrt{2}} = |GHZ\rangle
\end{aligned}
$$

例題 6-2　符号パリティが異なる *GHZ* 状態生成の実装

量子シミュレータで、3量子ビットでの符号パリティが異なる *GHZ* 状態を生成する量子回路を作成し、実行結果が *GHZ* 状態になるか確かめよ。

【解答】

図 6.4 のような 3 量子ビットでの符号パリティの異なる *GHZ* 状態を生成する量子回路を作成し実行すると、確かに *GHZ* 状態のもつれ状態が生成されていることが確かめられた。しかし、位相情報は標準基底測定では不明で、後の章で説明する量子誤り訂正での符号パリティ検出回路が必要となる。

図6.4　符号パリティが異なるGHZ状態生成の実装実験

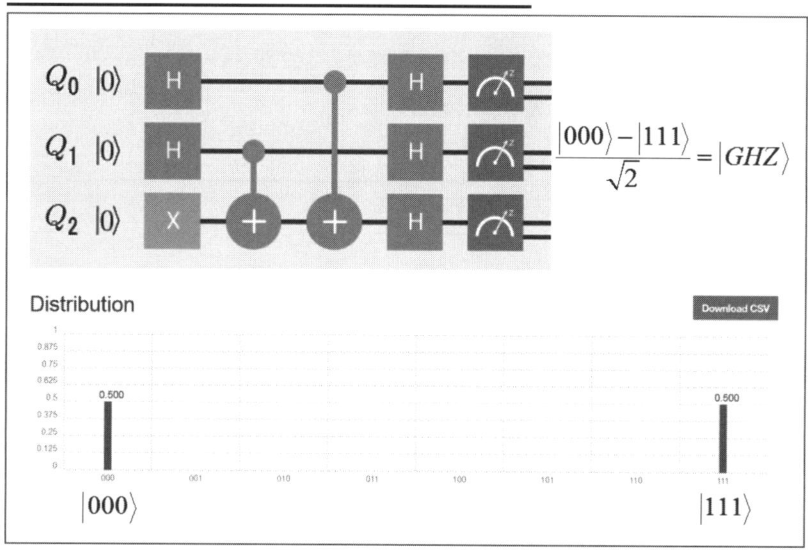

6.2 トフォリゲートの量子実験

6.2.1 トフォリゲートとは

トフォリゲートとは、3 量子ビットを用いた量子ゲートで、制御ゲートが 2 つあり、2 つの制御ゲートで1つの目標ゲートのビット反転を制御することになるので、**制御・制御 NOT（CCNOT）ゲート**とも呼ばる。この 2 つの制御ゲートが両方とも 1 のときのみ目標ゲートの量子ビットをビット反転させ、制御ゲートに 0 が含まれるときには何もしないことになる。

図6.5　TOFFOLIゲート：制御・制御NOTゲート

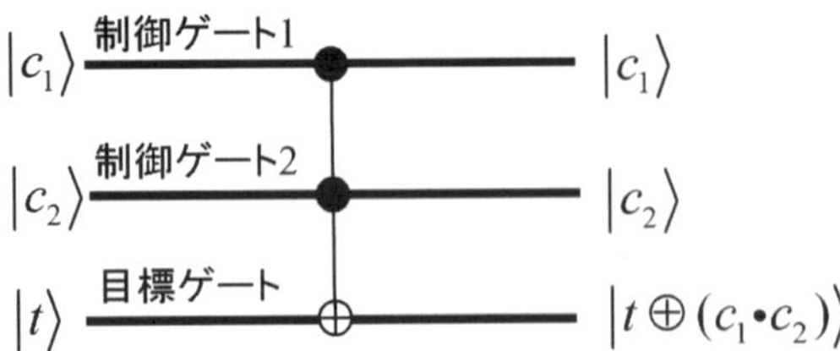

トフォリゲートのユニタリ行列は，制御ゲート1，制御ゲート2が|11>のときのみ，目標ゲートの量子ビットがビット反転するので，次のように書ける。

$$
Toffoli=\begin{array}{c}
\begin{matrix} |000\rangle & |001\rangle & |010\rangle & |011\rangle & |100\rangle & |101\rangle & |110\rangle & |111\rangle \\ \downarrow & \downarrow & \downarrow & \downarrow & \downarrow & \downarrow & \downarrow & \downarrow \end{matrix} \\
\begin{pmatrix}
1 & 0 & 0 & 0 & 0 & 0 & 0 & 0 \\
0 & 1 & 0 & 0 & 0 & 0 & 0 & 0 \\
0 & 0 & 1 & 0 & 0 & 0 & 0 & 0 \\
0 & 0 & 0 & 1 & 0 & 0 & 0 & 0 \\
0 & 0 & 0 & 0 & 1 & 0 & 0 & 0 \\
0 & 0 & 0 & 0 & 0 & 1 & 0 & 0 \\
0 & 0 & 0 & 0 & 0 & 0 & 0 & 1 \\
0 & 0 & 0 & 0 & 0 & 0 & 1 & 0
\end{pmatrix}
\end{array}
\begin{matrix} \\ \rightarrow|000\rangle \\ \rightarrow|001\rangle \\ \rightarrow|010\rangle \\ \rightarrow|011\rangle \\ \rightarrow|100\rangle \\ \rightarrow|101\rangle \\ \rightarrow|110\rangle \\ \rightarrow|111\rangle \end{matrix}
$$

ユニバーサルゲートは、クリフォード演算と少なくとも1つ非クリフォード演算を追加してできると説明したが、このトフォリゲートも、アダマール演算との組合せでユニバーサルゲートとしても用いられる（参照：arXiv:quant-ph/0301040）。このトフォリゲートは、当然、クリフォード演算と1つ非クリフォード演算 T から、図のような量子回路例で生成することも可能となる。

図6.6 トフォリゲートCCNOTの実装

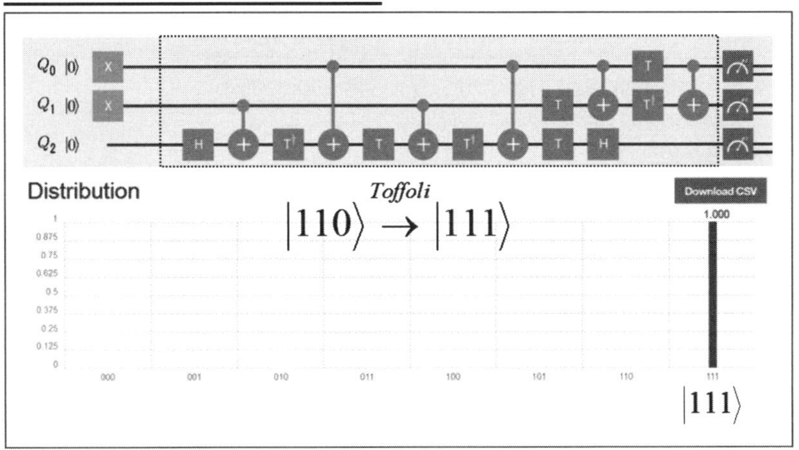

たとえば、トフォリゲートの入力として|110>を設定して、各演算を次のように計算してみると、確かに出力は|111>となり、制御・制御NOTゲートが実行されていることが分かる。

$$
\begin{aligned}
&|110\rangle \xrightarrow{I\otimes I\otimes H} |11\rangle\otimes\frac{|0\rangle+|1\rangle}{\sqrt{2}} \xrightarrow{CNOT_{12}} |11\rangle\otimes\frac{|0\rangle+|1\rangle}{\sqrt{2}} \xrightarrow{I\otimes I\otimes T^{\dagger}} |11\rangle\otimes\frac{|0\rangle+e^{-i(\pi/4)}|1\rangle}{\sqrt{2}}\\
&\xrightarrow{CNOT_{02}} |11\rangle\otimes\frac{|1\rangle+e^{-i(\pi/4)}|0\rangle}{\sqrt{2}} \xrightarrow{I\otimes I\otimes T} |11\rangle\otimes\frac{e^{i(\pi/4)}|1\rangle+e^{-i(\pi/4)}|0\rangle}{\sqrt{2}}\\
&\xrightarrow{CNOT_{12}} |11\rangle\otimes\frac{e^{i(\pi/4)}|0\rangle+e^{-i(\pi/4)}|1\rangle}{\sqrt{2}} \xrightarrow{I\otimes I\otimes T^{\dagger}} |11\rangle\otimes\frac{e^{i(\pi/4)}|0\rangle-i|1\rangle}{\sqrt{2}}\\
&\xrightarrow{CNOT_{02}} |11\rangle\otimes\frac{e^{i(\pi/4)}|1\rangle-i|0\rangle}{\sqrt{2}} \xrightarrow{I\otimes T\otimes T} -ie^{i(\pi/4)}|11\rangle\otimes\frac{|0\rangle-|1\rangle}{\sqrt{2}}\\
&\xrightarrow{CNOT_{01}} -ie^{i(\pi/4)}|10\rangle\otimes\frac{|0\rangle-|1\rangle}{\sqrt{2}} \xrightarrow{I\otimes I\otimes H} -ie^{i(\pi/4)}|101\rangle \xrightarrow{I\otimes T\otimes T^{\dagger}} |101\rangle \xrightarrow{CNOT_{01}} |111\rangle
\end{aligned}
$$

制御・制御NOTゲートを一般化した**制御・制御*U*ゲート**も考えられ、制御NOTゲートと*U*ゲートの平方根ゲートから構築できることは、論文 "Elementary gates for quantum computation"（arXiv:9503016v1）で証明されている。

演習 6-2

同じトフォリゲートを使って、図のように入力として |111> を設定して、各演算を行い、出力が |110> となっていることを計算式と量子シミュレータで確かめよ。

図6.7　トフォリゲートCCNOTの実装

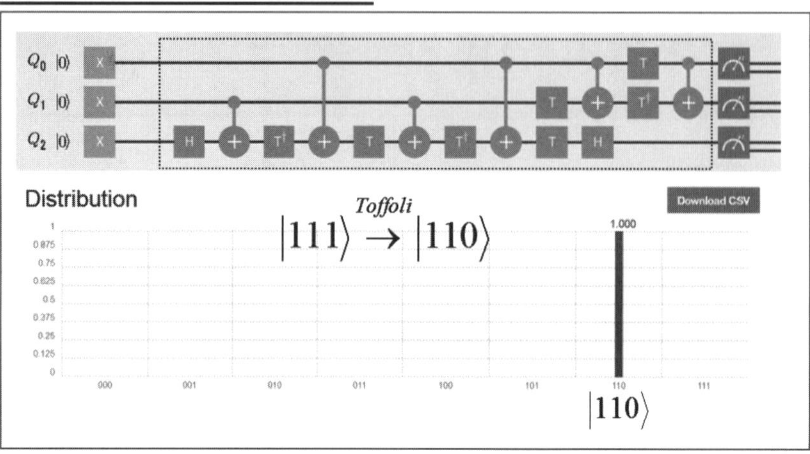

演習 6-3

図のような同じトフォリゲートの入力として |000> を設定して、各演算を行い、出力が |000> となっていることを計算式と量子シミュレータで確かめよ。

図6.8　トフォリゲートCCNOTの実装

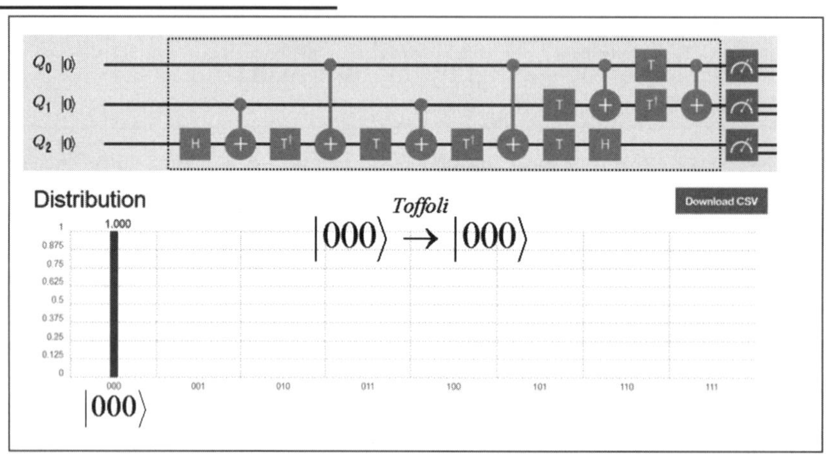

6.2.2 いろいろなトフォリゲートの生成

トフォリゲートは、クリフォード演算と位相シフト演算 T との組合せでいろいろな実装方法があり、論文 "Quantum circuits of T-depth one"（arXiv:1210.0974v2）によれば、T 深度に応じて、次のようなトフォリゲートの量子回路も可能である。ここでは位相シフト演算 S も使用されているが、$S=TT$ を利用すれば、位相シフト演算 S はそれに代用できる。

図6.9 いろいろなトフォリゲートの実装

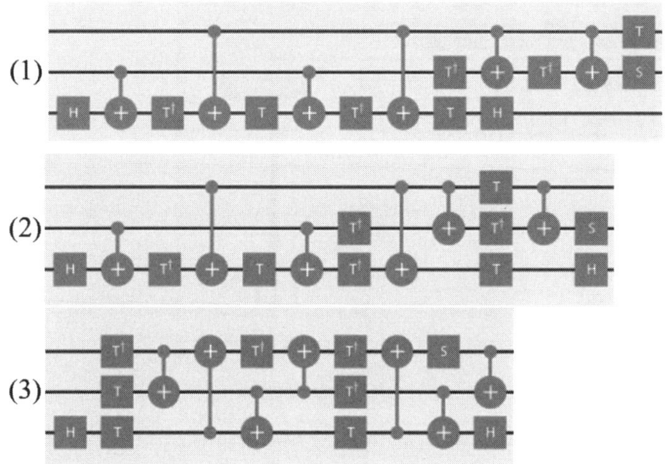

6

例題 6-3 トフォリゲート（1）の実装

図 6.9 の量子回路（1）を量子シミュレータで実装し、トフォリゲートの入力として |110> を設定して、各演算を行い、出力が |111> となっていることを計算式と量子シミュレータで確かめよ。

【解答】

いろいろなトフォリゲートの実装で量子回路（1）を、量子シミュレータで図のように実装した。入力には |110> を設定し、その出力が |111> となっていることを量子シミュレータで確かめられた。計算式による証明は省略する。

図6.10　トフォリゲートCCNOT（1）の実装実験

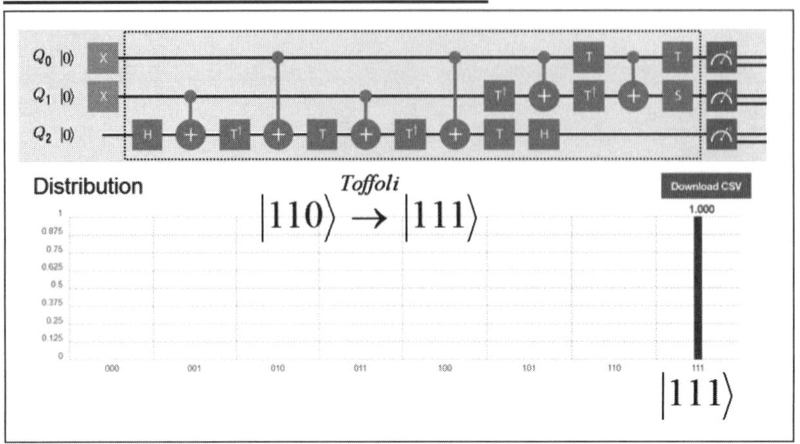

演習 6-4

図 6.9 の量子回路（1）で、入力として |111>, |100>, …などを設定して、出力がトフォリゲートの演算になっていることを計算式と量子シミュレータで確かめよ。

例題 6-4　トフォリゲート（2）の実装

図 6.9 の量子回路（2）を量子シミュレータで実装し、トフォリゲートの入力として |110> を設定して、各演算を行い、出力が |111> となっていることを計算式と量子シミュレータで確かめよ。

【解答】

図 6.9 の量子回路（2）を、量子シミュレータで図のように実装した。入力には |110> を設定し、その出力が |111> となっていることを量子シミュレータで確かめられた。計算式による証明は省略する。

図6.11　トフォリゲートCCNOT（2）の実装実験

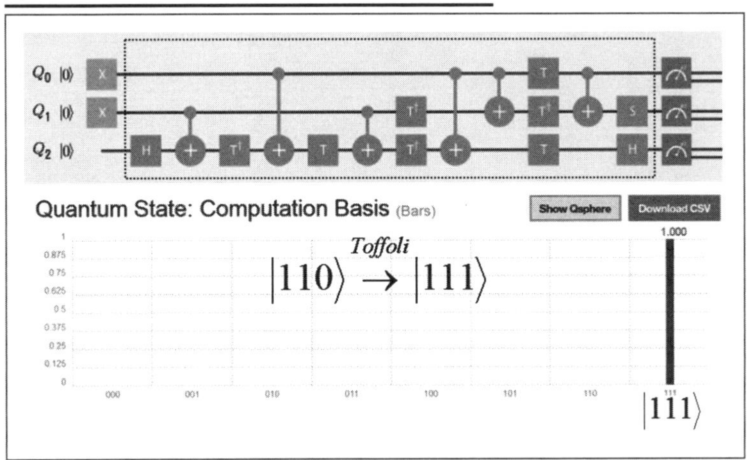

演習 6-5

図 6.9 の量子回路（2）で、入力として |111>, |100>, …などを設定して、出力がトフォリゲートの演算になっていることを計算式と量子シミュレータで確かめよ。

例題 6-5　トフォリゲート（3）の実装

図 6.9 の量子回路（3）を量子シミュレータで実装し、トフォリゲートの入力として |110> を設定して、各演算を行い、出力が |111> となっていることを計算式と量子シミュレータで確かめよ。

【解答】

図6.9の量子回路（3）を、量子シミュレータで図のように実装した。入力には|110>を設定し、その出力が|111>となっていることを量子シミュレータで確かめられた。計算式による証明は省略する。

図6.12　トフォリゲートCCNOT（3）の実装実験

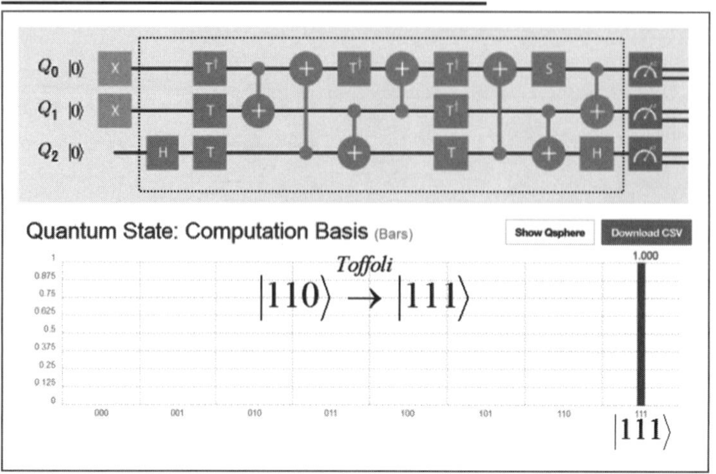

演習 6-6

図6.9の量子回路（3）で、入力として|111>, |100>, …などを設定して、出力がトフォリゲートの演算になっていることを計算式と量子シミュレータで確かめよ。

実験 6-1

実際の量子コンピュータで、トフォリゲートの動作を8つの入力の量子回路で実験を行い、ノイズがどの程度含まれているか調べ、観測確率の分布図を作成せよ。

$$|000\rangle \xrightarrow{Toffoli} |000\rangle, \quad |001\rangle \xrightarrow{Toffoli} |001\rangle, \quad |010\rangle \xrightarrow{Toffoli} |010\rangle, \quad |011\rangle \xrightarrow{Toffoli} |011\rangle$$

$$|100\rangle \xrightarrow{Toffoli} |100\rangle, \quad |101\rangle \xrightarrow{Toffoli} |101\rangle, \quad |110\rangle \xrightarrow{Toffoli} |111\rangle, \quad |111\rangle \xrightarrow{Toffoli} |110\rangle$$

6.2.3 トフォリゲートによる半加算回路と半減算回路

(1) 半加算回路

トフォリゲートと制御 NOT ゲートを用いて、入力ビット |c_1>, |c_2> を足し算する**半加算回路**の量子ゲートとして、図 6.13 のように作成できる。ここでは、出力に 2 量子ビットが使われていて、桁上げ出力として Carry=(c_1 AND c_2)、1 位の桁の出力として Sum=(c_1 XOR c_2) としている。

図6.13 トフォリゲートによる半加算ゲート

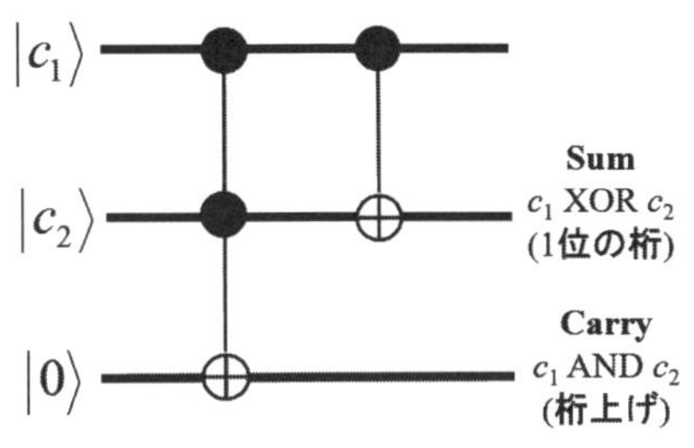

ベクトル計算では、次のようになり、Sum と Carry とは一致する。

$$|c_1c_20\rangle \overset{Toffoli}{\rightarrow} |c_1c_2\rangle|0\oplus(c_1\bullet c_2)\rangle \overset{CNOT_{01}}{\rightarrow} |c_1\rangle|c_1\oplus c_2\rangle|c_1\bullet c_2\rangle$$

量子シミュレータで、この半加算ゲートの量子回路を図 6.14 のように作成して、入力ビット |1>, |1> の加算とし、出力の桁上げ出力の Carry が 1 となり、1 位の桁の出力として Sum が 0 になっていることを確認してみよう。他のトフォリゲートを用いても、半加算回路の量子ゲートの作成は可能である。

図6.14　トフォリゲートによる半加算ゲートの実装実験

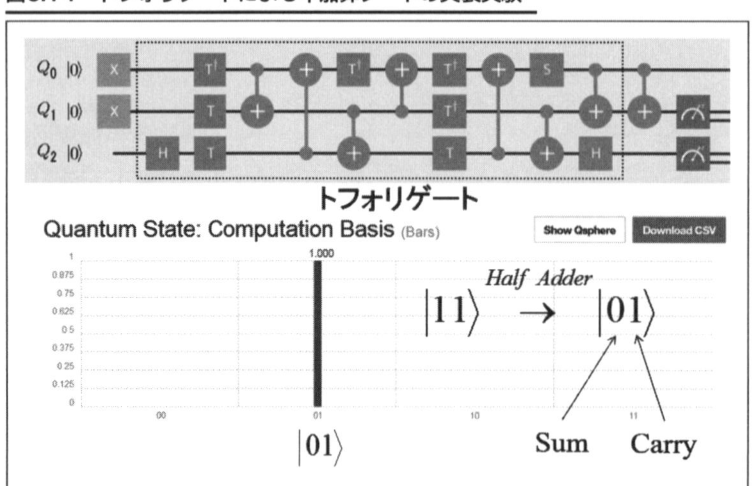

演習 6-7

半加算回路の量子ゲートで、他の入力ビット |0>|0>, |0>|1>, |1>|0> について、出力ビットを確認せよ。

演習 6-8

他のトフォリゲートを用いて、半加算回路の量子ゲートを作成し、動作しているか確認せよ。

(2) 半減算回路

トフォリゲートと制御 NOT ゲートを用いて、入力ビット $|c_1>$, $|c_2>$ を引き算する**半減算回路**の量子ゲートとして、半加算ゲートでのトフォリゲートと制御 NOT ゲートとを前後入れ替えて、図のように作成できる。ここでは、出力に 2 量子ビットを使い、上位ビットからの借り出力として Borrow= $c_1 \bullet \overline{c}_2$、1 位の桁の出力として Diffrence= $c_1 \oplus c_2$ としているが、借り出力は処理できず、1 位の差の出力しかしていない。

図6.15　トフォリゲートによる半減算ゲート

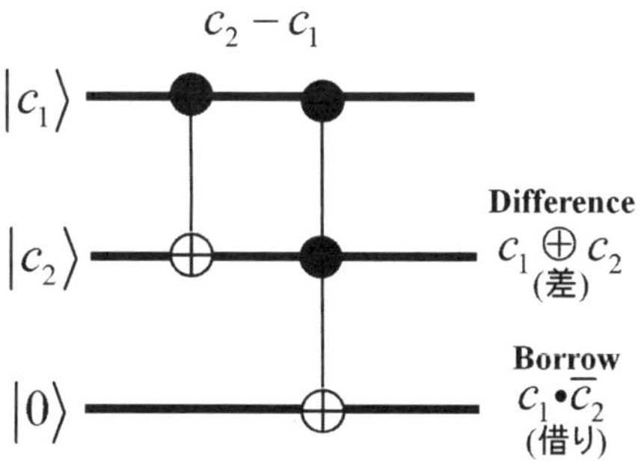

ベクトル計算では、次のようになり、Diffrence と Borrow とは一致する。

$$|c_1 c_2 0\rangle \xrightarrow{CNOT_{01}} |c_1\rangle|c_1 \oplus c_2\rangle|0\rangle \xrightarrow{Toffoli} |c_1\rangle|c_1 \oplus c_2\rangle\big|\big(c_1 \bullet (c_1 \oplus c_2)\big)\big\rangle = |c_1\rangle|c_1 \oplus c_2\rangle|c_1 \bullet \bar{c}_2\rangle$$

量子シミュレータで、この半減算ゲートの量子回路を、図 6.16 のように作成して、入力ビット |1>|1> の減算とし、上位ビットからの借り出力の Borrow が 0 となり、1 位の差の出力として Diffrence が 0 になっていることが確認できた。他のトフォリゲートを用いても、半減算回路の量子ゲートの作成は可能である。

図6.16　トフォリゲートによる半減算ゲートの実装実験

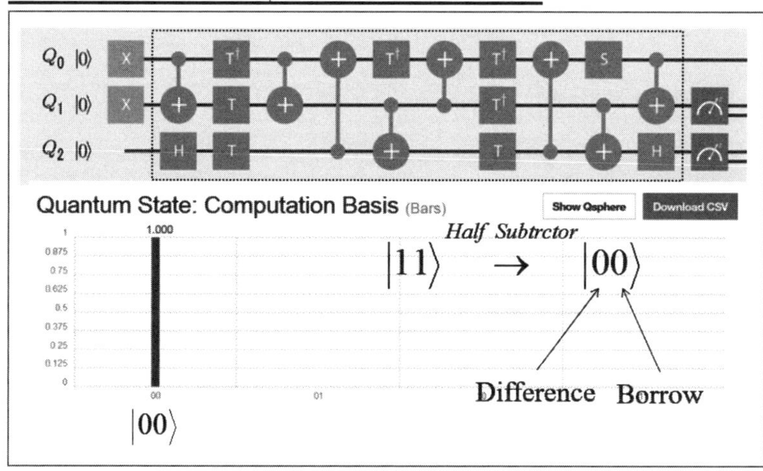

演習 6-9

半減算回路の量子ゲートで、他の入力ビット |0>|0>, |0>|1>, |1>|0> について、出力ビットを確認せよ。

演習 6-10

他のトフォリゲートを用いて、半減算回路の量子ゲートを作成し、動作しているか確認せよ。

6.3 フレッドキンゲートの量子実験

6.3.1 フレッドキンゲートの生成

フレッドキンゲートとは、トフォリゲートと同じく 3 量子ビット用いた量子回路で、**制御交換ゲート** CSWAP とも呼ばれ、制御ゲートで交換演算が制御された量子ゲートとなる。つまり、制御ゲートが 1 のときのみ目標ゲートの 2 量子ビットを交換させるものである。フレッドキンゲートは、いろいろな表記方法が使われるが、ここでは図 6.17 のように交叉した量子ゲートを制御しているように書くこととする。

図6.17　フレッドキンゲート：制御交換NOTゲート

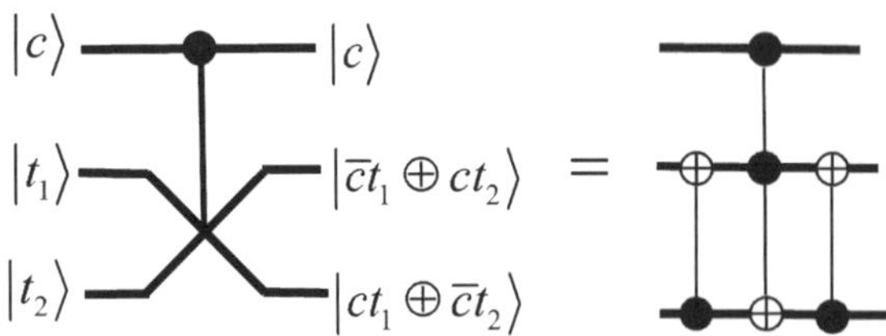

フレッドキンゲートのユニタリ行列は、制御ゲートが 1 のときのみ、2 つの目標ゲートの量子ビットが交換する。つまり、入力ビット |100>, |111> は変化しても同じで、|110>, |101> だけが影響を受け、|101>, |110> となり，次のように書ける。

$$Fredkin = \begin{pmatrix} 1 & 0 & 0 & 0 & 0 & 0 & 0 & 0 \\ 0 & 1 & 0 & 0 & 0 & 0 & 0 & 0 \\ 0 & 0 & 1 & 0 & 0 & 0 & 0 & 0 \\ 0 & 0 & 0 & 1 & 0 & 0 & 0 & 0 \\ 0 & 0 & 0 & 0 & 1 & 0 & 0 & 0 \\ 0 & 0 & 0 & 0 & 0 & 0 & 1 & 0 \\ 0 & 0 & 0 & 0 & 0 & 1 & 0 & 0 \\ 0 & 0 & 0 & 0 & 0 & 0 & 0 & 1 \end{pmatrix} \begin{matrix} \to |000\rangle \\ \to |001\rangle \\ \to |010\rangle \\ \to |011\rangle \\ \to |100\rangle \\ \to |101\rangle \\ \to |110\rangle \\ \to |111\rangle \end{matrix}$$

（列: $|000\rangle$ $|001\rangle$ $|010\rangle$ $|011\rangle$ $|100\rangle$ $|101\rangle$ $|110\rangle$ $|111\rangle$）

交換ゲートは 3 つの制御 NOT ゲートで作成できたが、フレッドキンゲートは、交換ゲートの中央の制御 NOT ゲートをトフォリゲートに変えれば実装でき、ベクトル計算では次のようになる。

$$|ct_1t_2\rangle \overset{CNOT_{21}}{\to} |c\rangle|t_1 \oplus t_2\rangle|t_2\rangle \overset{Toffoli}{\to} |c\rangle|t_1 \oplus t_2\rangle|t_2 \oplus (c\bullet(t_1 \oplus t_2))\rangle$$
$$\overset{CNOT_{21}}{\to} |c\rangle|(t_1 \oplus t_2) \oplus (t_2 \oplus (c\bullet(t_1 \oplus t_2)))\rangle|t_2 \oplus (c\bullet(t_1 \oplus t_2))\rangle$$
$$= |c\rangle|(t_1 \oplus t_2) \oplus ct_1 \oplus \bar{c}t_2\rangle|ct_1 \oplus \bar{c}t_2\rangle = |c\rangle|\bar{c}t_1 \oplus ct_2\rangle|ct_1 \oplus \bar{c}t_2\rangle$$

例題 6-6　フレッドキンゲートの実装

量子シミュレータで、フレッドキンゲートの動作を調べる量子回路として、次の 2 つの量子回路を作成し、制御ゲートに |0> または |1> の状態の入力で、交換ゲートが機能しているか確かめよ。

$$|001\rangle \overset{Fredkin}{\to} |001\rangle, \quad |101\rangle \overset{Fredkin}{\to} |110\rangle$$

【解答】

それぞれ、図6.18、6.19のようなフレッドキンゲートの量子回路を作成し実行すると、確かに制御ゲートに |0> が入力されると交換ゲートは実行されず、制御ゲートに |1> が入力されると交換ゲートは実行されて、ビット交換が起きていることが確かめられた。

図6.18　フレッドキンゲートの実装実験（1）

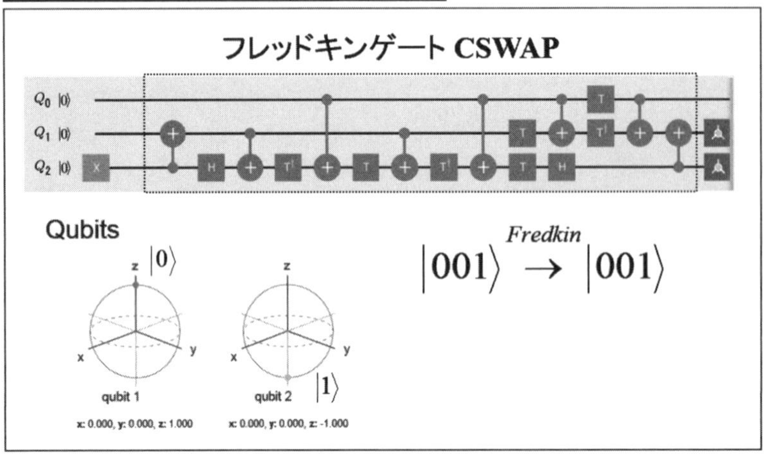

図6.19　フレッドキンゲートの実装実験（2）

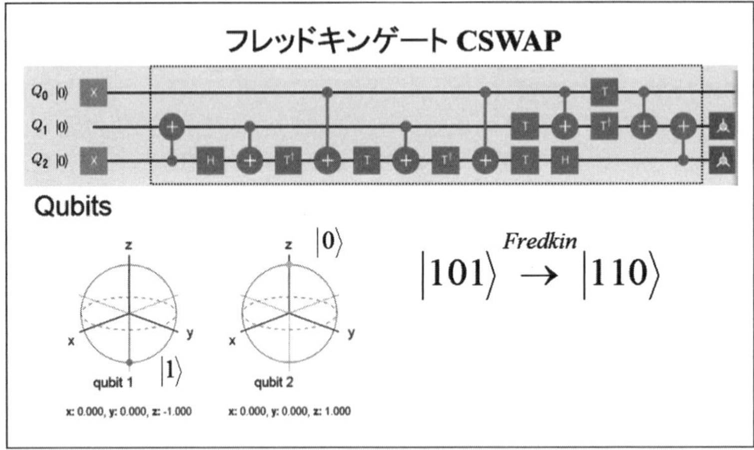

例題 6-7　フレッドキンゲートの実装

量子シミュレータで、フレッドキンゲートの量子回路で、次の 2 つの量子回路を作成し、目標ゲートに

$$|+\rangle \equiv \left(|0\rangle + |1\rangle\right)/\sqrt{2},\quad |-\rangle \equiv \left(|0\rangle - |1\rangle\right)/\sqrt{2}\,|1\rangle$$

を設定し、制御ゲートに |0> または |1> の状態の入力で、交換ゲートが機能しているか確かめよ。

$$|0+-\rangle \overset{Fredkin}{\rightarrow} |0+-\rangle,\quad |1+-\rangle \overset{Fredkin}{\rightarrow} |1-+\rangle$$

【解答】

同じフレッドキンゲートの量子回路で、目標ゲートに |0>, |1> のアダマール変換によって

$$|+\rangle \equiv \left(|0\rangle + |1\rangle\right)/\sqrt{2},\quad |-\rangle \equiv \left(|0\rangle - |1\rangle\right)/\sqrt{2}\,|1\rangle$$

を設定し、制御ゲートに |0> が入力されると交換ゲートは実行されず、制御ゲートに |1> が入力されると交換ゲートは実行されて、符号パリティの異なる重ね合わせ状態の交換が起きていることが確かめられた。

図6.20　重ね合わせ状態のフレッキンゲートによる交換の実装実験（1）

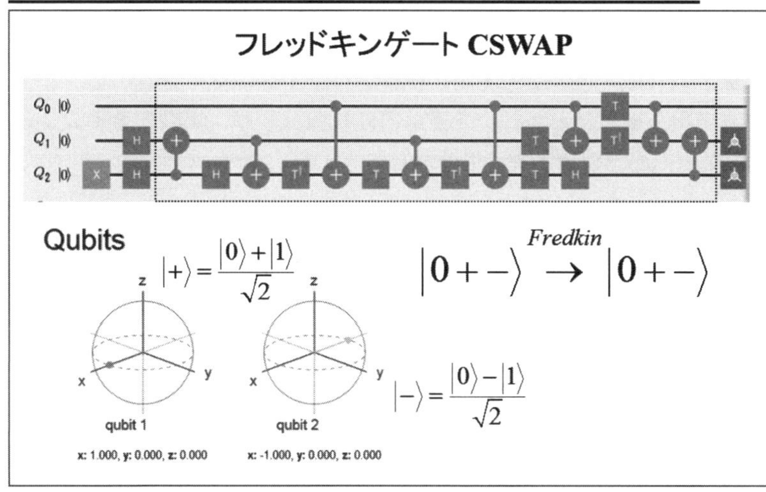

図6.21　重ね合わせ状態のフレッキンゲートによる交換の実装実験（2）

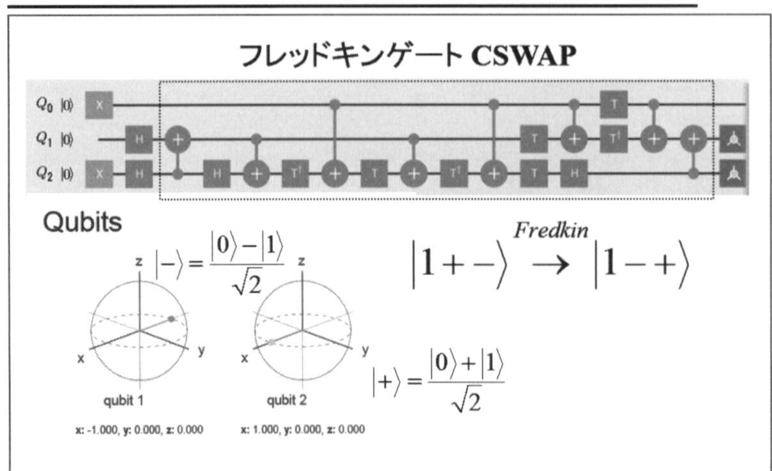

演習 6-11

フレッドキンゲートに使われているトフォリゲートとして別なトフォリゲートを使用して、同じような入力ビットを設定し、交換ゲートが制御されていることを計算式と量子シミュレータで確かめよ。

実験 6-2

本章で作成した量子回路を量子シミュレータではなく、実際の IBM の量子コンピュータを使って、量子実験をしてみよう。理論値と異なり、どの程度の誤差が発生するか実験で確かめてみよう。量子コンピュータでの測定には、ブロッホ測定はできないので、標準基底測定で行うこと。また、量子シミュレータでは置けた演算子が、実際の量子コンピュータ実験では置けない位置もあるので工夫して作成してみよう。

7 ドイチ・ジョザ問題の量子実験

量子コンピュータで使われる基本的な量子論理ゲートは、ほどんど説明したので、これから、量子コンピュータで問題を解くための量子アルゴリズムについて、説明しよう。

世界ではじめて考えられた量子アルゴリズムは、ドイチ問題である。ドイチ問題とは、コインの真偽判定をたとえとして説明した。つまり、どんな変数を入れても関数の値が一定な関数なのか、均等に変化している関数なのかを判定する問題である。もちろん、この問題は古典的コンピュータでも解けるが、できるだけ関数への問い合わせを少ない回数で行うことが重要となる。

さらに、ドイチ問題をもっと多次元へと一般化したドイチ・ジョザ問題があり、古典的コンピュータよりも量子コンピュータで解いた方が、関数へのより少ない問い合わせ量で解けることを本章で証明し、量子シミュレータでそれらの量子回路を作成し、量子実験してみよう。

7.1 ドイチ問題の量子実験

7.1.1　2 進数関数 $f(x)$ と問い合わせ量

ドイチ問題では、2 進数関数 $f(x)$ が出てきて、この 2 進数関数の性質を見つけ出すことが問題となる。この関数の性質を見つけ出すときに、関数を何回でも調べることが可能であるが、できるだけ少ない回数で調べられる方が計算時間が短くよいとする。この関数を調べる回数を**問い合わせの複雑さ**（query complexity）とか**問い合わせ量**といい、問題の複雑さを表す。すなわち、問い合わせ量が多い問題は、探索に時間がかかり、難しい問題と考えられる。このような難しい問題でも、少ない問い合わせ量で関数の性質が見つけられると、それは問題を解くためのよいアルゴリズムであると考えられる。

たとえば、古典的コンピュータで問い合わせ量がどうしても 2 回必要な問題が、量子コンピュータで 1 回の問い合わせ量で解けるとすれば、量子コンピュータで解くアルゴリズムの方が優れていると考える。すなわち、古典的アルゴリズムでは 1 回の問い合わせ量で絶対に解けない問題が、量子アルゴリズムで 1 回の問い合わせ量で解けるとすると、量子アルゴリズムの方が優れていると考えられる。

そこで、次のような 2 進数変数 x の 2 進数関数 $f(x)$ が与えられているとしよう。

$$f(x|x\in\{0,1\})\rightarrow\{0,1\}$$

これは、2 進数変数 x に 0 か 1 かを入れると、2 進数関数 $f(x)$ が 0 か 1 かになることを示している。そこで、この関数の性質として、次のような性質を考えてみよう。

（1）$f(0)=f(1)$：変数に何を入れても常に一定な（constant）関数

$f(0)=f(1)=0$　または　$f(0)=f(1)=1$

（2）$f(0)\neq f(1)$：変数を入れると均等に変化している（balanced）関数

$f(0)=0, f(1)=1$　または　$f(0)=1, f(1)=0$

この 1 ビットでの 2 進数変数 x での 1 ビットの 2 進数関数 $f(x)$ では、これら 4 通りの組み合わせしかなく、関数は**一定な関数**（constant）か**均等な関数**（balanced）のどちらかの性質を必ず持つことになる。

そこで、デイビッド・ドイチは、この $f(x)$ に 1 回だけ問い合わせて、$f(x)$ が一定なのか均等に変化しているのか知ることができるかという**ドイチ問題**を提起し、これが古典的アルゴリズムでは不可能だが、量子アルゴリズムでは可能であることを証明した。コインの真偽判定のようにコインの両面を調べる必要があり、片面だけでは真偽判定ができないように、古典的アルゴリズムでは、$f(0)$ と $f(1)$ とを比較する必要があり、どうしても関数に 2 回問い合わせる必要である。

図7.1　コインの真偽判定

7.1.2　関数 $f(x)$ を計算するオラクルの導入

そこで、ドイチ問題で導入された関数

$$f(x|x \in \{0,1\}) \to \{0,1\}$$

を実装する量子回路が必要で、その量子回路は**オラクル**（神託）と呼ばれる。今はブラックボックスとして、オラクルの内部の具体的なユニタリ行列の量子ゲートはここでは考えないで、次のようなオラクルを用いてドイチ問題を解いてみる。

ドイチ問題では 2 量子ゲートあればよいので、次のような問題関数 $f(x)$ を計算するオラクルを導入し、このオラクルに入力 $|x>|y>$ を入れると、そのオラクルの出力には $|x>|y> \oplus f(x)>$ が出てくるとする。このオラクルを 1 回通すことにより、関数 $f(x)$ への問い合わせが 1 回行われたと計算する。

図7.2　問題関数$f(x)$を計算するオラクルの入出力

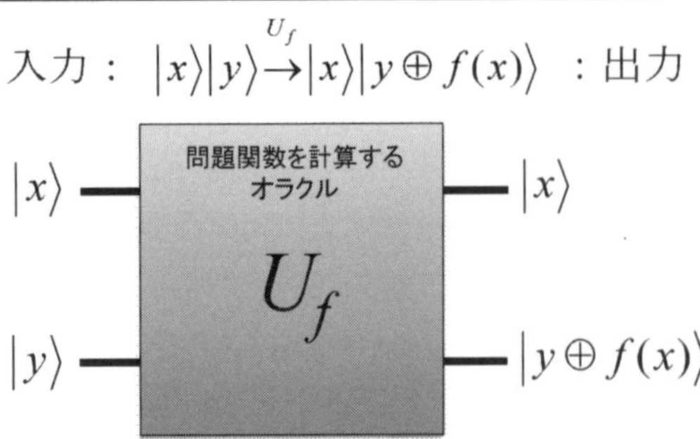

例題 7-1　ドイチ問題のオラクル計算

ドイチ問題のオラクルに |x>|y>=|0>|0>, |1>|0>, |0>|1>, |1>|1> を個別に入力して、それぞれのオラクル出力を求めよ。

【解答】

今は問題関数 $f(x)$ の計算は不明だが、オラクルの計算式の定義通りに計算すると、次のようになる。

$$|0\rangle|0\rangle \xrightarrow{U_f} |0\rangle|0 \oplus f(0)\rangle = |0\rangle|f(0)\rangle, \quad |0\rangle|1\rangle \xrightarrow{U_f} |0\rangle|1 \oplus f(0)\rangle = |0\rangle|\overline{f(0)}\rangle$$

$$|1\rangle|0\rangle \xrightarrow{U_f} |1\rangle|0 \oplus f(1)\rangle = |1\rangle|f(1)\rangle, \quad |1\rangle|1\rangle \xrightarrow{U_f} |1\rangle|1 \oplus f(1)\rangle = |1\rangle|\overline{f(1)}\rangle$$

ここで、0 ⊕は何もしないのでなくてもよく $0 \oplus f(x)=f(x)$ となり、1 ⊕はビット反転を引き起こすので、$1\oplus f(x) = \overline{f(x)}$ となり、$\overline{f(x)}$ は 2 進数関数 $f(x)$ のビット反転を示す。このようにオラクルに通すと、問題関数 $f(x)$ が計算されていることが分かる。

7.1.3　ドイチ問題でのオラクルの量子回路

ドイチ問題で 1 ビットの 2 進数変数に対する 1 ビットの 2 進数関数 $f(x)$ では、4 通りの変化しかないので、具体的な関数に対して、オラクルの量子ゲートを考えてみよう。

（1）$f(0)=f(1)=0$ のとき、オラクルの入出力は、次のようになり、入力と出力とが同じになるため、量子回路は何もしないで、そのまま通過させればよいことが分かる。

$$|x\rangle|y\rangle \xrightarrow{U_f} |x\rangle|y \oplus f(x)\rangle = |x\rangle|y \oplus 0\rangle = |x\rangle|y\rangle$$

（2）$f(0)=f(1)=1$ のとき、オラクルの入出力は、次のようになり、量子回路で入力の $|y\rangle$ だけビット反転させればよいことが分かる。

$$|x\rangle|y\rangle \xrightarrow{U_f} |x\rangle|y \oplus f(x)\rangle = |x\rangle|y \oplus 1\rangle = |x\rangle|\bar{y}\rangle$$

（3）$f(0)=0, f(1)=1$ のときは $f(x)=x$ なので、オラクルの入出力は、次のようになり、量子回路で制御 NOT ゲートを作成すればよいことなる。

$$|x\rangle|y\rangle \xrightarrow{U_f} |x\rangle|y \oplus f(x)\rangle = |x\rangle|y \oplus x\rangle = CNOT|x\rangle|y\rangle$$

（4）$f(0)=1, f(1)=0$ のときのときは $f(x)=\bar{x}$ なので、オラクルの入出力は、次のようになり、量子回路で制御 NOT ゲートを作成すればよいことなる。

$$|x\rangle|y\rangle \xrightarrow{U_f} |x\rangle|y \oplus f(x)\rangle = |x\rangle|y \oplus \bar{x}\rangle = |x\rangle|\bar{y} \oplus x\rangle = CNOT|x\rangle|\bar{y}\rangle$$

図7.3　ドイチ問題でのオラクルの具体的な量子回路

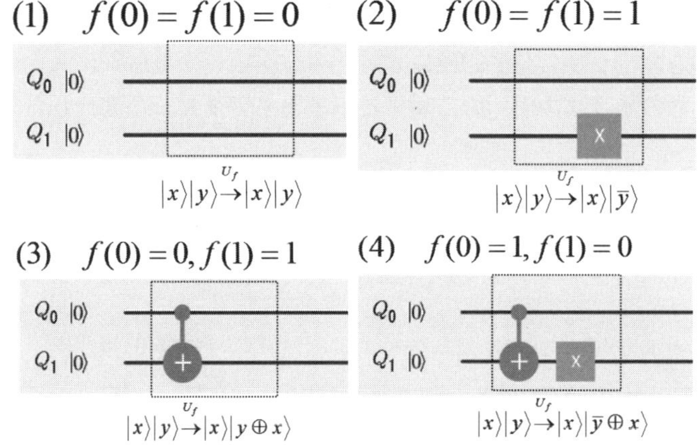

このように、オラクルは関数 $f(x)$ を計算するブラックボックスであるが、具体的な関数が決まってくると、オラクルの量子回路が組めることが分かった。

例題 7-2　ドイチ問題のオラクルに重ね合わせ状態入力

ドイチ問題の 4 つの具体的なオラクルの量子回路に (|0>+|1>)(|0>–|1>)/2 を個別に入力して、それぞれのオラクル出力を求めよ。

【解答】

入力ビット |0>|1> をそれぞれアダマール変換すれば、指定された入力ビット (|0>+|1>)(|0>–|1>)/2 が得られ、4 つの具体的なオラクルの量子回路にそれぞれ個別に入力すると、次のようなオラクル出力が計算できる。

$$(1)\quad |0\rangle|1\rangle \overset{H\otimes H}{\rightarrow} \frac{|0\rangle+|1\rangle}{\sqrt{2}}\frac{|0\rangle-|1\rangle}{\sqrt{2}} \overset{I\otimes I}{\rightarrow} \frac{|0\rangle+|1\rangle}{\sqrt{2}}\frac{|0\rangle-|1\rangle}{\sqrt{2}}$$

$$(2)\quad |0\rangle|1\rangle \overset{H\otimes H}{\rightarrow} \frac{|0\rangle+|1\rangle}{\sqrt{2}}\frac{|0\rangle-|1\rangle}{\sqrt{2}} \overset{I\otimes X}{\rightarrow} -\frac{|0\rangle+|1\rangle}{\sqrt{2}}\frac{|0\rangle-|1\rangle}{\sqrt{2}}$$

$$(3)\quad |0\rangle|1\rangle \overset{H\otimes H}{\rightarrow} \frac{|0\rangle+|1\rangle}{\sqrt{2}}\frac{|0\rangle-|1\rangle}{\sqrt{2}} \overset{CNOT}{\rightarrow} \frac{|0\rangle-|1\rangle}{\sqrt{2}}\frac{|0\rangle-|1\rangle}{\sqrt{2}}$$

$$(4)\quad |0\rangle|1\rangle \overset{H\otimes H}{\rightarrow} \frac{|0\rangle+|1\rangle}{\sqrt{2}}\frac{|0\rangle-|1\rangle}{\sqrt{2}} \overset{CNOT}{\rightarrow} \frac{|0\rangle-|1\rangle}{\sqrt{2}}\frac{|0\rangle-|1\rangle}{\sqrt{2}} \overset{I\otimes X}{\rightarrow} -\frac{|0\rangle-|1\rangle}{\sqrt{2}}\frac{|0\rangle-|1\rangle}{\sqrt{2}}$$

例題 7-3　ドイチ問題のオラクルに重ね合わせ状態入力

ドイチ問題の 4 つの具体的なオラクルの量子回路に (|0>+|1>)(|0>–|1>)/2 を個別に入力した例題 7-2 の問題で、それぞれのオラクル出力の 2 量子ビットともアダマール変換した結果を求めよ。

【解答】

例題 7-2 の問題のオラクル出力をアダマール変換すればよいので、次のように計算できる。

$$(1)\quad |0\rangle|1\rangle \overset{H\otimes H}{\rightarrow} \frac{|0\rangle+|1\rangle}{\sqrt{2}}\frac{|0\rangle-|1\rangle}{\sqrt{2}} \overset{I\otimes I}{\rightarrow} \frac{|0\rangle+|1\rangle}{\sqrt{2}}\frac{|0\rangle-|1\rangle}{\sqrt{2}} \overset{H\otimes H}{\rightarrow} |0\rangle|1\rangle$$

$$(2)\quad |0\rangle|1\rangle \overset{H\otimes H}{\rightarrow} \frac{|0\rangle+|1\rangle}{\sqrt{2}}\frac{|0\rangle-|1\rangle}{\sqrt{2}} \overset{I\otimes X}{\rightarrow} -\frac{|0\rangle+|1\rangle}{\sqrt{2}}\frac{|0\rangle-|1\rangle}{\sqrt{2}} \overset{H\otimes H}{\rightarrow} -|0\rangle|1\rangle$$

$$(3)\quad |0\rangle|1\rangle \overset{H\otimes H}{\rightarrow} \frac{|0\rangle+|1\rangle}{\sqrt{2}}\frac{|0\rangle-|1\rangle}{\sqrt{2}} \overset{CNOT}{\rightarrow} \frac{|0\rangle-|1\rangle}{\sqrt{2}}\frac{|0\rangle-|1\rangle}{\sqrt{2}} \overset{H\otimes H}{\rightarrow} |1\rangle|1\rangle$$

$$(4)\quad |0\rangle|1\rangle \overset{H\otimes H}{\rightarrow} \frac{|0\rangle+|1\rangle}{\sqrt{2}}\frac{|0\rangle-|1\rangle}{\sqrt{2}} \overset{CNOT}{\rightarrow} \frac{|0\rangle-|1\rangle}{\sqrt{2}}\frac{|0\rangle-|1\rangle}{\sqrt{2}} \overset{I\otimes X}{\rightarrow} -\frac{|0\rangle-|1\rangle}{\sqrt{2}}\frac{|0\rangle-|1\rangle}{\sqrt{2}} \overset{H\otimes H}{\rightarrow} -|1\rangle|1\rangle$$

例題 7-3 の問題を、図 7.4 のように量子シミュレータで作成して、点線枠で示した 4 つのオラクル出力が計算結果と同じになるか確かめてみよう。ここでは、上位ビット Q_0 だけに着目して、上位ビット Q_0 だけを標準基底測定してみよう。

図7.4　ドイチ問題を解くためのドイチゲート

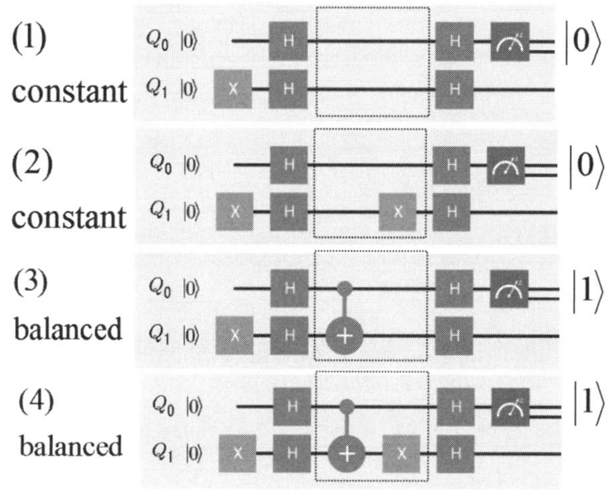

つまり、これでドイチ問題が解けたことになる。

図 7.4 の (1)(2) は一定な関数で、(3)(4) は均等な関数であったが、上位ビット Q_0 だけを標準基底測定で観測して、0 が観測されると一定な関数、1 が観測されると均等な関数と判断できる。オラクルを 1 度だけ通すということは、関数への問い合わせ量が 1 回ということで、量子アルゴリズムでは関数への 1 回の問い合わせで判定できたことになる。

ここでは、アダマール変換によって重ね合わせ状態を利用して、1 回の問い合わせ量で 2 つの関数値 $f(0), f(1)$ が同時に計算されたことになり、1 回のコインチェックで裏表を同時に見たことになり、コインの真偽判定が可能となった。量子アルゴリズムでは、重ね合わせ状態が利用できるので、コインの裏表を 50% の確率で同時に見たことになり、1 回のコイン調べでコインの真偽判定ができたことになる。つまり、上位ビット Q_0 の出力状態は結果的には $f(0) \oplus f(1)$ が出力されたことになる。

7.1.4　ドイチ問題と等価な量子回路

ドイチ問題のオラクルの量子回路を、アダマール変換で左右サンドイッチ状態に挟み込んだが、アダマール変換を使わない等価な量子回路も考えられる。オラクルの (1) は最も簡単で、$HH=I$ を利用すれば、図のように何も演算子がない量子回路と等価となる。

図7.5　ドイチゲート(1)と等価なゲート

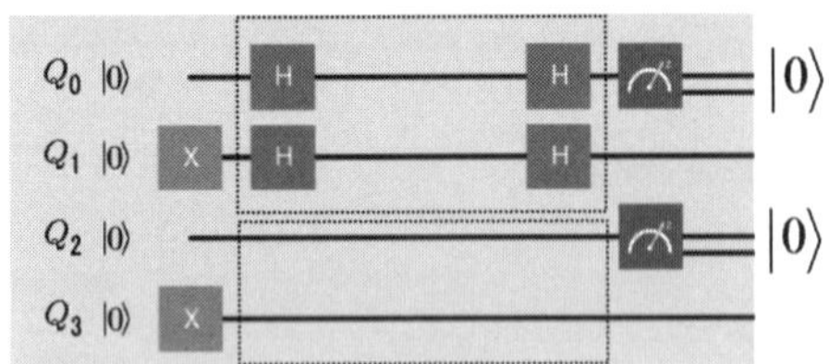

オラクルの (2) では、$HH=I$ と $HXH=Z$ を利用すれば、図のように位相反転演算だけがある等価な量子回路ができる。

図7.6　ドイチゲート(2)と等価なゲート

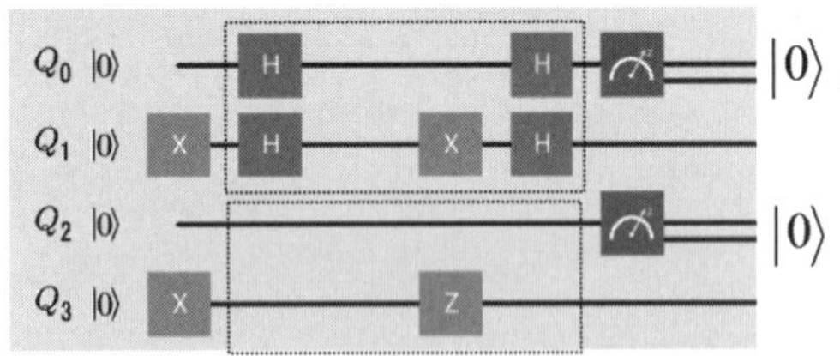

ここでベクトル計算で示すと、

$$|0\rangle|1\rangle \xrightarrow{I\otimes Z} -|0\rangle|1\rangle$$

となり、例題 7-3 の (2) と同じ出力結果となる。ここで、グローバルな位相因子は無視する。

オラクルの (3) では、アダマール変換で挟まれた制御 NOT ゲートは上下反転できたことと $HH=I$ を利用すれば、図のように制御 NOT ゲートが反転した等価な量子回路ができる。

図7.7　ドイチゲート(3)と等価なゲート

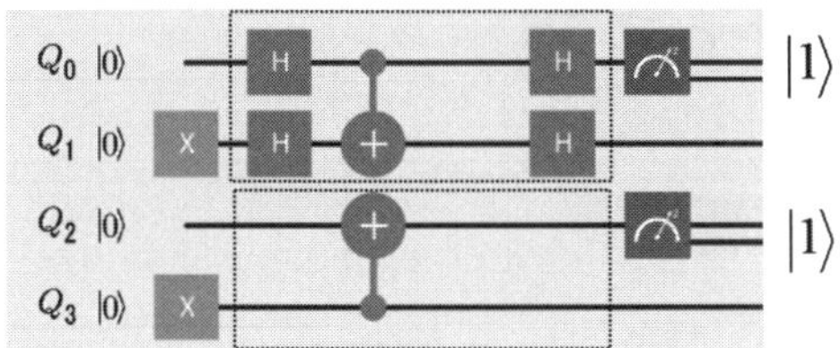

ここでベクトル計算で示すと、

$$|0\rangle|1\rangle \overset{CNOT_{32}}{\rightarrow} |1\rangle|1\rangle$$

となり、例題 7-3 の (3) と同じ出力結果となる。

オラクルの (4) では、同様にアダマール変換で挟まれた制御 NOT ゲートは上下反転できたことと *HXH=Z* を利用すれば、図のように制御 NOT ゲートが反転させて位相反転演算を追加した等価な量子回路ができる。

図7.8　ドイチゲート(4)と等価なゲート

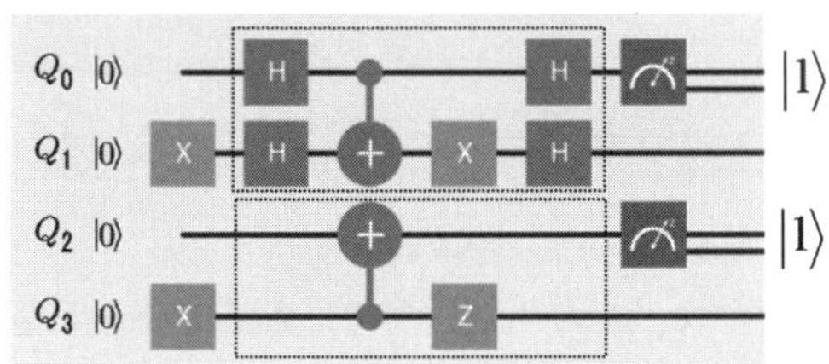

ここでベクトル計算で示すと、

$$|0\rangle|1\rangle \overset{CNOT_{32}}{\rightarrow} |1\rangle|1\rangle \overset{I\otimes Z}{\rightarrow} -|1\rangle|1\rangle$$

となり、例題 7-3 の (4) と同じ出力結果となる。ここで、グローバルな位相因子は無視する。

演習 7-1

ドイチ問題と等価な量子回路の 4 つの例（図 7.5 ～ 7.8）を示したが、量子シミュレータですべて動作確認してみよう。

7.2 ドイチ・ジョザ問題の量子実験

7.2.1　約束問題とドイチ・ジョザ問題

約束問題とは、決定問題を一般化したものである。**決定問題**とは、いかなる入力に対しても、Yes か No で答が返ってくる問題であるが、約束問題は、いくつかの性質の中から 1 つの性質を持っていることが約束されていて、その中でどの性質を持っているかを決定する問題である。ドイチ問題での約束は、関数の性質には一定な関数の性質と均等な関数の性質があることを最初に約束し、どちらの性質を持っているかをできるだけ少ない問い合わせ量で見つけ出す決定問題であった。ドイチ問題では、変数に 1 量子ビットしか使っていなかったので、約束する必要はなかったが、変数に使う 2 量子ビット以上のドイチ・ジョザ問題では、起こりえない事例が発生するので、約束する必要がある。

ドイチ・ジョザ問題とは、n ビットの変数 x に対して 0, 1 の値しか返さない 2 進数関数 $f(x)$ が与えられているとき、

$$f(x|x\in\{0,1\}^n)\to\{0,1\}$$

この関数 $f(x)$ が一定な関数か均等な関数かどちらかになることが約束されているとき、どちらの性質を持つかを関数 $f(x)$ への少ない問い合わせ量で求めよという問題である。

変数 x が 2 ビットのとき、2 進数表記では x=00, 01, 10, 11 の 4 通りあり、0, 1 の値しか返さない 2 進数関数 $f(x)$ 考えると、16 通りの組合せがある。しかし、約束問題で、関数 $f(x)$ が一定な関数か均等な関数かどちらかになることが約束されていることを考慮すると、8 通りの組合せしかないことが分かる。つまり、一定な関数としては、$f(00)=f(01)=f(10)=f(11)=0$ か $f(00)=f(01)=f(10)=f(11)=1$ しかなく、均等な関数としては、次の 6 通りしかない。

$$f(00)=f(01)=0, f(10)=f(11)=1$$
$$f(00)=f(01)=1, f(10)=f(11)=0$$
$$f(00)=f(10)=0, f(01)=f(11)=1$$
$$f(00)=f(10)=1, f(01)=f(11)=0$$
$$f(00)=f(11)=0, f(01)=f(10)=1$$
$$f(00)=f(11)=1, f(01)=f(10)=0$$

古典的アルゴリズムでは、関数 $f(x)$ への 3 回の問い合わせ量で一定な関数か均等な関数かが

決定できるが、量子アルゴリズムでは1回の問い合わせ量で決定できる。このように、変数 x のビット数が増えると、古典的アルゴリズムでは指数関数的に問い合わせ量が増えるが、量子アルゴリズムでは変数 x のビット数が増えても1回の問い合わせ量で決定できる。そのため、ビット数が増えたときに、量子アルゴリズムは大きな威力を発揮し、超高速演算が期待できる。

7.2.2 ドイチ・ジョザ問題（n=2）のオラクル

n=2のドイチ・ジョザ問題での関数

$$f(x|x \in \{0,1\}^2) \to \{0,1\}$$

を実装する量子回路では、3量子ゲートあればよいので、次のような関数 $f(x)$ を計算するオラクルを導入し、このオラクルに入力 $|x_0>|x_1>|y>$ を入れると、そのオラクルの出力には $|x_0>|x_1>|y> \oplus f(x_0x_1)$ が出てくるとする。

図7.9　ドイチ・ジョザ問題のオラクルの入出力

入力：$|x_0\rangle|x_1\rangle|y\rangle \xrightarrow{U_f} |x_0\rangle|x_1\rangle|y \oplus f(x_0x_1)\rangle$　：出力

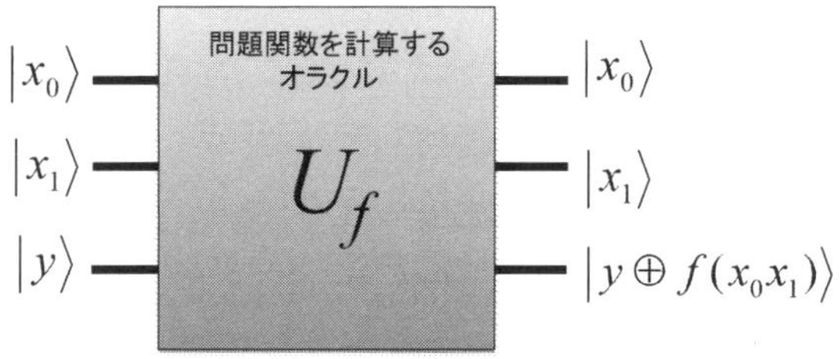

例題 7-4　ドイチ・ジョザ問題のオラクル計算

n=2のドイチ・ジョザ問題で、3量子ゲートを持ったオラクルに入力ビット |00>|0>, |00>|1>, |01>|0>, |01>|1>, |10>|0>, |10>|1>, |11>|0>, |11>|1> を個別に入れて、それぞれのオラクル出力を求めよ。

【解答】

今は問題関数$f(x)$の計算は不明だが、オラクルのベクトル計算式の定義通りに計算すると、次のようになる。

$$|00\rangle|0\rangle \xrightarrow{U_f} |00\rangle|0\oplus f(0)\rangle = |00\rangle|f(00)\rangle, \quad |00\rangle|1\rangle \xrightarrow{U_f} |00\rangle|1\oplus f(0)\rangle = |00\rangle|\overline{f(00)}\rangle$$

$$|01\rangle|0\rangle \xrightarrow{U_f} |01\rangle|0\oplus f(01)\rangle = |01\rangle|f(01)\rangle, \quad |01\rangle|1\rangle \xrightarrow{U_f} |01\rangle|1\oplus f(01)\rangle = |01\rangle|\overline{f(01)}\rangle$$

$$|10\rangle|0\rangle \xrightarrow{U_f} |10\rangle|0\oplus f(10)\rangle = |10\rangle|f(10)\rangle, \quad |10\rangle|1\rangle \xrightarrow{U_f} |10\rangle|1\oplus f(10)\rangle = |10\rangle|\overline{f(10)}\rangle$$

$$|11\rangle|0\rangle \xrightarrow{U_f} |11\rangle|0\oplus f(11)\rangle = |11\rangle|f(11)\rangle, \quad |11\rangle|1\rangle \xrightarrow{U_f} |11\rangle|1\oplus f(11)\rangle = |11\rangle|\overline{f(11)}\rangle$$

ここで、0 ⊕ は何もしないのでなくてもよく$0\oplus f(x)=f(x)$となり、1 ⊕ はビット反転を引き起こすので、$1\oplus f(x)=\overline{f(x)}$となり、$\overline{f(x)}$は2進数関数$f(x)$のビット反転を示す。このようにオラクルに通すと、問題関数$f(x)$が計算されていることが分かる。

7.2.3 ドイチ・ジョザ問題でのオラクルの量子回路

ドイチ・ジョザ問題で2ビットの2進数変数に対する1ビットの2進数関数$f(x)$では、一定な関数か均等な関数かしかないと約束された問題なので、8通りの変化しかない。ここでも、具体的な関数に対してオラクルの量子ゲートを考えてみよう。

まず、ドイチ・ジョザ問題での一定な関数の量子ゲートを求めた。

（C1）$f(00)=f(01)=f(10)=f(11)=0$

オラクルの入出力は、次のようになり、入力と出力とが同じになるため、量子回路は何もしないで、そのまま通過させればよいことが分かる。

$$|x_0\rangle|x_1\rangle|y\rangle \xrightarrow{U_f} |x_0\rangle|x_1\rangle|y\oplus f(x_0x_1)\rangle = |x_0\rangle|x_1\rangle|y\oplus 0\rangle = |x_0\rangle|x_1\rangle|y\rangle$$

（C2）$f(00)=f(01)=f(10)=f(11)=1$

オラクルの入出力は、次のようになり、量子回路で入力の$|y>$だけビット反転させればよいことが分かる。

$$|x_0\rangle|x_1\rangle|y\rangle \xrightarrow{U_f} |x_0\rangle|x_1\rangle|y\oplus f(x_0x_1)\rangle = |x_0\rangle|x_1\rangle|y\oplus 1\rangle = |x_0\rangle|x_1\rangle|\bar{y}\rangle$$

これらは、ドイチ・ジョザ問題での一定な関数であり、図7.10のように量子回路で構成される。

図7.10 ドイチ・ジョザ問題の一定な関数(C1)(C2)でのオラクルの具体的な量子回路

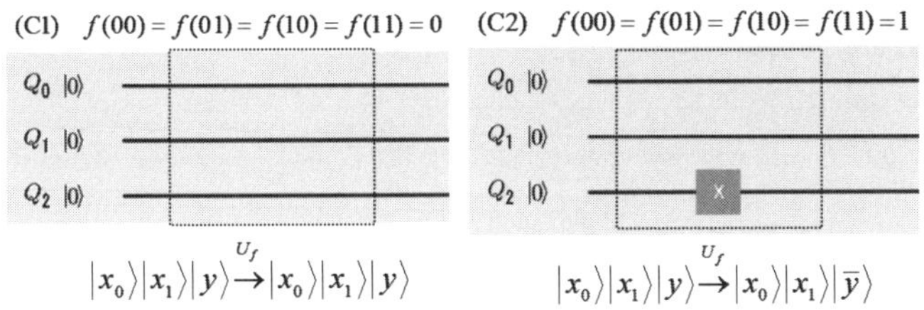

$|x_0\rangle|x_1\rangle|y\rangle \xrightarrow{U_f} |x_0\rangle|x_1\rangle|y\rangle$ 　　$|x_0\rangle|x_1\rangle|y\rangle \xrightarrow{U_f} |x_0\rangle|x_1\rangle|\bar{y}\rangle$

次に、ドイチ・ジョザ問題での均等な関数の量子ゲートを求めた。

(B1) $f(00)=f(01)=0, f(10)=f(11)=1$

$f(x_0x_1)=x_0$ なので、オラクルの入出力は、次のようになり、量子回路で制御 NOT ゲートを作成すればよいことなる。

$$|x_0\rangle|x_1\rangle|y\rangle \xrightarrow{U_f} |x_0\rangle|x_1\rangle|y \oplus f(x_0x_1)\rangle = |x_0\rangle|x_1\rangle|y \oplus x_0\rangle = CNOT_{02}|x_0\rangle|x_1\rangle|y\rangle$$

(B2) $f(00)=f(01)=1, f(10)=f(11)=0$

$f(x_0x_1)=\bar{x}_0$ なので、オラクルの入出力は、次のようになる。

$$|x_0\rangle|x_1\rangle|y\rangle \xrightarrow{U_f} |x_0\rangle|x_1\rangle|y \oplus f(x_0x_1)\rangle = |x_0\rangle|x_1\rangle|y \oplus \bar{x}_0\rangle$$

これと等価な量子回路は、次のようにすれば等しいオラクルができる。

$$|x_0\rangle|x_1\rangle|y\rangle \xrightarrow{X\otimes I\otimes I} |\bar{x}_0\rangle|x_1\rangle|y\rangle \xrightarrow{CNOT_{02}} |\bar{x}_0\rangle|x_1\rangle|y \oplus \bar{x}_0\rangle \xrightarrow{X\otimes I\otimes I} |x_0\rangle|x_1\rangle|y \oplus \bar{x}_0\rangle$$

これらは、ドイチ・ジョザ問題での均等な関数であり、図7.11のような量子回路で構成される。

図7.11　ドイチ・ジョザ問題の一定な関数(B1)(B2)でのオラクルの具体的な量子回路

(B1) $f(00)=f(01)=0,\ f(10)=f(11)=1$

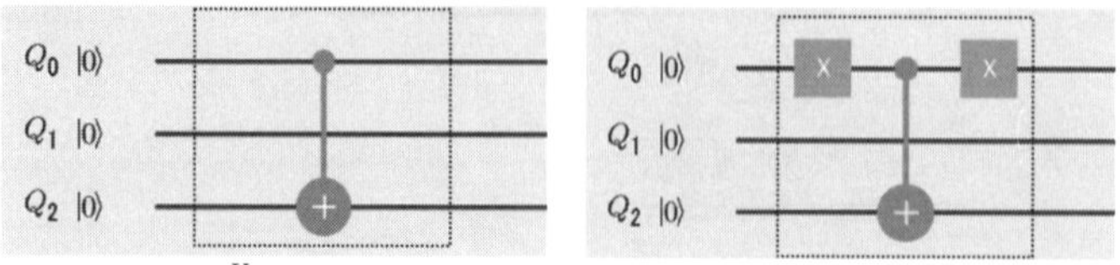

$$|x_0\rangle|x_1\rangle|y\rangle \xrightarrow{U_f} |x_0\rangle|x_1\rangle|y\oplus x_0\rangle$$

(B2) $f(00)=f(01)=1,\ f(10)=f(11)=0$

$$|x_0\rangle|x_1\rangle|y\rangle \xrightarrow{U_f} |x_0\rangle|x_1\rangle|y\oplus \bar{x}_0\rangle$$

（B3）$f(00)=f(01)=0, f(10)=f(11)=1$

$f(x_0x_1)=x_1$ なので、オラクルの入出力は、次のようになり、量子回路で制御 NOT ゲートを作成すればよいことなる。

$$|x_0\rangle|x_1\rangle|y\rangle \xrightarrow{U_f} |x_0\rangle|x_1\rangle|y\oplus f(x_0x_1)\rangle = |x_0\rangle|x_1\rangle|y\oplus x_1\rangle = CNOT_{12}|x_0\rangle|x_1\rangle|y\oplus x_1\rangle$$

（B4）$f(00)=f(01)=1, f(10)=f(11)=0$

$f(x_0x_1)=\bar{x}_1$ なので、オラクルの入出力は、次のようになる。

$$|x_0\rangle|x_1\rangle|y\rangle \xrightarrow{U_f} |x_0\rangle|x_1\rangle|y\oplus f(x_0x_1)\rangle = |x_0\rangle|x_1\rangle|y\oplus \bar{x}_1\rangle$$

これと等価な量子回路は、次のようにすれば等しいオラクルができる。

$$|x_0\rangle|x_1\rangle|y\rangle \xrightarrow{I\otimes X\otimes I} |x_0\rangle|\bar{x}_1\rangle|y\rangle \xrightarrow{CNOT_{12}} |x_0\rangle|\bar{x}_1\rangle|y\oplus \bar{x}_1\rangle \xrightarrow{I\otimes X\otimes I} |x_0\rangle|x_1\rangle|y\oplus \bar{x}_1\rangle$$

これらは、ドイチ・ジョザ問題での均等な関数であり、図 7.12 のような量子回路で構成される。

図7.12　ドイチ・ジョザ問題の一定な関数(B3)(B4)でのオラクルの具体的な量子回路

(B3) $f(00)=f(10)=0,\ f(01)=f(11)=1$

$$|x_0\rangle|x_1\rangle|y\rangle \xrightarrow{U_f} |x_0\rangle|x_1\rangle|y\oplus x_1\rangle$$

(B4) $f(00)=f(10)=1,\ f(01)=f(11)=0$

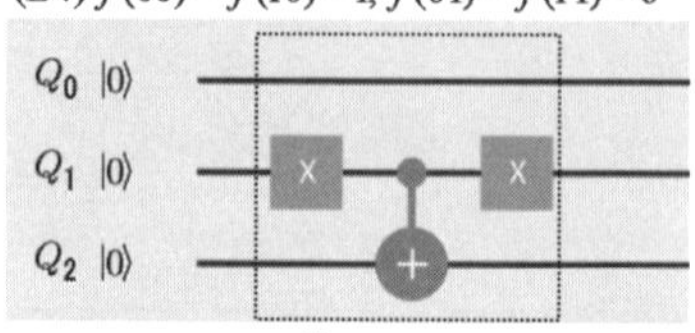

$$|x_0\rangle|x_1\rangle|y\rangle \xrightarrow{U_f} |x_0\rangle|x_1\rangle|y\oplus \bar{x}_1\rangle$$

（B5） $f(00)=f(11)=0, f(01)=f(10)=1$

$f(x_0x_1)=x_0\oplus x_1$ なので、オラクルの入出力は、次のようになる。

$$|x_0\rangle|x_1\rangle|y\rangle\xrightarrow{U_f}|x_0\rangle|x_1\rangle|y\oplus x_0\oplus x_1\rangle$$

これと等価な量子回路は、次のようにすれば等しいオラクルができる。

$$|x_0\rangle|x_1\rangle|y\rangle\xrightarrow{CNOT_{02}}|x_0\rangle|x_1\rangle|y\oplus x_0\rangle\xrightarrow{CNOT_{12}}|x_0\rangle|x_1\rangle|y\oplus x_0\oplus x_1\rangle$$

（B6） $f(00)=f(11)=1, f(01)=f(10)=0$

$f(x_0x_1)=\overline{x_0\oplus x_1}$ なので、オラクルの入出力は、次のようになる。

$$|x_0\rangle|x_1\rangle|y\rangle\xrightarrow{U_f}|x_0\rangle|x_1\rangle|y\oplus f(x_0x_1)\rangle=|x_0\rangle|x_1\rangle\left|y\oplus\overline{x_0\oplus x_1}\right\rangle$$

これと等価な量子回路は、次のようにすれば等しいオラクルができる。

$$|x_0\rangle|x_1\rangle|y\rangle\xrightarrow{X\otimes I\otimes I}|\bar{x}_0\rangle|x_1\rangle|y\rangle\xrightarrow{CNOT_{02}}|\bar{x}_0\rangle|x_1\rangle|y\oplus\bar{x}_0\rangle$$
$$\xrightarrow{CNOT_{12}}|\bar{x}_0\rangle|x_1\rangle|y\oplus\bar{x}_0\oplus x_1\rangle\xrightarrow{X\otimes I\otimes I}|x_0\rangle|x_1\rangle\left|y\oplus\overline{x_0\oplus x_1}\right\rangle$$

これらは、ドイチ・ジョザ問題での均等な関数であり、図 7.13 のような量子回路で構成される。

図7.13　ドイチ・ジョザ問題の一定な関数(B5)(B6)でのオラクルの具体的な量子回路

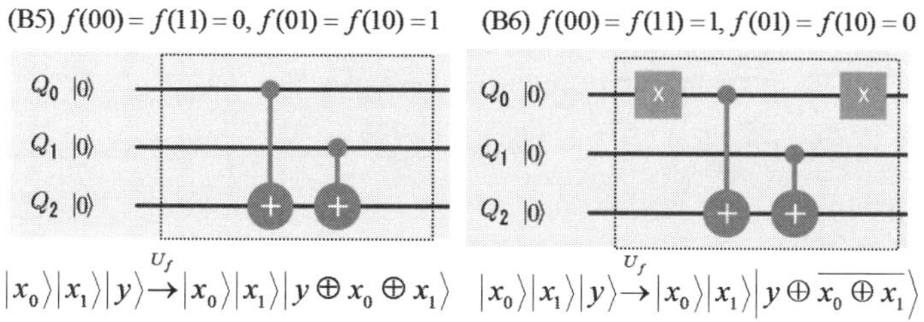

n=2 のドイチ・ジョザ問題における約束された関数のすべてを列挙し、すべてのオラクルを量子シミュレータで実装できた。そこで、これらのオラクルの出力から、一定な関数と均等な関数とを識別できれば、n=2 のドイチ・ジョザ問題は、1 回の問い合わせ量で解けたことになる。

例題 7-5　ドイチ・ジョザ問題のオラクルに重ね合わせ状態入力

n=2 のドイチ・ジョザ問題の 8 つの具体的なオラクルの量子回路に (|0>+|1>)(|0>+|1>)(|0>−|1>) / $2\sqrt{2}$ を個別に入力して、それぞれのオラクル出力を求めよ。

【解答】

入力ビット |0>|1> をそれぞれアダマール変換すれば、指定された入力ビット (|0>+|1>)(|0>−|1>)/2 が得られ、8 つの具体的なオラクルの量子回路にそれぞれ個別に入力すると、次のようなオラクル出力が計算できる。

$$(C1)\quad |0\rangle|0\rangle|1\rangle \xrightarrow{H\otimes H\otimes H} \frac{|0\rangle+|1\rangle}{\sqrt{2}}\frac{|0\rangle+|1\rangle}{\sqrt{2}}\frac{|0\rangle-|1\rangle}{\sqrt{2}} \xrightarrow{I\otimes I\otimes I} \frac{|0\rangle+|1\rangle}{\sqrt{2}}\frac{|0\rangle+|1\rangle}{\sqrt{2}}\frac{|0\rangle-|1\rangle}{\sqrt{2}}$$

$$(C2)\quad |0\rangle|0\rangle|1\rangle \xrightarrow{H\otimes H\otimes H} \frac{|0\rangle+|1\rangle}{\sqrt{2}}\frac{|0\rangle+|1\rangle}{\sqrt{2}}\frac{|0\rangle-|1\rangle}{\sqrt{2}} \xrightarrow{I\otimes I\otimes X} -\frac{|0\rangle+|1\rangle}{\sqrt{2}}\frac{|0\rangle+|1\rangle}{\sqrt{2}}\frac{|0\rangle-|1\rangle}{\sqrt{2}}$$

$$(B1)\quad |0\rangle|0\rangle|1\rangle \xrightarrow{H\otimes H\otimes H} \frac{|0\rangle+|1\rangle}{\sqrt{2}}\frac{|0\rangle+|1\rangle}{\sqrt{2}}\frac{|0\rangle-|1\rangle}{\sqrt{2}} \xrightarrow{CNOT_{02}} \frac{|0\rangle-|1\rangle}{\sqrt{2}}\frac{|0\rangle+|1\rangle}{\sqrt{2}}\frac{|0\rangle-|1\rangle}{\sqrt{2}}$$

$$(B2)\quad |0\rangle|0\rangle|1\rangle \xrightarrow{H\otimes H\otimes H} \frac{|0\rangle+|1\rangle}{\sqrt{2}}\frac{|0\rangle+|1\rangle}{\sqrt{2}}\frac{|0\rangle-|1\rangle}{\sqrt{2}} \xrightarrow{X\otimes I\otimes I} \frac{|0\rangle+|1\rangle}{\sqrt{2}}\frac{|0\rangle+|1\rangle}{\sqrt{2}}\frac{|0\rangle-|1\rangle}{\sqrt{2}}$$
$$\xrightarrow{CNOT_{02}} \frac{|0\rangle-|1\rangle}{\sqrt{2}}\frac{|0\rangle+|1\rangle}{\sqrt{2}}\frac{|0\rangle-|1\rangle}{\sqrt{2}} \xrightarrow{X\otimes I\otimes I} -\frac{|0\rangle-|1\rangle}{\sqrt{2}}\frac{|0\rangle+|1\rangle}{\sqrt{2}}\frac{|0\rangle-|1\rangle}{\sqrt{2}}$$

$$(B3)\quad |0\rangle|0\rangle|1\rangle \xrightarrow{H\otimes H\otimes H} \frac{|0\rangle+|1\rangle}{\sqrt{2}}\frac{|0\rangle+|1\rangle}{\sqrt{2}}\frac{|0\rangle-|1\rangle}{\sqrt{2}} \xrightarrow{CNOT_{12}} \frac{|0\rangle+|1\rangle}{\sqrt{2}}\frac{|0\rangle-|1\rangle}{\sqrt{2}}\frac{|0\rangle-|1\rangle}{\sqrt{2}}$$

$$(B4)\quad |0\rangle|0\rangle|1\rangle \xrightarrow{H\otimes H\otimes H} \frac{|0\rangle+|1\rangle}{\sqrt{2}}\frac{|0\rangle+|1\rangle}{\sqrt{2}}\frac{|0\rangle-|1\rangle}{\sqrt{2}} \xrightarrow{I\otimes X\otimes I} \frac{|0\rangle+|1\rangle}{\sqrt{2}}\frac{|0\rangle+|1\rangle}{\sqrt{2}}\frac{|0\rangle-|1\rangle}{\sqrt{2}}$$
$$\xrightarrow{CNOT_{12}} \frac{|0\rangle+|1\rangle}{\sqrt{2}}\frac{|0\rangle-|1\rangle}{\sqrt{2}}\frac{|0\rangle-|1\rangle}{\sqrt{2}} \xrightarrow{I\otimes X\otimes I} -\frac{|0\rangle+|1\rangle}{\sqrt{2}}\frac{|0\rangle-|1\rangle}{\sqrt{2}}\frac{|0\rangle-|1\rangle}{\sqrt{2}}$$

$$(B5)\quad |0\rangle|0\rangle|1\rangle \xrightarrow{H\otimes H\otimes H} \frac{|0\rangle+|1\rangle}{\sqrt{2}}\frac{|0\rangle+|1\rangle}{\sqrt{2}}\frac{|0\rangle-|1\rangle}{\sqrt{2}} \xrightarrow{CNOT_{02}} \frac{|0\rangle-|1\rangle}{\sqrt{2}}\frac{|0\rangle+|1\rangle}{\sqrt{2}}\frac{|0\rangle-|1\rangle}{\sqrt{2}}$$
$$\xrightarrow{CNOT_{12}} \frac{|0\rangle-|1\rangle}{\sqrt{2}}\frac{|0\rangle-|1\rangle}{\sqrt{2}}\frac{|0\rangle-|1\rangle}{\sqrt{2}}$$

$$(B6)\quad |0\rangle|0\rangle|1\rangle \overset{H\otimes H\otimes H}{\rightarrow} \frac{|0\rangle+|1\rangle}{\sqrt{2}}\frac{|0\rangle+|1\rangle}{\sqrt{2}}\frac{|0\rangle-|1\rangle}{\sqrt{2}} \overset{X\otimes I\otimes I}{\rightarrow} \frac{|0\rangle+|1\rangle}{\sqrt{2}}\frac{|0\rangle+|1\rangle}{\sqrt{2}}\frac{|0\rangle-|1\rangle}{\sqrt{2}}$$

$$\overset{CNOT_{02}}{\rightarrow} \frac{|0\rangle-|1\rangle}{\sqrt{2}}\frac{|0\rangle+|1\rangle}{\sqrt{2}}\frac{|0\rangle-|1\rangle}{\sqrt{2}} \overset{CNOT_{12}}{\rightarrow} \frac{|0\rangle-|1\rangle}{\sqrt{2}}\frac{|0\rangle-|1\rangle}{\sqrt{2}}\frac{|0\rangle-|1\rangle}{\sqrt{2}} \overset{X\otimes I\otimes I}{\rightarrow} -\frac{|0\rangle-|1\rangle}{\sqrt{2}}\frac{|0\rangle-|1\rangle}{\sqrt{2}}\frac{|0\rangle-|1\rangle}{\sqrt{2}}$$

例題 7-6　ドイチ・ジョザ問題のオラクルに重ね合わせ状態入力

n=2 のドイチ・ジョザ問題の 8 つの具体的なオラクルの量子回路に (|0>+|1>)(|0>+|1>)(|0>−|1>) / $2\sqrt{2}$ を個別に入力した例題 7-5 の問題で、それぞれのオラクル出力の 3 量子ビットをすべてアダマール変換した結果を求め、どのように判断すれば、一定な関数と均等な関数との区別ができるか説明せよ。

【解答】

例題 7-5 の問題のオラクル出力をアダマール変換すればよいので、次のように計算できる。

$$(C1)\quad \frac{|0\rangle+|1\rangle}{\sqrt{2}}\frac{|0\rangle+|1\rangle}{\sqrt{2}}\frac{|0\rangle-|1\rangle}{\sqrt{2}} \overset{H\otimes H\otimes H}{\rightarrow} |0\rangle|0\rangle|1\rangle = |00\rangle|1\rangle$$

$$(C2)\quad -\frac{|0\rangle+|1\rangle}{\sqrt{2}}\frac{|0\rangle+|1\rangle}{\sqrt{2}}\frac{|0\rangle-|1\rangle}{\sqrt{2}} \overset{H\otimes H\otimes H}{\rightarrow} -|0\rangle|0\rangle|1\rangle = -|00\rangle|1\rangle$$

$$(B1)\quad \frac{|0\rangle-|1\rangle}{\sqrt{2}}\frac{|0\rangle+|1\rangle}{\sqrt{2}}\frac{|0\rangle-|1\rangle}{\sqrt{2}} \overset{H\otimes H\otimes H}{\rightarrow} |1\rangle|0\rangle|1\rangle = |10\rangle|1\rangle$$

$$(B2)\quad -\frac{|0\rangle-|1\rangle}{\sqrt{2}}\frac{|0\rangle+|1\rangle}{\sqrt{2}}\frac{|0\rangle-|1\rangle}{\sqrt{2}} \overset{H\otimes H\otimes H}{\rightarrow} -|1\rangle|0\rangle|1\rangle = -|10\rangle|1\rangle$$

$$(B3)\quad \frac{|0\rangle+|1\rangle}{\sqrt{2}}\frac{|0\rangle-|1\rangle}{\sqrt{2}}\frac{|0\rangle-|1\rangle}{\sqrt{2}} \overset{H\otimes H\otimes H}{\rightarrow} |0\rangle|1\rangle|1\rangle = |01\rangle|1\rangle$$

$$(B4)\quad -\frac{|0\rangle+|1\rangle}{\sqrt{2}}\frac{|0\rangle-|1\rangle}{\sqrt{2}}\frac{|0\rangle-|1\rangle}{\sqrt{2}} \overset{H\otimes H\otimes H}{\rightarrow} -|0\rangle|1\rangle|1\rangle = -|01\rangle|1\rangle$$

$$(B5)\quad \frac{|0\rangle-|1\rangle}{\sqrt{2}}\frac{|0\rangle-|1\rangle}{\sqrt{2}}\frac{|0\rangle-|1\rangle}{\sqrt{2}} \overset{H\otimes H\otimes H}{\rightarrow} |1\rangle|1\rangle|1\rangle = |11\rangle|1\rangle$$

$$(B6)\quad -\frac{|0\rangle-|1\rangle}{\sqrt{2}}\frac{|0\rangle-|1\rangle}{\sqrt{2}}\frac{|0\rangle-|1\rangle}{\sqrt{2}} \overset{H\otimes H\otimes H}{\rightarrow} -|1\rangle|1\rangle|1\rangle = -|11\rangle|1\rangle$$

ここで、最下位ビット Q_2 はすべて同じ |1> 状態となり何も判断できないが、上位ビット Q_0Q_1 状態を見ると、一定な関数は |00> 状態で均等な関数はそれ以外の ±|01>, ±|10>, ±|11> 状態にある。グローバルな位相因子は無視できる。そこで、上位 2 ビットの 10 進数の整数値でいえば、標準基底測定が 0 であれば一定な関数、それ以外の 1, 2, 3 であれば均等な関数と判定できる。ドイチ問題と同様に、ドイチ・ジョザ問題も 1 回の問い合わせ量で解けたことになる。

例題 7-6 の問題を、図 7.14、7.15 のように量子シミュレータで作成して、点線枠で示した 8 つのオラクル出力が計算結果と同じになるか確かめてみよう。ここでは、上位 2 ビット Q_0Q_1 だけに着目して、上位 2 ビット Q_0Q_1 だけを標準基底測定してみよう。

図7.14　ドイチ・ジョザ問題を解くためのドイチ・ジョザゲート(C1)(C2)

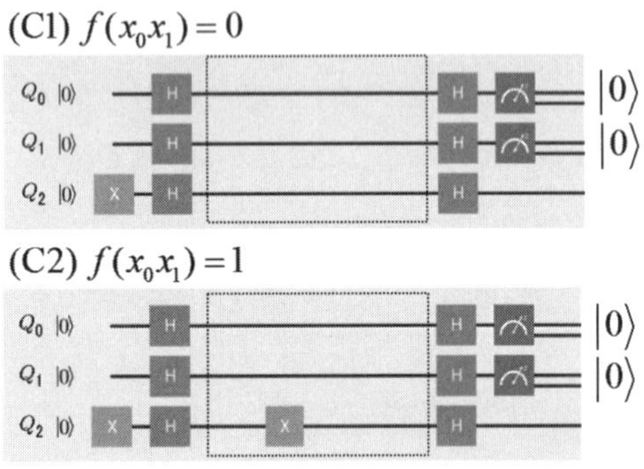

ドイチ・ジョザ問題での一定な関数は、図 7.14 の (C1) と (C2) の場合で、確かに上位 2 ビット Q_0Q_1 でどちらも |00> 状態が観測されている。

一方、均等な関数では、図 7.15 の (B1) ～ (B6) の場合で、すべて |00> 以外の状態が観測されている。そのために、ドイチ・ジョザ問題での一定な関数か均等な関数かは、上位 2 ビット Q_0Q_1 を観測すれば、可能である。ここでも、オラクルを 1 度だけしか通していないので、関数への問い合わせ量が 1 回しか行っていないということで、量子アルゴリズムでは関数への 1 回の問い合わせで判定できたことになる。つまり、ドイチ・ジョザ問題は、1 回の問い合わせ量で解けたことになる。

図7.15　ドイチ・ジョザ問題を解くためのドイチ・ジョザゲート(B1)～(B6)

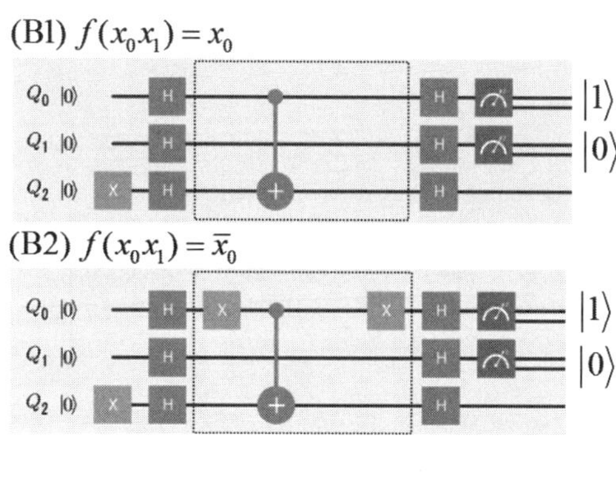

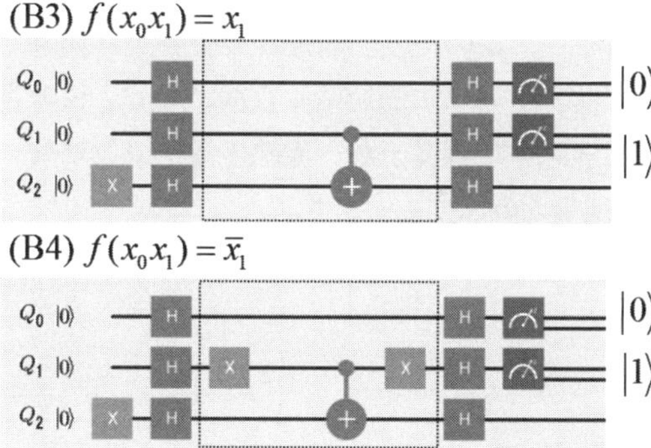

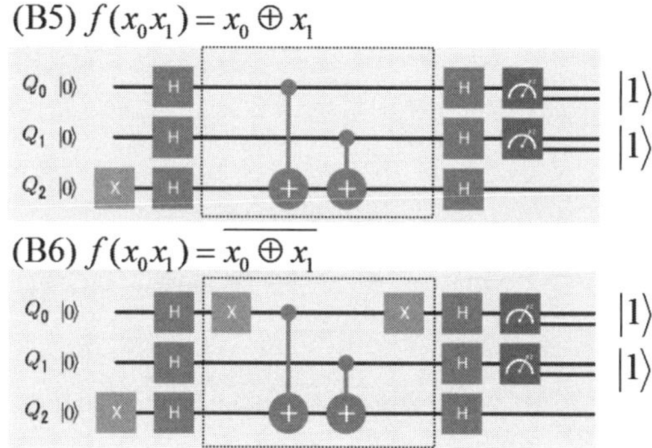

ここでも、アダマール変換によって重ね合わせ状態を生成し、補助ビット Q_2 による**位相の見返り**（Phase Kickback）を利用して、干渉を引き起こし、1 回の問い合わせ量で判定できた。

演習 7-2

ドイチ・ジョザ問題で n=3 のときのオラクルと量子回路を作成し、量子シミュレータで動作確認してみよう。

演習 7-3

ドイチ・ジョザ問題で n=4 のときのオラクルと量子回路を作成し、量子シミュレータで動作確認してみよう。

実験 7-1

本章で作成した量子回路を量子シミュレータではなく、実際の IBM の量子コンピュータを使って、量子実験をしてみよう。理論値と異なり、どの程度の誤差が発生するか実験で確かめてみよう。量子コンピュータでの測定には、ブロッホ測定はできないので、標準基底測定で行うこと。また、量子シミュレータでは置けた演算子が、実際の量子コンピュータ実験では置けない位置もあるので工夫して作成してみよう。

8 ベルンシュタイン・ヴァジラニ問題の量子実験

ドイチ・ジョザ問題では、関数 $f(x)$ が一定な関数か均等な関数かどちらかになることが約束されていた問題であった。しかし、ベルンシュタイン・ヴァジラニ問題では、関数 $f(x)$ の形が変数 x と定数 a との内積となると約束された問題で、この定数 a を求める問題である。

古典的アルゴリズムでは，n ビットの定数 a で関数 $f(x)$ への問い合わせ量は n 回必要であるが、量子アルゴリズムでは、1 回の問い合わせ量でよい。よく学校では、n 個の未知数があると必ず n 個の式が必要で、n 個の式が必要ということは関数を n 回調べる必要があるということであった。しかし、ベルンシュタイン・ヴァジラニ問題が 1 回の問い合わせ量で解ければ、量子アルゴリズムでは n 個の未知数があっても関数を 1 回調べれば，n 個のすべての未知数が求まることになる。

8.1 関数 $f(x)=x\cdot a$ の定数 a を求めるベルンシュタイン・ヴァジラニ問題

ドイチ・ジョザ問題では n ビットの変数 x に対して 0, 1 の値しか返さない 2 進数関数 $f(x)$ が与えられていて、

$$f(x|x \in \{0,1\}^n) \to \{0,1\}$$

ドイチ・ジョザ問題ではこの関数 $f(x)$ が一定な関数か均等な関数かどちらかになることが約束されていた。しかし、**ベルンシュタイン・ヴァジラニ問題**は、関数 $f(x)$ の形が、次のような変数 x と定数 a とのビットごとの 2 を法とする内積となるように約束された問題で、

$$f(x) = x \bullet a \equiv x_0 a_0 \oplus x_1 a_1 \oplus \cdots \oplus x_{n-1} a_{n-1}$$

そのとき、定数 a の値を関数 $f(x)$ への少ない問い合わせ量で求めよという問題である。

古典的アルゴリズムでは, n ビットの定数 a で関数 $f(x)$ への問い合わせ量は n 回必要であるが、量子アルゴリズムでは、1 回の問い合わせ量でよい。よく学校では、n 個の未知数があると必ず n 個の式が必要で、n 個の式が必要ということは関数を n 回調べる必要があるということであった。しかし、ベルンシュタイン・ヴァジラニ問題が 1 回の問い合わせ量で解ければ、量子アルゴリズムでは n 個の未知数があっても関数を 1 回調べれば，n 個のすべての未知数が求まることになる。

8.2 n=1 のベルンシュタイン・ヴァジラニ問題

8.2.1　n=1 のベルンシュタイン・ヴァジラニ問題のオラクル

ベルンシュタイン・ヴァジラニ問題で n=1 の最も簡単な場合を考えるとする。1 ビットの定数 a は 0 か 1 しかないので、a=0 のときは、関数 $f(x)$ はいつも 0 となり一定な関数 $f(x)=x \cdot a=0$ となる。また、a=1 のときは、関数 $f(x)$ は 0, 1 が均等に出てくるので、均等な関数 $f(x)=x \cdot a=x$ となり、次のように対比できる。

$$(1)\ a=0:\quad f(0)=f(1)=0 \quad \to f(x)=0$$
$$(2)\ a=1:\quad f(0)=0, f(1)=1 \to f(x)=x$$

つまり、n=1 のベルンシュタイン・ヴァジラニ問題は、ドイチ問題と同じ問題で、定数 a を求めることは、一定な関数か均等な関数かを求めることと同じになる。

そこで、この関数をオラクルに実装すると、次のようになる。しかし、このままでは、上位ビット Q_0 を測定してもいつも |0> の状態のみで、2 つのオラクルは識別できず、定数 a は求まらない。

図8.1 ベルンシュタイン・ヴァジラニ問題でのオラクルの具体的な量子回路

(1) $a=0 \to f(x_0)=x_0 \cdot a=0$ (2) $a=1 \to f(x_0)=x_0 \cdot a=x_0$

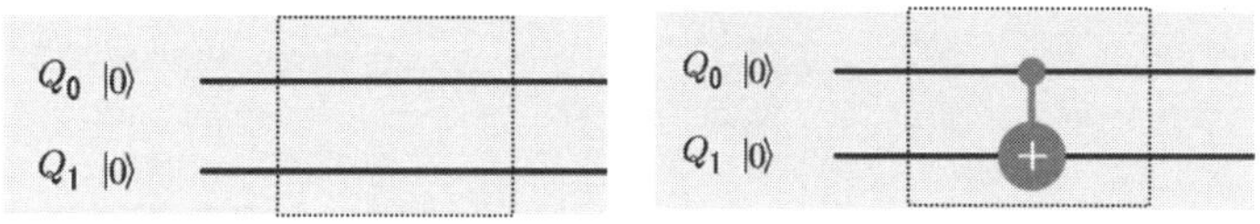

$|x_0\rangle|y\rangle \xrightarrow{U_f} |x_0\rangle|y \oplus 0\rangle = |x_0\rangle|y\rangle$ $|x_0\rangle|y\rangle \xrightarrow{U_f} |x_0\rangle|y \oplus x_0\rangle$

古典的アルゴリズムでは、変数 x に 1 を入れれば $f(1)=0,\ 1$ となり、それに応じて定数 $a=0,\ 1$ が決定できる。しかし、変数 x に 0 を入れれば $f(0)=0$ となり、定数 a が求まらないことになる。最低でも 1 回の問い合わせ量、最悪な場合は関数 $f(x)$ への 2 回の問い合わせ量が必要となる。しかし、量子アルゴリズムでは必ず 1 回の問い合わせ量で決定できる。

8.2.2 n=1 のベルンシュタイン・ヴァジラニ問題を解く量子回路

これらのオラクルの量子回路を用いて、ドイチ問題でも行ったように、アダマール変換でサンドイッチにし、位相の見返りで入力の下位ビット Q_1 に |1> を入れればよいと予想できる。そうすれば、次のようにベクトル計算でき、どちらの場合も上位ビット Q_0 を測定すれば、求めたい定数 a の値そのものになっている。

$$(1)\ a=0:\quad |0\rangle|1\rangle \xrightarrow{H\otimes H} \frac{|0\rangle+|1\rangle}{\sqrt{2}}\frac{|0\rangle-|1\rangle}{\sqrt{2}} \xrightarrow{H\otimes H} |0\rangle|1\rangle = |a\rangle|1\rangle$$

$$(2)\ a=1:\quad |0\rangle|1\rangle \xrightarrow{H\otimes H} \frac{|0\rangle+|1\rangle}{\sqrt{2}}\frac{|0\rangle-|1\rangle}{\sqrt{2}} \xrightarrow{CNOT} -\frac{|0\rangle-|1\rangle}{\sqrt{2}}\frac{|0\rangle-|1\rangle}{\sqrt{2}} \xrightarrow{H\otimes H} -|1\rangle|1\rangle = -|a\rangle|1\rangle$$

それらを実装すると、$n=1$ のベルンシュタイン・ヴァジラニ問題を解くための量子回路が、図 8.2 のように作成できる。

図8.2　ベルンシュタイン・ヴァジラニ問題を解くためのゲート

(1)　$a=0$

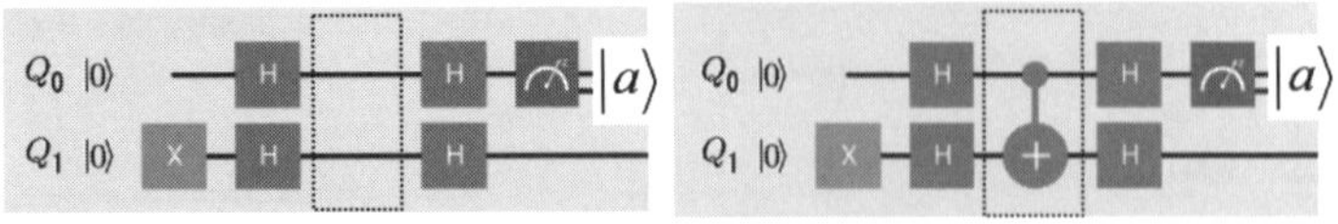

$$|0\rangle|1\rangle \overset{H\otimes H}{\rightarrow} \overset{U_f}{\rightarrow} \overset{H\otimes H}{\rightarrow} |0\rangle|1\rangle = |a\rangle|1\rangle$$

(2)　$a=1$

$$|0\rangle|1\rangle \overset{H\otimes H}{\rightarrow} \overset{U_f}{\rightarrow} \overset{H\otimes H}{\rightarrow} -|1\rangle|1\rangle = -|a\rangle|1\rangle$$

つまり、ベルンシュタイン・ヴァジラニ問題のオラクルがブラックボックスになっていても関数が $f(x)=x \cdot a$ になると約束されているとき、図 8.2 のような量子回路を適用し、上位ビット Q_0 を測定すれば、求めたい定数 a の値そのものになっていることが分かる。これで、$n=1$ のベルンシュタイン・ヴァジラニ問題が 1 回の問い合わせ量で解けたことになる。

演習 8-1

$n=1$ のベルンシュタイン・ヴァジラニ問題で関数が $f(x)=x \cdot a \oplus 1$ となると約束されているとき、この問題を解くために定数 a を求める量子回路を作成し、量子シミュレータで確かめよ。

8.3　$n=2$ のベルンシュタイン・ヴァジラニ問題

8.3.1　$n=2$ のベルンシュタイン・ヴァジラニ問題のオラクル

$n=1$ の場合を見てきたが、一般的な n 次元のベルンシュタイン・ヴァジラニ問題は多次元ドイチ問題と考えられる。つぎに、$n=2$ のベルンシュタイン・ヴァジラニ問題も 1 回の問い合わせ量で解いてみよう。

変数 x が 2 ビットのとき、2 進数表記では変数 x を $x=x_0x_1$ と書き、定数 a を $a=a_0a_1$ と書くとすると、求める定数 a は $a=a_0a_1=00, 01, 10, 11$ の 4 通りとなる。2 進数関数 $f(x)=f(x_0x_1)=x \cdot a=x_0a_0 \oplus x_1a_1$ の形が約束されている問題なので、次のような 4 通りの組合せしかないことになる。それぞれの定数 a の値に応じて、次のように関数 $f(x)$ の形が決まってくる。

$$
\begin{aligned}
&(1)\ a=00:\quad f(00)=f(01)=f(10)=f(11)=0 \quad \to f(x_0x_1)=0\\
&(2)\ a=01:\quad f(00)=f(10)=0,\ f(01)=f(11)=1 \to f(x_0x_1)=x_1\\
&(3)\ a=10:\quad f(00)=f(01)=0,\ f(10)=f(11)=1 \to f(x_0x_1)=x_0\\
&(4)\ a=11:\quad f(00)=f(11)=0,\ f(01)=f(10)=1 \to f(x_0x_1)=x_0 \oplus x_1
\end{aligned}
$$

古典的アルゴリズムでは、$f(10)=a_0$, $f(01)=a_1$ とすれば、最低でも関数 $f(x)$ への2回の問い合わせ量で定数 $a=a_0a_1$ が決定できるが、最悪な場合は3回の問い合わせ量が必要となる。しかし、量子アルゴリズムでは1回の問い合わせ量で決定できる。このように、変数 x のビット数が増えると、古典的アルゴリズムでは問い合わせ量が増えるが、量子アルゴリズムでは変数 x のビット数が増えても1回の問い合わせ量で決定できる。そのため、ここでもビット数が増えても、量子アルゴリズムは大きな威力を発揮し、超高速演算が期待できる。

8.3.2 n=2のベルンシュタイン・ヴァジラニ問題のオラクルを解く量子回路

n=2のベルンシュタイン・ヴァジラニ問題で、求める定数 a の値に応じて関数 $f(x)$ の形が決まった。関数 $f(x)$ の形が決まれば、次のようにオラクルの量子回路を実装できる。しかし、このままでは、上位2ビット Q_0Q_1 を測定してもいつも |00> の状態のみで、4つのオラクルは識別できず、定数 a は求まらない。

図8.3 ベルンシュタイン・ヴァジラニ問題でのオラクルの具体的な量子回路

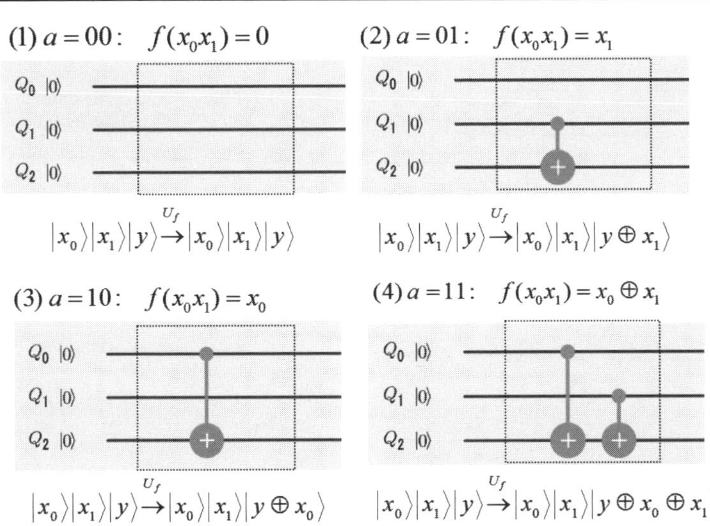

そこで、同様にして、これらのオラクルの量子回路をアダマール変換でサンドイッチにし、位相の見返りで入力の下位ビット Q_2 に |1> を入れればよいと予想できる。そうすれば、次のようにベクトル計算でき、どの場合も上位 2 ビット Q_0Q_1 を測定すれば、求めたい定数 a の値そのものになっていることが分かる。

$$(1)\ a=00:\quad |0\rangle|0\rangle|1\rangle \xrightarrow{H\otimes H\otimes H} \frac{|0\rangle+|1\rangle}{\sqrt{2}}\frac{|0\rangle+|1\rangle}{\sqrt{2}}\frac{|0\rangle-|1\rangle}{\sqrt{2}} \xrightarrow{H\otimes H\otimes H} |0\rangle|0\rangle|1\rangle=|a\rangle|1\rangle$$

$$(2)\ a=01:\quad |0\rangle|0\rangle|1\rangle \xrightarrow{H\otimes H\otimes H} \frac{|0\rangle+|1\rangle}{\sqrt{2}}\frac{|0\rangle+|1\rangle}{\sqrt{2}}\frac{|0\rangle-|1\rangle}{\sqrt{2}}$$

$$\xrightarrow{CNOT_{12}} \frac{|0\rangle+|1\rangle}{\sqrt{2}}\frac{|0\rangle-|1\rangle}{\sqrt{2}}\frac{|0\rangle-|1\rangle}{\sqrt{2}} \xrightarrow{H\otimes H\otimes H} |0\rangle|1\rangle|1\rangle=|a\rangle|1\rangle$$

$$(3)\ a=10:\quad |0\rangle|0\rangle|1\rangle \xrightarrow{H\otimes H\otimes H} \frac{|0\rangle+|1\rangle}{\sqrt{2}}\frac{|0\rangle+|1\rangle}{\sqrt{2}}\frac{|0\rangle-|1\rangle}{\sqrt{2}}$$

$$\xrightarrow{CNOT_{02}} \frac{|0\rangle-|1\rangle}{\sqrt{2}}\frac{|0\rangle+|1\rangle}{\sqrt{2}}\frac{|0\rangle-|1\rangle}{\sqrt{2}} \xrightarrow{H\otimes H\otimes H} |1\rangle|0\rangle|1\rangle=|a\rangle|1\rangle$$

$$(4)\ a=11:\quad |0\rangle|0\rangle|1\rangle \xrightarrow{H\otimes H\otimes H} \frac{|0\rangle+|1\rangle}{\sqrt{2}}\frac{|0\rangle+|1\rangle}{\sqrt{2}}\frac{|0\rangle-|1\rangle}{\sqrt{2}} \xrightarrow{CNOT_{02}} \frac{|0\rangle-|1\rangle}{\sqrt{2}}\frac{|0\rangle+|1\rangle}{\sqrt{2}}\frac{|0\rangle-|1\rangle}{\sqrt{2}}$$

$$\xrightarrow{CNOT_{12}} \frac{|0\rangle-|1\rangle}{\sqrt{2}}\frac{|0\rangle-|1\rangle}{\sqrt{2}}\frac{|0\rangle-|1\rangle}{\sqrt{2}} \xrightarrow{H\otimes H\otimes H} |1\rangle|1\rangle|1\rangle=|a\rangle|1\rangle$$

量子シミュレータで、これらの量子回路を実装すれば、図 8.4 のようになり、どの場合も上位 2 ビット Q_0Q_1 を測定すれば、求めたい定数 a の値そのものになっていることが分かる。

図8.4　ベルンシュタイン・ヴァジラニ問題を解くためのゲート

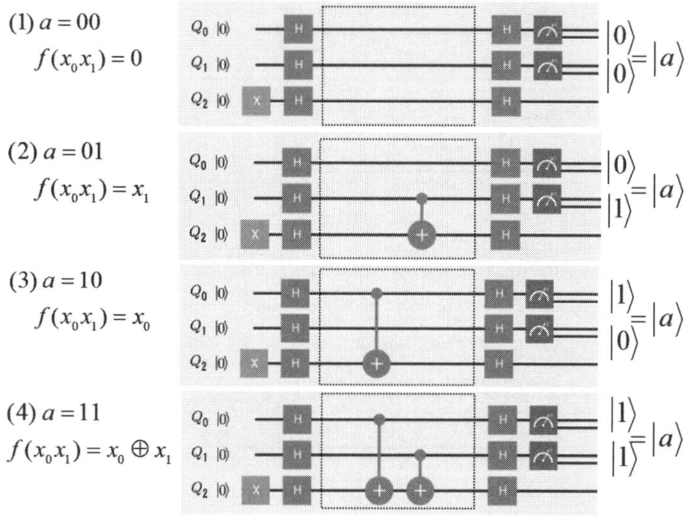

量子アルゴリズムでは、変数 x のビット数が増えてもオラクルを一度しか通過していないために、1 回の問い合わせ量で定数 a が決定できたことになる。

演習 8-2

n=2 のベルンシュタイン・ヴァジラニ問題で関数が $f(x)=x\cdot a\oplus 1$ となると約束されているとき、この問題を解くために定数 a を求める量子回路を作成し、量子シミュレータで確かめよ。

8.4　n=3 のベルンシュタイン・ヴァジラニ問題

最後に、n=3 のベルンシュタイン・ヴァジラニ問題も 1 回の問い合わせ量で解いてみよう。

変数 x が 3 ビットのとき、2 進数表記では変数 x を $x=x_0x_1x_2$ と書き、定数 a を $a=a_0a_1a_2$ と書くとすると、定数 a は $a=a_0a_1a_2$=000, 001, 010, 011, 100, 101, 110, 111 の 8 通りとなる。2 進数関数 $f(x)=f(x_0x_1x_2)=x\cdot a=x_0a_0\oplus x_1a_1\oplus x_2a_2$ の形が約束されている問題なので、次のような 8 通りの組合せしかない。そこで、それぞれの求める定数 a の値に応じて、順に関数 $f(x)$ の形やオラクル、量子回路を考えてみよう。

8.4.1　定数 a=000 のとき

定数 a が a=000 のときは、関数 $f(x)$ は、次のようにすべて 0 となる。

$$f(000)=f(001)=f(010)=f(011)=f(100)=f(101)=f(110)=f(111)=0$$

そのため、オラクルは、次のようになり、何もしない量子ゲートとなる。

$$|x_0\rangle|x_1\rangle|x_2\rangle|y\rangle \xrightarrow{U_f} |x_0\rangle|x_1\rangle|x_2\rangle|y\oplus f(x)\rangle=|x_0\rangle|x_1\rangle|x_2\rangle|y\oplus 0\rangle=|x_0\rangle|x_1\rangle|x_2\rangle|y\rangle$$

そこで、同様にこのオラクルの量子回路をアダマール変換でサンドイッチにし、位相の見返りで入力の下位ビット Q_3 に |1> を入れればよいと予想できる。そうすれば、次のようにベクトル計算でき、上位 3 ビット $Q_0Q_1Q_2$ を測定すれば、求めたい定数 a の値 000 そのものになっていることが分かる。

$$|0\rangle|0\rangle|0\rangle|1\rangle \xrightarrow{H\otimes H\otimes H\otimes H} \frac{|0\rangle+|1\rangle}{\sqrt{2}}\frac{|0\rangle+|1\rangle}{\sqrt{2}}\frac{|0\rangle+|1\rangle}{\sqrt{2}}\frac{|0\rangle-|1\rangle}{\sqrt{2}} \xrightarrow{H\otimes H\otimes H\otimes H} |0\rangle|0\rangle|0\rangle|1\rangle=|000\rangle|1\rangle=|a\rangle|1\rangle$$

演習 8-3

量子シミュレータで、図のような量子回路を作成して、標準基底測定すれば、定数 a の値 000 が求まることを確かめよ。

図8.5　ベルンシュタイン・ヴァジラニ問題を解くためのゲート（1）

(1) $a=000$:　$f(x_0x_1x_2)=x_0a_0\oplus x_1a_1\oplus x_2a_2=0$

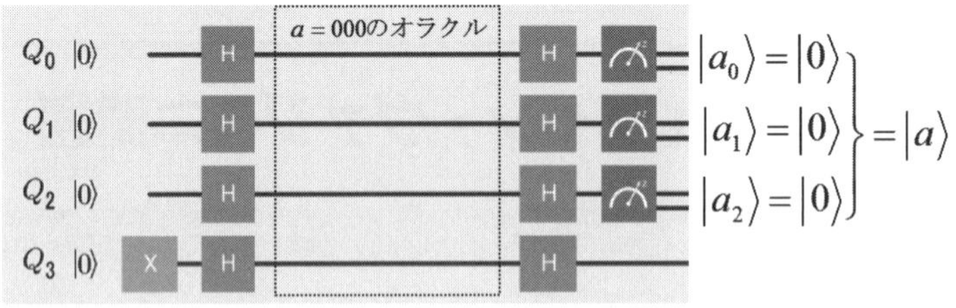

$a=000$のオラクル

Q_0 |0⟩ H H → $|a_0\rangle=|0\rangle$

Q_1 |0⟩ H H → $|a_1\rangle=|0\rangle$

Q_2 |0⟩ H H → $|a_2\rangle=|0\rangle$

Q_3 |0⟩ X H H

$\}=|a\rangle$

$$|x_0\rangle|x_1\rangle|x_2\rangle|y\rangle \xrightarrow{U_f} |x_0\rangle|x_1\rangle|x_2\rangle|y\oplus f(x_0x_1x_2)\rangle=|x_0\rangle|x_1\rangle|x_2\rangle|y\rangle$$

8.4.2 定数 a=001, 010, 100 のとき

定数 a が a=001, 010, 100 のときは、関数 $f(x_0x_1x_2)=x_0a_0 \oplus x_1a_1 \oplus x_2a_2$ の形が約束されているので、変数値を入れると次のようになる。

$$
\begin{aligned}
&(\mathrm{i})\ a=001:\ \ f(000)=f(010)=f(100)=f(110)=0,\ f(001)=f(011)=f(101)=f(111)=1\\
&(\mathrm{ii})\ a=010:\ \ f(000)=f(001)=f(100)=f(101)=0,\ f(010)=f(011)=f(110)=f(111)=1\\
&(\mathrm{iii})\ a=100:\ \ f(000)=f(001)=f(010)=f(011)=0,\ f(100)=f(101)=f(110)=f(111)=1
\end{aligned}
$$

それぞれの関数の形が $f(x)=x_2, f(x)=x_1, f(x)=x_0$ と決まってくる。

$$
\begin{aligned}
&(\mathrm{i})\ a=001:\ \ f(x)=f(x_0x_1x_2)=x_2\\
&(\mathrm{ii})\ a=010:\ \ f(x)=f(x_0x_1x_2)=x_1\\
&(\mathrm{iii})\ a=100:\ \ f(x)=f(x_0x_1x_2)=x_0
\end{aligned}
$$

ここで、関数の形が決まれば、それぞれのオラクルが作成できる。それぞれのオラクルは、次のようになり、制御 NOT ゲートがそれぞれの量子ビットの制御ゲートに指定すればよいことが分かる。

$$
\begin{aligned}
&(\mathrm{i})\ a=001:\ \ f(x)=x_2 \rightarrow |x_0\rangle|x_1\rangle|x_2\rangle|y\rangle \xrightarrow{U_f} |x_0\rangle|x_1\rangle|x_2\rangle|y\oplus x_2\rangle\\
&(\mathrm{ii})\ a=010:\ \ f(x)=x_1 \rightarrow |x_0\rangle|x_1\rangle|x_2\rangle|y\rangle \xrightarrow{U_f} |x_0\rangle|x_1\rangle|x_2\rangle|y\oplus x_1\rangle\\
&(\mathrm{iii})\ a=100:\ \ f(x)=x_0 \rightarrow |x_0\rangle|x_1\rangle|x_2\rangle|y\rangle \xrightarrow{U_f} |x_0\rangle|x_1\rangle|x_2\rangle|y\oplus x_0\rangle
\end{aligned}
$$

そこで、同様にこのオラクルの量子回路をアダマール変換と位相の見返りで入力の下位ビット Q_3 に |1> を入れればよいと予想できる。そうすれば、次のようにベクトル計算でき、上位 3 ビット $Q_0Q_1Q_2$ を測定すれば、求めたい定数 a の値 001 そのものになっていることが分かる。

$$
(\mathrm{i})\ a=001:\ \ |x_0\rangle|x_1\rangle|x_2\rangle|y\rangle \xrightarrow{U_f} |x_0\rangle|x_1\rangle|x_2\rangle|y\oplus x_2\rangle
$$

$$
|0\rangle|0\rangle|0\rangle|1\rangle \xrightarrow{H\otimes H\otimes H\otimes H} \frac{|0\rangle+|1\rangle}{\sqrt{2}}\frac{|0\rangle+|1\rangle}{\sqrt{2}}\frac{|0\rangle+|1\rangle}{\sqrt{2}}\frac{|0\rangle-|1\rangle}{\sqrt{2}} \xrightarrow{U_f} \frac{|0\rangle+|1\rangle}{\sqrt{2}}\frac{|0\rangle+|1\rangle}{\sqrt{2}}\frac{|0\rangle-|1\rangle}{\sqrt{2}}\frac{|0\rangle-|1\rangle}{\sqrt{2}}
$$

$$
\xrightarrow{H\otimes H\otimes H} |0\rangle|0\rangle|1\rangle|1\rangle = |001\rangle|1\rangle = |a\rangle|1\rangle
$$

演習 8-4

量子シミュレータで、図 8.6 のような量子回路を作成して、標準基底測定すれば、定数 a の値 001 が求まることを確かめよ。

図8.6　ベルンシュタイン・ヴァジラニ問題を解くためのゲート（2）

(2) $a=001$:　$f(x_0x_1x_2)=x_0a_0\oplus x_1a_1\oplus x_2a_2=x_2$

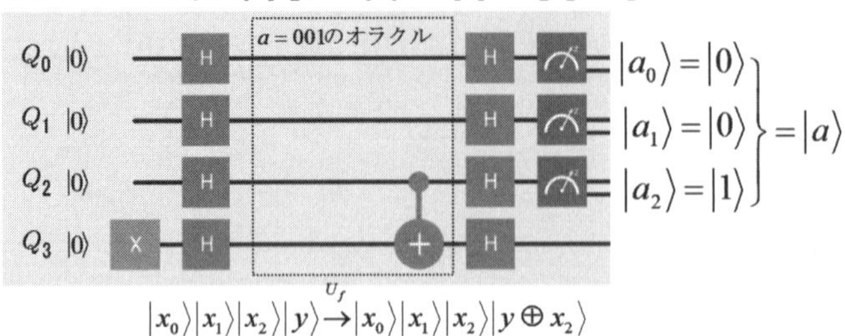

また、求めたい定数 a の値が 010 のときには、次のようにベクトル計算できる。

$$\text{(ii)}\ a=010:\quad |x_0\rangle|x_1\rangle|x_2\rangle|y\rangle\xrightarrow{U_f}|x_0\rangle|x_1\rangle|x_2\rangle|y\oplus x_1\rangle$$

$$|0\rangle|0\rangle|0\rangle|1\rangle\xrightarrow{H\otimes H\otimes H\otimes H}\frac{|0\rangle+|1\rangle}{\sqrt{2}}\frac{|0\rangle+|1\rangle}{\sqrt{2}}\frac{|0\rangle+|1\rangle}{\sqrt{2}}\frac{|0\rangle-|1\rangle}{\sqrt{2}}\xrightarrow{U_f}\frac{|0\rangle+|1\rangle}{\sqrt{2}}\frac{|0\rangle-|1\rangle}{\sqrt{2}}\frac{|0\rangle+|1\rangle}{\sqrt{2}}\frac{|0\rangle-|1\rangle}{\sqrt{2}}$$

$$\xrightarrow{H\otimes H\otimes H\otimes H}|0\rangle|1\rangle|0\rangle|1\rangle=|010\rangle|1\rangle=|a\rangle|1\rangle$$

演習 8-5

量子シミュレータで、図 8.7 のような量子回路を作成して、標準基底測定すれば、定数 a の値 010 が求まることを確かめよ。

図8.7　ベルンシュタイン・ヴァジラニ問題を解くためのゲート（3）

(3) $a=010$:　$f(x_0x_1x_2)=x_0a_0\oplus x_1a_1\oplus x_2a_2=x_1$

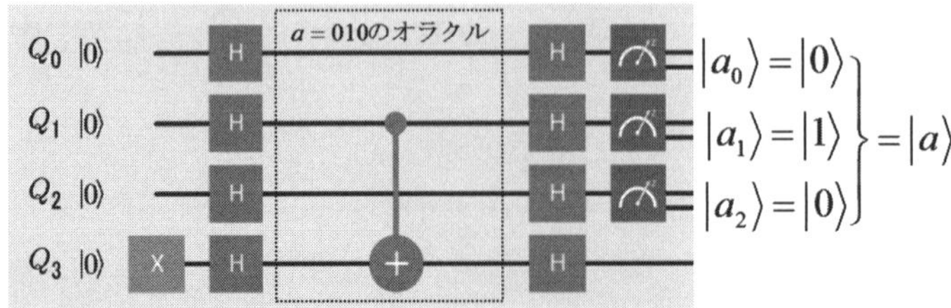

$$|x_0\rangle|x_1\rangle|x_2\rangle|y\rangle\xrightarrow{U_f}|x_0\rangle|x_1\rangle|x_2\rangle|y\oplus x_1\rangle$$

さらに、求めたい定数 a の値が 100 のときには、次のようにベクトル計算できる。

$$\text{(iii)}\ a=100:\quad |x_0\rangle|x_1\rangle|x_2\rangle|y\rangle \xrightarrow{U_f} |x_0\rangle|x_1\rangle|x_2\rangle|y\oplus x_0\rangle$$

$$|0\rangle|0\rangle|0\rangle|1\rangle \xrightarrow{H\otimes H\otimes H\otimes H} \frac{|0\rangle+|1\rangle}{\sqrt{2}}\frac{|0\rangle+|1\rangle}{\sqrt{2}}\frac{|0\rangle+|1\rangle}{\sqrt{2}}\frac{|0\rangle-|1\rangle}{\sqrt{2}} \xrightarrow{U_f} \frac{|0\rangle-|1\rangle}{\sqrt{2}}\frac{|0\rangle+|1\rangle}{\sqrt{2}}\frac{|0\rangle+|1\rangle}{\sqrt{2}}\frac{|0\rangle-|1\rangle}{\sqrt{2}}$$

$$\xrightarrow{H\otimes H\otimes H\otimes H} |1\rangle|0\rangle|0\rangle|1\rangle = |100\rangle|1\rangle = |a\rangle|1\rangle$$

演習 8-6

量子シミュレータで、図 8.8 のような量子回路を作成して、標準基底測定すれば、定数 a の値 100 が求まることを確かめよ。

図8.8 ベルンシュタイン・ヴァジラニ問題を解くためのゲート（4）

$(4)\ a=100:\quad f(x_0x_1x_2)=x_0a_0\oplus x_1a_1\oplus x_2a_2=x_0$

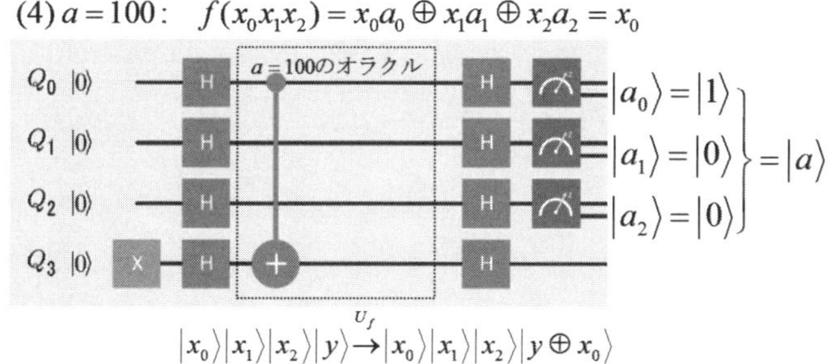

$$|x_0\rangle|x_1\rangle|x_2\rangle|y\rangle \xrightarrow{U_f} |x_0\rangle|x_1\rangle|x_2\rangle|y\oplus x_0\rangle$$

8.4.3 定数 a=011, 101, 110 のとき

定数 a が a=011, 101, 110 のときは、関数 $f(x_0x_1x_2)=x_0a_0\oplus x_1a_1\oplus x_2a_2$ の形が約束されているので、変数値を入れると次のようになる。

$$\text{(i)}\ a=011:\quad f(000)=f(011)=f(100)=f(111)=0,\ f(001)=f(010)=f(101)=f(110)=1$$
$$\text{(ii)}\ a=101:\quad f(000)=f(010)=f(101)=f(111)=0,\ f(001)=f(011)=f(100)=f(110)=1$$
$$\text{(iii)}\ a=110:\quad f(000)=f(001)=f(110)=f(111)=0,\ f(010)=f(011)=f(100)=f(101)=1$$

それぞれの関数の形が $f(x)=x_1\oplus x_2, f(x)=x_0\oplus x_2, f(x)=x_0\oplus x_1$ と決まってくる。

$$\text{(i) } a=011:\quad f(x)=f(x_0x_1x_2)=x_1\oplus x_2$$
$$\text{(ii) } a=101:\quad f(x)=f(x_0x_1x_2)=x_0\oplus x_2$$
$$\text{(iii) } a=110:\quad f(x)=f(x_0x_1x_2)=x_0\oplus x_1$$

ここで、関数の形が決まれば、それぞれのオラクルが作成できる。それぞれのオラクルは、次のようになり、制御NOTゲートがそれぞれの量子ビットの制御ゲートに指定すればよいことが分かる。

$$\text{(i) } a=011:\quad f(x)=x_1\oplus x_2\to|x_0\rangle|x_1\rangle|x_2\rangle|y\rangle\overset{U_f}{\to}|x_0\rangle|x_1\rangle|x_2\rangle|y\oplus x_1\oplus x_2\rangle$$
$$\text{(ii) } a=101:\quad f(x)=x_0\oplus x_2\to|x_0\rangle|x_1\rangle|x_2\rangle|y\rangle\overset{U_f}{\to}|x_0\rangle|x_1\rangle|x_2\rangle|y\oplus x_0\oplus x_2\rangle$$
$$\text{(iii) } a=110:\quad f(x)=x_0\oplus x_1\to|x_0\rangle|x_1\rangle|x_2\rangle|y\rangle\overset{U_f}{\to}|x_0\rangle|x_1\rangle|x_2\rangle|y\oplus x_0\oplus x_1\rangle$$

そこで、同様にこのオラクルの量子回路をアダマール変換と位相の見返りで入力の下位ビット Q_3 に |1> を入れればよいと予想できる。そうすれば、次のようにベクトル計算でき、上位3ビット $Q_0Q_1Q_2$ を測定すれば、求めたい定数 a の値011そのものになっていることが分かる。

$$\text{(i) } a=011:\quad |x_0\rangle|x_1\rangle|x_2\rangle|y\rangle\overset{U_f}{\to}|x_0\rangle|x_1\rangle|x_2\rangle|y\oplus x_1\oplus x_2\rangle$$
$$|0\rangle|0\rangle|0\rangle|1\rangle\overset{H\otimes H\otimes H\otimes H}{\to}\frac{|0\rangle+|1\rangle}{\sqrt{2}}\frac{|0\rangle+|1\rangle}{\sqrt{2}}\frac{|0\rangle+|1\rangle}{\sqrt{2}}\frac{|0\rangle-|1\rangle}{\sqrt{2}}\overset{U_f}{\to}\frac{|0\rangle+|1\rangle}{\sqrt{2}}\frac{|0\rangle-|1\rangle}{\sqrt{2}}\frac{|0\rangle-|1\rangle}{\sqrt{2}}\frac{|0\rangle-|1\rangle}{\sqrt{2}}$$
$$\overset{H\otimes H\otimes H\otimes H}{\to}|0\rangle|1\rangle|1\rangle|1\rangle=|011\rangle|1\rangle=|a\rangle|1\rangle$$

演習 8-7

量子シミュレータで、図 8.9 のような量子回路を作成して、標準基底測定すれば、定数 a の値 011 が求まることを確かめよ。

図8.9　ベルンシュタイン・ヴァジラニ問題を解くためのゲート（5）

$$(5)\ a=011:\quad f(x_0x_1x_2)=x_0a_0\oplus x_1a_1\oplus x_2a_2=x_1\oplus x_2$$

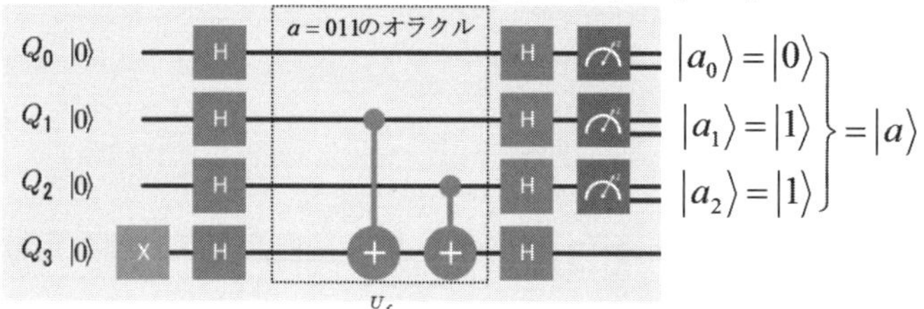

$a=011$のオラクル

Q_0 $|0\rangle$　Q_1 $|0\rangle$　Q_2 $|0\rangle$　Q_3 $|0\rangle$

$$\left.\begin{array}{l}|a_0\rangle=|0\rangle\\|a_1\rangle=|1\rangle\\|a_2\rangle=|1\rangle\end{array}\right\}=|a\rangle$$

$$|x_0\rangle|x_1\rangle|x_2\rangle|y\rangle\xrightarrow{U_f}|x_0\rangle|x_1\rangle|x_2\rangle|y\oplus x_1\oplus x_2\rangle$$

また、求めたい定数 a の値が 101 のときには、次のようにベクトル計算できる。

$$(\text{ii})\ a=101:\quad |x_0\rangle|x_1\rangle|x_2\rangle|y\rangle\xrightarrow{U_f}|x_0\rangle|x_1\rangle|x_2\rangle|y\oplus x_0\oplus x_2\rangle$$

$$|0\rangle|0\rangle|0\rangle|1\rangle\xrightarrow{H\otimes H\otimes H\otimes H}\frac{|0\rangle+|1\rangle}{\sqrt{2}}\frac{|0\rangle+|1\rangle}{\sqrt{2}}\frac{|0\rangle+|1\rangle}{\sqrt{2}}\frac{|0\rangle-|1\rangle}{\sqrt{2}}\xrightarrow{U_f}\frac{|0\rangle-|1\rangle}{\sqrt{2}}\frac{|0\rangle+|1\rangle}{\sqrt{2}}\frac{|0\rangle-|1\rangle}{\sqrt{2}}\frac{|0\rangle-|1\rangle}{\sqrt{2}}$$

$$\xrightarrow{H\otimes H\otimes H\otimes H}|1\rangle|0\rangle|1\rangle|1\rangle=|101\rangle|1\rangle=|a\rangle|1\rangle$$

演習 8-8

量子シミュレータで、図 8.10 のような量子回路を作成して、標準基底測定すれば、定数 a の値 101 が求まることを確かめよ。

図8.10　ベルンシュタイン・ヴァジラニ問題を解くためのゲート（6）

$$(6)\ a=101:\quad f(x_0x_1x_2)=x_0a_0\oplus x_1a_1\oplus x_2a_2=x_0\oplus x_2$$

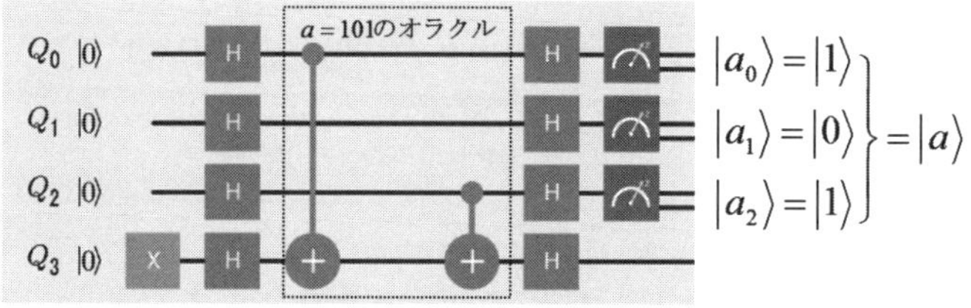

$a=101$のオラクル

Q_0 $|0\rangle$　Q_1 $|0\rangle$　Q_2 $|0\rangle$　Q_3 $|0\rangle$

$$\left.\begin{array}{l}|a_0\rangle=|1\rangle\\|a_1\rangle=|0\rangle\\|a_2\rangle=|1\rangle\end{array}\right\}=|a\rangle$$

$$|x_0\rangle|x_1\rangle|x_2\rangle|y\rangle\xrightarrow{U_f}|x_0\rangle|x_1\rangle|x_2\rangle|y\oplus x_0\oplus x_2\rangle$$

さらに、求めたい定数 a の値が 110 のときには、次のようにベクトル計算できる。

$$\text{(iii)}\ a=110:\quad |x_0\rangle|x_1\rangle|x_2\rangle|y\rangle \xrightarrow{U_f} |x_0\rangle|x_1\rangle|x_2\rangle|y\oplus x_0\oplus x_1\rangle$$

$$|0\rangle|0\rangle|0\rangle|1\rangle \xrightarrow{H\otimes H\otimes H\otimes H} \frac{|0\rangle+|1\rangle}{\sqrt{2}}\frac{|0\rangle+|1\rangle}{\sqrt{2}}\frac{|0\rangle+|1\rangle}{\sqrt{2}}\frac{|0\rangle-|1\rangle}{\sqrt{2}} \xrightarrow{U_f} \frac{|0\rangle-|1\rangle}{\sqrt{2}}\frac{|0\rangle-|1\rangle}{\sqrt{2}}\frac{|0\rangle+|1\rangle}{\sqrt{2}}\frac{|0\rangle-|1\rangle}{\sqrt{2}}$$

$$\xrightarrow{H\otimes H\otimes H\otimes H} |1\rangle|1\rangle|0\rangle|1\rangle = |110\rangle|1\rangle = |a\rangle|1\rangle$$

演習 8-9

量子シミュレータで、図のような量子回路を作成して、標準基底測定すれば、定数 a の値 110 が求まることを確かめよ。

図8.11　ベルンシュタイン・ヴァジラニ問題を解くためのゲート（7）

$$(7)\ a=110:\quad f(x_0x_1x_2)=x_0a_0\oplus x_1a_1\oplus x_2a_2=x_0\oplus x_1$$

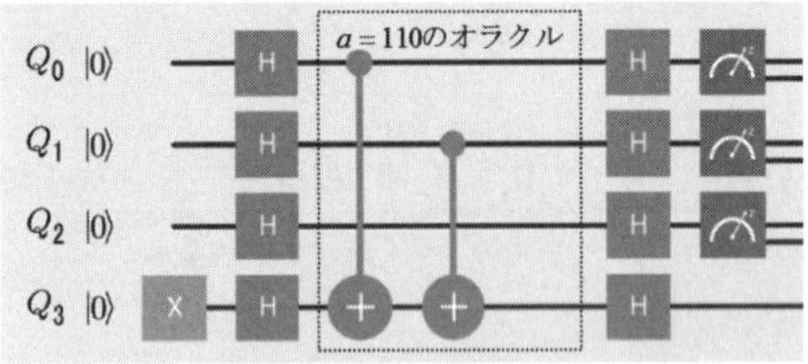

$$|x_0\rangle|x_1\rangle|x_2\rangle|y\rangle \xrightarrow{U_f} |x_0\rangle|x_1\rangle|x_2\rangle|y\oplus x_0\oplus x_1\rangle$$

8.4.4　定数 a=111 のとき

定数 a が a=111 のときは、関数 $f(x)$ は、次のように変数 x に偶数個の 1 があるときは**偶数パリティ**と呼び、関数 $f(x)$ は 0 となり、変数 x に奇数個の 1 があるときには**奇数パリティ**と呼び、関数 $f(x)$ は 1 となる。

$$f(000)=f(011)=f(101)=f(110)=0,\ f(001)=f(010)=f(100)=f(111)=1$$

そのため、関数は $f(x)=x_0\oplus x_1\oplus x_2$ となり、オラクルは、次のようになる。

$$a=111:\quad f(x)=x_0\oplus x_1\oplus x_2 \rightarrow |x_0\rangle|x_1\rangle|x_2\rangle|y\rangle \xrightarrow{U_f} |x_0\rangle|x_1\rangle|x_2\rangle|y\oplus x_0\oplus x_1\oplus x_2\rangle$$

そこで、同様にこのオラクルの量子回路をアダマール変換でサンドイッチにし、位相の見返りで入力の下位ビット Q_3 に |1> を入れればよいと予想できる。そうすれば、次のようにベクトル計算でき、上位 3 ビット $Q_0Q_1Q_2$ を測定すれば、求めたい定数 a の値 000 そのものになっていることが分かる。

$$a=111:\quad |x_0\rangle|x_1\rangle|x_2\rangle|y\rangle \xrightarrow{U_f} |x_0\rangle|x_1\rangle|x_2\rangle|y\oplus x_0\oplus x_1\oplus x_2\rangle$$

$$|0\rangle|0\rangle|0\rangle|1\rangle \xrightarrow{H\otimes H\otimes H\otimes H} \frac{|0\rangle+|1\rangle}{\sqrt{2}}\frac{|0\rangle+|1\rangle}{\sqrt{2}}\frac{|0\rangle+|1\rangle}{\sqrt{2}}\frac{|0\rangle-|1\rangle}{\sqrt{2}} \xrightarrow{U_f} \frac{|0\rangle-|1\rangle}{\sqrt{2}}\frac{|0\rangle-|1\rangle}{\sqrt{2}}\frac{|0\rangle-|1\rangle}{\sqrt{2}}\frac{|0\rangle-|1\rangle}{\sqrt{2}}$$

$$\xrightarrow{H\otimes H\otimes H\otimes H} |1\rangle|1\rangle|1\rangle|1\rangle = |111\rangle|1\rangle = |a\rangle|1\rangle$$

演習 8-10

量子シミュレータで、図 8.12 のような量子回路を作成して、標準基底測定すれば、定数 a の値 111 が求まることを確かめよ。

8

図8.12　ベルンシュタイン・ヴァジラニ問題を解くためのゲート（8）

(8) $a=111:\quad f(x_0x_1x_2)=x_0a_0\oplus x_1a_1\oplus x_2a_2=x_0\oplus x_1\oplus x_2$

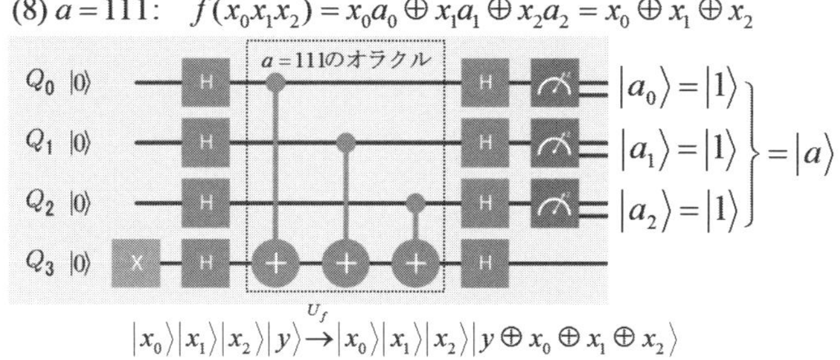

$$|x_0\rangle|x_1\rangle|x_2\rangle|y\rangle \xrightarrow{U_f} |x_0\rangle|x_1\rangle|x_2\rangle|y\oplus x_0\oplus x_1\oplus x_2\rangle$$

古典的アルゴリズムでは、$f(100)=a_0$, $f(010)=a_1$, $f(100)=a_2$ とすれば、最低でも関数 $f(x)$ への 3 回の問い合わせ量で定数 $a=a_0a_1a_2$ が決定できるが、最悪な場合は 4 回の問い合わせ量が必要となる。

しかし、量子アルゴリズムでは 1 回の問い合わせ量で決定できた。このように、変数 x のビット数が増えると、古典的アルゴリズムでは問い合わせ量が増えるが、量子アルゴリズムでは変数 x のビット数が増えても 1 回の問い合わせ量で決定できる。そのため、ビット数が増えたときに、量子アルゴリズムは大きな威力を発揮し、超高速演算が期待できる。量子アルゴリズムでは、変数 x のビット数が増えてもオラクルを一度しか通過していないために、1 回の問い合

わせ量で定数 a が決定できたことになる。

実験 8-1

本章で作成した量子回路を量子シミュレータではなく、実際の IBM の量子コンピュータを使って、量子実験をしてみよう。理論値と異なり、どの程度の誤差が発生するか実験で確かめてみよう。量子コンピュータでの測定には、ブロッホ測定はできないので、標準基底測定で行うこと。また、量子シミュレータでは置けた演算子が、実際の量子コンピュータ実験では置けない位置もあるので工夫して作成してみよう。

9 サイモン問題の量子実験

サイモン問題はさらに難しくなり、n ビット変数 x に対して n ビット関数 $f(x)$ で、$f(x)=f(x \oplus s)$ を満たす秘密キー s があることが約束されている問題で、関数 $f(x)$ への少ない問い合わせ量で 0 以外の秘密キー s を見つけ出す問題である。

このサイモン問題はドイチ問題からの発展でもあり、ドイチ問題の一定な関数はサイモン問題では 2 つの入力に対しても同じ出力となり、秘密キー s は 1 となる。

一方、サイモン問題で秘密キーを周期にすると、関数の周期性を見つける問題となり、後で説明するショアの素因数分解アルゴリズムへと発展する。

9.1 サイモン問題とは

サイモン問題とは、n ビットの変数 x に対して、0, 1 の値しか返さない 2 進数関数ではなく n ビットの出力を生成する関数 $f(x)$ が与えられているとき、

$$f(x|x \in \{0,1\}^n) \to \{0,1\}^n$$

ドイチ・ジョザ問題ではこの関数 $f(x)$ が一定な関数か均等な関数かどちらかになり、ベルンシュタイン・ヴァジラニ問題では関数 $f(x)=x \cdot a$ となることが約束されてたが、サイモン問題では、次の関数を満たすような 0 でない秘密キー s があることが約束されている。

$$f(x \oplus s) = f(x)$$

このとき、関数 $f(x)$ への少ない問い合わせ量で 0 以外の秘密キー s を見つけ出す問題である。ここで、記号 ⊕ はビットごとの排他的論理和で，次のように定義される。

$$x \oplus s = (x_0 \oplus s_0, x_1 \oplus s_1, \ldots, x_n \oplus s_n)$$

ここで、ビットごとの排他的論理和 ⊕ でなく単なる足し算 + であれば、秘密キー s は、関数の周期となり、関数の周期性を見つける問題であるショアの素因数分解アルゴリズムへと発展する。実際、サイモン問題は、ショアのアルゴリズムの先行研究となった。

もう少し正確にいうと、サイモン問題は、1 対 1 の関数（どの入力に対しても異なった出力となる）か、または、2 対 1 の関数（2 つの入力に対しても同じ出力となる）になることが約束されていて、2 対 1 の関数のときには秘密キー s を見つけよという問題である。そこで、ドイチ問題との関連では、均等な関数はサイモン問題では 1 対 1 の関数（どの入力に対しても異なった出力となる）で、一定な関数はサイモン問題では 2 対 1 の関数（2 つの入力に対しても同じ出力となる）となり、秘密キー s は 1 となる。

9.2 n=2 のサイモン問題の量子実験

9.2.1　n=2 のサイモン問題のオラクル

2 ビットのサイモン問題では、次のような写像となり、変数 x に 2 量子ビットと関数 $f(x)$ にも 2 量子ビット必要になり、合計 4 量子ビットが必要となる。

$$f(x \mid x \in \{0,1\}^2) \to \{0,1\}^2$$

サイモン問題では、2 対 1 の関数のときには次の関数 $f(x)$ を満たすような 0 でない秘密キー s があることが約束されていて、少ない問い合わせ量で 0 以外の秘密キー s を見つけよという問題である。

$$f(x \oplus s) = f(x)$$

ここで、記号 ⊕ はビットごとの排他的論理和で，変数 x が 2 ビットのとき、2 進数表記では変数 x を $x=x_0x_1$ と書き、秘密キー s を $s=s_0s_1$ と書くとすると、秘密キー s は 0 以外の $s=s_0s_1=01$, 10, 11 の 3 通りとなり、次のようにビットごとの XOR で書ける。

$$x \oplus s = (x_0 \oplus s_0, x_1 \oplus s_1)$$

このオラクルは、図 9.1 のように変数 x に 2 量子ビットと関数 $f(x)$ に 2 量子ビット使った 4 量子ビットの量子回路となる。オラクルの関数 $f(x)$ への下位入力に |00> 状態を入力しているので、オラクルの関数の出力は、関数そのものの出力値 $|f(x)>$ になっていることに注意する。

図9.1 サイモン問題のオラクルの入出力

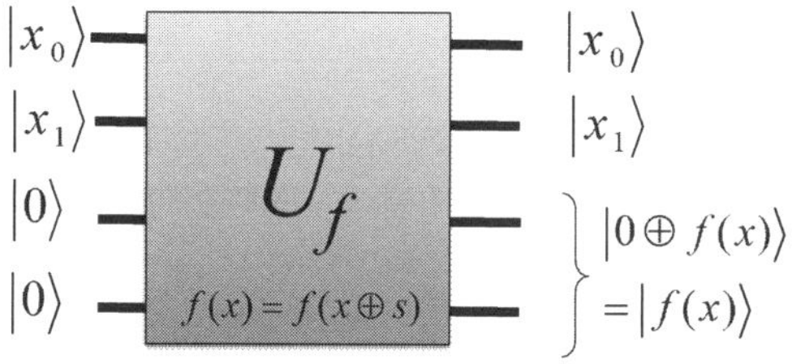

このオラクルをベクトル計算式で書けば、次のようになる。

$$|x_0\rangle|x_1\rangle|00\rangle \xrightarrow{U_f} |x_0\rangle|x_1\rangle|0 \oplus f(x)\rangle = |x_0\rangle|x_1\rangle|f(x)\rangle$$

このオラクルの関数 $f(x)$ に関して、2 対 1 の関数の形が $f(x \oplus s)=f(x)$ となり、0 以外の秘密キー s が存在することが約束された問題である。そこで、次のような 3 通りの組み合わせしかないことになり、それぞれの秘密キー s の値に応じて関数 $f(x)$ の取り得る値が 2 つで、たとえば、f_1, f_2 と決まってくる。関数 $f(x)$ の取り得る値 f_1, f_2 は 2 ビットで表現できる値であれば、何でもよい。

$$\begin{aligned}
&(1)\ s=01: \quad f(x)=f(x \oplus s) \rightarrow f(00)=f(01)=f_1,\ f(10)=f(11)=f_2 \\
&(2)\ s=10: \quad f(x)=f(x \oplus s) \rightarrow f(00)=f(10)=f_1,\ f(01)=f(11)=f_2 \\
&(3)\ s=11: \quad f(x)=f(x \oplus s) \rightarrow f(00)=f(11)=f_1,\ f(01)=f(10)=f_2
\end{aligned}$$

古典的アルゴリズムでは、$f(10)=a_0$, $f(01)=a_1$ とすれば、最低でも関数 $f(x)$ への 2 回の問い合

わせ量で定数 $a=a_0a_1$ が決定できるが、最悪な場合は 3 回の問い合わせ量が必要となる。しかし、量子アルゴリズムでは 1 回では無理であるが、$O(n)$ の問い合わせ量で決定できる。

9.2.2　秘密キーによるサイモン問題のオラクル

(1) 秘密キー s=01 の場合

秘密キー s が s=01 のとき、変数 x が 2 ビットなので、次の組合せしかない。

$$
\begin{aligned}
&x=00 \to x\oplus s=01 && f(x)=f(x\oplus s)\\
&x=01 \to x\oplus s=00 && \to f(00)=f(01)=f_1\\
&x=10 \to x\oplus s=11 && \\
&x=11 \to x\oplus s=10 && \to f(10)=f(11)=f_2
\end{aligned}
$$

ここで、関数値 f_1, f_2 は 2 ビットで表現できる値であれば何でもよいので、オラクルの形を決めるために、たとえば、次のように設定した。

$$f(x)=f(x\oplus s)\to f(00)=f(01)=f_1=00,\ f(10)=f(11)=f_2=01$$

そうすれば、次のようなオラクルになり、ベクトル計算できる。

図9.2　サイモン問題（s=01）でのオラクルの具体的な量子回路

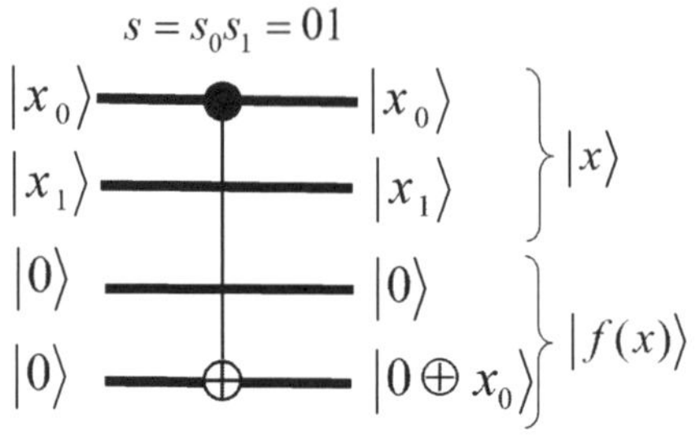

$$|00\rangle|00\rangle \xrightarrow{U_f} |00\rangle|00\oplus f(00)\rangle=|00\rangle|00\rangle$$

$$|01\rangle|00\rangle \xrightarrow{U_f} |01\rangle|00\oplus f(01)\rangle=|01\rangle|00\rangle$$

$$|10\rangle|00\rangle \xrightarrow{U_f} |10\rangle|00\oplus f(10)\rangle=|10\rangle|01\rangle$$

$$|11\rangle|00\rangle \xrightarrow{U_f} |11\rangle|00\oplus f(11)\rangle=|11\rangle|01\rangle$$

そこで、これらのオラクルの量子回路の上位 2 ビット Q_0Q_1 をアダマール変換でサンドイッチにして、全ビット $Q_0Q_1Q_2Q_3$ を標準基底測定すれば、上位 2 ビット Q_0Q1 の測定定数 y=y_0y_1=00, 10 となる。

$$
\begin{aligned}
|00\rangle|00\rangle &\overset{H\otimes H\otimes I\otimes I}{\rightarrow} \frac{1}{2}\left(|00\rangle+|01\rangle+|10\rangle+|11\rangle\right)|00\rangle \\
&\overset{CNOT_{03}}{\rightarrow} \frac{1}{2}\left(|00\rangle|00\rangle+|01\rangle|00\rangle+|10\rangle|01\rangle+|11\rangle|01\rangle\right) \\
&= \frac{1}{2}\left[|0\rangle\left(|0\rangle+|1\rangle\right)|00\rangle+|1\rangle\left(|0\rangle+|1\rangle\right)|01\rangle\right] \\
&\overset{H\otimes H\otimes I\otimes I}{\rightarrow} \frac{1}{2}\left[\left(|00\rangle+|10\rangle\right)|00\rangle+\left(|00\rangle-|10\rangle\right)|01\rangle\right]
\end{aligned}
$$

量子シミュレータでは、図 9.3 のように量子回路が組める。

図9.3 サイモン問題（s=01）を解くためのサイモンゲート

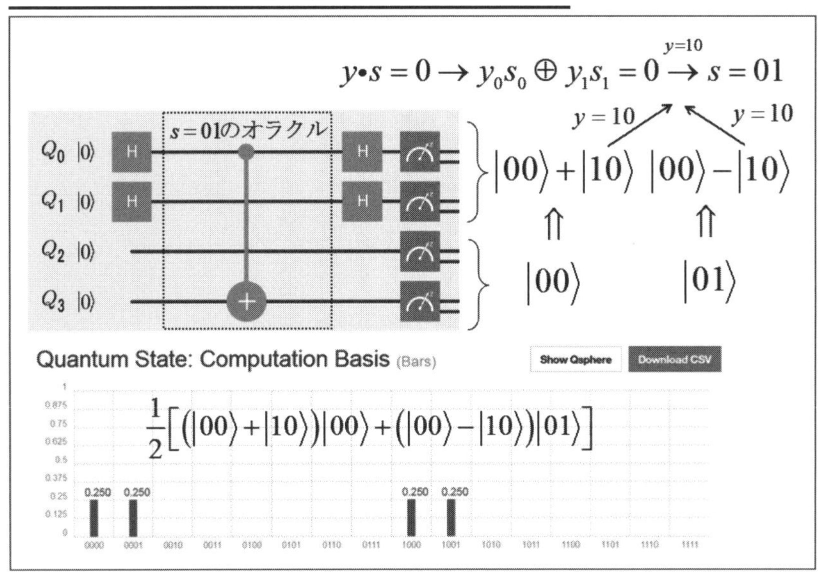

ここで、求めたい秘密キー s は、測定定数 y との 2 を法とする内積が 0 とすると求められる。つまり、次の式を満たす秘密キー s が解となる。

$$y\bullet s = y_0s_0 \oplus y_1s_1 = 0$$

測定定数 y=00 からは、何も秘密キー s の情報は得られない。そこで、測定定数 y=10 から 0 以

外の秘密キーは s=01 となり、50% の確率で正しい秘密キーが求まったことになる。

演習 9-1

2 ビットのサイモン問題で、次のような関数表が与えられているとき、秘密キーを求めよ。また、量子シミュレータでオラクルの量子回路を作成し、ベクトル計算と一致しているか確かめよ。

$$f(x)=f(x\oplus s)\to f(00)=f(01)=f_1=10,\ f(10)=f(11)=f_2=11$$

演習 9-2

2 ビットのサイモン問題で、次のような関数表が与えられているとき、秘密キーを求めよ。また、量子シミュレータでオラクルの量子回路を作成し、ベクトル計算と一致しているか確かめよ。

$$f(x)=f(x\oplus s)\to f(00)=f(01)=f_1=01,\ f(10)=f(11)=f_2=10$$

(2) 秘密キー s=10 の場合

秘密キー s が s=10 のとき、変数 x が 2 ビットなので、ビットごとの XOR として $x\oplus s$ を計算すると次の組合せしかない。

$$\begin{aligned}
&x=00\to x\oplus s=10 \qquad f(x)=f(x\oplus s)\\
&x=01\to x\oplus s=11 \quad \to f(00)=f(10)=f_1\\
&x=10\to x\oplus s=00\\
&x=11\to x\oplus s=01 \quad \to f(01)=f(11)=f_2
\end{aligned}$$

ここで、関数値 f_1, f_2 は 2 ビットで表現できる値であれば何でもよいので、オラクルの形を決めるために、たとえば、次のようにした。

$$f(x)=f(x\oplus s)\to f(00)=f(10)=f_1=00,\ f(01)=f(11)=f_2=01$$

そうすれば、図 9.4 のようなオラクルになり、ベクトル計算できる。

図9.4　サイモン問題（s=10）でのオラクルの具体的な量子回路

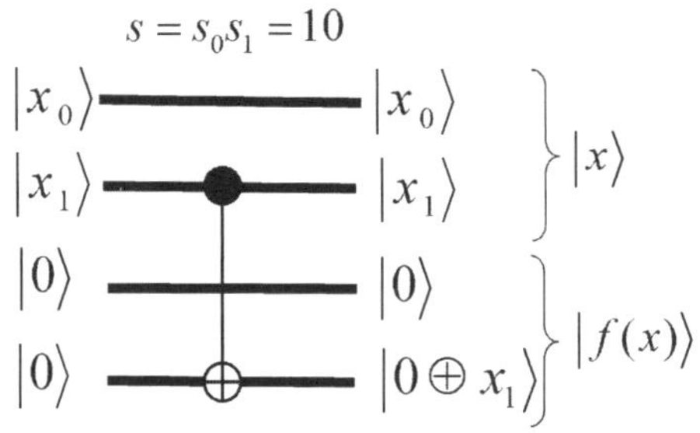

$s = s_0 s_1 = 10$

$|x_0\rangle$ ― $|x_0\rangle$
$|x_1\rangle$ ― $|x_1\rangle$　（$|x\rangle$）
$|0\rangle$ ― $|0\rangle$
$|0\rangle$ ― $|0 \oplus x_1\rangle$　（$|f(x)\rangle$）

$$|00\rangle|00\rangle \xrightarrow{U_f} |00\rangle|00 \oplus f(00)\rangle = |00\rangle|00\rangle$$

$$|01\rangle|00\rangle \xrightarrow{U_f} |01\rangle|00 \oplus f(01)\rangle = |01\rangle|01\rangle$$

$$|10\rangle|00\rangle \xrightarrow{U_f} |10\rangle|00 \oplus f(10)\rangle = |10\rangle|00\rangle$$

$$|11\rangle|00\rangle \xrightarrow{U_f} |11\rangle|00 \oplus f(11)\rangle = |11\rangle|01\rangle$$

そこで、これらのオラクルの量子回路の上位2ビットQ_0Q_1をアダマール変換でサンドイッチにして、全ビット$Q_0Q_1Q_2Q_3$を標準基底測定すれば、上位2ビットQ_0Q_1の測定定数y=y_0y_1=00, 01となる。

$$|00\rangle|00\rangle \xrightarrow{H\otimes H\otimes I\otimes I} \frac{1}{2}\left(|00\rangle+|01\rangle+|10\rangle+|11\rangle\right)|00\rangle$$

$$\xrightarrow{CNOT_{13}} \frac{1}{2}\left(|00\rangle|00\rangle+|01\rangle|01\rangle+|10\rangle|00\rangle+|11\rangle|01\rangle\right)$$

$$= \frac{1}{2}\left[\left(|0\rangle+|1\rangle\right)|0\rangle|00\rangle+\left(|0\rangle+|1\rangle\right)|1\rangle|01\rangle\right]$$

$$\xrightarrow{H\otimes H\otimes I\otimes I} \frac{1}{2}\left[\left(|00\rangle+|01\rangle\right)|00\rangle+\left(|00\rangle-|01\rangle\right)|01\rangle\right]$$

量子シミュレータでは、図9.5のように量子回路が組める。

図9.5　サイモン問題（s=10）を解くためのサイモンゲート

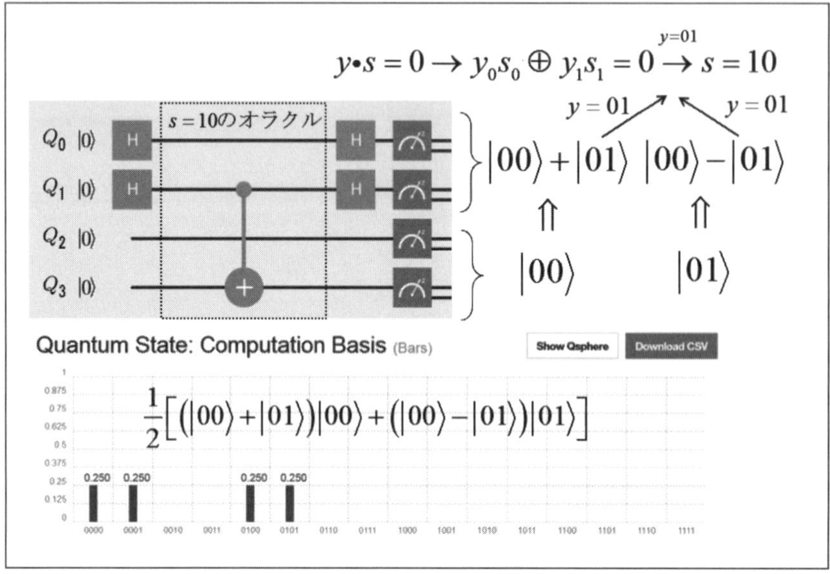

ここで、求めたい秘密キー s は、測定定数 y との2を法とする内積が0とすると求められる。つまり、次の式を満たす秘密キー s が解となる。

$$y \bullet s = y_0 s_0 \oplus y_1 s_1 = 0$$

測定定数 y=00からは、何も秘密キー s の情報は得られないので、測定定数 y=01から、0以外の秘密キーは s=10となり、50%の確率で正しい秘密キーが求まったことになる。

演習 9-3

2ビットのサイモン問題で、次のような関数表が与えられているとき、秘密キーを求めよ。また、量子シミュレータでオラクルの量子回路を作成し、ベクトル計算と一致しているか確かめよ。

$$f(x) = f(x \oplus s) \rightarrow f(00) = f(10) = f_1 = 10,\ f(01) = f(11) = f_2 = 11$$

演習 9-4

2ビットのサイモン問題で、次のような関数表が与えられているとき、秘密キーを求めよ。また、量子シミュレータでオラクルの量子回路を作成し、ベクトル計算と一致しているか確かめよ。

$$f(x)=f(x\oplus s)\to f(00)=f(10)=f_1=01,\ f(01)=f(11)=f_2=10$$

(3) 秘密キー s=11 の場合

秘密キー s が s=11 のとき、変数 x が2ビットなので、次の組合せしかない。

$$\begin{aligned}
&x=00\to x\oplus s=11 && f(x)=f(x\oplus s)\\
&x=01\to x\oplus s=10 && \to f(01)=f(10)=f_1\\
&x=10\to x\oplus s=01 && \\
&x=11\to x\oplus s=00 && \to f(00)=f(11)=f_2
\end{aligned}$$

ここでも、関数値 f_1, f_2 は2ビットで表現できる値であれば何でもよいので、オラクルの形を決めるために、たとえば、次のようにした。

$$f(x)=f(x\oplus s)\to f(01)=f(10)=f_1=01,\ f(00)=f(11)=f_2=00$$

そうすれば、次のようなオラクルになり、ベクトル計算できる。

図9.6　サイモン問題（s=11）でのオラクルの具体的な量子回路

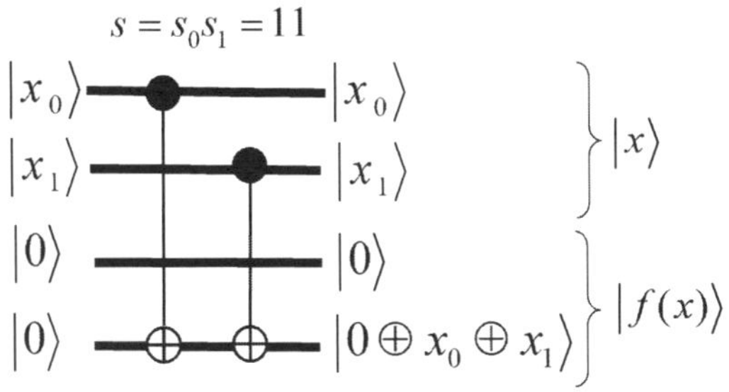

$s=s_0s_1=11$

$|x_0\rangle$ — $|x_0\rangle$
$|x_1\rangle$ — $|x_1\rangle$　$|x\rangle$
$|0\rangle$ — $|0\rangle$
$|0\rangle$ — $|0\oplus x_0\oplus x_1\rangle$　$|f(x)\rangle$

$$|00\rangle|00\rangle\xrightarrow{U_f}|00\rangle|00\oplus f(00)\rangle=|00\rangle|00\rangle$$

$$|01\rangle|00\rangle\xrightarrow{U_f}|01\rangle|00\oplus f(01)\rangle=|01\rangle|01\rangle$$

$$|10\rangle|00\rangle \xrightarrow{U_f} |10\rangle|00 \oplus f(10)\rangle = |10\rangle|01\rangle$$

$$|11\rangle|00\rangle \xrightarrow{U_f} |11\rangle|00 \oplus f(11)\rangle = |11\rangle|00\rangle$$

そこで、これらのオラクルの量子回路の上位 2 ビット Q_0Q_1 をアダマール変換でサンドイッチにして、全ビット $Q_0Q_1Q_2Q_3$ を標準基底測定すれば、上位 2 ビット Q_0Q_1 の測定定数 $y=y_0y_1=00, 11$ となる。

$$|00\rangle|00\rangle \xrightarrow{H\otimes H\otimes I\otimes I} \frac{1}{2}(|00\rangle+|01\rangle+|10\rangle+|11\rangle)|00\rangle$$

$$\xrightarrow{CNOT_{03}} \frac{1}{2}(|00\rangle|00\rangle+|01\rangle|00\rangle+|10\rangle|01\rangle+|11\rangle|01\rangle)$$

$$\xrightarrow{CNOT_{13}} \frac{1}{2}(|00\rangle|00\rangle+|01\rangle|01\rangle+|10\rangle|01\rangle+|11\rangle|00\rangle)$$

$$=\frac{1}{2}\left[(|00\rangle+|11\rangle)|00\rangle+(|01\rangle+|10\rangle)|01\rangle\right]$$

$$\xrightarrow{H\otimes H\otimes I\otimes I} \frac{1}{2}\left[(|00\rangle+|11\rangle)|00\rangle+(|00\rangle-|11\rangle)|01\rangle\right]$$

量子シミュレータでは、次のように量子回路が組める。

図9.7　サイモン問題（s=11）を解くためのサイモンゲート

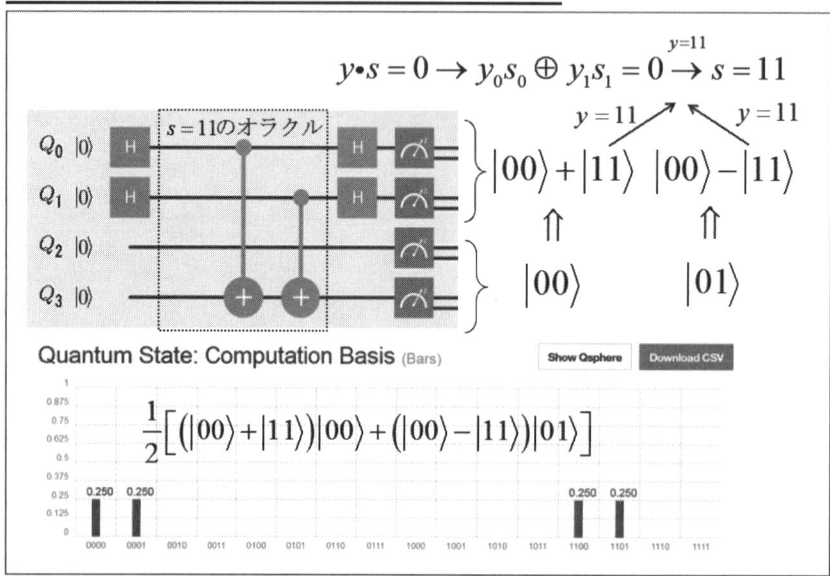

ここで、求めたい秘密キー s は、測定定数 y との 2 を法とする内積が 0 とすると求められる。つまり、次の式を満たす秘密キー s が解となる。

$$y \bullet s = y_0 s_0 \oplus y_1 s_1 = 0$$

測定定数 y=00 からは何も秘密キー s の情報は得られない。そこで、測定定数 y=11 から 0 以外の秘密キーは s=11 となり、50% の確率で正しい秘密キーが求まったことになる。

演習 9-5

2 ビットのサイモン問題で、次のような関数表が与えられているとき、秘密キーを求めよ。また、量子シミュレータでオラクルの量子回路を作成し、ベクトル計算と一致しているか確かめよ。

$$f(x) = f(x \oplus s) \rightarrow f(01) = f(10) = f_1 = 10, f(00) = f(11) = f_2 = 11$$

演習 9-6

2 ビットのサイモン問題で、次のような関数表が与えられているとき、秘密キーを求めよ。また、量子シミュレータでオラクルの量子回路を作成し、ベクトル計算と一致しているか確かめよ。

$$f(x) = f(x \oplus s) \rightarrow f(01) = f(10) = f_1 = 01, f(00) = f(11) = f_2 = 10$$

実験 9-1

本章で作成した量子回路を量子シミュレータではなく、実際の IBM の量子コンピュータを使って、量子実験をしてみよう。理論値と異なりどの程度の誤差が発生するか実験で確かめてみよう。量子コンピュータでの測定には、ブロッホ測定はできないので、標準基底測定で行うこと。また、量子シミュレータでは置けた演算子が、実際の量子コンピュータ実験では置けない位置もあるので工夫して作成してみよう。

10 量子フーリエ変換の量子実験

量子フーリエ変換は、1量子ビットのアダマール変換を n 量子ビットに拡張した変換である。次の章で説明する位相推定問題や固有値・位数発見問題、関数の周期発見問題のショアの素因数分解アルゴリズムに、どうしても量子フーリエ変換が必要となる。また、逆量子フーリエ変換についても、ここで説明する。

量子シミュレータには、量子フーリエ変換や逆量子フーリエ変換のゲートは準備されていないので、ここで、ユニバーサルゲートからの実装方法について説明した。量子フーリエ変換は、古典的コンピュータで行っていた離散フーリエ変換を量子ビットに拡張したものである。量子フーリエ変換を行う利点は、シフト不変性にあり、量子状態ベクトルのオフセットを取り除く効果がある。

10.1 量子フーリエ変換の定義

10.1.1 量子フーリエ変換とは

量子フーリエ変換とは、アダマール変換を一般化した変換である。逆に言えば、量子フーリエ変換の最も簡単な $N=2^n=2$ のときの量子フーリエ変換がアダマール変換となる。

アダマール変換は、一般に $\omega=e^{2\pi i/N}$ として $N=2^n=2$ のときを考えると、$\omega=e^{\pi i}=-1$ となり、次

のように書き換えられる。

$$|x\rangle \xrightarrow{H} \frac{1}{\sqrt{2}}\left(|0\rangle + (-1)^x|1\rangle\right) = \frac{1}{\sqrt{2}}\sum_{y=0}^{1}(-1)^{x\cdot y}|y\rangle = \frac{1}{\sqrt{N}}\sum_{y=0}^{N-1}(e^{\frac{2\pi i}{N}})^{x\cdot y}|y\rangle = \frac{1}{\sqrt{N}}\sum_{y=0}^{N-1}\omega^{x\cdot y}|y\rangle$$

これは、状態 $|x>$ の量子フーリエ変換と全く同じで、$N=2^n$ のとき、量子フーリエ変換は、次のように書かれる。

$$|x\rangle \xrightarrow{QFT_N} \frac{1}{\sqrt{N}}\sum_{y=0}^{N-1}\omega^{x\cdot y}|y\rangle$$

そのため、量子フーリエ変換は、アダマール変換を $N=2$ から $N=2^n$ に拡張した変換だということが分かる。$\omega=e^{2\pi i/2}=-1$ に固定すれば、量子フーリエ変換は $N=2^n$ のアダマール変換と全く同じになる。

この量子フーリエ変換は、ユニタリ行列になっており、**逆量子フーリエ変換**も、次のように定義できる。つまり、位相項にマイナスが付くだけで、位相が逆に回り、逆方向に回転する。逆量子フーリエ変換をユニタリ行列で書くと、次のようになる。

$$|x\rangle \xrightarrow{QFT_N^{-1}} \frac{1}{\sqrt{N}}\sum_{y=0}^{N-1}\omega^{-x\cdot y}|y\rangle$$

アダマール変換はクリフォード演算の中でアダマール演算 H として存在するので、ここでは、量子フーリエ変換をユニバーサルゲートから量子ゲートで実装してみよう。

10.1.2　$N=4$ の量子フーリエ変換の量子ゲート

量子フーリエ変換の定義を使って、2量子ビットでの量子フーリエ変換を計算すると、次のように計算できる。ここでは、$N=4$ となるので、2量子ビット必要で、4通りの量子フーリエ変換があり、$\omega=e^{2\pi i/4}=e^{\pi i/2}=i$ となり、ガウス平面の単位円を直角に回転しているようなもので、$\omega^2=-1, \omega^3=-i, \omega^4=1, \omega^5=i, \cdots$ となることが利用できる。

$$|0\rangle \xrightarrow{QFT_4} \frac{1}{2}\sum_{y=0}^{3}\omega^{0\cdot y}|y\rangle = \frac{1}{2}\left[\omega^0|0\rangle + \omega^0|1\rangle + \omega^0|2\rangle + \omega^0|3\rangle\right] = \frac{1}{2}\left[|0\rangle + |1\rangle + |2\rangle + |3\rangle\right]$$

$$|1\rangle \xrightarrow{QFT_4} \frac{1}{2}\sum_{y=0}^{3}\omega^{1\cdot y}|y\rangle = \frac{1}{2}\left[\omega^0|0\rangle + \omega^1|1\rangle + \omega^2|2\rangle + \omega^3|3\rangle\right] = \frac{1}{2}\left[|0\rangle + i|1\rangle - |2\rangle - i|3\rangle\right]$$

$$|2\rangle \overset{QFT_4}{\to} \frac{1}{2}\sum_{y=0}^{3}\omega^{2\cdot y}|y\rangle = \frac{1}{2}\left[\omega^0|0\rangle + \omega^2|1\rangle + \omega^4|2\rangle + \omega^6|3\rangle\right] = \frac{1}{2}\left[|0\rangle - |1\rangle + |2\rangle - |3\rangle\right]$$

$$|3\rangle \overset{QFT_4}{\to} \frac{1}{2}\sum_{y=0}^{3}\omega^{3\cdot y}|y\rangle = \frac{1}{2}\left[\omega^0|0\rangle + \omega^3|1\rangle + \omega^6|2\rangle + \omega^9|3\rangle\right] = \frac{1}{2}\left[|0\rangle - i|1\rangle - |2\rangle + i|3\rangle\right]$$

このことから、左辺をすべて足し合わせた規格化された重ね合わせ状態の量子フーリエ変換は、右辺の量子状態が破壊的に干渉し合い綺麗に消えて、最後に残るのは、次のようになる。これは各ベクトルが回転していなかったので戻ったことになる。

$$\frac{1}{2}\left(|0\rangle + |1\rangle + |2\rangle + |3\rangle\right) \overset{QFT_4}{\to} |0\rangle$$

しかし、他の例で試してみると、次のようになり、元に戻らない。

$$|1\rangle \overset{QFT_4}{\to} \frac{1}{2}\left(|0\rangle + i|1\rangle - |2\rangle - i|3\rangle\right) \overset{QFT_4}{\to} |3\rangle$$

元に戻すためには、逆量子フーリエ変換が必要で、次のように計算できる。

$$|1\rangle \overset{QFT_4}{\to} \frac{1}{2}\left(|0\rangle + i|1\rangle - |2\rangle - i|3\rangle\right) \overset{QFT_4^{-1}}{\to} |0\rangle$$

なぜなら、逆量子フーリエ変換は、次のように逆回転するためである。

$$|0\rangle \overset{QFT_4^{-1}}{\to} \frac{1}{2}\sum_{y=0}^{3}\omega^{-0\cdot y}|y\rangle = \frac{1}{2}\left[\omega^0|0\rangle + \omega^0|1\rangle + \omega^0|2\rangle + \omega^0|3\rangle\right] = \frac{1}{2}\left[|0\rangle + |1\rangle + |2\rangle + |3\rangle\right]$$

$$|1\rangle \overset{QFT_4^{-1}}{\to} \frac{1}{2}\sum_{y=0}^{3}\omega^{-1\cdot y}|y\rangle = \frac{1}{2}\left[\omega^0|0\rangle + \omega^{-1}|1\rangle + \omega^{-2}|2\rangle + \omega^{-3}|3\rangle\right] = \frac{1}{2}\left[|0\rangle - i|1\rangle - |2\rangle + i|3\rangle\right]$$

$$|2\rangle \overset{QFT_4^{-1}}{\to} \frac{1}{2}\sum_{y=0}^{3}\omega^{-2\cdot y}|y\rangle = \frac{1}{2}\left[\omega^0|0\rangle + \omega^{-2}|1\rangle + \omega^{-4}|2\rangle + \omega^{-6}|3\rangle\right] = \frac{1}{2}\left[|0\rangle - |1\rangle + |2\rangle - |3\rangle\right]$$

$$|3\rangle \overset{QFT_4^{-1}}{\to} \frac{1}{2}\sum_{y=0}^{3}\omega^{-3\cdot y}|y\rangle = \frac{1}{2}\left[\omega^0|0\rangle + \omega^{-3}|1\rangle + \omega^{-6}|2\rangle + \omega^{-9}|3\rangle\right] = \frac{1}{2}\left[|0\rangle + i|1\rangle - |2\rangle - i|3\rangle\right]$$

10.2 量子フーリエ変換に必要な制御 S ゲートの作成

制御 U ゲートとして、制御 NOT ゲートと制御 Z ゲート、制御 Y ゲート、制御 H ゲートを作成したが、ここでは量子フーリエ変換に必要となる制御 S ゲートを構築してみよう。

図10.1　制御Sゲートと等価な量子回路

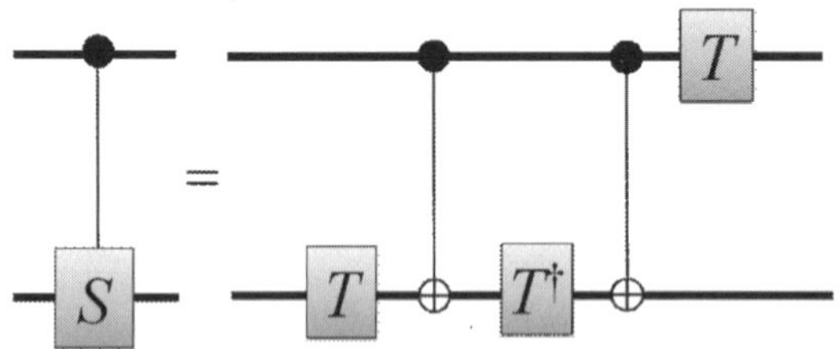

そのためには、制御 NOT ゲートと位相シフト演算 T による演算の変換式を利用すればよく、$TT^{\dagger}=1$ と $XT^{\dagger}XT=e^{-i(\pi/4)}S$ であるから、図 10.1 のように**制御 S ゲート** CS が作れそうである。

つまり、制御 S ゲートは、次のように制御ゲートの入力ビットが |0> のときに $TT^{\dagger}=1$ により目標ゲートの量子ビットは何もせずそのまま通過するが、制御ゲートの入力ビットが |1> のときに $XT^{\dagger}XT=e^{-i(\pi/4)}S$ により目標ゲートの量子ビットはアダマール演算 S を受けるので、制御 S ゲートになっている。制御ゲートに位相シフト演算 T を入れておけば、|1> のときだけ作用するので、目標ゲートの位相と解消できる。

$$
\begin{aligned}
&T^{\dagger}T=I\\
&XT^{\dagger}XT=\begin{pmatrix}0&1\\1&0\end{pmatrix}\begin{pmatrix}1&0\\0&e^{-i(\pi/4)}\end{pmatrix}\begin{pmatrix}0&1\\1&0\end{pmatrix}\begin{pmatrix}1&0\\0&e^{i(\pi/4)}\end{pmatrix}\\
&=\begin{pmatrix}0&1\\1&0\end{pmatrix}\begin{pmatrix}1&0\\0&e^{-i(\pi/4)}\end{pmatrix}\begin{pmatrix}0&e^{i(\pi/4)}\\1&0\end{pmatrix}=\begin{pmatrix}0&1\\1&0\end{pmatrix}\begin{pmatrix}0&e^{i(\pi/4)}\\e^{-i(\pi/4)}&0\end{pmatrix}=e^{-i(\pi/4)}\begin{pmatrix}1&0\\0&i\end{pmatrix}=e^{-i(\pi/4)}S
\end{aligned}
$$

この制御 S ゲート CS は、次のようなユニタリ行列となる。

$$
CS=\begin{pmatrix}1&0&0&0\\0&1&0&0\\0&0&1&0\\0&0&0&i\end{pmatrix}\begin{matrix}\to|00\rangle\\\to|01\rangle\\\to|10\rangle\\\to|11\rangle\end{matrix}
$$

（列：$|00\rangle\ |01\rangle\ |10\rangle\ |11\rangle$）

例題 10-1　制御 S ゲートの実装

量子シミュレータで制御 S ゲート CS の量子回路を作成し、入力ビットが |1>(|0>+|1>)/ $\sqrt{2}$ の場合と |1>(|0>−|1>)/ $\sqrt{2}$ について、ベクトル計算と実行結果がどうなるかブロッホ測定で確かめよ。

【解答】

制御 S ゲート CS の量子回路に |1>(|0>+|1>)/ $\sqrt{2}$ を入力させると、次のようにベクトル計算できる。

$$|1\rangle|0\rangle \xrightarrow{I\otimes H} \frac{1}{\sqrt{2}}|1\rangle(|0\rangle+|1\rangle) \xrightarrow{I\otimes T} \frac{1}{\sqrt{2}}|1\rangle(|0\rangle+e^{i(\pi/4)}|1\rangle) \xrightarrow{CNOT} \frac{1}{\sqrt{2}}|1\rangle(|1\rangle+e^{i(\pi/4)}|0\rangle)$$
$$\xrightarrow{I\otimes T^\dagger} \frac{1}{\sqrt{2}}|1\rangle(e^{-i(\pi/4)}|1\rangle+e^{i(\pi/4)}|0\rangle) \xrightarrow{CNOT} \frac{1}{\sqrt{2}}|1\rangle(e^{-i(\pi/4)}|0\rangle+e^{i(\pi/4)}|1\rangle) \xrightarrow{T\otimes I} |1\rangle\frac{|0\rangle+i|1\rangle}{\sqrt{2}}$$

また、|1>(|0>−|1>)/ $\sqrt{2}$ を入力させると、次のようにベクトル計算できる。

$$|1\rangle|1\rangle \xrightarrow{I\otimes H} \frac{1}{\sqrt{2}}|1\rangle(|0\rangle-|1\rangle) \xrightarrow{I\otimes T} \frac{1}{\sqrt{2}}|1\rangle(|0\rangle-e^{i(\pi/4)}|1\rangle) \xrightarrow{CNOT} \frac{1}{\sqrt{2}}|1\rangle(|1\rangle-e^{i(\pi/4)}|0\rangle)$$
$$\xrightarrow{I\otimes T^\dagger} \frac{1}{\sqrt{2}}|1\rangle(e^{-i(\pi/4)}|1\rangle-e^{i(\pi/4)}|0\rangle) \xrightarrow{CNOT} \frac{1}{\sqrt{2}}|1\rangle(e^{-i(\pi/4)}|0\rangle-e^{i(\pi/4)}|1\rangle) \xrightarrow{T\otimes I} |1\rangle\frac{|0\rangle-i|1\rangle}{\sqrt{2}}$$

量子シミュレータに制御 S ゲートを図 10.2 のように実装し、それぞれ入力ビットに |1>(|0>+|1>)/ $\sqrt{2}$ と |1>(|0>−|1>)/ $\sqrt{2}$ を入れると、確かに目標ゲートの |1> 状態の位相 i だけ追加されて、ベクトル計算と一致し、制御 S ゲートになっていることが確かめられた。

10

図10.2　制御Sゲートの実装実験

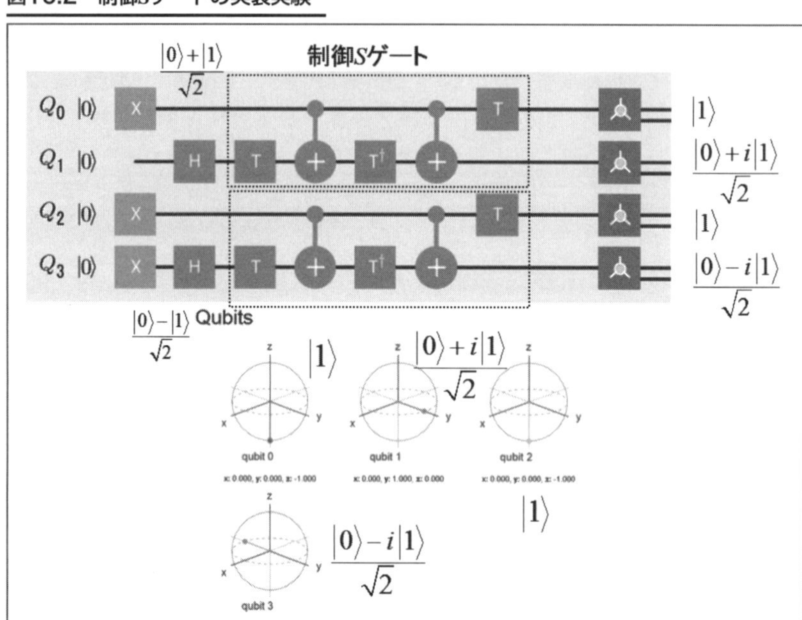

例題 10-2　制御 Z ゲートの位相シフト演算 $S, S^\dagger$ による実装

制御 Z ゲートは制御 NOT ゲートとアダマール演算で実装できたが、別な実装方法として制御 NOT ゲートと位相シフト演算 $S, S^\dagger$ だけを用いて実装し、量子回路に |1>(|0>+|1>)/ $\sqrt{2}$ を入力させ、ベクトル計算と量子シミュレータで確かめよ。

【解答】

制御 S ゲートと同様に考えて、制御 NOT ゲートと位相シフト演算 T による演算の変換式を利用すればよく、$XS^{\dagger}XS=-iZ$ と $SS^{\dagger}=I$ であるから、図 10.3 のように制御 Z ゲート CZ が作れそうである。

図10.3　制御Zゲートの別な実装方法

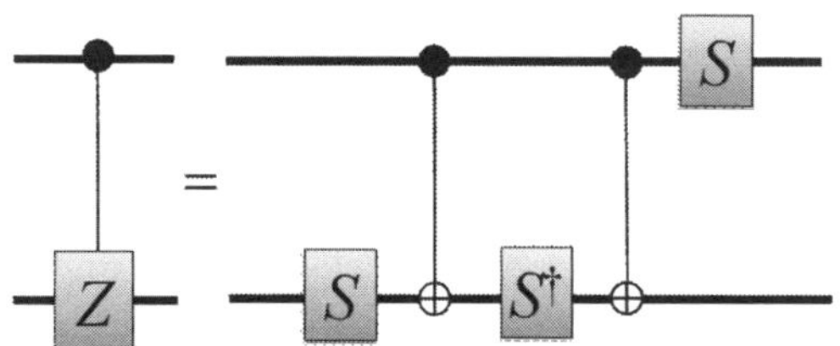

制御 Z ゲートは、次のように制御ゲートの入力ビットが |0> のときに $SS^{\dagger}=I$ により目標ゲートの量子ビットは何もせずそのまま通過する。制御ゲートの入力ビットが |1> のときに $XS^{\dagger}XS=-iZ$ により目標ゲートの量子ビットはアダマール演算 Z を受けるので、制御 Z ゲートになっている。制御ゲートに位相シフト演算 S を入れておけば、|1> のときだけ作用するので、目標ゲートの位相と解消できる。

$$
\begin{aligned}
&S^{\dagger}S = I \\
&XS^{\dagger}XS = \begin{pmatrix} 0 & 1 \\ 1 & 0 \end{pmatrix}\begin{pmatrix} 1 & 0 \\ 0 & -i \end{pmatrix}\begin{pmatrix} 0 & 1 \\ 1 & 0 \end{pmatrix}\begin{pmatrix} 1 & 0 \\ 0 & i \end{pmatrix} \\
&= \begin{pmatrix} 0 & 1 \\ 1 & 0 \end{pmatrix}\begin{pmatrix} 1 & 0 \\ 0 & -i \end{pmatrix}\begin{pmatrix} 0 & i \\ 1 & 0 \end{pmatrix} = \begin{pmatrix} 0 & 1 \\ 1 & 0 \end{pmatrix}\begin{pmatrix} 0 & i \\ -i & 0 \end{pmatrix} = -i\begin{pmatrix} 1 & 0 \\ 0 & -1 \end{pmatrix} = -iZ
\end{aligned}
$$

制御 S ゲート CS の量子回路に |1>(|0>+|1>)/ $\sqrt{2}$ を入力させると、次のようにベクトル計算できる。

$$
\begin{aligned}
&|0\rangle|0\rangle \overset{X\otimes H}{\rightarrow} \frac{1}{\sqrt{2}}|1\rangle(|0\rangle+|1\rangle) \overset{I\otimes S}{\rightarrow} \frac{1}{\sqrt{2}}|1\rangle(|0\rangle+i|1\rangle) \overset{CNOT}{\rightarrow} \frac{1}{\sqrt{2}}|1\rangle(|1\rangle+i|0\rangle) \\
&\overset{I\otimes S^{\dagger}}{\rightarrow} \frac{1}{\sqrt{2}}|1\rangle(-i|1\rangle+i|0\rangle) \overset{CNOT}{\rightarrow} \frac{1}{\sqrt{2}}|1\rangle(-i|0\rangle+i|1\rangle) \overset{S\otimes I}{\rightarrow} |1\rangle\frac{|0\rangle-|1\rangle}{\sqrt{2}}
\end{aligned}
$$

量子シミュレータに制御 Z ゲートを、図 10.4 のように実装する。以前の実装方法と今回の実装方法とを比較し、それぞれ入力ビットに |1>(|0>+|1>)/ $\sqrt{2}$ を入れると、確かに目標ゲートの |1> 状態が位相反転されて、ベクトル計算と一致し、制御ゲートになっていることが確かられた。

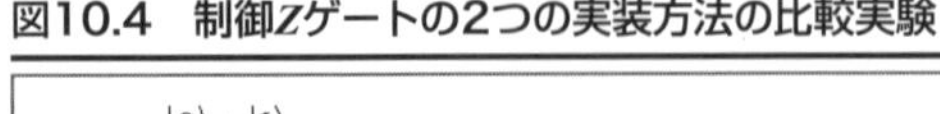

図10.4　制御Zゲートの2つの実装方法の比較実験

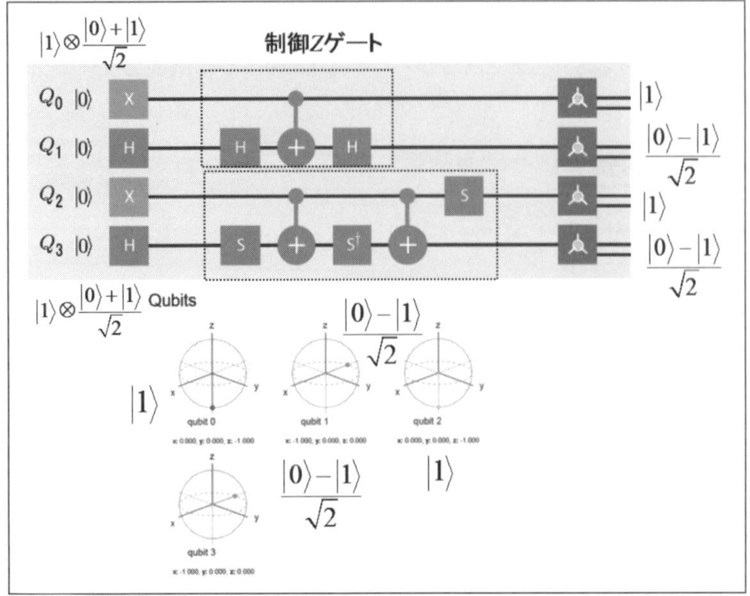

演習 10-1

制御 $\sqrt{X}$ ゲートを作成し、量子シミュレータで確かめよ。

10.3 量子フーリエ変換ゲートの実装

10.3.1 量子フーリエ変換のテンソル積表現

制御 S ゲートが完成したので、N=4 の量子フーリエ変換ゲート QFT_4 は、図 10.5 のようにすれば実装できることを確かめてみよう。

図10.5 量子フーリエ変換ゲートQFT_4

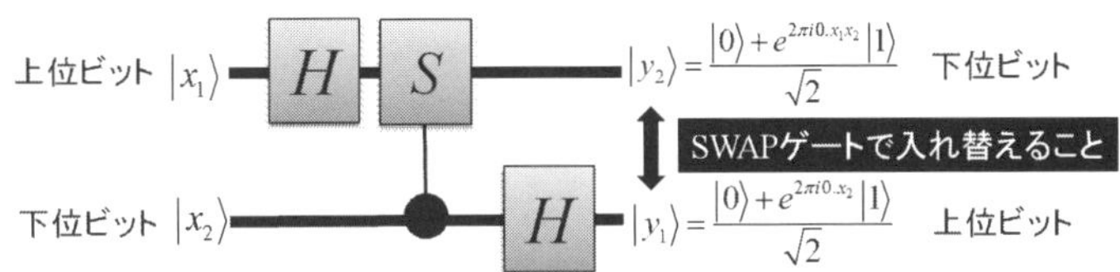

そのためには、まず、量子フーリエ変換のテンソル積表現を求めると、量子回路に変換しやすい。

10 進数 x に対して 2 進数表現として、次のような表記で定義していた。

$$x = x_1x_2\cdots x_{n-2}x_{n-1}x_n = x_1 2^{n-1} + x_2 2^{n-2} + \cdots + x_{n-2}2^2 + x_{n-1}2^1 + x_n 2^0$$

また、2 進数の小数表現として、次のような記号で表していた。

$$\frac{x}{2^n} = 0.x_1x_2\cdots x_{n-2}x_{n-1}x_n = \frac{x_1}{2} + \frac{x_2}{2^2} + \cdots + \frac{x_{n-2}}{2^{n-2}} + \frac{x_{n-1}}{2^{n-1}} + \frac{x_n}{2^n}$$

たとえば，次のような指数関数で n=1, 2 の場合を考えると、$e^{2\pi i \times 整数}=1$ を利用して、次のようになる。

$$e^{2\pi i\frac{x}{2}} = e^{2\pi i\left[\left(x_1 2^{n-2} + x_2 2^{n-3} + \cdots + x_{n-1}\right) + \frac{x_n}{2}\right]} = e^{2\pi i 0.x_n}$$

$$e^{2\pi i\frac{x}{2^2}} = e^{2\pi i\left[\left(x_1 2^{n-3} + x_2 2^{n-4} + \cdots + x_{n-2}\right) + \frac{x_{n-1}}{2} + \frac{x_n}{2^2}\right]} = e^{2\pi i 0.x_{n-1}x_n}$$

これを使って、アダマール変換を表現すれば、図 10.6 のようにも書ける。

10

図10.6　アダマール変換の別な表記

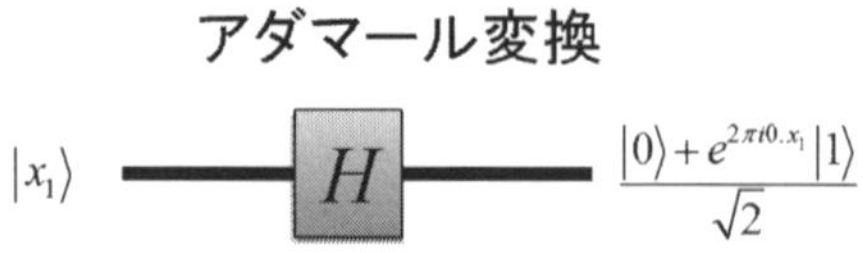

アダマール変換

$$|x_1\rangle \; -[H]- \; \frac{|0\rangle + e^{2\pi i 0.x_1}|1\rangle}{\sqrt{2}}$$

$$|x_1\rangle \xrightarrow{H} \frac{|0\rangle + e^{2\pi i 0.x_1}|1\rangle}{\sqrt{2}}$$

$$\rightarrow \begin{cases} x=0\text{の時} & \left(|0\rangle + e^{0}|1\rangle\right)/\sqrt{2} = \left(|0\rangle + |1\rangle\right)/\sqrt{2} \\ x=1\text{の時} & \left(|0\rangle + e^{\pi i}|1\rangle\right)/\sqrt{2} = \left(|0\rangle - |1\rangle\right)/\sqrt{2} \end{cases}$$

そこで、これらの表記方法を用いて、$N=2^n$ のときの量子フーリエ変換のテンソル積表現を求めてみると、次のように書き直せる。

$$U_{QFT_N}|x\rangle = \frac{1}{\sqrt{N}}\sum_{k=0}^{N-1} e^{\frac{2\pi i}{N}xy}|y\rangle$$

$$= \frac{1}{\sqrt{N}}\sum_{y_1=0}^{1}\cdots\sum_{y_n=0}^{1} e^{2\pi i x\sum_{l=1}^{n}\frac{y_l}{2^l}}|y_1 y_2 \cdots y_{n-1} y_n\rangle$$

$$= \frac{1}{\sqrt{N}}\sum_{y_1=0}^{1}\cdots\sum_{y_n=0}^{1}\bigotimes_{l=1}^{n} e^{2\pi i x\frac{y_l}{2^l}}|y_l\rangle$$

$$= \frac{1}{\sqrt{N}}\bigotimes_{l=1}^{n}\left[|0\rangle + e^{2\pi i x\frac{1}{2^l}}|1\rangle\right]$$

$$= \frac{1}{\sqrt{N}}\left[|0\rangle + e^{2\pi i 0.x_n}|1\rangle\right]\otimes\left[|0\rangle + e^{2\pi i 0.x_{n-1}x_n}|1\rangle\right]\otimes\cdots\otimes\left[|0\rangle + e^{2\pi i x 0.x_1 x_2\cdots x_{n-1}x_n}|1\rangle\right]$$

10.3.2　*N*=4 の量子フーリエ変換ゲートの実装

そこで、*N*=4 の量子フーリエ変換ゲート QFT_4 は、次のように 2 進数の小数表現で計算できる。

$$U_{QFT_4}|x_1 x_2\rangle = |x_1\rangle|x_2\rangle \xrightarrow{H\otimes I} \frac{|0\rangle + e^{2\pi i 0.x_1}|1\rangle}{\sqrt{2}}|x_2\rangle \xrightarrow{CS_{21}} \frac{|0\rangle + e^{2\pi i 0.x_1}e^{2\pi i 0.0x_2}|1\rangle}{\sqrt{2}}|x_2\rangle$$

$$\xrightarrow{I\otimes H} \frac{|0\rangle + e^{2\pi i 0.x_1 x_2}|1\rangle}{\sqrt{2}}\frac{|0\rangle + e^{2\pi i 0.x_2}|1\rangle}{\sqrt{2}} \xrightarrow{SWAP} \frac{|0\rangle + e^{2\pi i 0.x_2}|1\rangle}{\sqrt{2}}\frac{|0\rangle + e^{2\pi i 0.x_1 x_2}|1\rangle}{\sqrt{2}}$$

このように、量子ゲートで行うと、最後は量子ビットを上下の外側は外側どうしで交換し、内側は内側どうしで交換する必要がある。奇数量子ビットの場合は上下の真中の量子ビットは入れ替えるものがなく、そのままでよい。2量子ビットの場合は、交換ゲートを使って交換するだけでよい。

そこで、$|x_1x_2>$ に具体的な数値を入れて、量子フーリエ変換すると、次のように書け、最初に量子フーリエ変換の定義で求めた式（10.1.2項参照）と全く同じになることが分かった。つまり、ここで示された量子フーリエ変換ゲートは、量子フーリエ変換のための正しい量子回路になっていることが分かった。

$$|0\rangle \xrightarrow{QFT_4} \frac{|0\rangle + e^{2\pi i 0.0}|1\rangle}{\sqrt{2}} \frac{|0\rangle + e^{2\pi i 0.00}|1\rangle}{\sqrt{2}} = \frac{|0\rangle + |1\rangle}{\sqrt{2}} \frac{|0\rangle + |1\rangle}{\sqrt{2}} = \frac{1}{2}\left[|0\rangle + |1\rangle + |2\rangle + |3\rangle\right]$$

$$|1\rangle \xrightarrow{QFT_4} \frac{|0\rangle + e^{2\pi i 0.1}|1\rangle}{\sqrt{2}} \frac{|0\rangle + e^{2\pi i 0.01}|1\rangle}{\sqrt{2}} = \frac{|0\rangle - |1\rangle}{\sqrt{2}} \frac{|0\rangle + i|1\rangle}{\sqrt{2}} = \frac{1}{2}\left[|0\rangle + i|1\rangle - |2\rangle - i|3\rangle\right]$$

$$|2\rangle \xrightarrow{QFT_4} \frac{|0\rangle + e^{2\pi i 0.0}|1\rangle}{\sqrt{2}} \frac{|0\rangle + e^{2\pi i 0.10}|1\rangle}{\sqrt{2}} = \frac{|0\rangle + |1\rangle}{\sqrt{2}} \frac{|0\rangle - |1\rangle}{\sqrt{2}} = \frac{1}{2}\left[|0\rangle - |1\rangle + |2\rangle - |3\rangle\right]$$

$$|3\rangle \xrightarrow{QFT_4} \frac{|0\rangle + e^{2\pi i 0.1}|1\rangle}{\sqrt{2}} \frac{|0\rangle + e^{2\pi i 0.11}|1\rangle}{\sqrt{2}} = \frac{|0\rangle - |1\rangle}{\sqrt{2}} \frac{|0\rangle - i|1\rangle}{\sqrt{2}} = \frac{1}{2}\left[|0\rangle - i|1\rangle - |2\rangle + i|3\rangle\right]$$

例題 10-3　量子フーリエ変換の実装と交換ゲート

量子シミュレータで、2量子ビット使い N=4 の量子フーリエ変換ゲート QFT_4 を実装し、入力ビットに |0>, |1>, |2>, |3> の4通りを入れて、それぞれの出力結果を求めよ。テキストで示された量子フーリエ変換式の結果と比較するためには、量子シミュレータの出力ビットを交換ゲートで入れ替える必要があることに注意する。

【解答】

量子シミュレータで量子フーリエ変換ゲート QFT_4 を実装するには、2 量子ビットあればよいので、図 10.7 のようにアダマール変換と制御 S ゲートだけで実装できる。量子回路が複雑になるので、交換ゲートはここでは含めずにおく。交換ゲートを含めた量子フーリエ変換は次の演習に設定した。

この量子フーリエ変換ゲート QFT_4 の入力ビットに |0>, |1>, |2>, |3> の 4 通りを入れて、それぞれの出力結果を求めると、図 10.7 のようになり、量子ビットの上下交換を入れると、ベクトル計算式と一致する。

図10.7量子フーリエ変換ゲートQFT_4の実装実験

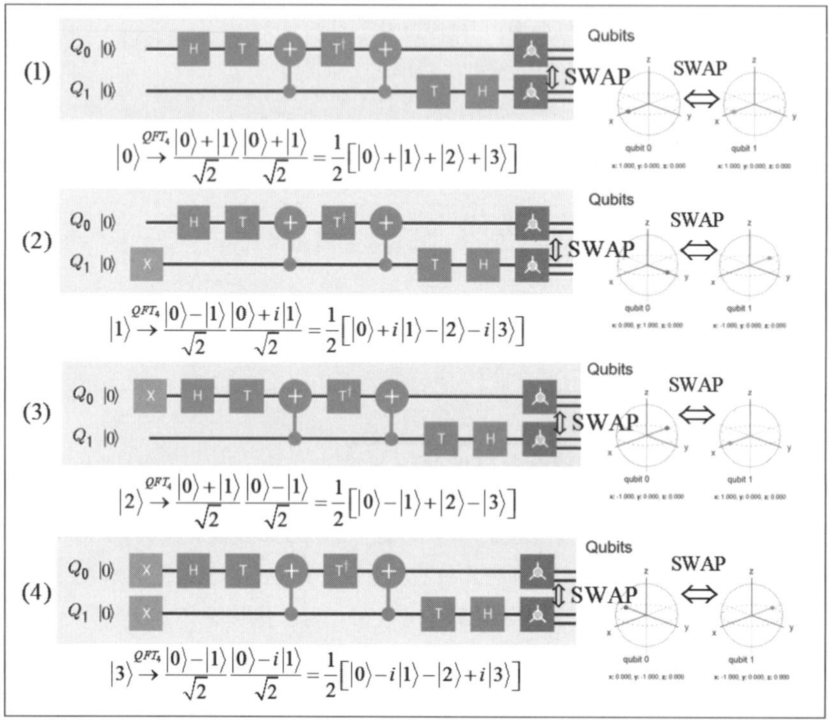

演習 10-2

量子シミュレータで、2 量子ビット使い N=4 の量子フーリエ変換ゲート QFT_4 を実装したが、最後に交換ゲートを追加し、上下の量子ビットを入れ替えてみよ。入力ビットに |0>, |1>, |2>, |3> の 4 通りを入れて、それぞれの出力結果を求めよ。

10.4 逆量子フーリエ変換ゲート

10.4.1 N=4 の逆量子フーリエ変換ゲートの実装

N=4 の逆量子フーリエ変換ゲート QFT_4^{-1} は、次のようにすれば実装できることを確かめてみよう。

その前に、アダマール演算 H は、ユニタリ行列でエルミート行列であるので、逆アダマール演算 H は同じものとなる。2 進数の小数表現で、逆アダマール変換 H を表現すると、次のようになることを思い出そう。

図10.8　逆アダマール変換

$$\frac{|0\rangle + e^{2\pi i 0.x_1}|1\rangle}{\sqrt{2}} \; —[H]— \; |x_1\rangle$$

$$\frac{|0\rangle + e^{2\pi i 0.x}|1\rangle}{\sqrt{2}} \xrightarrow{H} |x\rangle$$

これは 1 量子ビットの場合で、同じことを 2 量子ビットで考えると、逆量子フーリエ変換が必要になる。逆量子フーリエ変換は、N=4 の量子フーリエ変換ゲート QFT_4 と同様に考えると、図 10.9 のような量子回路で構成できる。

図10.9　逆量子フーリエ変換QFT_4^{-1}

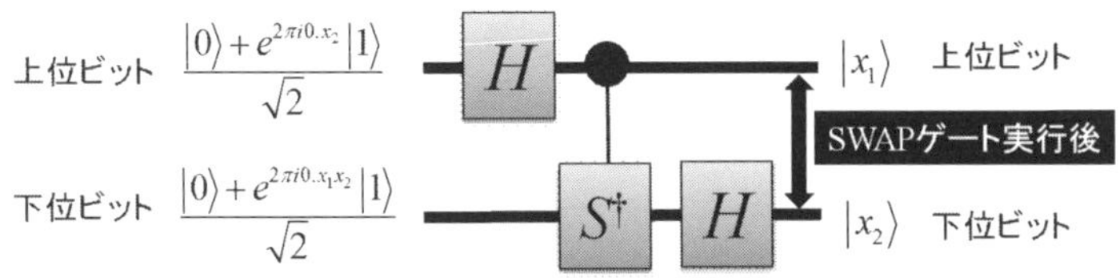

また、N=4 の量子フーリエ変換ゲート QFT_4 の出力を逆量子フーリエ変換に入力してベクトル計算で確かめると、次のように計算できる。

$$U_{QFT_4^{-1}} \frac{|0\rangle + e^{2\pi i 0.x_2}|1\rangle}{\sqrt{2}} \frac{|0\rangle + e^{2\pi i 0.x_1x_2}|1\rangle}{\sqrt{2}} \overset{H\otimes I}{\rightarrow} |x_2\rangle \frac{|0\rangle + e^{2\pi i 0.x_1x_2}|1\rangle}{\sqrt{2}}$$
$$\overset{CS_{12}^{\dagger}}{\rightarrow} \frac{1}{\sqrt{2}}|x_2\rangle\left(|0\rangle + (-i)^{x_2} e^{2\pi i 0.x_1x_2}|1\rangle\right) = \frac{1}{\sqrt{2}}|x_2\rangle\left(|0\rangle + e^{2\pi i \frac{3}{4}x_2} e^{2\pi i 0.x_1x_2}|1\rangle\right)$$
$$= \frac{1}{\sqrt{2}}|x_2\rangle\left(|0\rangle + e^{2\pi i\left(x_2 + \frac{x_1}{2}\right)}|1\rangle\right) = |x_2\rangle \frac{|0\rangle + e^{2\pi i 0.x_1}|1\rangle}{\sqrt{2}} \overset{I\otimes H}{\rightarrow} |x_2\rangle|x_1\rangle \overset{SWAP}{\rightarrow} |x_1\rangle|x_2\rangle$$

そこで、入力ビットに具体的な数値を入れて、逆量子フーリエ変換すると、次のように書け、最初に逆量子フーリエ変換の定義で求めた式と全く同じになることが分かった。つまり、ここで示された逆量子フーリエ変換ゲートは、逆量子フーリエ変換のための正しい量子回路になっていることが分かる。

$$|0\rangle = |0\rangle|0\rangle \overset{QFT_4}{\rightarrow} \frac{|0\rangle + e^{2\pi i 0.0}|1\rangle}{\sqrt{2}} \frac{|0\rangle + e^{2\pi i 0.00}|1\rangle}{\sqrt{2}} \overset{QFT_4^{-1}}{\rightarrow} = |0\rangle|0\rangle = |0\rangle$$

$$|1\rangle = |0\rangle|1\rangle \overset{QFT_4}{\rightarrow} \frac{|0\rangle + e^{2\pi i 0.1}|1\rangle}{\sqrt{2}} \frac{|0\rangle + e^{2\pi i 0.01}|1\rangle}{\sqrt{2}} \overset{QFT_4^{-1}}{\rightarrow} |0\rangle|1\rangle = |1\rangle$$

$$|2\rangle = |1\rangle|0\rangle \overset{QFT_4}{\rightarrow} \frac{|0\rangle + e^{2\pi i 0.0}|1\rangle}{\sqrt{2}} \frac{|0\rangle + e^{2\pi i 0.10}|1\rangle}{\sqrt{2}} \overset{QFT_4^{-1}}{\rightarrow} |1\rangle|0\rangle = |2\rangle$$

$$|3\rangle = |1\rangle|1\rangle \overset{QFT_4}{\rightarrow} \frac{|0\rangle + e^{2\pi i 0.1}|1\rangle}{\sqrt{2}} \frac{|0\rangle + e^{2\pi i 0.11}|1\rangle}{\sqrt{2}} \overset{QFT_4^{-1}}{\rightarrow} |1\rangle|1\rangle = |3\rangle$$

例題 10-4　逆量子フーリエ変換の実装

量子シミュレータで、2 量子ビット使い N=4 の逆量子フーリエ変換ゲート QFT_4^{-1} を実装せよ。入力ビットには、量子フーリエ変換でも生成できるが、次のようにアダマール変換やビット反転、位相シフト演算を使って生成してみよう。

$$|0\rangle \overset{QFT_4}{\rightarrow} \frac{|0\rangle + |1\rangle}{\sqrt{2}} \frac{|0\rangle + |1\rangle}{\sqrt{2}}, |1\rangle \overset{QFT_4}{\rightarrow} \frac{|0\rangle - |1\rangle}{\sqrt{2}} \frac{|0\rangle + i|1\rangle}{\sqrt{2}},$$

$$|2\rangle \overset{QFT_4}{\rightarrow} \frac{|0\rangle + |1\rangle}{\sqrt{2}} \frac{|0\rangle - |1\rangle}{\sqrt{2}}, |3\rangle \overset{QFT_4}{\rightarrow} \frac{|0\rangle - |1\rangle}{\sqrt{2}} \frac{|0\rangle - i|1\rangle}{\sqrt{2}}$$

【解答】

量子シミュレータで逆量子フーリエ変換ゲート QFT_4^{-1} を実装するには、2量子ビットあればよいので、次のようにアダマール変換と制御 $S^{\dagger}$ ゲートだけで実装できる。量子回路が複雑になるので、入力ビットには量子フーリエ変換 QFT_4 そのものは使用しないで、例題で示されている変換式からアダマール変換とビット反転、位相シフト演算を使って生成した。交換ゲートもここに含めた。量子シミュレータでの実行結果は、ベクトル計算式と同じとなった。

図10.10　逆量子フーリエ変換 QFT_4^{-1} の実装実験

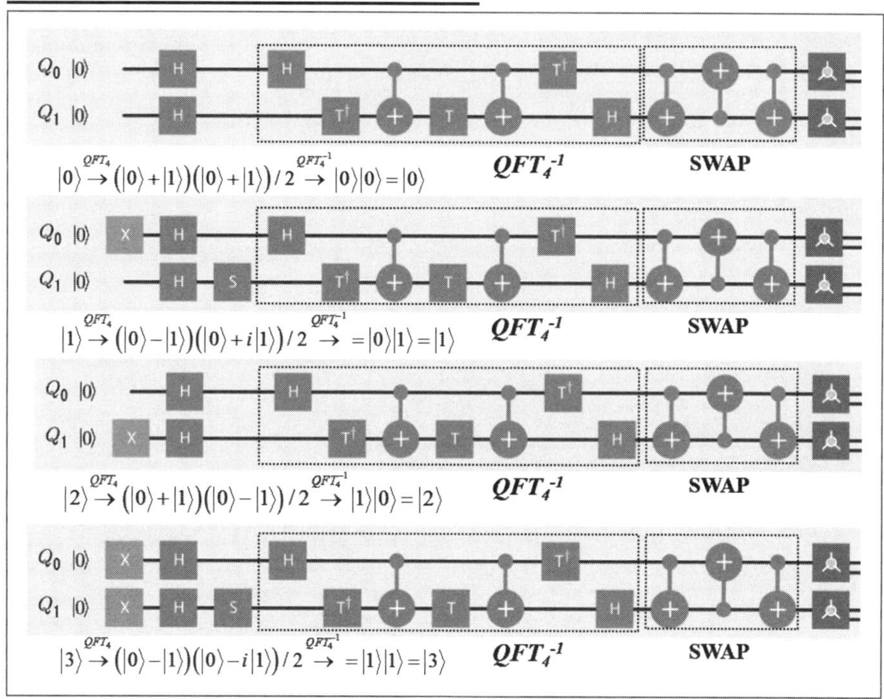

演習 10-3

量子シミュレータで、2量子ビット使い N=4 の量子フーリエ変換ゲート QFT_4 そのものを実装し、それに逆量子フーリエ変換 QFT_4^{-1} を追加して、元に戻るか確かめよ。入力ビットに |0>, |1>, |2>, |3> の4通りを入れて、それぞれの出力結果を求めよ。

10.5 量子フーリエ変換によるシフト不変性

量子フーリエ変換の利点は、量子ビットのオフセットを取り除き、シフト不変性を見つけ出すことにあり、量子フーリエ変換を用いたショアの素因数分解アルゴリズムでも、このシフト不変性のおかげで関数の周期性が高い確率で探索できることになる。

シフト不変性とは、入力ベクトル状態でのオフセットによるずれ（シフト）が、出力ベクトルの位相因子にだけ反映し、観測される出力の状態ベクトルの値は全く同じもので、観測結果がオフセットによるシフトに対して不変であることを示している。

たとえば、次の2つの重ね合わせ状態のベクトルは全く異なり、状態ベクトル |0>+|2> の観測値は0と2とが観測される確率がそれぞれ50%であり、状態ベクトル |1>+|3> の観測値は1と3とが観測される確率がそれぞれ50%である。

$$|0\rangle + |2\rangle,\quad |1\rangle + |3\rangle$$

しかし、この全く異なる2つの状態ベクトルを量子フーリエ変換するとどうなるであろうか？

例題 10-5　量子フーリエ変換によるシフト不変

次の2つの重ね合わせ状態のベクトルを、それぞれ量子フーリエ変換して、ベクトル計算で出力結果を比較せよ。

$$|0\rangle + |2\rangle,\quad |1\rangle + |3\rangle$$

【解答】

次のように、和の状態ベクトルの中にある状態ベクトルを個別に量子フーリエ変換して足せばよい。出力結果を求めると、規格化定数を無視すると、次のように計算できる。位相の違いはあるが、観測値は0と2とが観測される確率がそれぞれ50%であり、どちらの状態ベクトルも同じ値が観測される結果となった。

$$|0\rangle + |2\rangle \xrightarrow{QFT_4} \frac{1}{2}\left[|0\rangle + |1\rangle + |2\rangle + |3\rangle\right] + \frac{1}{2}\left[|0\rangle - |1\rangle + |2\rangle - |3\rangle\right] = |0\rangle + |2\rangle$$

$$|1\rangle + |3\rangle \xrightarrow{QFT_4} \frac{1}{2}\left[|0\rangle + i|1\rangle - |2\rangle - i|3\rangle\right] + \frac{1}{2}\left[|0\rangle - i|1\rangle - |2\rangle + i|3\rangle\right] = |0\rangle - |2\rangle$$

つまり、量子フーリエ変換前は異なっていた状態ベクトルが、量子フーリエ変換後には位相因子として符号だけが異なっているが、観測される状態ベクトルの値は不変で、全く同じ観測結果を与える状態ベクトルに変換されたことになる。

これらの 2 つの状態ベクトルは全く異なったものではなく、共通点として、どちらも同じ周期性のある状態ベクトルである。つまり、これらは周期 2 だけの重ね合わせ状態を持った周期性 2 の状態ベクトルであることが見て取れる。

$$|0\rangle+|2\rangle,\quad |1\rangle+|3\rangle=|(1+)0\rangle+|(1+)2\rangle$$

ここでは、後者は前者に比べてオフセットが 1 だけあり、どちらも同じ周期性 2 を持った状態ベクトルであったと言える。量子フーリエ変換は、このオフセットを取り除く効果があったと言える。

例題 10-6　量子フーリエ変換によるシフト不変

量子シミュレータで、次の 2 つの状態ベクトルを、それぞれ量子フーリエ変換する量子回路を作成し、ベクトル計算と実行結果を比較せよ。

$$|0\rangle+|2\rangle,\quad |1\rangle+|3\rangle$$

【解答】

入力ビットは 2 つの状態ベクトルの和であるが、これはアダマール変換とビット反転で次のようにして作成してみよう。

$$|00\rangle \overset{H\otimes I}{\rightarrow} \frac{|0\rangle+|1\rangle}{\sqrt{2}}\otimes|0\rangle=\frac{|00\rangle+|10\rangle}{\sqrt{2}}=\frac{|0\rangle+|2\rangle}{\sqrt{2}}$$

$$|00\rangle \overset{H\otimes X}{\rightarrow} \frac{|0\rangle+|1\rangle}{\sqrt{2}}\otimes|1\rangle=\frac{|01\rangle+|11\rangle}{\sqrt{2}}=\frac{|1\rangle+|3\rangle}{\sqrt{2}}$$

これらの初期状態を量子フーリエ変換 QFT_4 と交換ゲート SWAP に通せばよいので、図 10.11 のような量子回路を作成できる。出力結果を求めると、ブロッホ測定では位相の違いも見られ、観測値は 0 と 2 とが観測される確率がそれぞれ 50% であり、どちらの状態ベクトルも同じ値が観測される結果となった。

図10.11　量子フーリエ変換によるシフト不変の実装実験

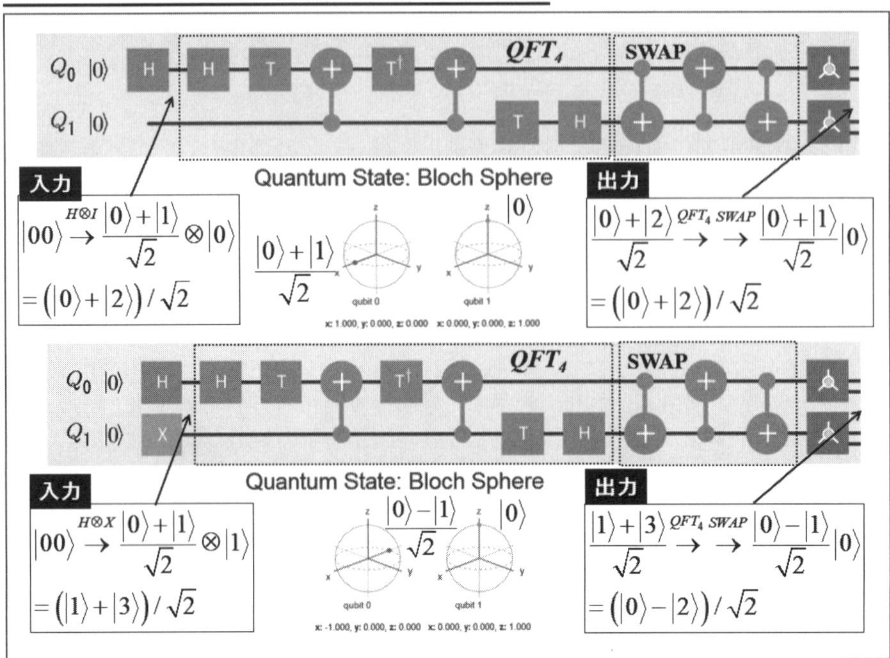

演習 10-4

次の 3 つの重ね合わせ状態ベクトルは、周期性 1 のある状態ベクトルの和であるが、オフセットだけ異なっている。そこで、それぞれのベクトル和を量子フーリエ変換して、観測結果がベクトル計算で同じになるか確かめよ。

$$|0\rangle+|1\rangle,\quad |1\rangle+|2\rangle,\quad |2\rangle+|3\rangle$$

演習 10-5

量子シミュレータで、次の 3 つの状態ベクトルをそれぞれ量子フーリエ変換する量子回路を作成し、実行結果を求め、それぞれ比較せよ。

$$|0\rangle+|1\rangle,\quad |1\rangle+|2\rangle,\quad |2\rangle+|3\rangle$$

実験 10-1

本章で作成した量子回路を量子シミュレータではなく、実際の IBM の量子コンピュータを使って、量子実験をしてみよう。理論値と異なりどの程度の誤差が発生するか実験で確かめてみよう。量子コンピュータでの測定には、ブロッホ測定はできないので、標準基底測定で行うこと。また、量子シミュレータでは置けた演算子が、実際の量子コンピュータ実験では置けない位置もあるので工夫して作成してみよう。

11 位相・固有値・位数推定問題の量子実験

前章では量子フーリエ変換と逆量子フーリエ変換を説明したが、これらを利用して位相推定問題や固有値推定問題、さらに、位数発見問題の量子アルゴリズムを説明しよう。これらの問題を解くための量子アルゴリズムは、ショアの素因数分解アルゴリズムへと繋がっていく。つまり、位数を見つける問題は、関数の周期を見つける問題と全く同じになり、素因数分解へと発展する。

位相から 2π を出すと小数点以下になり、その小数点を状態ベクトルの整数で観測する推定方法に逆量子フーリエ変換が使われる。ここでは、まず位相推定問題を解くために逆量子フーリエ変換を使った量子回路を考える。位相は固有値と深く関連するので、固有値推定問題へと発展する。いろいろなパウリ演算子の固有値を推定する量子回路を作成した。最後に、位数発見問題を解くための量子回路としてコンパイル版のオラクルを利用した位数発見ゲートを紹介する。

11.1 位相推定問題の量子実験

11.1.1 位相推定問題とは

位相推定問題とは、$N=2^n$ で次のような状態ベクトル $|u>$ が与えられたとき、その位相因子である $\phi=0.x_1x_2\cdots x_n$ $(0 \leqq \phi \leqq 1)$ を状態ベクトル $|x_1x_2\cdots x_n>$ の形で表して位相因子 ϕ を n ビットの

精度で推定せよという問題である。

$$\left|u\right\rangle = \frac{1}{\sqrt{N}}\sum_{y=0}^{N-1} e^{2\pi i\phi y}\left|y\right\rangle = \frac{1}{\sqrt{N}}\sum_{y=0}^{N-1} e^{2\pi i(0.x_1x_2\ldots x_n)y}\left|y\right\rangle$$

つまり、1 以下の小さな位相因子 $\phi=0.x_1x_2\cdots x_n$ を状態ベクトル $|x_1x_2\cdots x_n>$ の整数の表現に変換せよという問題である。

このような位相因子の推定は、固有ベクトル $|u>$ とその固有値 λ を持ったユニタリ変換ゲート U が与えられたとき、次のようになり、

$$U\left|u\right\rangle = \lambda\left|u\right\rangle = e^{2\pi i\phi}\left|u\right\rangle$$

固有ベクトル $|u>$ も固有値 $\lambda = e^{2\pi i\phi} = e^{2\pi i(0.x_1x_2\ldots x_n)}$ も不明で、ユニタリ変換ゲート U だけからその位相因子や固有値を推定する問題ともなる。

位相因子 $\phi=0.x_1x_2\cdots x_n$ は $0 \leqq \phi \leqq 1$ であり、2 進数の小数点表現である。たとえば、位相因子 ϕ を n=1 ビットの精度で推定する最も簡単な位相推定問題を考えてみよう。

11.1.2　1 量子ビットでの位相推定ゲート

位相因子 ϕ を n=1 ビットの精度で推定する位相推定問題では、1 量子ビット N=2 あればよいので、問題の状態ベクトル $|u>$ は、次のように書ける。

$$\left|u\right\rangle = \frac{1}{\sqrt{2}}\sum_{y=0}^{1} e^{2\pi i\phi y}\left|y\right\rangle = \frac{1}{\sqrt{2}}\sum_{y=0}^{1} e^{2\pi i(0.x_1)y}\left|y\right\rangle = \frac{\left|0\right\rangle + e^{2\pi i(0.x_1)}\left|1\right\rangle}{\sqrt{2}}$$

この状態ベクトル $|u>$ から位相因子 ϕ を n=1 ビットの精度で推定するには、量子フーリエ変換で説明したアダマール変換を使えば、状態ベクトルとして $|x_1>$ が取り出せそうである。

図11.1　位相推定ゲート（n=1）

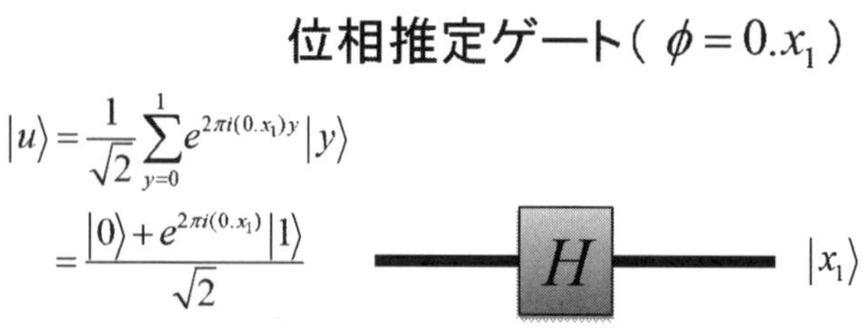

位相推定ゲート（ $\phi = 0.x_1$ ）

$$\left|u\right\rangle = \frac{1}{\sqrt{2}}\sum_{y=0}^{1} e^{2\pi i(0.x_1)y}\left|y\right\rangle = \frac{\left|0\right\rangle + e^{2\pi i(0.x_1)}\left|1\right\rangle}{\sqrt{2}}$$

H

$\left|x_1\right\rangle$

そこで、状態ベクトル $|u>$ をアダマール変換する。計算しなくてもよいと思われるが、念のため計算すると、次のようになる。位相因子である $\phi=0.x_1$ を状態ベクトル $|x_1>$ の形で表現できたので、位相因子 ϕ を 1 ビットの精度で推定できる。

$$|u\rangle = \frac{|0\rangle + e^{2\pi i(0.x_1)}|1\rangle}{\sqrt{2}} = \frac{|0\rangle + (-1)^{x_1}|1\rangle}{\sqrt{2}} \xrightarrow{H} \frac{1}{2}\left[(1+(-1)^{x_1})|0\rangle + (1-(-1)^{x_1})|1\rangle\right] = |x_1\rangle$$

つまり、位相因子 $\phi=0.x_1$ は 1 ビット精度で推定しているので、この位相推定ゲートを通した後に状態ベクトル $|x_1>$ を観測して、$x_1=0$ であれば位相は $\phi=0.x_1=x_1/2 = 0.0$ となり、$x_1=1$ であれば $\phi=0.x_1=1/2 = 0.5$ となる。そこで、出力のバイナリ $x_1=0, 1$ を観測して、位相 $\phi=0.a_1$ を推定できたことになる。この位相を精度良く測定するには、1 量子ビットでなく、もっと量子ビット数を増やせばよいことになる。

11.1.3　2 量子ビットでの位相推定ゲート

位相因子 ϕ を n=2 ビットの精度で推定する位相推定問題では、2 量子ビットを使い $N=2^n=4$ となるので、2 量子ビットの位相推定すべき、問題の状態ベクトル $|u>$ は、次のように書ける。

$$|u\rangle = \frac{1}{2}\sum_{y=0}^{3} e^{2\pi i\phi y}|y\rangle = \frac{1}{2}\sum_{y=0}^{3} e^{2\pi i(0.x_1x_2)y}|y\rangle$$

この状態ベクトル $|u>$ から位相因子 $\phi=0.x_1x_2$ を n=2 ビットの精度で推定するには、次のように状態ベクトル $|u>$ を展開すれば、逆量子フーリエ変換を使って、状態ベクトルとして $|x_1x_2>$ が取り出せそうである。

$$\begin{aligned}
|u\rangle &= \frac{1}{2}\sum_{y=0}^{3} e^{2\pi i\phi y}|y\rangle = \frac{1}{2}\sum_{y=0}^{3} e^{2\pi i(0.x_1x_2)y}|y\rangle \\
&= \frac{1}{2}\left(|0\rangle + e^{2\pi i(0.x_1x_2)}|1\rangle + e^{4\pi i(0.x_1x_2)}|2\rangle + e^{6\pi i(0.x_1x_2)}|3\rangle\right) \\
&= \frac{1}{2}\left(|00\rangle + e^{2\pi i(0.x_1x_2)}|01\rangle + e^{2\pi i(0.x_2)}|10\rangle + e^{6\pi i(0.x_1x_2)}|11\rangle\right) \\
&= \frac{1}{2}\left(|0\rangle + e^{2\pi i(0.x_2)}|1\rangle\right)\left(|0\rangle + e^{2\pi i(0.x_1x_2)}|1\rangle\right)
\end{aligned}$$

この状態ベクトル $|u>$ の上位ビットと下位ビットをそれぞれ、図 11.2 のような逆量子フーリエ変換 QFT_4^{-1} に入れ、交換ゲートを通すと、次のように計算できた。

図11.2　位相推定ゲート（n=2）

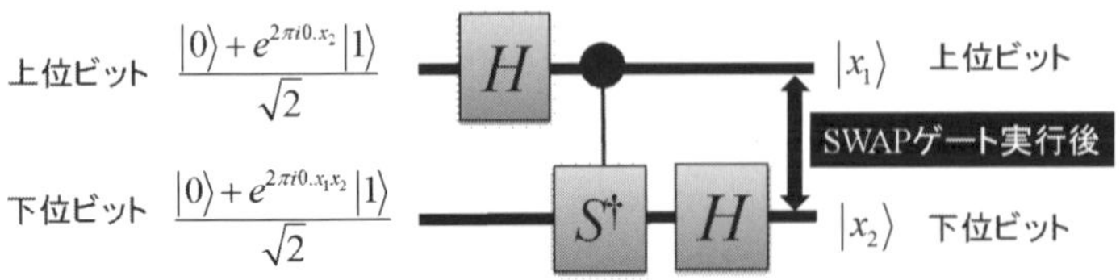

$$
\begin{aligned}
|u\rangle &= \frac{|0\rangle + e^{2\pi i 0.x_2}|1\rangle}{\sqrt{2}} \frac{|0\rangle + e^{2\pi i 0.x_1x_2}|1\rangle}{\sqrt{2}} \\
&\xrightarrow{H\otimes I} |x_2\rangle \frac{|0\rangle + e^{2\pi i 0.x_1x_2}|1\rangle}{\sqrt{2}} \\
&\xrightarrow{CS_{12}^{\dagger}} |x_2\rangle \frac{|0\rangle + e^{2\pi i 0.x_1}|1\rangle}{\sqrt{2}} \\
&\xrightarrow{I\otimes H} |x_2\rangle|x_1\rangle \xrightarrow{SWAP} |x_1x_2\rangle
\end{aligned}
$$

ここで、位相因子 $\phi=0.x_1x_2$ を n=2 ビットの精度で推定するには、このように状態ベクトル |u> を展開し、逆量子フーリエ変換によって、状態ベクトルとして |x_1x_2> が取り出せた。

つまり、位相因子 $\phi=0.x_1x_2=(x_1/2)+(x_2/4)$ は2ビット精度で推定しているので、この逆量子フーリエ変換の位相推定ゲートを通した後に状態ベクトル |x_1x_2> を観測して、x_1x_2=00, 01, 10, 11 であれば、それぞれの位相因子は $\phi=0.x_1x_2$=0.00, 0.25, 0.50, 0.75 となり、2 ビット精度で位相が推定できた。

11.1.4　*n* 量子ビットでの位相推定ゲート

n 量子ビットでの位相推定ゲートは、次のように逆量子フーリエ変換そのものである。

$$
|x\rangle \xrightarrow{QFT_N} \frac{1}{\sqrt{N}} \sum_{y=0}^{N-1} \omega^{x\cdot y} |y\rangle = \frac{1}{\sqrt{N}} \sum_{y=0}^{N-1} e^{2\pi i\left(\frac{x}{N}\right)y} |y\rangle \frac{1}{\sqrt{N}} \sum_{y=0}^{N-1} e^{2\pi i(0.x_1x_2\ldots x_n)y} |y\rangle \xrightarrow{QFT_N^{-1}} |x_1x_2\ldots x_n\rangle
$$

これより、観測された状態ベクトル |$x_1x_2\cdots x_n$> の読み出しを使って、次のように計算すれば位相 ϕ が推定できる。

$$\phi = 0.x_1x_2\ldots x_n = \frac{x_1}{2} + \frac{x_2}{2^2} + \cdots + \frac{x_n}{2^n}$$

ところが、実際の位相は上式のようにきっちりと収まらないときがあり、たとえば、位相が ϕ=1/3 のとき、ϕ=0.010101…となり、4 ビット精度では (1/4)+(1/16)=0.3125 となり 0.3333 からずれて誤差が発生することになる。そのために、ここでは位相発見アルゴリズムではなく、位相推定アルゴリズムとなる。

11.2 ユニタリ変換の固有値推定アルゴリズムの量子実験

11.2.1　固有値推定アルゴリズムとは

ユニタリ行列 U で変換した状態ベクトル $U|u>$ が、次のように状態ベクトルが変わらず単にそのスカラー λ 倍だけになるとき、状態ベクトル $|u>$ を**固有ベクトル**、λ を**固有値**といった。

$$U|u\rangle = \lambda|u\rangle$$

ユニタリ行列 U の固有値 λ の絶対値は $|\lambda|=1$ となった。状態ベクトルがユニタリ行列を受けても、いつもブロッホ球の上に存在することになり、次のように書き、位相 ϕ が推定できることは、ユニタリ行列 U の固有値 λ も推定できることになる。

$$\lambda = e^{2\pi i\phi} = e^{2\pi i(0.x_1x_2\ldots x_n)}$$

そこで、**固有値推定アルゴリズム**とは、ユニタリ変換ゲート U が与えられたとき、それに固有ベクトルを入力したときの固有値を推定するアルゴリズムとなる。

固有値 $\lambda = e^{2\pi i\phi} = e^{2\pi i(0.x_1x_2\ldots x_n)}$ を推定するためには、その位相因子が分かれば、位相推定問題での方法で、位相因子 $\phi=0.x_1x_2\cdots x_n$ をアダマール変換や逆量子フーリエ変換を使い、状態ベクトル $|x_1x_2\cdots x_n>$ として推定できた。

そのためには、ユニタリ行列 U を使って、$e^{2\pi i(0.x_1x_2\ldots x_n)}$ を抽出するような量子回路を作成すればよい。そこで、次のように制御 U ゲートを作ってみよう。固有値 λ を持ったユニタリ変換ゲート U が与えられたとき、次のようになる。

$$U|u\rangle = \lambda|u\rangle = e^{2\pi i\phi}|u\rangle$$

固有ベクトル $|u\rangle$ も不明で、ユニタリ変換ゲート U だけからその位相因子や固有値を推定する問題ともなる。

図 11.3 のように、ユニタリ行列 U を用いた制御 U ゲートを設定して、制御ゲートが $|0\rangle$ のときは目標ゲートでのユニタリ変換は行われないが、制御ゲートが $|1\rangle$ のときには、制御 U ゲートが実行されて、目標ゲートにユニタリ変換が行われる。そのとき、目標ゲートの状態ベクトルに、固有ベクトルが入力されると、固有値 $\lambda=e^{2\pi i\phi}$ が生成される。この固有値は目標ゲートに生成されるが、制御ゲートに持ってきても全体としては同等なので、**固有値の見返り**（キックバック）と呼ばれ、制御ゲートに固有値 $\lambda=e^{2\pi i\phi}$ を配置してもよい。

図11.3　固有値の見返り

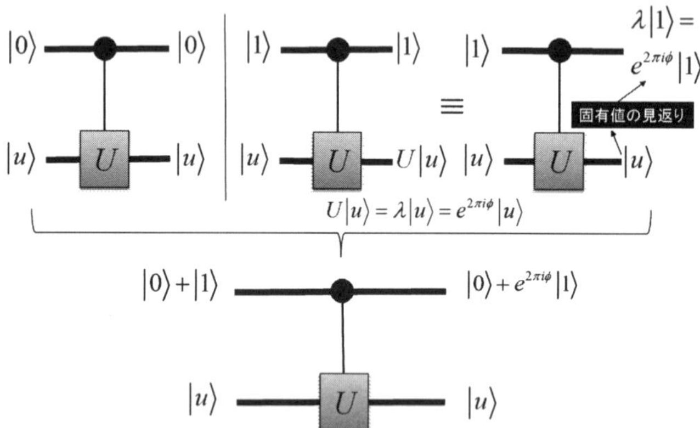

そうすれば、制御ゲートに重ね合わせ状態 $|0\rangle+|1\rangle$ が入力されると、制御 U ゲートを通過した後、固有値の見返りを含めて、$|0\rangle+e^{2\pi i(0.x_1)}|1\rangle$ が出力される。これは、1 量子ビットの位相推定ゲートで推定した入力の状態ベクトルであったので、アダマール変換や逆量子フーリエ変換で位相が推定でき、$|x_1\rangle$ となった。

11.2.2　固有値推定ゲート

固有値推定アルゴリズムとして、1 量子ビットの場合には、図 11.4 のような量子回路に組み立てられる。制御ゲートでの重ね合わせ状態は、状態ベクトル $|0\rangle$ をアダマール変換で作成し、制御 U ゲートで固有値の見返りを設定できるようにした。また、目標ゲートには指定されたユニタリ行列 U の固有ベクトル $|u\rangle$ を入れる必要がある。目標ゲートにユニタリ行列 U の固有ベ

クトル |u> を入れたときに、制御ゲートをアダマール変換すると、$|x_1>$ が観測される。そうすれば、ユニタリ行列 U の固有ベクトル |u> に対応してその固有値 $\lambda = e^{2\pi i\phi} = e^{2\pi i(0.x_1)}$ が推定できることになる。

図11.4　固有値推定ゲート

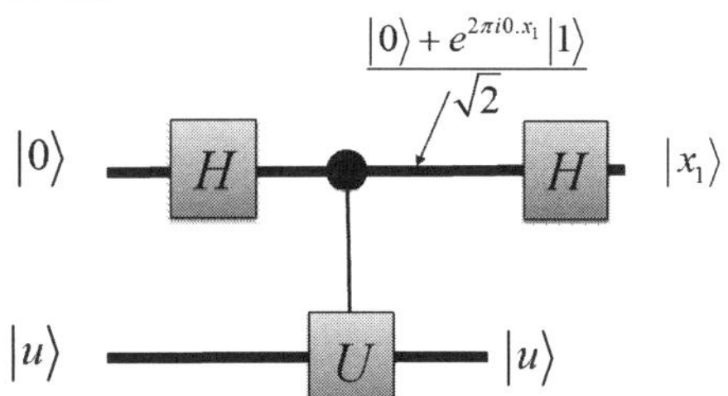

量子シミュレータで固有値推定ゲートを作成するためには、具体的なユニタリ行列 U を特定する必要がある。そこで、次のようにユニタリ行列 U として位相反転 Z やビット反転 X、位相・ビット反転 Y の演算子を特定し、それらの固有ベクトルを入れて、固有値を推定してみよう。ここでは、1 量子ビットしか設定していないので、$|x_1>=|0>, |1>$ しか観測されない。$x_1=0$ のときは、位相は $\phi=0.x_1=0$ で固有値 $\lambda=e^{2\pi i\phi}=+1$ と推定でき、$x_1=1$ のときは、位相は $\phi=0.1=1/2$ となり、固有値 $\lambda=e^{2\pi i\phi}=-1$ と推定できる。

(1) 位相反転演算 Z の固有値推定

位相反転演算 Z に入力された固有ベクトルの固有値を推定してみよう。

図11.5　位相反転演算の固有値推定ゲート

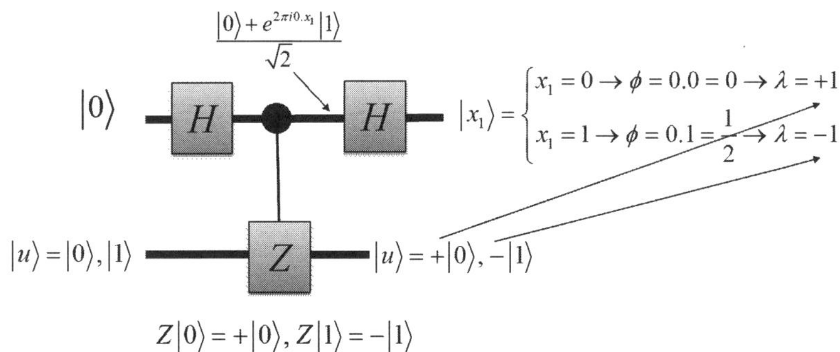

位相反転演算 Z に入力された固有ベクトル |u> の固有値 λ は、次のようになる。

$$Z|0\rangle = (+1)|0\rangle = \lambda|0\rangle$$
$$Z|1\rangle = (-1)|1\rangle = \lambda|1\rangle$$

これらの固有ベクトルは**Z 基底**（2.2.3 項参照）と呼ばれ、位相反転演算 Z で固有ベクトルはそれぞれ変わらず、固有値 λ のスカラー倍だけになっている。

つまり、位相反転演算 Z に対して固有ベクトル |0> では固有値は λ=+1 となり、固有ベクトル |1> では固有値は λ=−1 となる。そこで、固有ベクトル |0> で位相反転演算 Z の固有値推定ゲートを通し、制御ゲートを観測して x_1=0 となればよく、位相は ϕ=0.x_1=0 で固有値 $\lambda=e^{2\pi i\phi}$=+1 と推定できる。また、固有ベクトル |1> で固有値推定ゲートを通し、制御ゲートを観測して x_1=1 となればよく、位相は ϕ=0.1=1/2 となり、固有値 $\lambda=e^{2\pi i\phi}$=−1 と推定できる。

つまり、次のような行列計算で、確かめられる。

$$|0\rangle|0\rangle \xrightarrow{H\otimes I} \frac{|00\rangle+|10\rangle}{\sqrt{2}} \xrightarrow{CZ} \frac{|00\rangle+|10\rangle}{\sqrt{2}} \xrightarrow{H\otimes I} |0\rangle|0\rangle \to x_1 = 0 \to \phi = 0.x_1 = 0 \to \lambda = e^{2\pi i\phi} = +1$$
$$|0\rangle|1\rangle \xrightarrow{H\otimes I} \frac{|00\rangle+|11\rangle}{\sqrt{2}} \xrightarrow{CZ} \frac{|00\rangle-|11\rangle}{\sqrt{2}} \xrightarrow{H\otimes I} |1\rangle|0\rangle \to x_1 = 1 \to \phi = 0.x_1 = \frac{1}{2} \to \lambda = e^{2\pi i\phi} = -1$$

例題 11-1　位相反転演算 Z の固有値推定問題

量子シミュレータを用いて、ビット反転演算 Z の固有値推定ゲートを作成せよ。ビット反転演算 Z の固有ベクトルの Z 基底に応じて固有値が推定できることを確かめよ。

【解答】

図 11.6 のような固有値推定ゲートを作成した。ここでは、制御 Z ゲートは、$Z=HXH$ により、アダマール変換と制御 NOT ゲートで作成する。この目標ゲート Q_1 には、それぞれの固有ベクトル |0>, |1> を入れて、制御ゲートだけを観測した結果、それぞれ x_1=0, 1 が観測され、固有ベクトル |0> の固有値は λ=+1、|1> の固有値は λ=−1 と推定できた。

図11.6　位相反転演算の固有値推定ゲートの実装実験

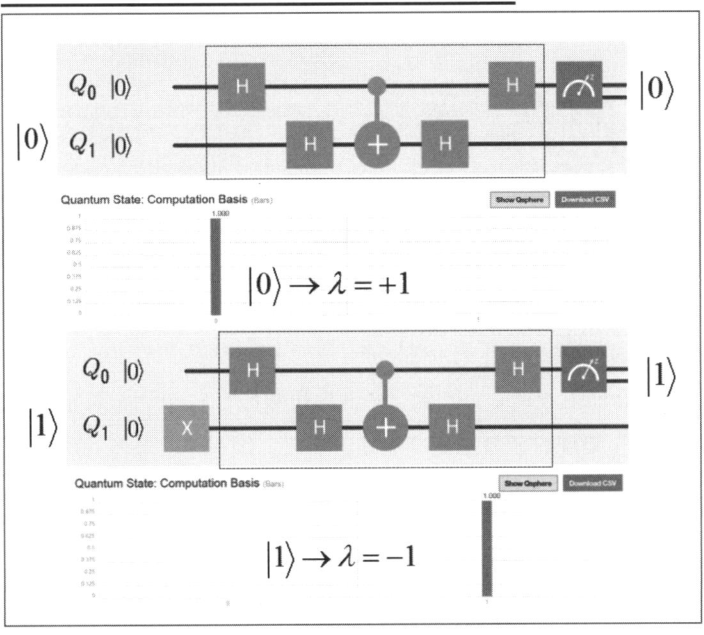

(2) ビット反転演算 X の固有値推定

次に、ビット反転演算 X に入力された固有値ベクトルの固有値を推定してみよう。

図11.7　ビット反転演算の固有値推定ゲート

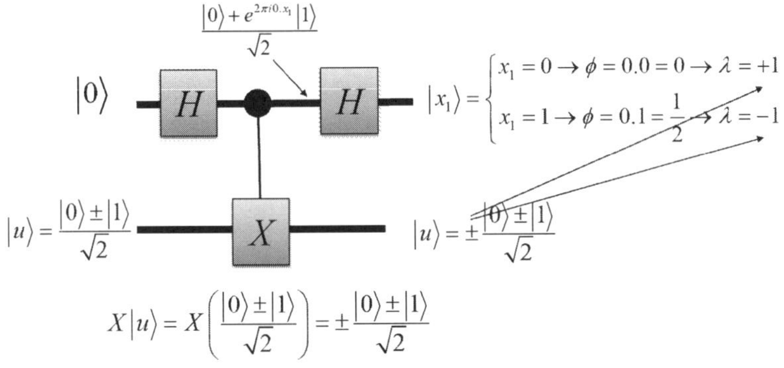

$$\frac{|0\rangle + e^{2\pi i 0.x_1}|1\rangle}{\sqrt{2}}$$

$|0\rangle$ — H — ● — H — $|x_1\rangle = \begin{cases} x_1 = 0 \rightarrow \phi = 0.0 = 0 \rightarrow \lambda = +1 \\ x_1 = 1 \rightarrow \phi = 0.1 = \frac{1}{2} \rightarrow \lambda = -1 \end{cases}$

$|u\rangle = \frac{|0\rangle \pm |1\rangle}{\sqrt{2}}$ — X — $|u\rangle = \pm\frac{|0\rangle \pm |1\rangle}{\sqrt{2}}$

$$X|u\rangle = X\left(\frac{|0\rangle \pm |1\rangle}{\sqrt{2}}\right) = \pm\frac{|0\rangle \pm |1\rangle}{\sqrt{2}}$$

ビット反転演算 X に入力された固有値ベクトル $|u>$ の固有値 λ は、次のようになる。

$$X\left(\frac{|0\rangle+|1\rangle}{\sqrt{2}}\right)=(+1)\left(\frac{|0\rangle+|1\rangle}{\sqrt{2}}\right)=\lambda\left(\frac{|0\rangle+|1\rangle}{\sqrt{2}}\right)$$

$$X\left(\frac{|0\rangle-|1\rangle}{\sqrt{2}}\right)=(-1)\left(\frac{|0\rangle-|1\rangle}{\sqrt{2}}\right)=\lambda\left(\frac{|0\rangle-|1\rangle}{\sqrt{2}}\right)$$

これらの固有ベクトルは **X 基底**（2.2.2 項参照）と呼ばれ、ビット反転演算 X で固有ベクトルはそれぞれ変わらず、固有値 λ のスカラー倍だけになっている。

つまり、ビット反転演算 X に対して固有ベクトル $(|0\rangle+|1\rangle)/\sqrt{2}$ では固有値は $\lambda=+1$ となり、固有ベクトル $(|0\rangle-|1\rangle)/\sqrt{2}$ では固有値は $\lambda=-1$ となる。そこで、固有ベクトル $(|0\rangle+|1\rangle)/\sqrt{2}$ でビット反転演算 X の固有値推定ゲートを通し、制御ゲートを観測して $x_1=0$ となればよく、位相は $\phi=0.x_1=0$ で固有値 $\lambda=e^{2\pi i\phi}=+1$ で固有値と推定できる。また、固有ベクトル $(|0\rangle-|1\rangle)/\sqrt{2}$ で固有値推定ゲートを通し、制御ゲートを観測して $x_1=1$ となればよく、位相は $\phi=0.1=1/2$ となり、固有値 $\lambda=e^{2\pi i\phi}=-1$ と推定できる。

つまり、次のような行列計算で、確かめられる。

$$|0\rangle\frac{|0\rangle+|1\rangle}{\sqrt{2}}\xrightarrow{H\otimes I}\frac{|00\rangle+|01\rangle+|10\rangle+|11\rangle}{\sqrt{2}}\xrightarrow{CX}\frac{|00\rangle+|01\rangle+|11\rangle+|10\rangle}{\sqrt{2}}\xrightarrow{H\otimes I}|0\rangle\frac{|0\rangle+|1\rangle}{\sqrt{2}}\rightarrow x_1=0\rightarrow\lambda=+1$$

$$|0\rangle\frac{|0\rangle-|1\rangle}{\sqrt{2}}\xrightarrow{H\otimes I}\frac{|00\rangle-|01\rangle+|10\rangle-|11\rangle}{\sqrt{2}}\xrightarrow{CX}\frac{|00\rangle-|01\rangle+|11\rangle-|10\rangle}{\sqrt{2}}\xrightarrow{H\otimes I}|1\rangle\frac{|0\rangle-|1\rangle}{\sqrt{2}}\rightarrow x_1=1\rightarrow\lambda=-1$$

例題 11-2　ビット反転演算 X の固有値推定ゲート

量子シミュレータを用いて、ビット反転演算 X の固有値推定ゲートを作成せよ。ビット反転演算 X の固有ベクトルの X 基底に応じて固有値が推定できることを確かめよ。

【解答】

図 11.8 のような固有値推定ゲートを作成した。ここでは、制御 X ゲートは、制御 NOT ゲートそのものである。目標ゲート Q_1 には、それぞれ固有ベクトル $(|0\rangle+|1\rangle)/\sqrt{2}$, $(|0\rangle-|1\rangle)/\sqrt{2}$ を入れて、制御ゲートだけを観測した結果、それぞれ $x_1=0, 1$ が観測され、固有ベクトル $(|0\rangle+|1\rangle)/\sqrt{2}$ の固有値は $\lambda=+1$、$(|0\rangle-|1\rangle)/\sqrt{2}$ の固有値は $\lambda=-1$ と推定できた。

図11.8 ビット反転演算の固有値推定ゲートの実装実験

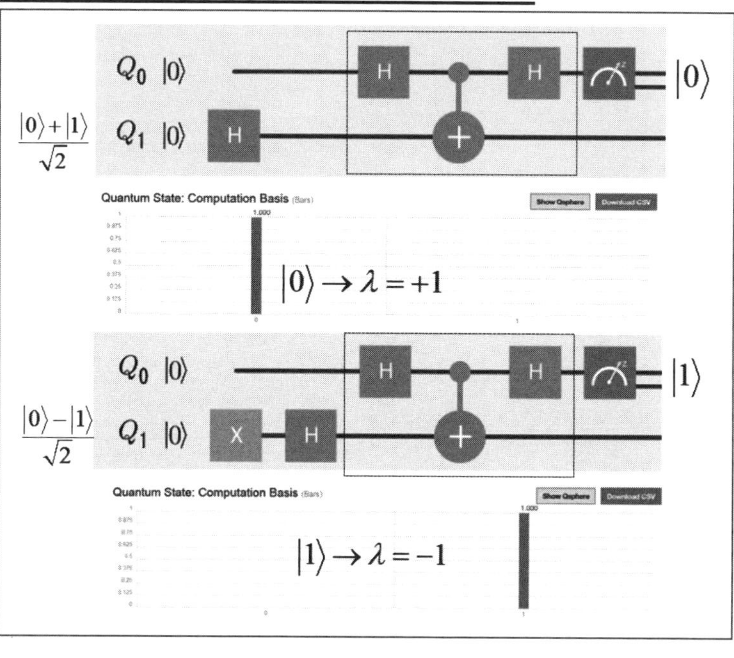

固有ベクトル (|0>−|1>)/ $\sqrt{2}$ が入力されたとき、|1> が観測されたが、これは、ドイチ問題での均等な関数を調べたときと同じ量子回路（図 7.4（3）参照）になっていて、ドイチ問題は位相推定問題の一部分とも考えられる。

11

(3) 位相・ビット反転演算 Y の固有値推定

位相・ビット反転演算 Y に入力された固有ベクトルの固有値を推定してみよう。

図11.9 位相・ビット反転演算の固有値推定ゲート

$\frac{|0\rangle + e^{2\pi i 0.x_1}|1\rangle}{\sqrt{2}}$

$|0\rangle$ — H — ● — H — $|x_1\rangle = \begin{cases} x_1 = 0 \rightarrow \phi = 0.0 = 0 \rightarrow \lambda = +1 \\ x_1 = 1 \rightarrow \phi = 0.1 = \frac{1}{2} \rightarrow \lambda = -1 \end{cases}$

$|u\rangle = \frac{|0\rangle \pm i|1\rangle}{\sqrt{2}}$ — Y — $|u\rangle = \pm\frac{|0\rangle \pm i|1\rangle}{\sqrt{2}}$

$$Y|u\rangle = Y\left(\frac{|0\rangle \pm i|1\rangle}{\sqrt{2}}\right) = \pm\frac{|0\rangle \pm i|1\rangle}{\sqrt{2}}$$

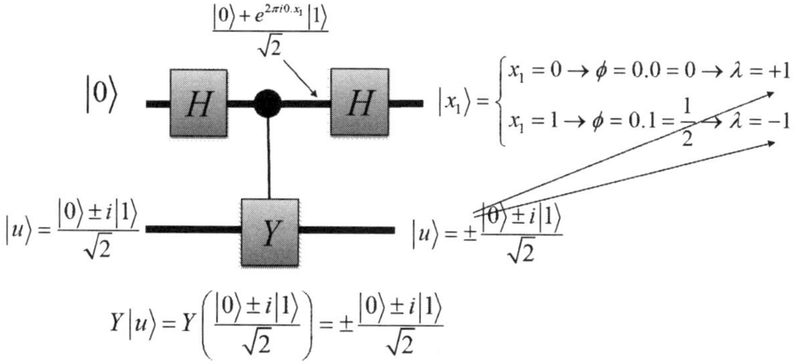

位相・ビット反転演算 Y に入力された固有ベクトル $|u>$ の固有値 λ は、次のようになる。

$$Y\left(\frac{|0\rangle+i|1\rangle}{\sqrt{2}}\right)=(+1)\left(\frac{|0\rangle+i|1\rangle}{\sqrt{2}}\right)=\lambda\left(\frac{|0\rangle+i|1\rangle}{\sqrt{2}}\right)$$

$$Y\left(\frac{|0\rangle-i|1\rangle}{\sqrt{2}}\right)=(-1)\left(\frac{|0\rangle-i|1\rangle}{\sqrt{2}}\right)=\lambda\left(\frac{|0\rangle-i|1\rangle}{\sqrt{2}}\right)$$

これらの固有ベクトルは、位相・ビット反転演算 Y で固有ベクトルは変わらず、固有値 λ のスカラー倍だけになっている。

つまり、位相・ビット反転演算 Y に対して固有ベクトル $(|0>+i|1>)/\sqrt{2}$ では固有値は $\lambda=+1$ となり、固有ベクトル $(|0>-i|1>)/\sqrt{2}$ では固有値は $\lambda=-1$ となる。そこで、固有ベクトル $(|0>+i|1>)/\sqrt{2}$ で位相・ビット反転演算 Y の固有値推定ゲートを通し、制御ゲートを観測して $x_1=0$ となればよく、位相は $\phi=0.x_1=0$ で固有値 $\lambda=e^{2\pi i\phi}=+1$ と推定できる。また、固有ベクトル $(|0>-i|1>)/\sqrt{2}$ で固有値推定ゲートを通し、制御ゲートを観測して $x_1=1$ となればよく、位相は $\phi=0.1=1/2$ となり、固有値 $\lambda=e^{2\pi i\phi}=-1$ と推定できる。

つまり、次のような行列計算で、確かめられる。

$$|0\rangle\frac{|0\rangle+i|1\rangle}{\sqrt{2}}\xrightarrow{H\otimes I}\frac{|00\rangle+i|01\rangle+|10\rangle+i|11\rangle}{\sqrt{2}}\xrightarrow{CY}\frac{|00\rangle+i|01\rangle+i|11\rangle+|10\rangle}{\sqrt{2}}\xrightarrow{H\otimes I}|0\rangle\frac{|0\rangle+i|1\rangle}{\sqrt{2}}\rightarrow x_1=0\rightarrow\lambda=+1$$

$$|0\rangle\frac{|0\rangle-i|1\rangle}{\sqrt{2}}\xrightarrow{H\otimes I}\frac{|00\rangle-i|01\rangle+|10\rangle-i|11\rangle}{\sqrt{2}}\xrightarrow{CY}\frac{|00\rangle-i|01\rangle+i|11\rangle-|10\rangle}{\sqrt{2}}\xrightarrow{H\otimes I}|1\rangle\frac{|0\rangle-i|1\rangle}{\sqrt{2}}\rightarrow x_1=1\rightarrow\lambda=-1$$

例題 11-3　位相・ビット反転演算 Y の固有値推定ゲート

量子シミュレータを用いて、位相・ビット反転演算 Y の固有値推定ゲートを作成せよ。位相・ビット反転演算 Y の固有ベクトルに応じて固有値が推定できることを確かめよ。

【解答】

次のような固有値推定ゲートを作成した。ここでは、制御 Y ゲートは、$Y=SXS^{\dagger}$ により、位相シフト演算 $S, S^{\dagger}$ と制御 NOT ゲートで作成する。目標ゲート Q_1 には、それぞれ固有ベクトル $(|0>+i|1>)/\sqrt{2}$, $(|0>-i|1>)/\sqrt{2}$ はアダマール変換と位相シフト演算 $S, S^{\dagger}$ から作成して入力ビットとした。制御ゲートだけを観測した結果、それぞれ $x_1=0, 1$ が観測され、固有ベクトル $(|0>+i|1>)/\sqrt{2}$ の固有値は $\lambda=+1$、$(|0>-i|1>)/\sqrt{2}$ の固有値は $\lambda=-1$ と推定できた。

図11.10　位相・ビット反転演算の固有値推定ゲートの実装実験

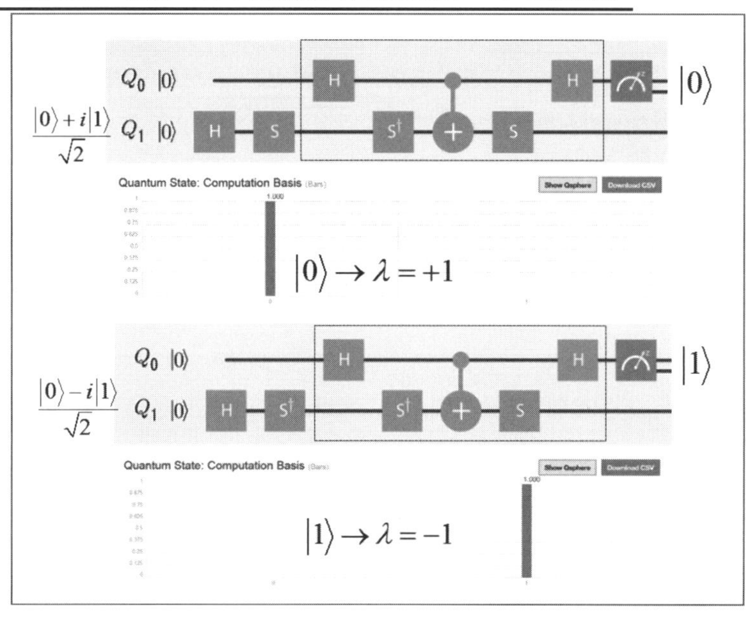

11.3 位数発見アルゴリズムの量子実験

11.3.1　位数とは

位数とは、整数 N (>0) とお互いに素な整数 a (< N) を考えると、a^r=1 (mod N) を満たす最小の r (> 0) のことである。

たとえば、整数 N=3 とお互いに素な整数 a=2 として、2^r=1 (mod 3) を満たす最小の r (> 0) を順に求めていくと、次のように r=2 と求められる。これが、この問題での位数 r=2 である。

$$2^1 = 2, 2^2 = 1, 2^3 = 2, 2^4 = 1$$

また、別な例では、整数 N=5 とお互いに素な整数 a=2 とすると、2^r=1 (mod 5) を満たす最小の r (> 0) は、次のように位数 r=4 と求められる。

$$2^1 = 2, 2^2 = 4, 2^3 = 3, 2^4 = 1$$

なぜ、こんな問題を考えるかというと、素因数分解で必要な関数の周期発見アルゴリズムで、この位数が関数 $f(x)=a^x \bmod N$ の周期そのものになっているために、位数が見つかれば、関数の周期が見つけられる問題に発展できるためである。また、位相推定アルゴリズムを応用すれば、この位数発見アルゴリズムに繋がる点も興味深い。

例題 11-4　位数を求める計算

$3^r=1$ (mod 8) の位数を求めよ。

【解答】

$3^r=1$ (mod 8) を満たす r (>0) を順に求めていくと、次のように $r=2, 4$ となり、この問題での位数は最小の $r=2$ である。

$$3^1=3\,(\mathrm{mod}\,8),\ 3^2=9\,(\mathrm{mod}\,8)=1,\ 3^3=27\,(\mathrm{mod}\,8)=3,\ 3^4=81\,(\mathrm{mod}\,8)=1$$

これを位数発見アルゴリズムとして量子コンピュータで解くためには、次のように状態ベクトル $|x>$ に対して、その状態を a (mod N) 倍するユニタリ行列 U_a を考える。

$$U_a|x\rangle=|xa(\mathrm{mod}\,N)\rangle$$

このユニタリ変換 U_a を r 回繰り返すと、$U_a^r|x>=|xa^r$ (mod N)> となり、a (mod N) の位数を r とすると、$a^r=1$ (mod N) であるので、ユニタリ変換 U_a を r 回繰り返すと元に戻り、恒等変換 $U_a^r=I$ となる。

例題 11-5　ユニタリ変換の繰り返しで恒等変換になる

$N=3$, $a=2$ として、$U_3|x>=|2x$ (mod 3)> のユニタリ変換を繰り返すと何回のユニタリ変換で元に戻るかを調べよ。

【解答】

x の範囲を $0 \leqq x \leqq 3$ として調べると、2 回以下で元に戻り、$U_2{}^2=I$ となっている。また、$2^r=1$ (mod 3) の位数も $r=2$ であることが分かる。

$$|0\rangle\xrightarrow{U_2}|0\rangle,\quad |1\rangle\xrightarrow{U_2}|2\rangle\xrightarrow{U_2}|1\rangle,\quad |2\rangle\xrightarrow{U_2}|1\rangle\xrightarrow{U_2}|2\rangle$$

このようなユニタリ行列 U_a のすべての固有値は1の r 乗根となるので、$k \in \{1, 2, \cdots, k\}$ として、次のような固有値を持ち、

$$\lambda_k = e^{2\pi i\left(\frac{k}{r}\right)}$$

その固有ベクトルは、次のように書ける。

$$|\psi_k\rangle = \frac{1}{\sqrt{r}} \sum_{j=0}^{r-1} e^{-2\pi i\left(\frac{k}{r}\right)j} \left|xa^j (\mathrm{mod}\, N)\right\rangle$$

この固有ベクトルの次のような総和は |1> となり、目標ゲートに状態ベクトル |1> を入力すれば、ユニタリ変換 U_a の固有ベクトルの総和が入力できることになる。

$$\frac{1}{\sqrt{r}} \sum_{k=0}^{r-1} |\psi_k\rangle = |1\rangle$$

そのため、状態ベクトル |1> のユニタリ変換 U_a を j 回繰り返すと、次のようになる。

$$U_a^j |1\rangle = \left|a^j (\mathrm{mod}\, N)\right\rangle$$

これらの性質を利用すると、位数発見ゲートは、次のように制御 U_a^j ゲートを使った量子回路になる。ここでは逆量子フーリエ変換をしているので、位相推定ゲートとなり、制御ゲートを観測すれば、位数が発見できることになる。

図11.11　位数発見ゲート

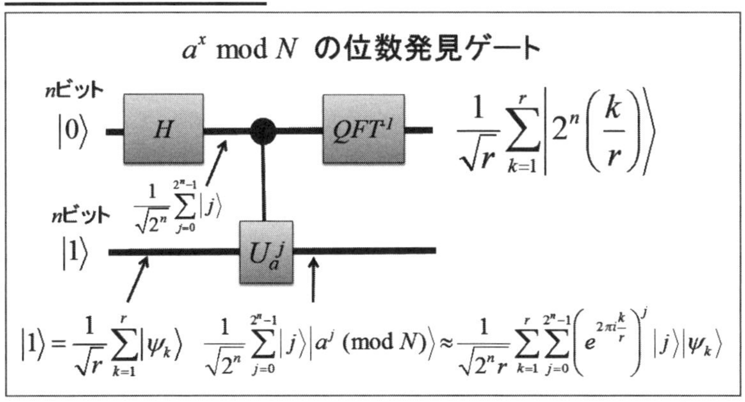

つまり、ベクトル計算では、次のように導ける。

$$|0\rangle|1\rangle \xrightarrow{H^n} \frac{1}{\sqrt{2^n}}\sum_{j=0}^{2^n-1}|j\rangle|1\rangle \xrightarrow{C-U_a^j} \frac{1}{\sqrt{2^n}}\sum_{j=0}^{2^n-1}|j\rangle\left|a^j(\mathrm{mod}\,N)\right\rangle$$
$$=\frac{1}{\sqrt{2^n r}}\sum_{k=1}^{r}\sum_{j=0}^{2^n-1}\left(e^{2\pi i\frac{k}{r}}\right)^j|j\rangle|\psi_k\rangle \xrightarrow{QFT^{-1}} \approx \frac{1}{\sqrt{r}}\sum_{k=1}^{r}\left|2^n\left(\frac{k}{r}\right)\right\rangle|\psi_k\rangle$$

最後の式は、簡単のために 2^n が r で割り切れるとした。

ここで、制御ゲートの状態ベクトルを観測して、観測値 s が得られたとすると、ある整数 $k\in\{1, 2, \cdots, r\}$ に対して k/r の n ビットの推定として、次のようになり、位数 r が計算できる。

$$s=2^n\left(\frac{k}{r}\right)\rightarrow\frac{s}{2^n}=\frac{k}{r}$$

そして、次章で説明するが、位数が見つかれば、関数の周期が容易に求まり、因数分解アルゴリズムに繋がる。つまり、関数 $f(x)=a^x\ (\mathrm{mod}\ N)$ が T の周期関数 $f(x)=f(x+T)$ になっているとき、次のようになる。

$$a^x\ (\mathrm{mod}\,N)=a^{x+T}\ (\mathrm{mod}\,N)\rightarrow a^T=1\ (\mathrm{mod}\,N)$$

つまり、T の周期関数 $f(x)$ は、周期 T がこの関数の位数になっていて、位数を見つけることは、関数 $f(x)=a^x\ (\mathrm{mod}\ N)$ の周期 T を見つけることと同じになる。

11.3.2　コンパイル版量子回路での位数発見アルゴリズム

位数発見ゲートでは、モジュラー累乗法と呼ばれてユニタリ変換の累乗が多数現れて、実際の量子ゲートでは実装しにくかった。そこで、量子回路を単純化するために、いろいろと効率的な手法（参照：quant-ph/9602016v1）が開発されたが、ショアの素因数分解アルゴリズムの中での位数発見ゲートにはコンパイル（翻訳、編集）された量子回路（参照：quant-ph/1011.2628v2）が採用されるようになった。概略は、次のようなモジュラー累乗法から関数 $f(x)=a^x\ (\mathrm{mod}\ N)$ のオラクルの量子回路で表現されるようになった。これをここでは、**コンパイル版量子回路**ということにする。

$$U_a^j|j\rangle|1\rangle=|j\rangle\left|a^j(\mathrm{mod}\,N)\right\rangle=\left(e^{2\pi i\frac{k}{r}}\right)^j|j\rangle|\psi_k\rangle\rightarrow U_f|x\rangle|1\rangle=|x\rangle\left|a^x(\mathrm{mod}\,N)\right\rangle$$

ショアの素因数分解アルゴリズムを説明する前に、コンパイル版量子回路に慣れるために、コンパイル版量子回路を用いた位数発見ゲート作成の練習をしてみよう。ここでは、因数分解とは無関係に、位数の発見だけに着目してみる。

図11.12　コンパイル版量子回路による位数発見ゲート

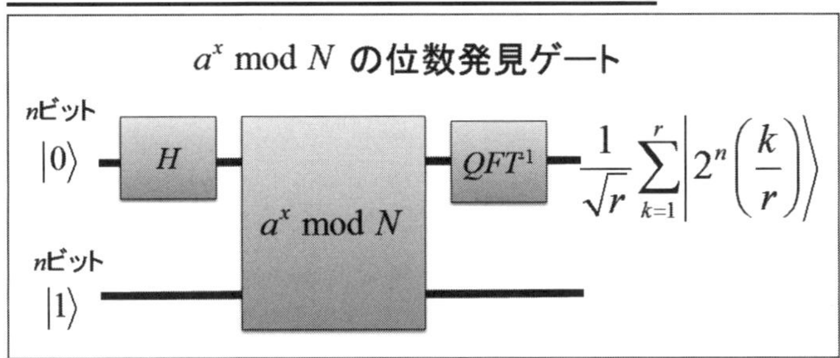

(1) 3^x (mod 8) の位数発見ゲート

3^x (mod 8) の位数を見つける量子回路として、コンパイル版量子回路を作成してみよう。4 量子ビットあればよいので、図 11.3 のように作成できる。3^x (mod 8) の入力ビットは $|x_0x_1>$ で、オラクルの関数の計算値 $f(x)=3^x$ (mod 8) は補助ビットに $|y_0y_1>$ として現れる。入力ビットの上位ビット $|x_0>$ には無関係な出力になっているので、制御 NOT ゲートを 1 つだけ用いて完成する。

図11.13　$f(x)=3^x$ (mod 8) のコンパイル版量子オラクル

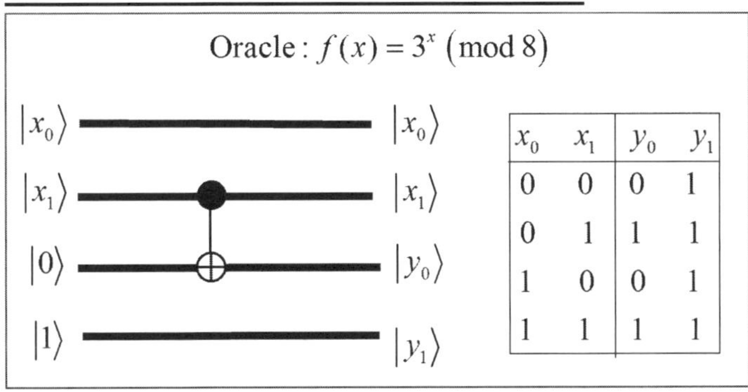

x_0	x_1	y_0	y_1
0	0	0	1
0	1	1	1
1	0	0	1
1	1	1	1

図11.14　$f(x)=3^x$ (mod 8) の位数発見ゲート

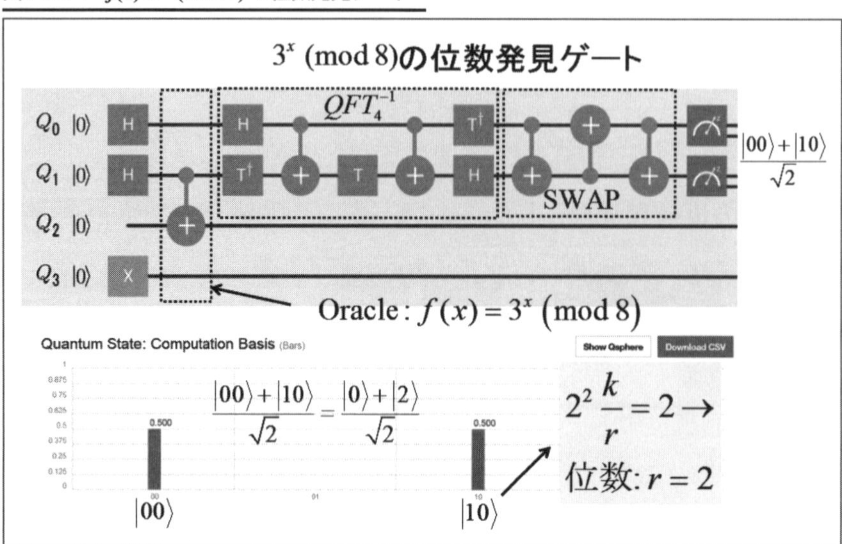

量子シミュレータでこのコンパイル版量子回路を位数発見ゲートに設定して、$f(x)=3x$ (mod 8) の位数を発見する量子回路を作成すると、図 11.4 のようになる。ここで、入力ゲートの状態ベクトル $|x_0x_1>$ を観測して、観測値 $s=0, 2$ が得られたので、整数 $k\in\{1, 2, 3, 4\}$ に対して k/r の 2 ビットの推定として、次のようになり、位数が 50% の確率で $r=2$ と計算できたことになる。

$$s = 2^2\left(\frac{k}{r}\right) \rightarrow \frac{s}{4} = \frac{k}{r} = \begin{cases} \dfrac{0}{4} = 0 \rightarrow r: \text{不明} \\ \dfrac{2}{4} = \dfrac{1}{2} \rightarrow r = 2 \end{cases}$$

確かに、$3^r=3^2=9$ (mod 8)=1 となり、$r=2$ が位数となっている。

(2) 2^x (mod 3) の位数発見ゲート

同様にして、2^x (mod 3) の位数を見つける量子回路として、コンパイル版量子回路を作成してみよう。ここでも 4 量子ビットあればよいので、図 11.5 のように作成できる。2^x (mod 3) の入力ビットは $|x_0x_1>$ で、オラクルの関数の計算値 $f(x)=2^x$ (mod 3) は補助ビットに $|y_0y_1>$ として現れる。ここで、入力ビットの上位ビット $|x_0>$ には無関係な出力になっているが、制御 NOT ゲートが 2 つ必要になる。

図11.15　$f(x)=2^x$ (mod 3) のコンパイル版量子オラクル

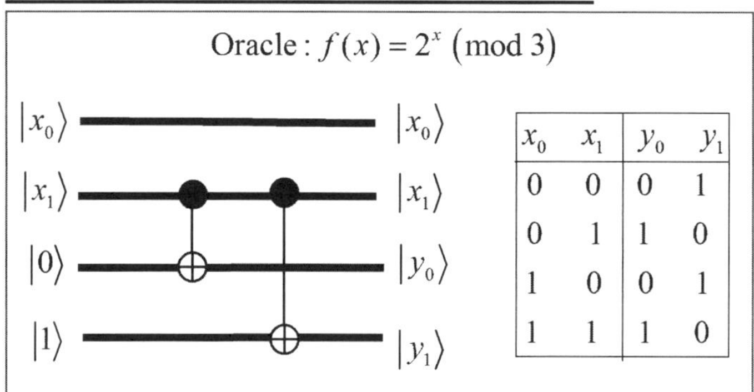

x_0	x_1	y_0	y_1
0	0	0	1
0	1	1	0
1	0	0	1
1	1	1	0

量子シミュレータでこのコンパイル版量子回路を位数発見ゲートに設定して、$f(x)=2^x$ (mod 3) の位数を発見する量子回路を作成すると、図 11.16 のようになる。ここでも、入力ゲートの状態ベクトル $|x_0x_1>$ を観測して、観測値 s=0, 2 が得られたので、整数 $k\in\{1, 2, 3, 4\}$ に対して k/r の 2 ビットの推定として、次のようになり、位数が 50% の確率で r=2 と計算できたことになる。

図11.16　$f(x)=2^x$ (mod 3) の位数発見ゲート

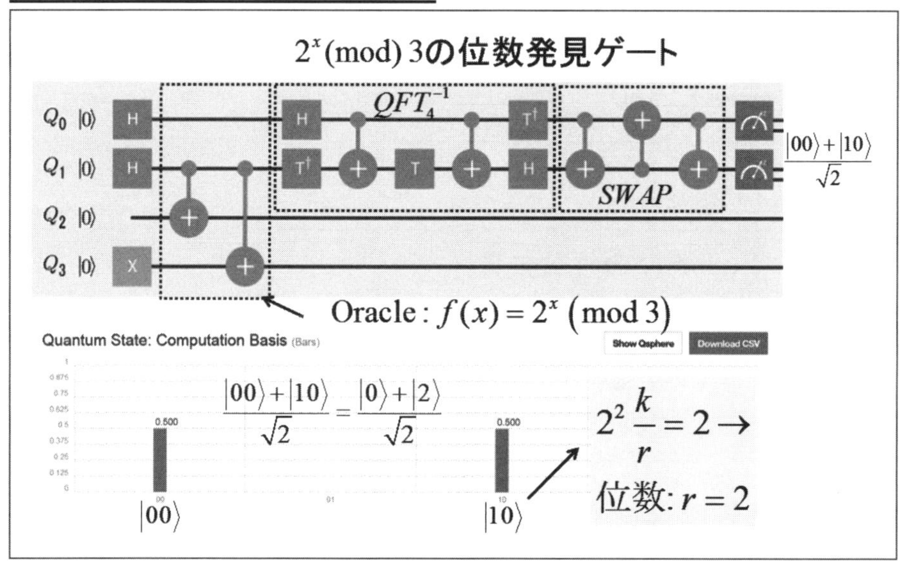

$$s=2^2\left(\frac{k}{r}\right)\rightarrow\frac{s}{4}=\frac{k}{r}=\begin{cases}\frac{0}{4}=0\rightarrow r:\text{不明}\\ \frac{2}{4}=\frac{1}{2}\rightarrow r=2\end{cases}$$

確かに、$2^r=2^2=4 \pmod 3=1$ となり、$r=2$ が位数となっている。

(3) $4^x \pmod{15}$ の位数発見ゲート

最後に、$4^x \pmod{15}$ の位数を見つける量子回路として、コンパイル版量子回路を作成してみよう。ここでは 5 量子ビット必要となり、図 11.17 のように作成できる。$4^x \pmod{15}$ の入力ビットは $|x_0x_1>$ で、オラクルの関数の計算値 $f(x)=4^x \pmod{15}$ は補助ビットに $|y_0y_1y_2>$ として現れる。ここでも入力ビットの上位ビット $|x_0>$ には無関係な出力になっていて、制御 NOT ゲートを 2 つだけ用いて完成できる。

図11.17　$f(x)=4^x \pmod{15}$ のコンパイル版量子オラクル

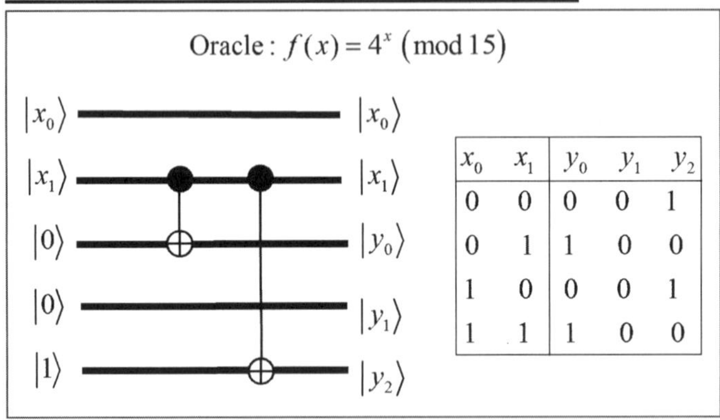

x_0	x_1	y_0	y_1	y_2
0	0	0	0	1
0	1	1	0	0
1	0	0	0	1
1	1	1	0	0

図11.18　$f(x)=4^x \pmod{15}$ の位数発見ゲート

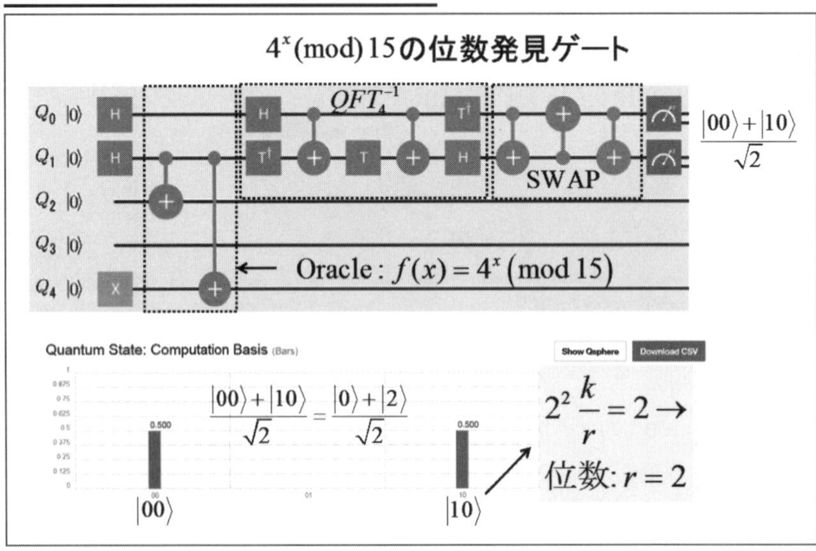

量子シミュレータでこのコンパイル版量子回路を位数発見ゲートに設定して、$f(x)=4^x$ (mod 15) の位数を発見する量子回路を作成すると、図 1.18 のようになる。ここで、入力ゲートの状態ベクトル $|x_0x_1>$ を観測すると、ここでも観測値 s=0, 2 が得られたので、整数 $k\in\{1, 2, 3, 4\}$ に対して k/r の 2 ビットの推定として、次のようになり、位数が 50% の確率で r=2 と計算できたことになる。

$$s = 2^2\left(\frac{k}{r}\right) \to \frac{s}{4} = \frac{k}{r} = \begin{cases} \dfrac{0}{4} = 0 \to r: \text{不明} \\ \dfrac{2}{4} = \dfrac{1}{2} \to r = 2 \end{cases}$$

確かに、$4^r=4^2=16$ (mod 15)=1 となり、r=2 が位数となっている。

実験 11-1

本章で作成した量子回路を量子シミュレータではなく、実際の IBM の量子コンピュータを使って、量子実験をしてみよう。理論値と異なりどの程度の誤差が発生するか実験で確かめてみよう。量子コンピュータでの測定には、ブロッホ測定はできないので、標準基底測定で行うこと。また、量子シミュレータでは置けた演算子が、実際の量子コンピュータ実験では置けない位置もあるので工夫して作成してみよう。

12 ショアの素因数分解問題の量子実験

前章では量子フーリエ変換と逆量子フーリエ変換を利用して位相推定問題や固有値推定問題、さらに、位数発見問題の量子アルゴリズムを説明した。ここでは、位数発見アルゴリズムを利用して、ショアの素因数分解アルゴリズムについて説明する。位数を見つける問題は、関数の周期を見つける問題と全く同じで、素因数分解が容易となる。

コンパイル版量子回路を用いて位数発見ゲートを作成したが、ここでも、コンパイル版量子回路でショアの素因数分解アルゴリズムを解くための量子回路を作成し、周期を求めた。素因数分解で最も難しい部分が、関数の周期性を求める箇所であり、この部分だけ量子回路で求めた。関数の周期が求まれば、古典的コンピュータでユークリッドの互除法で約数を求めることになる。

12.1 因数分解とユークリッドの互除法

整数 N を素因数分解して、$N=pq$ となるような整数 p, q（素因数）を求めるためには、まず、N よりも小さく**お互いに素**な整数 a を選び、

$$a \in \{1, 2, \ldots, N-1\} \quad : \quad \gcd(a, N) = 1$$

関数 $f(x)=a^x \pmod N$ が次の式を満たすような最小の周期 $T(>0)$ を求める。

$$f(x)=f(x+T)$$

そして、この周期 T が偶数であれば問題はないが、奇数であれば偶数が求まるまで再度整数 a を選びやり直す必要がある。

整数 p, q が分かっていれば、整数 N を求めることは簡単であるが、その逆は整数 N が大きくなればなるほど難しくなる。この難しさを利用し、RSA 暗号などに使われていて、インターネットでの安全性が確保されている。

整数 $N=pq$ の因数分解アルゴリズムの手順を示すと、次のようになる。

$N=pq$ の因数分解アルゴリズム

□最初に N よりも小さく、お互いに約数を持たない、次のような整数 a を選ぶ。

$$a \in \{1,2,\ldots,N-1\} \quad : \quad \gcd(a,N)=1$$

□関数 $f(x)=a^x \pmod N$ が次の式を満たすことが約束されていて、その最小の周期 $T(>0)$ を求める（この部分だけを量子回路で求める)。

周期性条件 $f(x)=f(x+T)$

□周期 T が奇数なら、別な整数 a を選び直し、再度繰り返す。

□周期性条件より、

$$a^x \bmod N = a^{x+T} \bmod N \to a^T = 1 \mod N \to a^T - 1 = 0 \mod N$$

となる。周期 T が偶数なら

$$a^T - 1 = (a^{T/2}+1)(a^{T/2}-1) = 0 \bmod N (= cN)$$

となり、**ユークリッドの互除法**を用いて、最大公約数 $\gcd(a^{T/2}\pm1, N)$ を求める。

□求めた最大公約数が p, q であるならば、N の素因数分解ができた。

ここで、因数分解アルゴリズムが位数発見アルゴリズムと同じになることは、$a^T=1 \pmod N$ での周期が位数になっているためである。

例題 12-1　因数分解アルゴリズム

N=6 を上の因数分解アルゴリズムで解け。

【解答】

まず、N=6 より小さく 1 より大きな整数で約数を持たない整数は a=5 しかなく、これを選ぶ。a=2, 3 と約数を持てば、もう因数分解できたことになる。明らかに、gcd(5, 6)=1 である。

次に、関数 $f(x)=5^x \pmod 6$ を計算して、周期性を見つけると、次のように 2 つずつ繰り返していて、周期 T=2 を持った周期性があり、$a^T=5^2=1 \pmod 6$ を満足している。

$$5^0 \bmod 6 = 1, 5^1 \bmod 6 = 5, 5^2 \bmod 6 = 1, 5^3 \bmod 6 = 5, \ldots$$

そこで偶数の周期 T=2 が見つかったので、ユークリッドの互除法の古典的アルゴリズムを使って

$$\gcd(a^{T/2} \pm 1, N) = \gcd(5 \pm 1, 6) = 2, 3$$

より、$N = 6$ の因子が見つかり、$N = 2 \cdot 3$ となる。

ここで、整数 N が非常に大きくなると、古典的コンピュータでは周期が容易に求められない。その因数分解の難しさを利用した RSA 暗号が有効になり、現在、インターネット上での商取引に利用されている。この **RSA 暗号**は、1977 年に R.L.Rivest や A.Shamir、L.M.Adleman によって開発された公開鍵暗号システムで，彼らの名前から RSA 暗号と呼ばれるようになった。

しかし、量子コンピュータで非常に大きな整数 N でも関数 $f(x)=a^x \pmod N$ の周期が容易に求められ、インターネット上での安全性が危ぶまれることになった。これまで、量子コンピュータが何の役に立つか実用的なアルゴリズムの発見がなく、量子コンピュータがあまり注目されなかった。しかし、ショアの素因数分解アルゴリズムが発見されてから、量子コンピュータが注目された。さらに、解読不可能な量子暗号の研究へと発展した。

12.2 ショアの素因数分解アルゴリズム

12.2.1　量子ビット計算による周期発見

先ほどは、関数 $f(x)=5^x \pmod 6$ を手計算して、周期 $T=2$ を見つけたが、手計算で用いた数値を量子ビットの状態ベクトルに直して計算してみよう。

関数 $f(x)=5^x \pmod 6$ のオラクルを考えると、次のような入出力となる。

$$|x\rangle|0\rangle \xrightarrow{U_f} |x\rangle|f(x)\rangle$$

ここで、関数の周期性を調べるために、変数 x に数値を代入したように計算すると、次のようになり、関数の周期性が補助ビットに見えてくる。

$$|0\rangle|0\rangle \xrightarrow{U_f} |0\rangle|f(0)\rangle = |0\rangle|5^0 \bmod 6\rangle = |0\rangle|1\rangle$$
$$|1\rangle|0\rangle \xrightarrow{U_f} |1\rangle|f(1)\rangle = |1\rangle|5^1 \bmod 6\rangle = |1\rangle|5\rangle$$
$$|2\rangle|0\rangle \xrightarrow{U_f} |2\rangle|f(2)\rangle = |2\rangle|5^2 \bmod 6\rangle = |2\rangle|1\rangle$$
$$|3\rangle|0\rangle \xrightarrow{U_f} |3\rangle|f(3)\rangle = |3\rangle|5^3 \bmod 6\rangle = |3\rangle|5\rangle$$

しかし、補助ビットに見えた関数の周期性を制御ゲートを観測してその周期性を出す必要があり、ショアは次のように考えた。変数 x に重ね合わせ状態を入力すれば、補助ビットの関数値 $f(x)$ は 1 か 5 しか観測されず、ここから周期性を見つけ出すことはできない。

$$\left(|0\rangle+|1\rangle+|2\rangle+|3\rangle\right)|0\rangle \xrightarrow{U_f} |0\rangle|1\rangle+|1\rangle|5\rangle+|2\rangle|1\rangle+|3\rangle|5\rangle = \left(|0\rangle+|2\rangle\right)|1\rangle+\left(|1\rangle+|3\rangle\right)|5\rangle$$

ところが、制御ゲートを見ると、補助ビットの関数値 $f(x)$ のどちらが観測されても、制御ゲートに何らかの周期性が表現されている。

$$\left(|0\rangle+|2\rangle\right)|1\rangle+\left(|1\rangle+|3\rangle\right)|5\rangle \xrightarrow{\text{補助ビットを観測}} \begin{cases} |1\rangle\text{のとき} \to |0\rangle+|2\rangle \\ |5\rangle\text{のとき} \to |1\rangle+|3\rangle \end{cases}$$

つまり、量子フーリエ変換での**シフト不変性**（10.5 節参照）について説明したが、これらの制御ゲートを逆量子フーリエ変換すれば、オフセット分の1が差し引かれて、どちらが観測されても逆量子フーリエ変換すれば、位相だけが異なるが同じ状態ベクトルが生成される。

$$\left.\begin{array}{l}|1\rangle のとき \rightarrow |0\rangle + |2\rangle \\ |5\rangle のとき \rightarrow |1\rangle + |3\rangle\end{array}\right\} \xrightarrow{QFT^\dagger} |0\rangle \pm |2\rangle$$

ここで、制御ゲートの状態ベクトルを観測して、観測値 s として0か2が得られることになる。位数発見アルゴリズムでも説明したが、2ビットではある整数 $k \in \{1, 2, 3. 4\}$ に対して、k/r の n ビットの推定として位数 r が計算できた。ここでは位数 r が関数 $f(x)=5^x$ (mod 6) の周期 T となり、次のように50%の確率で、周期 T が2と発見できた。

$$s = 2^2\left(\frac{k}{T}\right) \rightarrow \frac{s}{2^2} = \frac{k}{T} = \begin{cases} \dfrac{0}{4} = 0 \rightarrow T : 不明 \\ \dfrac{2}{4} = \dfrac{1}{2} \rightarrow T = 2 \end{cases}$$

確かに、

$$f(1) = 5^1 \bmod 6 = 5 : f(1+2) = 125 \bmod 6 = 5$$

となり、T=2が周期となっている。

演習 12-1

関数 $f(x)=4^x$ (mod 15) に入れる数値を量子ビットの状態ベクトルに直して計算し、関数の周期を求めよ。

12

12.2.2 オラクルによる周期発見ゲート

ショアの素因数分解アルゴリズムのための周期発見ゲートは、位数発見ゲートに基づいて、図12.1のように構成される。主に、位数 r が周期 T に変わった。量子回路のベクトル計算では、次のように計算できる。

図12.1　オラクルによる周期発見ゲート

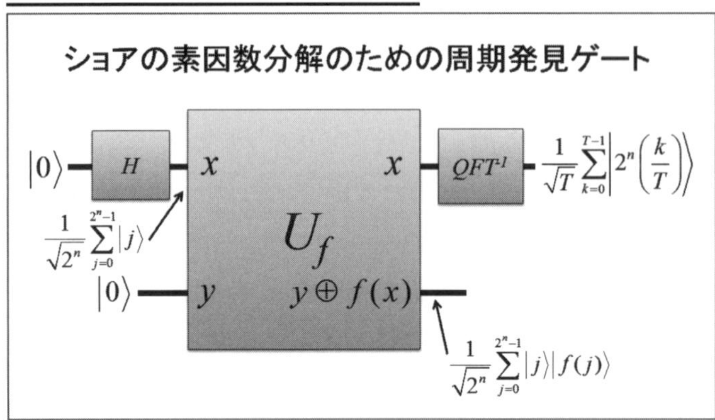

基本的には、初期状態 |00> を準備し、入力ビットは量子フーリエ変換またはアダマール変換を行い、均等な重ね合わせ状態を準備して、オラクルに入れる。オラクル通過後、関数の周期性 $f(x)=f(x+T)$ を利用して、補助ビットを $f(Tm+a)=f(a)$ と簡単にする。その後、補助ビットを観測し、$|f(a_0)>$ が観測されたとすると、その総和は 1 つに特定されたので消えることになる。

そして、入力ビットを逆量子フーリエ変換し、指数に乗ったオフセット $\omega^{-a_0 a}$ は定数となったので分離する。m の総和は干渉効果を利用すると $2^n/T$ と簡単になり、$a=2^n(k/T)$ となる。そこで、オラクルの出力を逆量子フーリエ変換した後に、観測すると周期 T が高い確率で得られることになる。

$$|00\rangle \xrightarrow{H\otimes I} \frac{1}{\sqrt{2^n}}\sum_{j=0}^{2^n-1}|j\rangle|0\rangle \xrightarrow{U_f} \frac{1}{\sqrt{2^n}}\sum_{j=0}^{2^n-1}|j\rangle|f(j)\rangle = \frac{1}{\sqrt{2^n}}\sum_{a=0}^{T-1}\sum_{m=0}^{\frac{2^n}{T}-1}|Tm+a\rangle|f(Tm+a)\rangle$$

$$\xrightarrow{f(x)=f(x+T)} \frac{1}{\sqrt{2^n}}\sum_{a=0}^{T-1}\sum_{m=0}^{\frac{2^n}{T}-1}|Tm+a\rangle|f(a)\rangle \xrightarrow{measured} \sqrt{\frac{T}{2^n}}\left(\sum_{m=0}^{\frac{2^n}{T}-1}|Tm+a_0\rangle\right)|f(a_0)\rangle$$

$$\xrightarrow{QFT^{-1}} \frac{\sqrt{T}}{2^n}\sum_{m=0}^{\frac{2^n}{T}-1}\left(\sum_{a=0}^{2^n-1}\omega^{-(Tm+a_0)a}|a\rangle\right)|f(a_0)\rangle = \frac{\sqrt{T}}{2^n}\sum_{a=0}^{2^n-1}\omega^{-a_0 a}\left(\sum_{m=0}^{\frac{2^n}{T}-1}\omega^{-Tam}\right)|a\rangle|f(a_0)\rangle$$

$$= \frac{1}{\sqrt{T}}\sum_{k=0}^{T-1}\omega^{-a_0 2^n\left(\frac{k}{T}\right)}\left|2^n\left(\frac{k}{T}\right)\right\rangle|f(a_0)\rangle$$

ここで、最後の m の総和は干渉効果を利用すると、a が $2^n/T$ で割り切れるとき、すなわち、a が、$a=2^n(k/T)$ のように、$2^n/T$ の整数倍になっているとき 1 となり、1 の総和数は、その個数分の $2^n/T$

となる。

$$\sum_{m=0}^{\frac{2^n}{T}-1} \omega^{-Tam} = \begin{cases} 2^n/T & (a = 0 \bmod 2^n/T) \\ 0 & (a \neq 0 \bmod 2^n/T) \end{cases}$$

そこで、入力ビットを観測して、|s> が観測されたとすると、次のような状態となる。

$$|s\rangle = \left|2^n\left(\frac{k}{T}\right)\right\rangle \quad \rightarrow \frac{s}{2^n} = \frac{k}{T} \qquad k \in \{0,1,\ldots,T-1\}$$

ここで、観測値 s から、$s/2^n$ を約されない分数まで消去することにより T が決定できる。偶数の T が得られると、ユークリッドの互除法で最大公約数 gcd($a^{T/2}$±1, N) を求めると、N の因子が得られることになる。

12.3 ショアの素因数分解のための量子回路

12.3.1 N=6 の素因数分解のための周期発見ゲート

N=6 の素因数分解のためには、a^x (mod 6) において a<N で N と互いに素な a は 5 しかないので、関数 $f(x)=5^x$ (mod 6) の周期を見つけることになる。

図12.2 $f(x)=5^x$ (mod 6) のコンパイル版量子オラクル

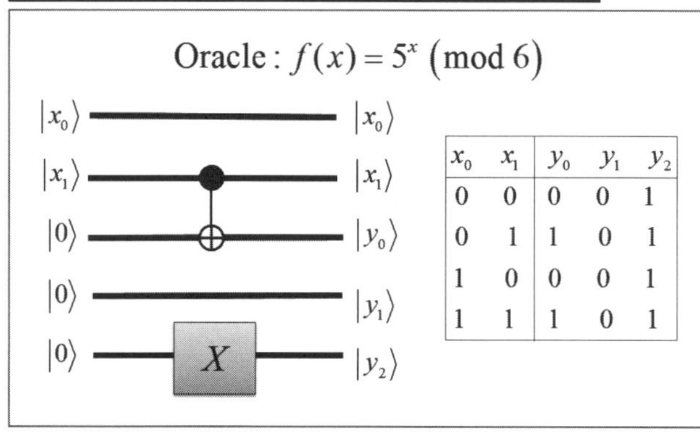

x_0	x_1	y_0	y_1	y_2
0	0	0	0	1
0	1	1	0	1
1	0	0	0	1
1	1	1	0	1

12

この関数のオラクルは、コンパイル版量子回路で作成すると、5量子ビット使って図12.2のように作成できる。5^x (mod 6)の入力ビットは$|x_0x_1>$で、オラクルの関数の計算値$f(x)=5^x$ (mod 6)は補助ビットに$|y_0y_1y_2>$として現れる。入力ビットの上位ビット$|x_0>$には無関係な出力になっているので、ビット反転Xゲートと制御NOTゲートだけで完成する。

図12.3　$f(x)=5^x$ (mod 6)の周期発見ゲート

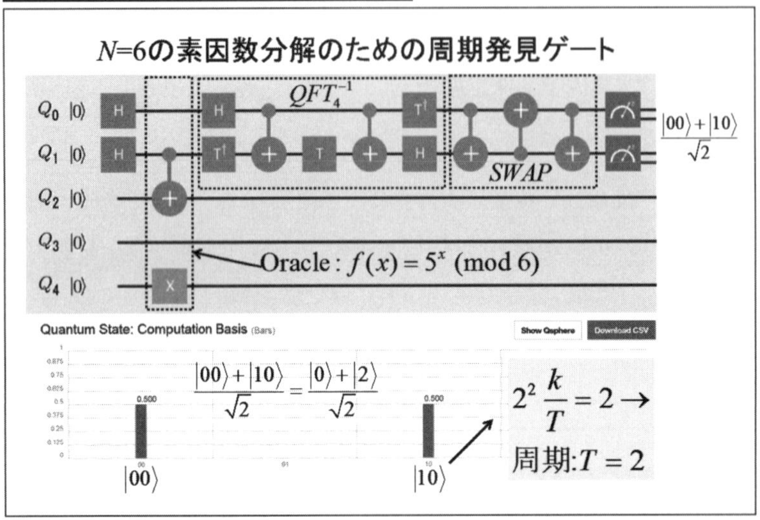

量子シミュレータでこのコンパイル版量子回路を周期発見ゲートに設定して、$f(x)=5^x$ (mod 6)の周期を発見する量子回路を作成すると、図12.3のようになる。ここで、入力ゲートの状態ベクトル$|x_0x_1>$を観測して、観測値s=0, 2が得られたので、整数$k\in\{1, 2, 3. 4\}$に対してk/Tの2ビットの推定として、次のようになり、位数が50%の確率でT=2と計算できたことになる。

$$s=2^2\left(\frac{k}{T}\right)\rightarrow\frac{s}{4}=\frac{k}{T}=\begin{cases}\dfrac{0}{4}=0\rightarrow T:\text{不明}\\[2ex]\dfrac{2}{4}=\dfrac{1}{2}\rightarrow T=2\end{cases}$$

確かに、$f(1)=5^1$ (mod 6)=5: $f(1+2)=5^3$ (mod 6)=5となり、T=2が偶数の周期となっている。偶数のTが得られると、ユークリッドの互除法で最大公約数

$\gcd(a^{T/2}\pm1, N)=\gcd(5^{2/2}\pm1, 6)=2, 3$

を求めると、Nの因子として2, 3が得られ、$N=6=2\cdot3$と素因数分解できる。

演習 12-2

量子シミュレータで、$f(x)=5^x \pmod 6$ の周期を発見する周期発見ゲートを作成して、周期を求めよ。ただし、入力ビットには、アダマール変換ではなく、量子フーリエ変換を用いよ。

12.3.2　N=15 の素因数分解のための周期発見ゲート

N=5 の素因数分解のためには、$a^x \pmod{15}$ において $a<N$ で N と互いに素な a は 2, 4, 7, 8, 11, 13, 14 があり、この中からランダムに選べる。ここでは、a=4 としてみると、関数 $f(x)=4^x \pmod{15}$ の周期を見つけることになる。この関数のオラクルは、コンパイル版量子回路で作成すると、4 量子ビット使って図 12.4 のように作成できる。$4^x \pmod{15}$ の入力ビットは $|x_0x_1>$ で、オラクルの関数の計算値 $f(x)=4^x \pmod{15}$ は補助ビットに $|y_0y_1>$ として現れる。ここでも、入力ビットの上位ビット $|x_0>$ には無関係な出力になっているので、ビット反転 X ゲートと 2 つの制御 NOT ゲートだけで完成する。

図12.4　$f(x)=4^x \pmod{15}$ のコンパイル版量子オラクル

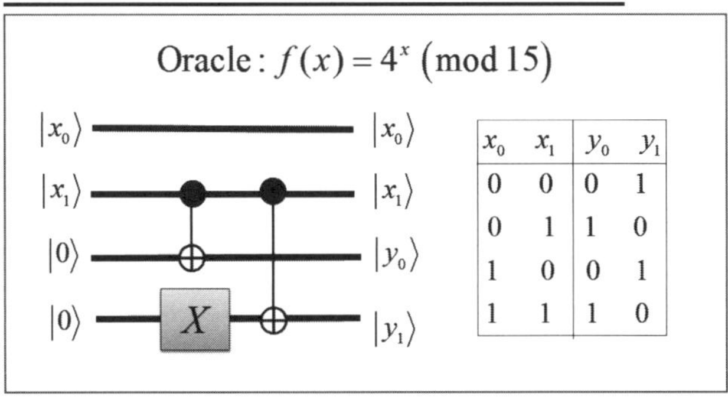

x_0	x_1	y_0	y_1
0	0	0	1
0	1	1	0
1	0	0	1
1	1	1	0

量子シミュレータでこのコンパイル版量子回路を周期発見ゲートに設定して、$f(x)=4^x \pmod{15}$ の周期を発見する量子回路を作成すると、図 12.5 のようになる。ここで、入力ゲートの状態ベクトル $|x_0x_1>$ を観測して、観測値 s=0, 2 が得られたので、整数 $k\in\{1, 2, 3. 4\}$ に対して k/T の 2 ビットの推定として、次のようになり、位数が 50% の確率で T=2 と計算できたことになる。

図12.5　$f(x)=4^x \pmod{15}$ の周期ゲート

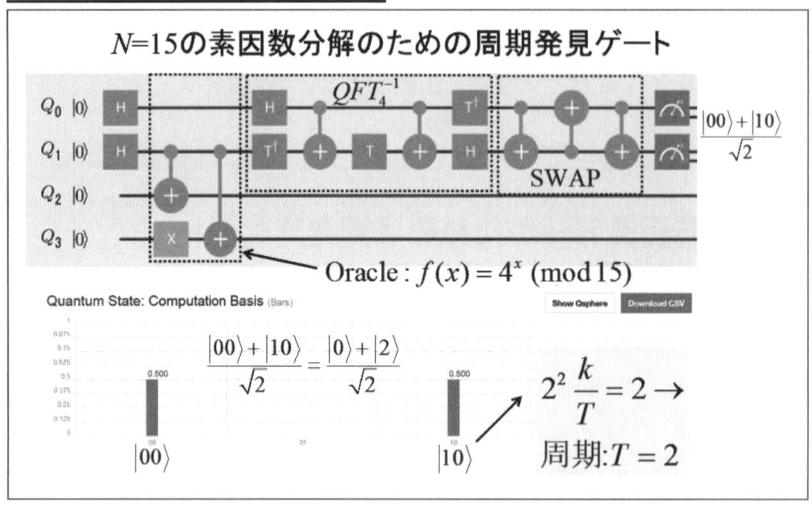

$$s = 2^2\left(\frac{k}{T}\right) \to \frac{s}{4} = \frac{k}{T} = \begin{cases} \dfrac{0}{4} = 0 \to T:\text{不明} \\ \dfrac{2}{4} = \dfrac{1}{2} \to T = 2 \end{cases}$$

確かに、$f(1)=4^1 \pmod{15}=4$: $f(1+2)=4^3 \pmod{15}=4$ となり、$T=2$ が偶数の周期となっている。偶数の T が得られると、ユークリッドの互除法で最大公約数 $\gcd(a^{T/2}\pm1, N)=\gcd(4^{2/2}\pm1, 15)=3, 5$ を求めると、N の因子として 3, 5 が得られ、$N=15 = 3 \cdot 5$ と素因数分解できる。

演習 12-3

量子シミュレータで、$f(x)=4^x \pmod{15}$ の周期を発見する周期発見ゲートを作成して、周期を求めよ。ただし、入力ビットには、アダマール変換ではなく、量子フーリエ変換を用いよ。

実験 12-1

本章で作成した量子回路を量子シミュレータではなく、実際の IBM の量子コンピュータを使って、量子実験をしてみよう。理論値と異なり、どの程度の誤差が発生するか実験で確かめてみよう。量子コンピュータでの測定には、ブロッホ測定はできないので、標準基底測定で行うこと。また、量子シミュレータでは置けた演算子が、実際の量子コンピュータ実験では置けない位置もあるので工夫して作成してみよう。

13 グローバーの探索問題の量子実験

裏に向けられた４枚のバラバラに並んだトランプの中から欲しいカードを見つけるには、ソートされていないために総当たりで順にめくる古典的なアルゴリズムしかなく、偶然に最初に見つかることもあるが、最悪な場合、最後に見つかることもあり、平均確率は 25% である。しかし、グローバーの探索アルゴリズムを使うと、雑音がなければ１回で必ず 100% の確率で見つけることができる。

この探索アルゴリズムでは、欲しい解の確率振幅をマイナスにマーキングし、全確率振幅の平均値の周りで逆転させる**振幅増幅手法**が取られている。ここでは、このマーキング操作と平均値の周りでの逆転操作を行う量子回路を組み立てて、実験してみよう。

13.1 グローバーの探索問題とは

13.1.1 トランプ当てクイズ

探索問題例として、トランプ当てクイズをしてみよう。

４枚のトランプがあり、その中に欲しいダイヤのキングが１枚だけある。すべて伏せられているときに何回めくればダイヤのキングが見つかるであろうか？　トランプはソートされていないため、総当たりで順にめくる古典的なアルゴリズムしかなく、偶然に最初に見つかることもあるが、最悪な場合、最後に見つかることもあり、平均確率は 25% である。

図13.1　トランプ当てクイズ（ダイヤのキングを探せ）

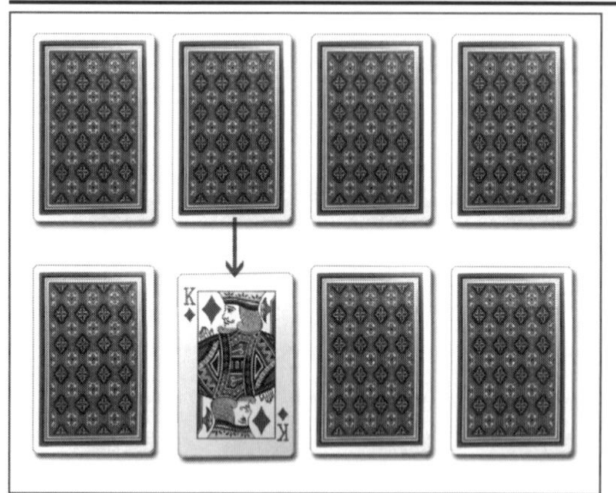

しかし、雑音がなければ 1 回で必ず 100% の確率で見つかるアルゴリズムがあるとすると凄いと思われる。それが、1996 年にロブ・グローバーが発見した量子探索アルゴリズムで、ここではその量子回路を実装して、IBM の量子シミュレータで解いてみた。

13.1.2　探索解の振幅増幅手法

ロブ・グローバーは、整列化されていない N 個のデータベースの中で、1 つのものを見つけ出す量子アルゴリズムを考案した。この量子アルゴリズムは、グローバーの探索アルゴリズムとして知られていて、これ以上良いアルゴリズムがないとされる最適な探索アルゴリズムである。

グローバーの探索アルゴリズムとは、まず、整列化されていない N 個のデータベースの中で何を探索したいのかその項目の番号をマーキングする（目印を付ける）必要がある。それには、N 個のデータベースの番号の付いた状態ベクトルを作り、すべての状態ベクトルの確率振幅が同じ重ね合わせ状態を準備する。そして、何を探索したいのかその項目の番号の状態ベクトルの確率振幅を位相反転させてマーキングを行う。そうすれば、N 個のデータベースの状態ベクトルの重ね合わせ状態で、マーキングされた状態ベクトルだけの位相がマイナスで、他はすべてプラスとなる。

たとえば、$N=2^n=2^2=4$ 個の整列化されていないデータベースでの探索問題を考えてみよう。

次のように N=4 個の番号変数 $x\in\{0, 1\}^2=\{0, 1, 2, 3\}$ の状態ベクトル(番号は 10 進数で表記する)を持った確率振幅が等しい均等な重ね合わせ状態を準備する。

$$|\phi\rangle=\frac{1}{2}(|0\rangle+|1\rangle+|2\rangle+|3\rangle)$$

この中に探索している番号変数が |2> の状態であったとすると、その番号の状態ベクトルの確率振幅を位相反転させてマーキングを行うと、次のようになる。

$$|\phi\rangle=\frac{1}{2}(|0\rangle+|1\rangle-|2\rangle+|3\rangle)$$

そして、グローバーは**振幅増幅手法**という方法で、この重ね合わせ状態の平均値の周りで反転させれば、効率よくデータベースから探索できるとした。つまり、この重ね合わせ状態の確率振幅の正負符号を含めて平均値 <α> を求めると、平均値なので、すべての確率振幅を符号を含めて足し合わせ、次のように個数で割っておく必要がある。

$$\langle\alpha\rangle=\frac{1}{4}\left(\frac{1}{2}+\frac{1}{2}-\frac{1}{2}+\frac{1}{2}\right)=\frac{1}{4}$$

そこで、この平均値の周りで反転させるには、平均値から各確率振幅を引き、そして、平均値を足せばよいので、次のようになる。

$$|\phi\rangle=\left[\left(\frac{1}{4}-\frac{1}{2}\right)+\frac{1}{4}\right]|0\rangle+\left[\left(\frac{1}{4}-\frac{1}{2}\right)+\frac{1}{4}\right]|1\rangle+\left[\left(\frac{1}{4}+\frac{1}{2}\right)+\frac{1}{4}\right]|2\rangle+\left[\left(\frac{1}{4}-\frac{1}{2}\right)+\frac{1}{4}\right]|3\rangle=|2\rangle$$

そうれば、4 個のデータベースの中からマーキングした状態ベクトル |2> が観測されることになる。これをグローバーの探索アルゴリズムといい、振幅増幅手法がとられている。

13

演習 13-1

先の例の 4 個の整列化されていないデータベースでの探索問題で、この中に探索している番号変数が |1> の状態であったとすると、その番号の状態ベクトルの確率振幅を位相反転させてマーキングを行い、平均値の周りで反転させて観測確率を求めよ。

演習 13-2

先の例の 8 個の整列化されていないデータベースでの探索問題で、この中に探索している番号変数が |3> の状態であったとすると、その番号の状態ベクトルの確率振幅を位相反転させてマーキングを行い、平均値の周りで反転させて観測確率を求めよ。

13.2 グローバーの振幅増幅手法の量子回路

13.2.1　探索解のマーキングためのオラクル

N=4 個の整列化されていないデータベースでの探索問題での初期状態に必要な確率振幅が等しい均等な重ね合わせ状態は、次のようにアダマール変換すれば生成できる。

$$|0\rangle|0\rangle \overset{H\otimes H}{\rightarrow} |\phi\rangle = \frac{|0\rangle+|1\rangle}{\sqrt{2}}\frac{|0\rangle+|1\rangle}{\sqrt{2}} = \frac{1}{2}\left(|0\rangle+|1\rangle+|2\rangle+|3\rangle\right)$$

そして、この中で探索している番号の状態ベクトルをマーキングするためには、その番号の状態ベクトルの確率振幅を位相反転させるマーキングのためのオラクルを作成すればよい。マーキングために位相反転させるには、位相反転演算 Z などを利用すればよい。

よく誤解されることであるが、マーキングするということは、答が分かっているのではないか？　といわれる。しかし、どのカードを探索しているのか心に決める必要があり、この心に決めることが、マーキングである。量子コンピュータはマーキングされただけで、量子ゲートを観測しても、どれが探索解なのかまだ分からない。そこで、グローバーの振幅増幅手法を行えば、探索解が見つかることになる。

(1) マーキングターゲット |3>

マーキングターゲットとして |3> の状態をマーキングのための簡単なオラクルは、次のように制御 Z ゲートを通せばよいことが分かる。

$$|\phi\rangle = \frac{1}{2}\left(|00\rangle + |01\rangle + |10\rangle + |11\rangle\right) \xrightarrow{cz} \frac{1}{2}\left(|00\rangle + |01\rangle + |10\rangle - |11\rangle\right) = \frac{1}{2}\left(|0\rangle + |1\rangle + |2\rangle - |3\rangle\right)$$

|3> の状態をマーキングのための実際のオラクルは、$Z=HXH$ と制御 NOT ゲートを利用すれば、制御 Z ゲートが作れる。

そこで、量子シミュレータで作成すると、図 13.2 のようになる。ここでマーキングの確率振幅反転のマイナスは、標準基底測定では現れない。

図13.2　マーキングターゲット |3> の量子オラクル

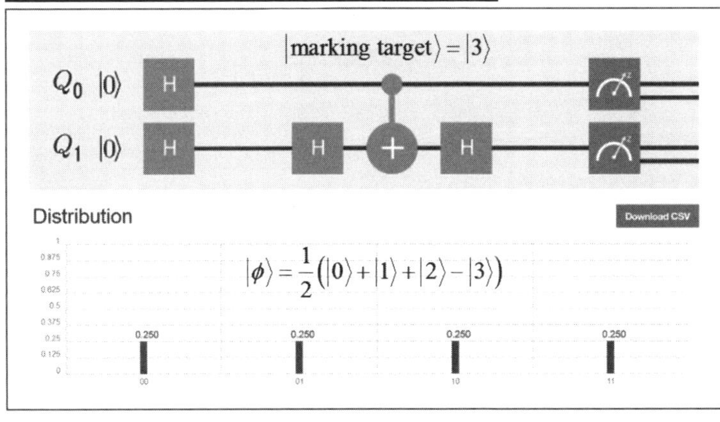

(2) マーキングターゲット |1>

マーキングターゲットとして |1> の状態をマーキングするオラクルは、先のオラクルを利用して、次のように量子ビット Q_1 に位相シフト演算 S を 2 回適用すれば、量子ビット Q_1 が |1> の状態ベクトルすべてに位相が反転する。そのため、先のオラクルで |3> 状態の位相がマイナスからプラスになり、新たに |1> 状態の位相がプラスからマイナスになり、|1> 状態だけをマーキングできた。

$$|\phi\rangle = \frac{1}{2}\left(|00\rangle + |01\rangle + |10\rangle + |11\rangle\right) \xrightarrow{I\otimes S} \frac{1}{2}\left(|00\rangle + i|01\rangle + |10\rangle + i|11\rangle\right)$$
$$\xrightarrow{CZ} \frac{1}{2}\left(|00\rangle + i|01\rangle + |10\rangle - i|11\rangle\right) \xrightarrow{I\otimes S} \frac{1}{2}\left(|00\rangle - |01\rangle + |10\rangle + |11\rangle\right) = \frac{1}{2}\left(|0\rangle - |1\rangle + |2\rangle + |3\rangle\right)$$

|1> の状態をマーキングのための実際のオラクルは、*Z=HXH* と制御 NOT ゲートを利用した制御 *Z* ゲートと位相シフト演算 *S* で作れる。そこで、量子シミュレータで作成すると、図 13.3 のようになる。ここでマーキングの確率振幅反転のマイナスは、標準基底測定では現れない。

図13.3　マーキングターゲット |1> の量子オラクル

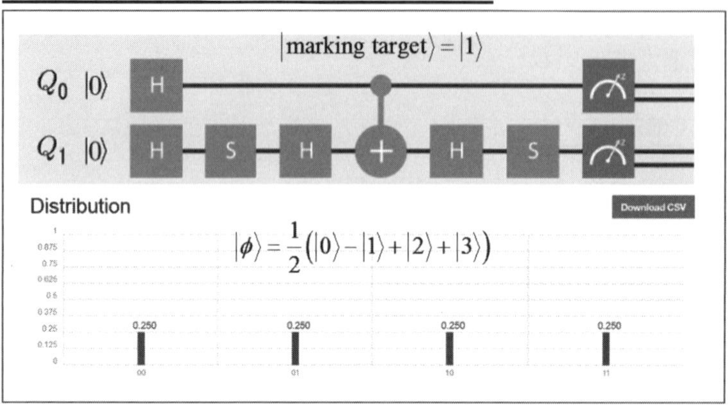

(3) マーキングターゲット |2>

マーキングターゲットとして |2> の状態をマーキングするオラクルは、マーキングターゲット |3> のオラクルを再利用して、次のように量子ビット Q_0 に位相シフト演算 *S* を 2 回適用すれば、量子ビット Q_0 が |1> の状態ベクトルすべてで位相が反転する。そのため、先のオラクルで |3> 状態の位相がマイナスからプラスになり、新たに |2> 状態の位相がプラスからマイナスになり、|2> 状態だけをマーキングできた。

$$|\phi\rangle = \frac{1}{2}\left(|00\rangle + |01\rangle + |10\rangle + |11\rangle\right) \xrightarrow{S\otimes I} \frac{1}{2}\left(|00\rangle + |01\rangle + i|10\rangle + i|11\rangle\right)$$
$$\xrightarrow{CZ} \frac{1}{2}\left(|00\rangle + |01\rangle + i|10\rangle - i|11\rangle\right) \xrightarrow{S\otimes I} \frac{1}{2}\left(|00\rangle + |01\rangle - |10\rangle + |11\rangle\right) = \frac{1}{2}\left(|0\rangle + |1\rangle - |2\rangle + |3\rangle\right)$$

|2> の状態をマーキングするための実際のオラクルは、同様にして *Z=HXH* と制御 NOT ゲートを利用した制御 *Z* ゲートと位相シフト演算 *S* で作れる。そこで、量子シミュレータで作成すると、図 13.4 のようになる。ここでマーキングの確率振幅反転のマイナスは、標準基底測定では現れない。

図13.4　マーキングターゲット |2> の量子オラクル

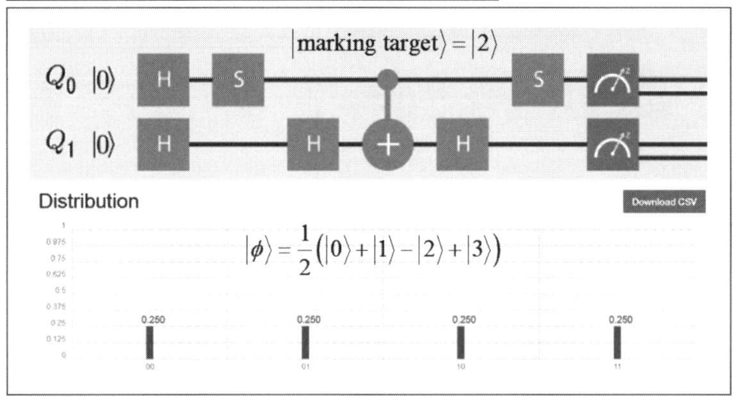

(4) マーキングターゲット |0>

マーキングターゲットとして |0> の状態をマーキングするオラクルは、先のオラクルをすべて利用すればよく、次のように量子ビット Q_0 と Q_1 に位相シフト演算 *S* をそれぞれ 2 回適用すれば、量子ビット Q_0 が |1> の状態ベクトルすべてが位相反転し、量子ビット Q_1 が |1> の状態ベクトルがすべて位相反転する。そのため、先のオラクルで |3> 状態の位相がマイナスからプラスになり、新たに |1>, |2> 状態の位相がプラスからマイナスになり、グローバルな位相因子としてマイナスを外に出せば、|0> 状態だけをマーキングできた。

$$|\phi\rangle = \frac{1}{2}\left(|00\rangle + |01\rangle + |10\rangle + |11\rangle\right) \xrightarrow{S\otimes S} \frac{1}{2}\left(|00\rangle + i|01\rangle + i|10\rangle - |11\rangle\right)$$

$$\xrightarrow{CZ} \frac{1}{2}\left(|00\rangle + i|01\rangle + i|10\rangle + |11\rangle\right) \xrightarrow{S\otimes S} \frac{1}{2}\left(|00\rangle - |01\rangle - |10\rangle - |11\rangle\right) = -\frac{1}{2}\left(-|0\rangle + |1\rangle + |2\rangle + |3\rangle\right)$$

|0> の状態をマーキングのための実際のオラクルは、同様に制御 Z ゲートと位相シフト演算 S で作れる。そこで、量子シミュレータで作成すると、図 13.5 のようになる。ここでグローバルな位相因子やマーキングの確率振幅反転のマイナスは、標準基底測定では現れない。

図13.5　マーキングターゲット |0> の量子オラクル

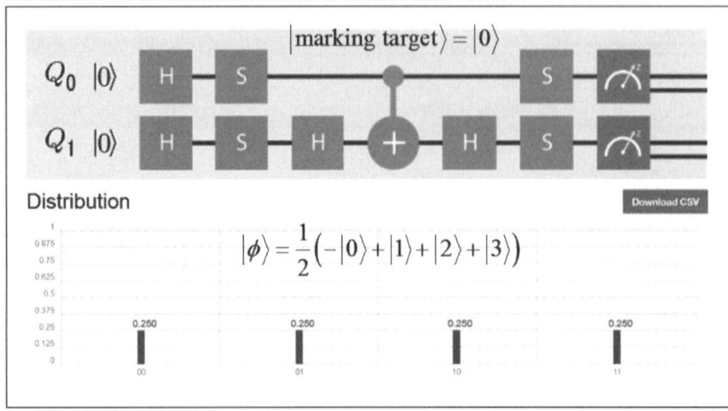

13.2.2　探索解の振幅増幅手法の量子回路

(1) マーキングターゲット |3> の拡散変換

探索解 |3> のマーキングは完了したので、次は振幅増幅手法ですべての状態の確率振幅の平均値を求めて、その平均値の周りに反転させる必要があった。この平均値の周りで反転させることは**拡散変換 D** と呼ばれ、アダマール変換とビット反転、制御 Z ゲートを使って、次のように実装できる。

$$
\begin{aligned}
&|00\rangle \xrightarrow{H\otimes H} \frac{1}{2}\left(|00\rangle + |01\rangle + |10\rangle + |11\rangle\right) \xrightarrow{M_3} \frac{1}{2}\left(|00\rangle + |01\rangle + |10\rangle - |11\rangle\right) = \frac{1}{2}\left[|0\rangle\left(|0\rangle + |1\rangle\right) + |1\rangle\left(|0\rangle - |1\rangle\right)\right] \\
&\xrightarrow{H\otimes H} \frac{1}{2}\left[\left(|0\rangle + |1\rangle\right)|0\rangle + \left(|0\rangle - |1\rangle\right)|1\rangle\right] \xrightarrow{X\otimes X} \frac{1}{2}\left[\left(|0\rangle + |1\rangle\right)|1\rangle - \left(|0\rangle - |1\rangle\right)|0\rangle\right] \\
&\xrightarrow{CZ} \frac{1}{2}\left[\left(|0\rangle - |1\rangle\right)|1\rangle - \left(|0\rangle - |1\rangle\right)|0\rangle\right] \xrightarrow{X\otimes X} \frac{1}{2}\left[-\left(|0\rangle - |1\rangle\right)|0\rangle + \left(|0\rangle - |1\rangle\right)|1\rangle\right] \\
&\xrightarrow{H\otimes H} \frac{1}{2}\left[-|1\rangle\left(|0\rangle + |1\rangle\right) + |1\rangle\left(|0\rangle - |1\rangle\right)\right] = -|11\rangle = -|3\rangle
\end{aligned}
$$

つまり、このグローバーの振幅増幅手法の全体を式で簡単に書けば、次のようにアダマール変換で均等な重ね合わせ状態を準備し、探索解 |3> をマーキングして位相反転させ、平均値の

周りで反転させる拡散変換 D をすればよいことになる。

$$|00\rangle \xrightarrow{H\otimes H} \frac{1}{2}\left(|0\rangle+|1\rangle+|2\rangle+|3\rangle\right) \xrightarrow{M_3} \frac{1}{2}\left(|0\rangle+|1\rangle+|2\rangle-|3\rangle\right) \xrightarrow{D} -|3\rangle$$

これらを量子シミュレータで実装すれば、図 13.16 のようになり、実行結果は確かに |11>=|3> が観測された。グローバルな位相因子は観測にはかからないので無視する。

図13.6 グローバー探索のための振幅増幅ゲート（|3>）

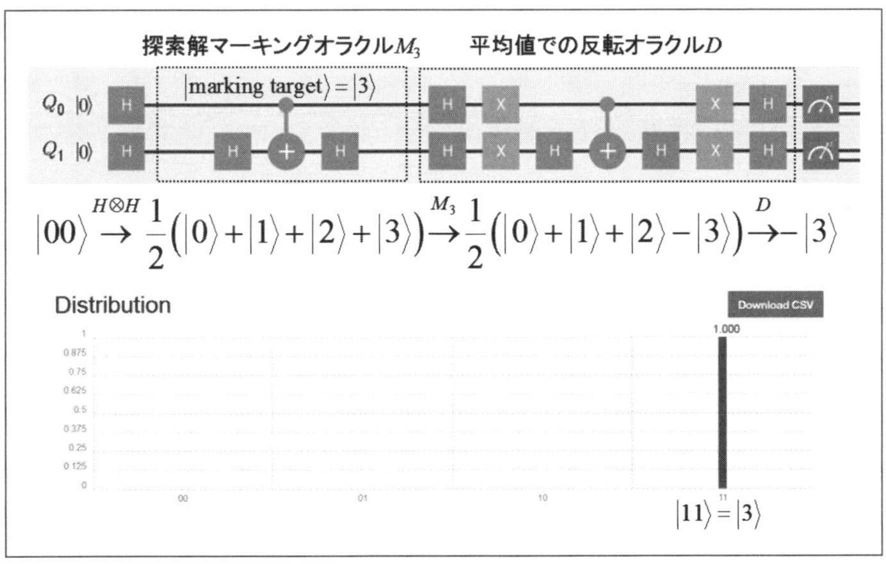

(2) マーキングターゲット |1> の拡散変換

探索解 |1> のマーキングは完了したので、同様に、振幅増幅手法ですべての状態の確率振幅の平均値を求めて、その平均値の周りに反転させるとよい。そして、平均値の周りで反転させる拡散変換 D として、アダマール変換とビット反転、制御 Z ゲートを使って、次のように実装できた。

$$|00\rangle \xrightarrow{H\otimes H} \frac{1}{2}\left(|00\rangle+|01\rangle+|10\rangle+|11\rangle\right) \xrightarrow{M_1} \frac{1}{2}\left(|00\rangle-|01\rangle+|10\rangle+|11\rangle\right) = \frac{1}{2}\left[|0\rangle\left(|0\rangle-|1\rangle\right)+|1\rangle\left(|0\rangle+|1\rangle\right)\right]$$

$$\xrightarrow{H\otimes H} \frac{1}{2}\left[\left(|0\rangle+|1\rangle\right)|1\rangle+\left(|0\rangle-|1\rangle\right)|0\rangle\right] \xrightarrow{X\otimes X} \frac{1}{2}\left[\left(|0\rangle+|1\rangle\right)|0\rangle-\left(|0\rangle-|1\rangle\right)|1\rangle\right]$$

$$\stackrel{CZ}{\rightarrow}\frac{1}{2}\left[\left(|0\rangle+|1\rangle\right)|0\rangle-\left(|0\rangle+|1\rangle\right)|1\rangle\right]\stackrel{X\otimes X}{\rightarrow}\frac{1}{2}\left[\left(|0\rangle+|1\rangle\right)|1\rangle-\left(|0\rangle+|1\rangle\right)|0\rangle\right]$$

$$\stackrel{H\otimes H}{\rightarrow}\frac{1}{2}\left[|0\rangle\left(|0\rangle-|1\rangle\right)-|0\rangle\left(|0\rangle+|1\rangle\right)\right]=-|01\rangle=-|1\rangle$$

同様にして、このグローバーの振幅増幅手法の全体を式で簡単に書けば、アダマール変換で均等な重ね合わせ状態を準備し、探索解 |1> をマーキングして位相反転させ、平均値の周りで反転させる拡散変換 D をすればよい。

$$|00\rangle\stackrel{H\otimes H}{\rightarrow}\frac{1}{2}\left(|0\rangle+|1\rangle+|2\rangle+|3\rangle\right)\stackrel{M_1}{\rightarrow}\frac{1}{2}\left(|0\rangle-|1\rangle+|2\rangle+|3\rangle\right)\stackrel{D}{\rightarrow}-|1\rangle$$

これらを量子シミュレータで実装すれば、図 13.7 のようになり、実行結果は確かに |01>=|1> が観測された。グローバルな位相因子は観測にはかからないので無視する。

図13.7　グローバー探索のための振幅増幅ゲート（|1>）

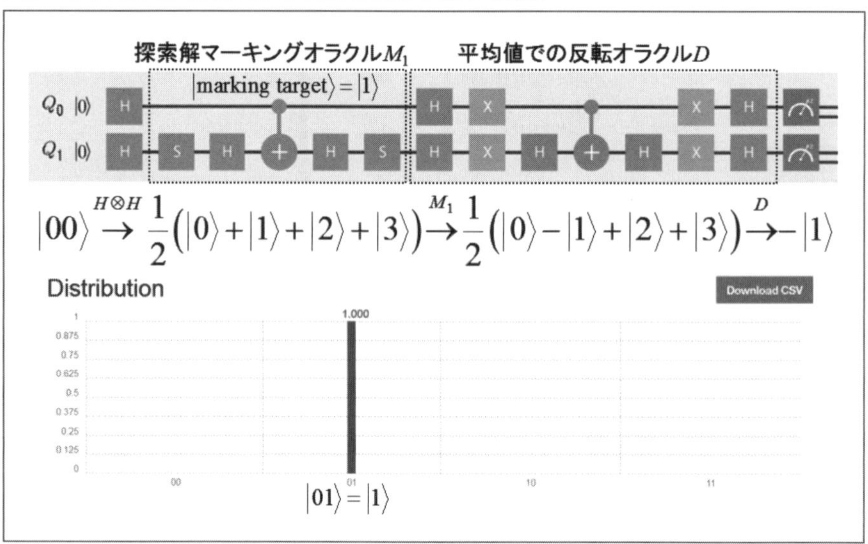

(3) マーキングターゲット |2> の拡散変換

全く同様にして、探索解 |2> のマーキングは完了したので、次のように拡散変換 D を行うと、次のようにベクトル計算できる。

$$|00\rangle \xrightarrow{H\otimes H} \frac{1}{2}\left(|00\rangle+|01\rangle+|10\rangle+|11\rangle\right) \xrightarrow{M_2} \frac{1}{2}\left(|00\rangle+|01\rangle-|10\rangle+|11\rangle\right) = \frac{1}{2}\left[|0\rangle\left(|0\rangle+|1\rangle\right)-|1\rangle\left(|0\rangle-|1\rangle\right)\right]$$
$$\xrightarrow{H\otimes H} \frac{1}{2}\left[\left(|0\rangle+|1\rangle\right)|0\rangle-\left(|0\rangle-|1\rangle\right)|1\rangle\right] \xrightarrow{X\otimes X} \frac{1}{2}\left[\left(|0\rangle+|1\rangle\right)|1\rangle+\left(|0\rangle-|1\rangle\right)|0\rangle\right]$$
$$\xrightarrow{CZ} \frac{1}{2}\left[\left(|0\rangle-|1\rangle\right)|1\rangle+\left(|0\rangle-|1\rangle\right)|0\rangle\right] \xrightarrow{X\otimes X} \frac{1}{2}\left[-\left(|0\rangle-|1\rangle\right)|0\rangle-\left(|0\rangle-|1\rangle\right)|1\rangle\right]$$
$$\xrightarrow{H\otimes H} \frac{1}{2}\left[-|1\rangle\left(|0\rangle+|1\rangle\right)-|1\rangle\left(|0\rangle-|1\rangle\right)\right] = -|10\rangle = -|2\rangle$$

つまり、この場合のグローバーの振幅増幅手法の全体を式で簡単に書けば、次のようにアダマール変換で均等な重ね合わせ状態を準備し、探索解 |2> をマーキングして位相反転させ、平均値の周りで反転させる拡散変換 D をすればよいことになる。

$$|00\rangle \xrightarrow{H\otimes H} \frac{1}{2}\left(|0\rangle+|1\rangle+|2\rangle+|3\rangle\right) \xrightarrow{M_2} \frac{1}{2}\left(|0\rangle+|1\rangle-|2\rangle+|3\rangle\right) \xrightarrow{D} -|2\rangle$$

これらを量子シミュレータで実装すれば、図 13.8 のようになり、実行結果は確かに |10>=|2> が観測された。グローバルな位相因子は観測にはかからないので無視する。

図13.8 グローバー探索のための振幅増幅ゲート（|2>）

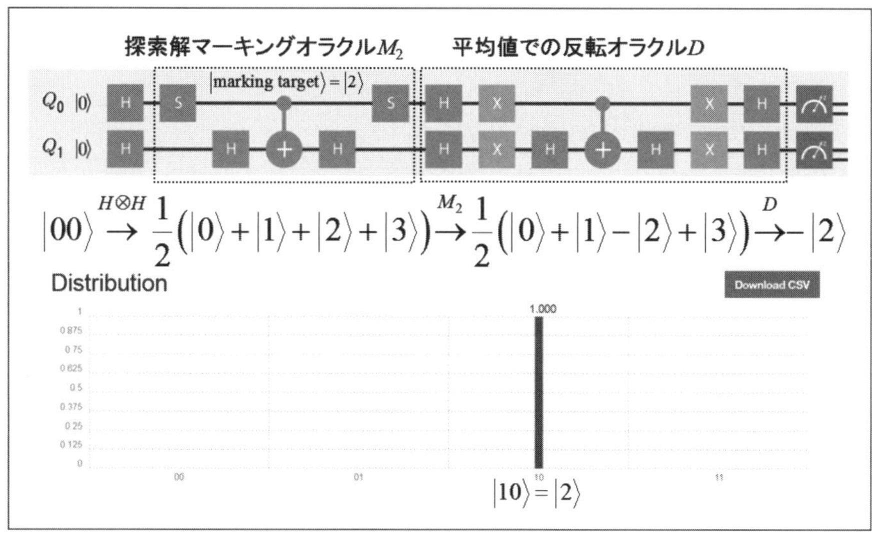

(4) マーキングターゲット |0> の拡散変換

全く同様にして、探索解 |0> のマーキングは完了したので、次のように拡散変換 D を行うと、ベクトル計算できる。

$$|00\rangle \xrightarrow{H\otimes H} \frac{1}{2}\left(|00\rangle+|01\rangle+|10\rangle+|11\rangle\right) \xrightarrow{M_0} -\frac{1}{2}\left(-|00\rangle+|01\rangle+|10\rangle+|11\rangle\right) = \frac{1}{2}\left[|0\rangle\left(|0\rangle-|1\rangle\right)-|1\rangle\left(|0\rangle+|1\rangle\right)\right]$$

$$\xrightarrow{H\otimes H} \frac{1}{2}\left[\left(|0\rangle+|1\rangle\right)|1\rangle-\left(|0\rangle-|1\rangle\right)|0\rangle\right] \xrightarrow{X\otimes X} \frac{1}{2}\left[\left(|0\rangle+|1\rangle\right)|0\rangle+\left(|0\rangle-|1\rangle\right)|1\rangle\right]$$

$$\xrightarrow{CZ} \frac{1}{2}\left[\left(|0\rangle+|1\rangle\right)|0\rangle+\left(|0\rangle+|1\rangle\right)|1\rangle\right] \xrightarrow{X\otimes X} \frac{1}{2}\left[\left(|0\rangle+|1\rangle\right)|1\rangle+\left(|0\rangle+|1\rangle\right)|0\rangle\right]$$

$$\xrightarrow{H\otimes H} \frac{1}{2}\left[|0\rangle\left(|0\rangle-|1\rangle\right)+|0\rangle\left(|0\rangle+|1\rangle\right)\right] = |00\rangle = |0\rangle$$

つまり、このグローバーの振幅増幅手法の全体を式で簡単に書けば、次のようにアダマール変換で均等な重ね合わせ状態を準備し、探索解 |0> をマーキングして位相反転させ、平均値の周りで反転させる拡散変換 D をすればよいことになる。

$$|00\rangle \xrightarrow{H\otimes H} \frac{1}{2}\left(|0\rangle+|1\rangle+|2\rangle+|3\rangle\right) \xrightarrow{M_0} -\frac{1}{2}\left(-|0\rangle+|1\rangle+|2\rangle+|3\rangle\right) \xrightarrow{D} |0\rangle$$

これらを量子シミュレータで実装すれば、図 13.9 のようになり、実行結果は確かに |00>=|0> が観測された。

図13.9　グローバー探索のための振幅増幅ゲート（|0>）

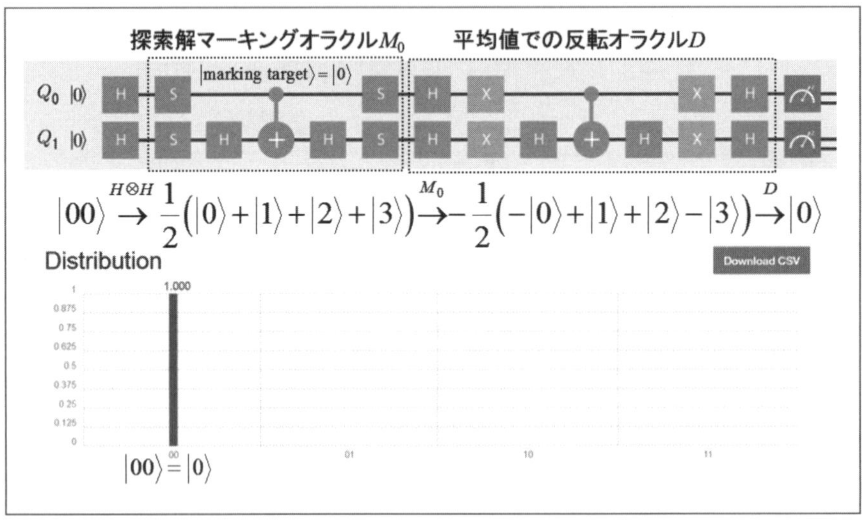

演習 13-3

N=8 個のデータベースでのグローバーの探索アルゴリズムを実装せよ。たとえば、|111>のマーキングは、図のように制御制御 Z ゲートを作れば、容易にマーキングできる。拡散変換 D も、図のように制御制御 Z ゲートで容易に実現できる。制御制御 Z ゲートはトフォリゲートとアダマール変換から作成できる。

図　13.10

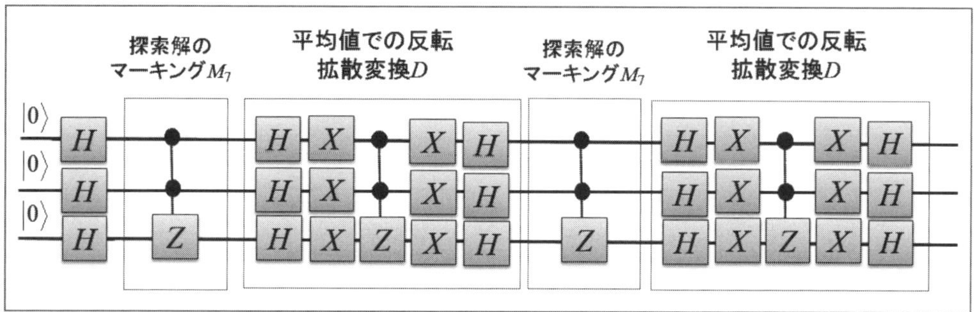

量子シミュレータでは相当長い量子回路となる。まずは、前半だけ実装してみよう。しかし、探索解のマーキングと拡散変換は 1 回では不十分で、2 回行ってどれだけ解の探索確率が上がるかベクトル計算式で確かめてみよう。

実験 13-1

本章で作成した量子回路を量子シミュレータではなく、実際の IBM の量子コンピュータを使って、量子実験をしてみよう。理論値と異なり、どの程度の誤差が発生するか実験で確かめてみよう。量子コンピュータでの測定には、ブロッホ測定はできないので、標準基底測定で行うこと。また、量子シミュレータでは置けた演算子が、実際の量子コンピュータ実験では置けない位置もあるので工夫して作成してみよう。

13

14 量子非局所性の量子実験

量子コンピュータの起源は、約 80 年前の 1935 年に Einstein, Podolsky と Rosen が 2 つの状態が絡み合って個々の状態に分離できないもつれ状態を、EPR パラドックスとして不可解な量子状態と見なしたことに始まる。これは量子非局所性といわれ、従来から信じられていた局所実在性に反するものであった。

局所実在性に基づいたベル不等式や CHSH 不等式、マーミン不等式は、もつれ状態を使った量子非局所性のもとでは成立しないことがある。このことを、もつれ状態を使って実際の量子回路を実装し、量子非局所性の存在を証明してみよう。

14.1 量子非局所性と CHSH 不等式

14.1.1 局所実在性と量子非局所性とは

局所実在性とは、遠くの離れた場所での測定は相互に影響し合わないという**局所性**と、物理的な性質は観測によって変わらないという**実在性**のことである。今まで、ローカルな実験観測は、距離が離れれば離れるほどその影響は弱くなり、地球の反対側の遠くの実験観測に影響しないとされていた。また、アインシュタインの局所性によれば、実験観測の影響力の伝搬速度は光速より速く伝わらない。つまり、どんな情報も光よりも早く伝わらないとされていた。また、物理的な性質をいくら観測しても、元々の物理的な性質は変化しないとされていて、この局所実在性が当然のことと仮定されていた。

しかし、重ね合わせ状態 |0>±|1> やもつれ状態 |01>±|10> は、それらを観測するとその物理的な重ね合わせ状態やもつれ状態の元々の性質が変わり、|0> や |1> に変化するという**非実在性**が発生する。つまり、物理的な性質が観測によって変わってしまうという非実在性が生まれる。また、2 つの量子ビットの状態ベクトル |01>±|10> のようなもつれ状態があると、この局所実在性の仮定が根底から崩されることになってしまった。つまり、いくら遠くに離れていても 1 つの測定が、別な場所の測定に瞬時に光速より早く伝わり影響してしまうという**非局所性**が発生する。

2 つの量子ビットのもつれ状態 |01>±|10> の非局所性は、**量子非局所性**と呼ばれ、個別の量子ビットの状態ベクトルのテンソル積で表現できない。このもつれ状態の一方の量子ビットを観測して状態ベクトルが |0> になったとすると、|01> と |10> との組み合わせしかないために、他方の量子ビットの状態ベクトルが観測前から光速より早く瞬時に |1> に決まってしまうという奇妙な現象が発生する。このもつれ状態にある 2 つの量子ビットが、もつれたままいくら遠くに離されても、一方の測定が別な場所での他方の測定に影響してしまうということになる。

このような局所実在性の仮定のもとに作られた**ベル不等式**が、もつれ状態を使うと満たされなくなるということが理論的にも実験でも示されるようになった。後に、このベル不等式を一般化した CHSH 不等式が使われるようになり、やはり、もつれ状態ではこの CHSH 不等式も満たされない状況が発生することになる。

14.1.2　CHSH 不等式を用いたベル状態の量子非局所性実験

CHSH 不等式とは、クラウザー、ホルネ、シモニーとホルトによって導き出された不等式で、局所実在性を仮定したベル不等式を一般化した不等式である。4 つの演算子 A, a, B, b があるとき、それらの演算子の組合せをある状態ベクトル $|x\rangle$ に作用させた期待値として $\langle AB\rangle = \langle x|A \otimes B|x\rangle$ のように計算すると、テンソル積の期待値は相関を示す。そこで、局所実在性のもとに、4 つの演算子の組み合わせでそれぞれの期待値間で次のような CHSH 不等式が成立する。

$$\left|\langle AB\rangle - \langle aB\rangle + \langle Ab\rangle + \langle ab\rangle\right| \le 2$$

4 つの演算子 A, a, B, b の選び方は任意なので、CHSH 不等式でマイナスのある期待値がどれであってもよい。

しかし、もつれ状態を使うと CHSH 不等式が成り立たない場合があり、このことを量子シミュレータで量子回路を実装して調べてみよう。

まず、基本的な測定方法で、今まで行ってきた標準基底測定は Z 測定であった。しかし、図 14.1 のように測定軸の基準を変えて、X 基底を使った測定としての 45° 回転した X 測定をするためにはアダマール変換をすれば実現できる。また、Y 基底を使った測定としての円偏光に使われた Y 測定は、位相シフト演算 $S^\dagger$ とアダマール変換があれば実現できる。そして、それぞれの固有ベクトルがそれぞれの測定に応じて、0, 1 で判断できる。

図14.1 基底の違いによるZ測定、X測定、Y測定の比較

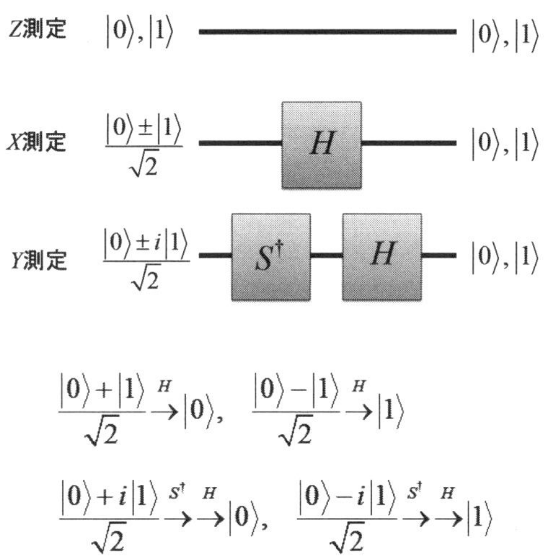

$$\frac{|0\rangle+|1\rangle}{\sqrt{2}}\xrightarrow{H}|0\rangle,\quad \frac{|0\rangle-|1\rangle}{\sqrt{2}}\xrightarrow{H}|1\rangle$$

$$\frac{|0\rangle+i|1\rangle}{\sqrt{2}}\xrightarrow{S^\dagger}\xrightarrow{H}|0\rangle,\quad \frac{|0\rangle-i|1\rangle}{\sqrt{2}}\xrightarrow{S^\dagger}\xrightarrow{H}|1\rangle$$

量子シミュレータでの期待値の計算は、2 量子ビットではそれぞれの状態 |00>, |01>, |10>, |11> での観測確率 $P_{00}, P_{01}, P_{10}, P_{11}$ を用いて、次のように計算できる。

$$\langle AB\rangle=\langle x|A\otimes B|x\rangle=P_{00}-P_{01}-P_{10}+P_{11}$$

つまり、この期待値が正になれば |00>, |11> と同じ結果が出やすく、演算 A, B 間に正の相関があり、期待値が負になれば |01>, |10> と反対の結果が出やすく、演算 A, B 間に負の相関があり、期待値が 0 になれば演算 A, B 間にランダムな結果が出やすく、全く相関がないと考える。このようにテンソル積の期待値は、相関を表している。

そこで、これらの期待値計算で使用する状態ベクトルとして、もつれ状態 (|01>+|10>)/ $\sqrt{2}$ を使って実験してみよう。たとえば、もつれ状態 (|01>+|10>)/ $\sqrt{2}$ の ZZ 測定では、そのままの結果が現れるが、もつれ状態 (|01>+|10>)/ $\sqrt{2}$ の XX 測定では、それぞれアダマール変換する必要

14

があるので、次のように計算できる。

$$XX測定:\frac{|01\rangle+|10\rangle}{\sqrt{2}}\xrightarrow{H\otimes H}\frac{1}{2\sqrt{2}}\left[\left(|0\rangle+|1\rangle\right)\left(|0\rangle-|1\rangle\right)+\left(|0\rangle-|1\rangle\right)\left(|0\rangle+|1\rangle\right)\right]=\frac{1}{\sqrt{2}}\left[|00\rangle-|11\rangle\right]$$

また、もつれ状態 (|01>+|10>)/ $\sqrt{2}$ の YY 測定では、それぞれ位相シフト演算 $S^\dagger$ とアダマール変換する必要があるので、同様にして、次のように計算できる。

$$YY測定:\frac{|01\rangle+|10\rangle}{\sqrt{2}}\xrightarrow{S^\dagger\otimes S^\dagger}\frac{-i|01\rangle-i|10\rangle}{\sqrt{2}}\xrightarrow{H\otimes H}\frac{-i}{\sqrt{2}}\left[|00\rangle-|11\rangle\right]$$

図14.2　もつれ状態の各測定比較の量子実験

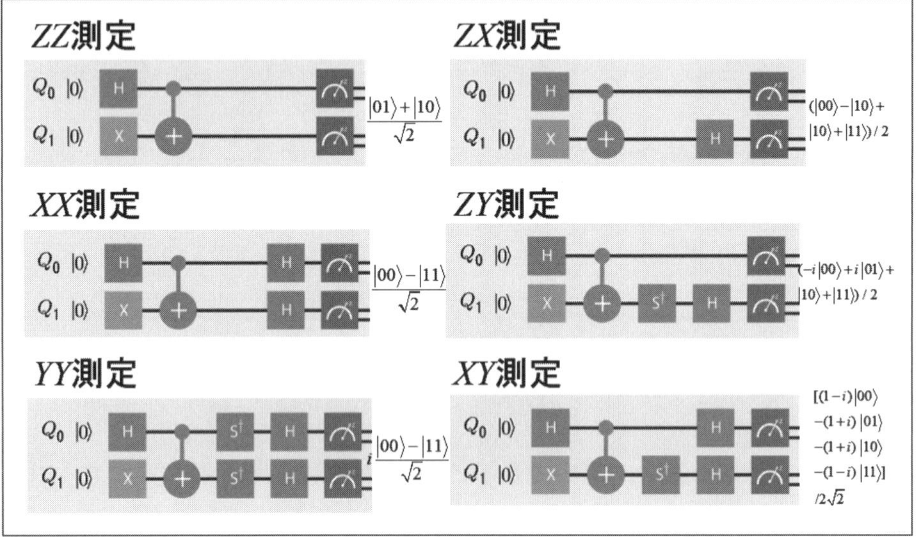

また、これらの測定の混合として、ZX 測定や ZY 測定、XY 測定なども考えられる。それぞれの測定では、次のように計算できる。

$$ZX測定:\frac{|01\rangle+|10\rangle}{\sqrt{2}}\xrightarrow{I\otimes H}\frac{1}{2}\left[|0\rangle\left(|0\rangle-|1\rangle\right)+|1\rangle\left(|0\rangle+|1\rangle\right)\right]=\frac{1}{\sqrt{2}}\left[|00\rangle-|01\rangle+|10\rangle+|11\rangle\right]$$

$$ZY測定:\frac{|01\rangle+|10\rangle}{\sqrt{2}}\xrightarrow{I\otimes S^\dagger}\frac{-i|01\rangle+|10\rangle}{\sqrt{2}}\xrightarrow{I\otimes H}\frac{1}{\sqrt{2}}\left[-i|00\rangle+i|01\rangle+|10\rangle+|11\rangle\right]$$

$$XY測定:\frac{|01\rangle+|10\rangle}{\sqrt{2}}\xrightarrow{I\otimes S^\dagger}\frac{-i|01\rangle+|10\rangle}{\sqrt{2}}\xrightarrow{H\otimes H}\frac{1}{2\sqrt{2}}\left[(1-i)|00\rangle-(1+i)|01\rangle-(1+i)|10\rangle-(1-i)|11\rangle\right]$$

そこで、量子シミュレータで計算するには、具体的な演算子が必要で、たとえば、次のような 4 つの演算子の組み合わせで計算してみよう。

$$A = Z, a = X, B = \frac{Z+X}{\sqrt{2}}, b = \frac{Z-X}{\sqrt{2}}$$

ここでの A 測定とは、先に行った Z 測定のことで、a 測定とは、先に行った X 測定のことである。一方、IBM の量子シミュレータのホームページによれば、測定軸を演算 B の軸へ回転させるためには、アダマール変換と位相シフト演算を使って $HTHS$ の順に回転させればよいとし、また、測定軸を演算 b の軸へ回転させるためには、アダマール変換と位相シフト演算を使って $HT^{\dagger}HS$ の順に回転させればよいとしている。

そこで、もつれ状態 (|01>+|10>)/ $\sqrt{2}$ のこれら 4 つの演算子の組合せで、図 14.3 のように量子シミュレータで量子回路を作成して、AB, aB, Ab, ab 測定を行った。

図14.3 CHSH不等式での量子非局所性実験

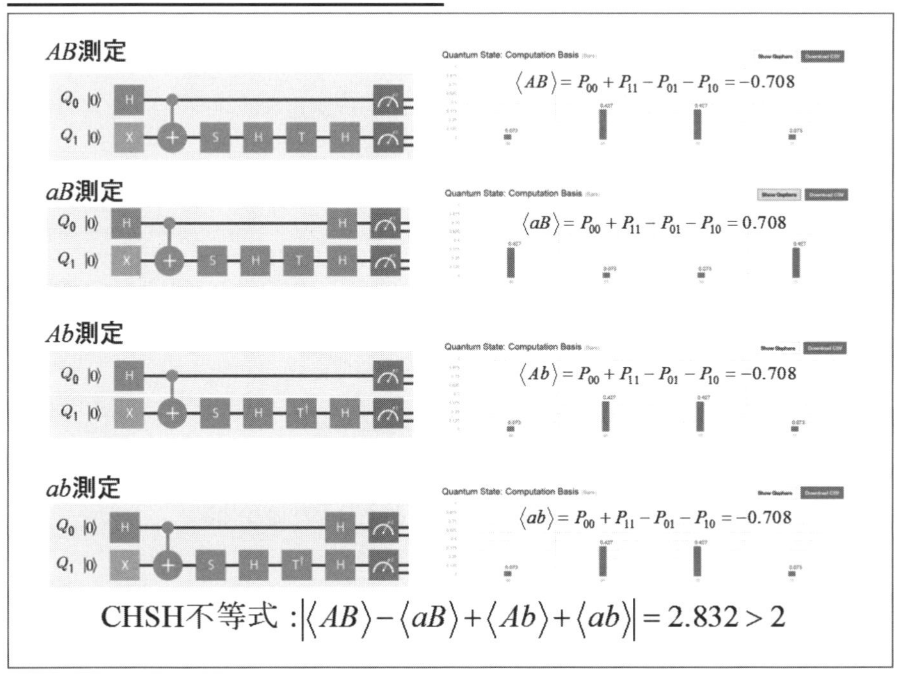

それらの期待値を求めると、次のような実行結果となった。それぞれの測定方法で、正の期待値は同じ状態が出やすい正の相関を示し、負の期待値は反対の状態が出やすい負の相関を示している。

$$
\begin{aligned}
\langle AB \rangle &= P_{00} - P_{01} - P_{10} + P_{11} = -0.708 \\
\langle aB \rangle &= P_{00} - P_{01} - P_{10} + P_{11} = 0.708 \\
\langle Ab \rangle &= P_{00} - P_{01} - P_{10} + P_{11} = -0.708 \\
\langle ab \rangle &= P_{00} - P_{01} - P_{10} + P_{11} = -0.708
\end{aligned}
$$

そこで、これらの期待値を CHSH 不等式に入れると、次のように 2 よりも大きな数値となり、CHSH 不等式が成立しないことになった。

$$
\left| \langle AB \rangle - \langle aB \rangle + \langle Ab \rangle + \langle ab \rangle \right| = 2.832 > 2
$$

これは、CHSH 不等式が局所実在性を仮定していたために、量子非局所性のあるもつれ状態を使った、このような測定方法の組合せでは成立せず、局所実在性の仮定が間違っていたことになる。

演習 14-1

量子シミュレータで同じ演算子の組合せの *AB*, *aB*, *Ab*, *ab* 測定を、|00>, |11> などの非もつれ状態に対して行い、CHSH 不等式がどうなるか確かめよ。

演習 14-2

量子シミュレータで同じ演算子の組合せの *AB*, *aB*, *Ab*, *ab* 測定を、別なもつれ状態 (|00>+|11>)/ $\sqrt{2}$ に対して行い、CHSH 不等式がどうなるか確かめよ。

実験 14-1

実際の量子コンピュータで同じ演算子の組合せの *AB*, *aB*, *Ab*, *ab* 測定を、もつれ状態 (|01>+|10>)/ $\sqrt{2}$ に対して実験を行い、CHSH 不等式がどうなるか確かめよ。

実験 14-2

実際の量子コンピュータで同じ演算子の組合せの *AB*, *aB*, *Ab*, *ab* 測定を、もつれ状態 (|00>+|11>)/ $\sqrt{2}$ に対して実験を行い、CHSH 不等式がどうなるか確かめよ。

14.2 *GHZ* 状態の量子非局所性実験

14.2.1　*GHZ* 状態生成の量子ゲート

量子シミュレータを用いて、ベル状態と呼ばれたもつれ状態で CHSH 不等式を調べた結果、CHSH 不等式が成り立たないことがあり、局所実在性の仮定が間違っていたことが分かった。そのことから、量子非局所性の存在が証明できた。

ここでは、さらに**多粒子もつれ状態**である ***GHZ* 状態**を用いて、量子非局所性を証明してみよう。ベル状態よりも *GHZ* 状態を用いた方が、局所実在性の破れがより強く出て、ベル状態の局所実在性の**確率的な破れ**よりも、*GHZ* 状態の局所実在性の方が**決定論的な破れ**があるとされている。

図14.4　符号パリティの異なる*GHZ*状態を生成する量子ゲート

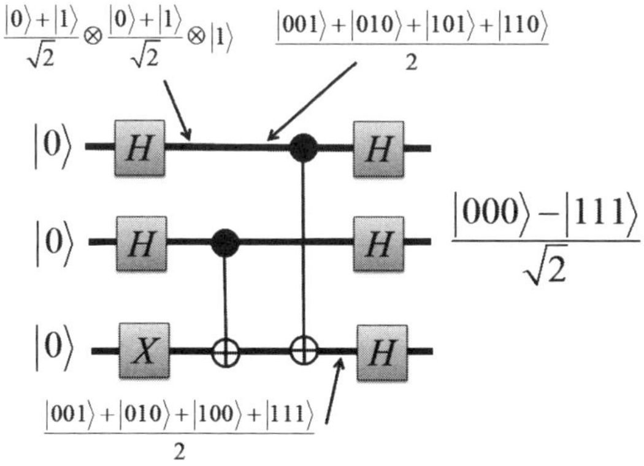

$\frac{|0\rangle+|1\rangle}{\sqrt{2}}\otimes\frac{|0\rangle+|1\rangle}{\sqrt{2}}\otimes|1\rangle$　$\frac{|001\rangle+|010\rangle+|101\rangle+|110\rangle}{2}$

$|0\rangle$ H　H
$|0\rangle$ H　H　$\frac{|000\rangle-|111\rangle}{\sqrt{2}}$
$|0\rangle$ X　H

$\frac{|001\rangle+|010\rangle+|100\rangle+|111\rangle}{2}$

6.1.1 項で多粒子もつれ状態としての *GHZ* 状態生成の量子ゲートは説明したので、ここでは、図 14.4 のような 3 量子ビットを用いて、6.1.2 項で説明した符号パリティの異なる *GHZ* 状態 (|000>–|111>)/ $\sqrt{2}$ を生成してみよう。この量子回路をベクトル計算で示すと、次のようになった。

$$|000\rangle \overset{H\otimes H\otimes X}{\rightarrow} \frac{|0\rangle+|1\rangle}{\sqrt{2}}\frac{|0\rangle+|1\rangle}{\sqrt{2}}|1\rangle$$

$$\overset{CNOT_{12}}{\rightarrow} \frac{|001\rangle+|010\rangle+|101\rangle+|110\rangle}{2}$$

$$\xrightarrow{CNOT_{02}} \frac{|001\rangle + |010\rangle + |100\rangle + |111\rangle}{2}$$

$$\xrightarrow{H\otimes H\otimes H} \frac{|000\rangle - |111\rangle}{\sqrt{2}}$$

例題 14-1　*GHZ* 状態の *ZZZ* 測定

量子シミュレータで *GHZ* 状態 (|000>–|111>)/ $\sqrt{2}$ を生成する量子ゲートを作成し、各量子ビットを標準基底測定である *Z* 測定を行い、*ZZZ* 測定として実行結果を求めよ。

【解答】

量子シミュレータを用いて、図のように *GHZ* 状態 (|000>–|111>)/ $\sqrt{2}$ を生成する量子ゲートを作成した。ここで、ビット反転演算 *X* がなければ、6.1.1 項で説明した図 6.1 の生成ゲートで (|000>+|111>)/ $\sqrt{2}$ が生成される。

図14.5　符号パリティの異なる*GHZ*状態の*ZZZ*測定実験

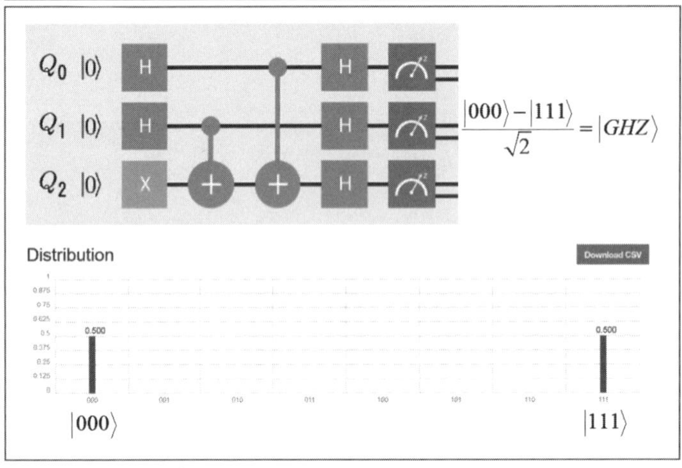

そこで、各量子ビットに対し標準基底測定である *ZZZ* 測定を行うと、予想通り |000>, |111> がそれぞれ 50% の確率で観測される実行結果となった。

14.2.2　*GHZ* 状態の量子非局所性の考え方

それでは、作成した *GHZ* 状態 |*x*>=(|000>–|111>)/ $\sqrt{2}$ を用いて、*X* 演算や *Y* 演算などいろいろと混ぜた演算方法で各量子ビットを観測してみよう。

まず、上位ビットから順に X 演算を 3 回繰り返す方法を XXX 演算と表す。3 つのビット反転なので 0, 1 の総入れ替えとなり、次のように計算できる。

$$\left|x\right\rangle=\frac{\left|000\right\rangle-\left|111\right\rangle}{\sqrt{2}}\overset{X\otimes X\otimes X}{\rightarrow}-\frac{\left|000\right\rangle-\left|111\right\rangle}{\sqrt{2}}=-\left|x\right\rangle\rightarrow\left(X\otimes X\otimes X\right)\left|x\right\rangle=-\left|x\right\rangle$$

つまり、演算子 $X\otimes X\otimes X$ の固有値は –1 となった。

次に、上位ビットから順に Y 演算を 2 回繰り返し、最後の下位ビットに X 演算する方法を YYX 演算と表す。位相反転とビット反転なので、次のように計算できる。

$$\left|x\right\rangle=\frac{\left|000\right\rangle-\left|111\right\rangle}{\sqrt{2}}\overset{Y\otimes I\otimes I}{\rightarrow}\frac{i\left|100\right\rangle+i\left|011\right\rangle}{\sqrt{2}}\overset{I\otimes Y\otimes I}{\rightarrow}-\frac{\left|110\right\rangle-\left|001\right\rangle}{\sqrt{2}}$$
$$\overset{I\otimes I\otimes X}{\rightarrow}\frac{\left|000\right\rangle-\left|111\right\rangle}{\sqrt{2}}=\left|x\right\rangle\quad\rightarrow\quad\left(Y\otimes Y\otimes X\right)\left|x\right\rangle=\left|x\right\rangle$$

つまり、演算子 $Y\otimes Y\otimes X$ の固有値は 1 となった。

同様にして、YXY 演算を行うと、次のように計算できる。

$$\left|x\right\rangle=\frac{\left|000\right\rangle-\left|111\right\rangle}{\sqrt{2}}\overset{Y\otimes I\otimes I}{\rightarrow}\frac{i\left|100\right\rangle+i\left|011\right\rangle}{\sqrt{2}}\overset{I\otimes X\otimes I}{\rightarrow}\frac{i\left|110\right\rangle+i\left|001\right\rangle}{\sqrt{2}}$$
$$\overset{I\otimes I\otimes Y}{\rightarrow}\frac{\left|000\right\rangle-\left|111\right\rangle}{\sqrt{2}}=\left|x\right\rangle\quad\rightarrow\quad\left(Y\otimes X\otimes Y\right)\left|x\right\rangle=\left|x\right\rangle$$

つまり、演算子 $Y\otimes X\otimes Y$ の固有値は 1 となった。

最後に、XYY 演算を行うと、次のように計算できる。

$$\left|x\right\rangle=\frac{\left|000\right\rangle-\left|111\right\rangle}{\sqrt{2}}\overset{X\otimes I\otimes I}{\rightarrow}\frac{\left|100\right\rangle+\left|011\right\rangle}{\sqrt{2}}\overset{I\otimes Y\otimes I}{\rightarrow}\frac{i\left|110\right\rangle-i\left|001\right\rangle}{\sqrt{2}}$$
$$\overset{I\otimes I\otimes Y}{\rightarrow}-\frac{\left|000\right\rangle-\left|111\right\rangle}{\sqrt{2}}=\left|x\right\rangle\quad\rightarrow\quad\left(X\otimes Y\otimes Y\right)\left|x\right\rangle=\left|x\right\rangle$$

つまり、演算子 $Y\otimes Y\otimes X$ の固有値も 1 となった。

ここで、GHZ 状態 |x>=(|000>–|111>)/ $\sqrt{2}$ に対して 4 つの演算方法をまとめる。各演算方法による演算子の固有値だけ取り出して表記すると、次のように表される。

$$X\otimes X\otimes X=-1,\quad Y\otimes Y\otimes X=1,\quad Y\otimes X\otimes Y=1,\quad X\otimes Y\otimes Y=1$$

14

ここで、奇妙なことに、最後の 3 つの演算を連続すれば、固有値は +1 となる。ここで、位相・ビット反転演算 Y はエルミート行列でユニタリ行列であるので、$YY=I$ となる。同じ量子ビットに 2 回行えばなかったことと同じで、YYX 演算→ YXY 演算→ XYY 演算の演算は XXX 演算と全く同じ演算である。しかし、XXX 演算の固有値は –1 で、その結果は異なるという奇妙な結果となった。

$$|x\rangle \overset{Y\otimes Y\otimes X}{\rightarrow} |x\rangle \overset{Y\otimes X\otimes Y}{\rightarrow} |x\rangle \overset{X\otimes Y\otimes Y}{\rightarrow} |x\rangle \quad :(Y\otimes Y\otimes X)\cdot(Y\otimes X\otimes Y)\cdot(X\otimes Y\otimes Y)=X\otimes X\otimes X$$

$$|x\rangle \qquad\qquad \overset{X\otimes X\otimes X}{\rightarrow} -|x\rangle$$

そこで、2 量子ビットのもつれ状態に対する CHSH 不等式があったが、3 量子ビットの GHZ 状態に対しては、次のようなマーミンの不等式が局所実在性の仮定で存在する。ただし、量子非局所性があるとこのマーミン不等式（参照：Phys.Rev.Lett.65(1990), pp.1838–1841）が満たされなくなる。

$$\left|\langle XYY\rangle+\langle YXY\rangle+\langle YYX\rangle-\langle XXX\rangle\right|\le 2$$

ここで、< > は 3 つのテンソル積の期待値を表し、それぞれの状態での観測確率を用いて、次のように計算できる。

$$\langle ABC\rangle=\langle x|A\otimes B\otimes C|x\rangle=P_{000}-P_{001}-P_{010}+P_{011}-P_{100}+P_{101}+P_{110}-P_{111}$$

それでは、量子シミュレータで GHZ 状態を作成し、いろいろな演算を行って、マーミン不等式が成立するかしないか確かめてみよう。

14.2.3　*GHZ* 状態の量子非局所性実験

ここでは、量子ビットに対する X 演算や Y 演算を、その量子ビットに対する X 測定や Y 測定に変えて量子シミュレータで実験してみよう。

作成した GHZ 状態 (|000>–|111>)/ $\sqrt{2}$ を用いて、X 測定や Y 測定などいろいろと混ぜた測定方法で各量子ビットを観測してみよう。

(1)　*GHZ* 状態の *XXX* 測定

上位ビットから順に X 測定を 3 回繰り返す方法を XXX 測定と表す。アダマール変換で測定

軸を X 基底にすることで、X 測定ができた。そこで、量子シミュレータで、図 14.6 のように GHZ 状態 (|000>–|111>)/ $\sqrt{2}$ を XXX 測定する量子回路を作成してみよう。

図14.6 符号パリティの異なる*GHZ*状態の*XXX*測定実験

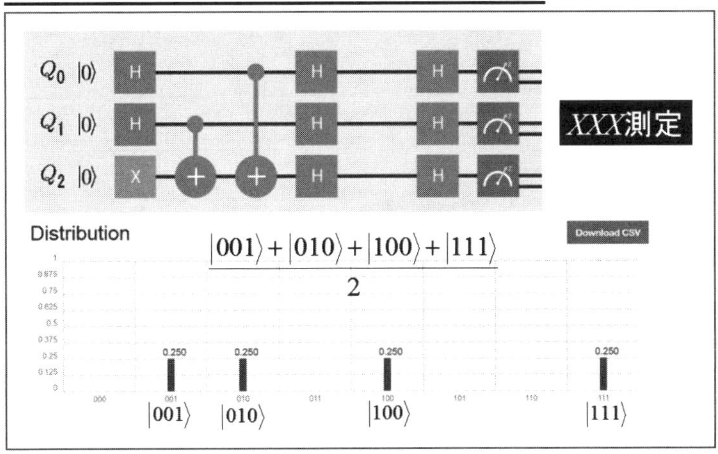

この GHZ 状態 (|000>–|111>)/ $\sqrt{2}$ を XXX 測定すると、次のように行列計算でき、実行結果と一致している。

$$\frac{|000\rangle - |111\rangle}{\sqrt{2}} \xrightarrow{H\otimes H\otimes H} \frac{1}{4}[|000\rangle + |001\rangle + |010\rangle + |011\rangle + |100\rangle + |101\rangle + |110\rangle + |111\rangle$$

$$-|000\rangle + |001\rangle + |010\rangle - |011\rangle + |100\rangle - |101\rangle - |110\rangle + |111\rangle]$$

$$= \frac{1}{2}\left[|001\rangle + |010\rangle + |100\rangle + |111\rangle\right]$$

ここで、XXX 測定の相関 <XXX> を調べると、次のように各状態の観測確率から計算できる。

$$\langle XXX \rangle = P_{000} - P_{001} - P_{010} + P_{011} - P_{100} + P_{101} + P_{110} - P_{111} = -1$$

これは、XXX 演算の固有値 –1 と一致している。

実験 14-3

実際の量子コンピュータを用いて、GHZ 状態 (|000>–|111>)/ $\sqrt{2}$ を生成し、それらを XXX 測定する量子回路を作成して量子実験を行い、各状態の観測確率から相関 <XXX> を実測せよ。

(2) *GHZ* 状態の *XYY* 測定

次に、同じ *GHZ* 状態 (|000>–|111>)/ $\sqrt{2}$ を *XYY* 測定してみよう。*Y* 測定は位相シフト演算 $S^{\dagger}$ とアダマール変換 *H* から測定できた。そこで、量子シミュレータで、図 14.7 のように *GHZ* 状態 (|000>–|111>)/ $\sqrt{2}$ を *XYY* 測定する量子回路を作成してみよう。

図14.7　符号パリティの異なるGHZ状態のXYY測定実験

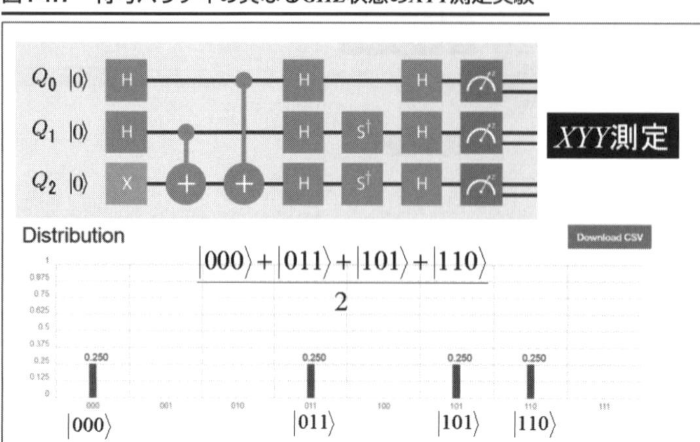

この *GHZ* 状態 (|000>–|111>)/ $\sqrt{2}$ を *XYY* 測定すると、次のように行列計算でき、実行結果と一致している。

$$
\begin{aligned}
&\frac{|000\rangle-|111\rangle}{\sqrt{2}} \xrightarrow{I\otimes S^{\dagger}\otimes S^{\dagger}} \frac{|000\rangle+|111\rangle}{\sqrt{2}} \\
&\xrightarrow{H\otimes H\otimes H} \frac{1}{4}[|000\rangle+|001\rangle+|010\rangle+|011\rangle+|100\rangle+|101\rangle+|110\rangle+|111\rangle] \\
&\qquad +|000\rangle-|001\rangle-|010\rangle+|011\rangle-|100\rangle+|101\rangle+|110\rangle-|111\rangle] \\
&=\frac{1}{2}\left[|000\rangle+|011\rangle+|101\rangle+|110\rangle\right]
\end{aligned}
$$

ここで、*XYY* 測定の相関 <*XYY*> を調べると、次のように各状態の観測確率から計算できる。

$$
\langle XYY \rangle = P_{000}-P_{001}-P_{010}+P_{011}-P_{100}+P_{101}+P_{110}-P_{111}=1
$$

これは、*XYY* 演算の固有値 1 と一致している。

実験 14-4

実際の量子コンピュータを用いて、*GHZ* 状態 (|000>−|111>)/ $\sqrt{2}$ を生成し、それらを *XYY* 測定する量子回路を作成する量子実験を行い、各状態の観測確率から相関 <*XYY*> を実測せよ。

(3) *GHZ* 状態の *YXY* 測定

次に、同じ GHZ 状態 (|000>−|111>)/ $\sqrt{2}$ を *YXY* 測定してみよう。*Y* 測定は位相シフト演算 $S^{\dagger}$ とアダマール変換 *H* から測定できた。そこで、量子シミュレータで、図 14.8 のように *GHZ* 状態 (|000>−|111>)/ $\sqrt{2}$ を *YXY* 測定する量子回路を作成してみよう。

図14.8　符号パリティの異なる*GHZ*状態の*YXY*測定実験

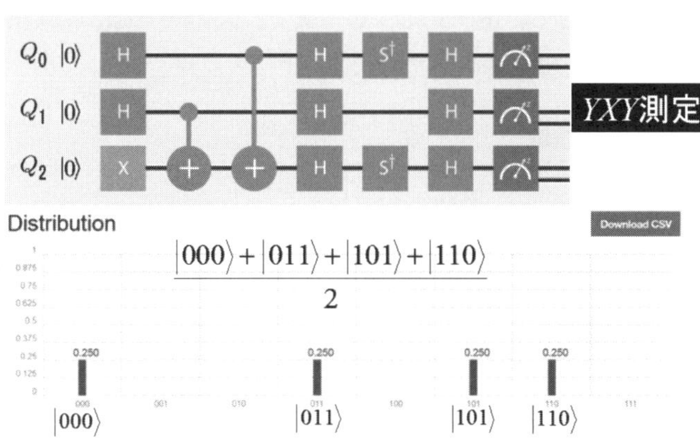

この *GHZ* 状態 (|000>−|111>)/ $\sqrt{2}$ を *YXY* 測定すると、次のように行列計算でき、実行結果と一致している。

$$\frac{|000\rangle-|111\rangle}{\sqrt{2}} \xrightarrow{S^{\dagger}\otimes I\otimes S^{\dagger}} \frac{|000\rangle+|111\rangle}{\sqrt{2}}$$

$$\xrightarrow{H\otimes H\otimes H} \frac{1}{4}[|000\rangle+|001\rangle+|010\rangle+|011\rangle+|100\rangle+|101\rangle+|110\rangle+|111\rangle]$$

$$+|000\rangle-|001\rangle-|010\rangle+|011\rangle-|100\rangle+|101\rangle+|110\rangle-|111\rangle]$$

$$=\frac{1}{2}\left[|000\rangle+|011\rangle+|101\rangle+|110\rangle\right]$$

ここで、*YXY* 測定の相関 <*YXY*> を調べると、次のように各状態の観測確率から計算できる。

$$\langle YXY \rangle = P_{000} - P_{001} - P_{010} + P_{011} - P_{100} + P_{101} + P_{110} - P_{111} = 1$$

これは、*YXY* 演算の固有値 1 と一致している。

実験 14-5

実際の量子コンピュータを用いて、*GHZ* 状態 (|000>–|111>)/ $\sqrt{2}$ を生成し、それらを *YXY* 測定する量子回路を作成する量子実験を行い、各状態の観測確率から相関 <*YXY*> を実測せよ。

(4) *GHZ* 状態の *YYX* 測定

最後に、同じ *GHZ* 状態 (|000>–|111>)/ $\sqrt{2}$ を *YYX* 測定してみよう。*Y* 測定は位相シフト演算 $S^\dagger$ とアダマール変換 *H* から測定できた。そこで、量子シミュレータで、図 14.9 のように *GHZ* 状態 (|000>–|111>)/ $\sqrt{2}$ を *YYX* 測定する量子回路を作成してみよう。

図14.9　符号パリティの異なるGHZ状態のYYX測定実験

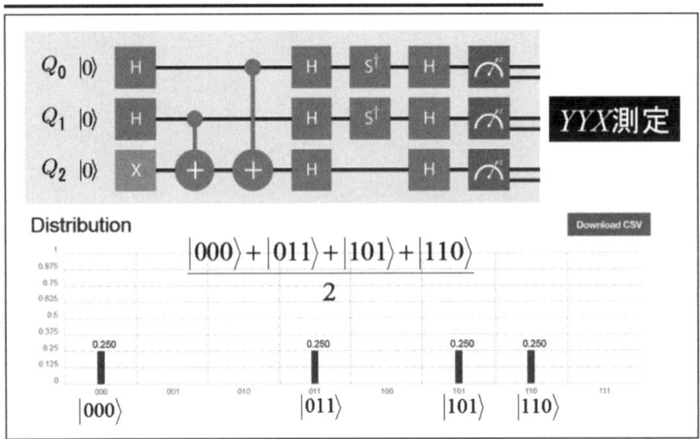

この *GHZ* 状態 (|000>–|111>)/ $\sqrt{2}$ を *YYX* 測定すると、次のように行列計算でき、実行結果と一致している。

$$\frac{|000\rangle - |111\rangle}{\sqrt{2}} \xrightarrow{S^\dagger \otimes S^\dagger \otimes I} \frac{|000\rangle + |111\rangle}{\sqrt{2}}$$

$$\xrightarrow{H \otimes H \otimes H} \frac{1}{4}[|000\rangle + |001\rangle + |010\rangle + |011\rangle + |100\rangle + |101\rangle + |110\rangle + |111\rangle]$$

$$+ |000\rangle - |001\rangle - |010\rangle + |011\rangle - |100\rangle + |101\rangle + |110\rangle - |111\rangle]$$

$$= \frac{1}{2}\left[|000\rangle + |011\rangle + |101\rangle + |110\rangle\right]$$

ここで、*YYX* 測定の相関 <*YYX*> を調べると、次のように各状態の観測確率から計算できる。

$$\langle YYX \rangle = P_{000} - P_{001} - P_{010} + P_{011} - P_{100} + P_{101} + P_{110} - P_{111} = 1$$

これは、*YYX* 演算の固有値 1 と一致している。

実験 14-6

実際の量子コンピュータを用いて、*GHZ* 状態 (|000>−|111>)/ $\sqrt{2}$ を生成し、それらを *YYX* 測定する量子回路を作成する量子実験を行い、各状態の観測確率から相関 <*YYX*> を実測せよ。

14.2.4 マーミン不等式を用いた *GHZ* 状態の量子非局所性の評価

それでは、以上の *XXX*, *XYY*, *YXY*, *YYX* 測定の 4 つの測定方法で調べた相関の値 <*XXX*>, <*XYY*>, <*YXY*>, <*YYX*> を、局所実在性を仮定した次のマーミン不等式 |<*XYY*>+<*YXY*>+<*YYX*>−<*XXX*>| ≦ 2 に代入してみよう。そうすると、次のように 4 となり、マーミン不等式を満たさなくなった。

$$\langle XYY \rangle + \langle YXY \rangle + \langle YYX \rangle - \langle XXX \rangle = 1 + 1 + 1 - (-1) = 4$$

つまり、局所実在性を仮定した次のマーミン不等式が間違っていたことになり、量子非局所性を前提としないと説明できない現象が起きる。

実験 14-7

実際の量子コンピュータを用いて、*GHZ* 状態 (|000>−|111>)/ $\sqrt{2}$ を生成し、それらを *XXX*, *XYY*, *YXY*, *YYX* 測定の 4 つの測定方法で調べて、相関の値 <*XXX*>, <*XYY*>, <*YXY*>, <*YYX*> を実測し、マーミン不等式 |<*XYY*>+<*YXY*>+<*YYX*>−<*XXX*>| ≦ 2 に代入して、一致しているか確かめよ。

実験 14-8

本章で作成したその他の量子回路を量子シミュレータではなく、実際の IBM の量子コンピュータを使って、量子実験をしてみよう。理論値と異なり、どの程度の誤差が発生するか実験で確かめてみよう。量子コンピュータでの測定には、ブロッホ測定はできないので、標準基底測定で行うこと。また、量子シミュレータでは置けた演算子が、実際の量子コンピュータ実験では置けない位置もあるので工夫して作成してみよう。

15 量子通信の量子実験

量子通信には、量子高密度符号と量子転送がある。量子高密度符号は、1 量子ビットを転送して、2 ビットの古典的情報を伝送できるという量子通信方式である。量子転送は、2 ビットの古典的情報（00, 01, 10, 11）を転送し、1 量子ビットを伝送できるという量子通信方式である。

ここでは、量子高密度符号と量子転送を量子回路で実装するためには、もつれ状態が使われいる。量子高密度符号の量子回路の原形は、FANOUT ゲートであり、量子転送の量子回路の原形は、交換ゲートの量子回路である。実際の量子高密度符号や量子転送は、実験的にも成功しており、通信成功率や通信距離も飛躍的に伸びてきている。また、1 量子ビットの重ね合わせ状態の量子転送だけでなく、2 量子ビットのもつれ状態の量子転送にも挑戦した。

15.1 量子高密度符号

15.1.1 量子高密度符号とは

量子高密度符号とは、1 量子ビットを転送して、2 ビットの古典的情報を伝送できるという量子通信方式である。この量子高密度符号の考え方は、量子シミュレータで行った図 15.1 のように、2 つの制御 NOT ゲートによって上位 2 量子ビットの情報が下位 2 量子ビットに複写されている。

図15.1　量子高密度符号の考え方

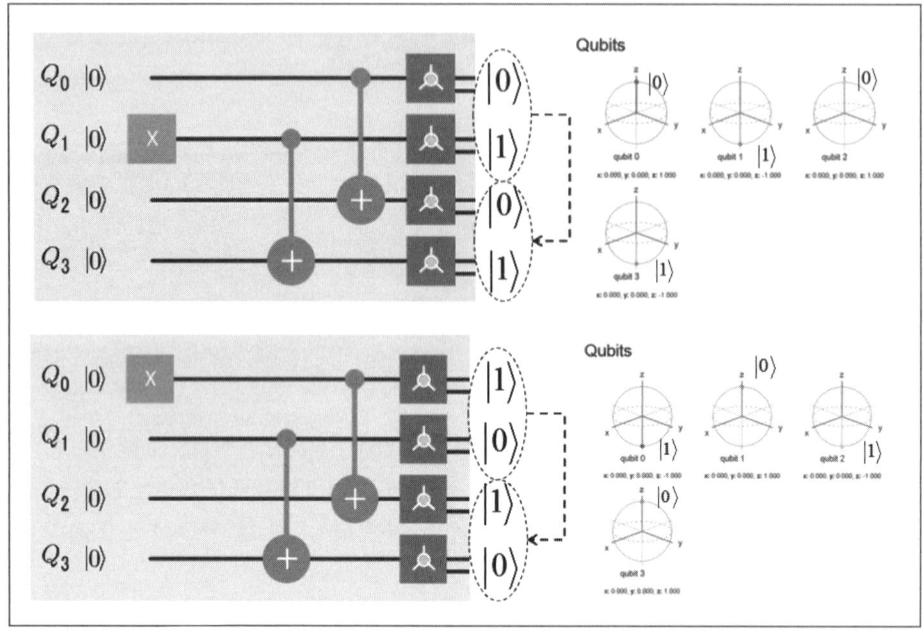

これは、FANOUT ゲートの考え方であり、それが量子高密度符号の原形になっている。

$$|0\rangle|1\rangle|0\rangle|0\rangle \overset{CNOT_{13}}{\rightarrow} |0\rangle|1\rangle|0\rangle|1\rangle$$
$$\overset{CNOT_{02}}{\rightarrow} |0\rangle|1\rangle|0\rangle|1\rangle$$

$$|1\rangle|0\rangle|0\rangle|0\rangle \overset{CNOT_{13}}{\rightarrow} |1\rangle|0\rangle|0\rangle|0\rangle$$
$$\overset{CNOT_{02}}{\rightarrow} |1\rangle|0\rangle|1\rangle|0\rangle$$

一般的に考えると 1 量子ビットは 0, 1 の重ね合わせ状態なので、0 か 1 の 1 ビットの古典的情報しか持っていないように思われるが、もつれ状態を利用することにより、1 量子ビットだけを転送しても、2 ビットの古典的情報を伝送できるとする考え方である。

習慣上、送信者名はアリスで、受信者名はボブが使われるので、本書もそれに従う。

演習 15-1

量子シミュレータで、図 15.2 のような量子回路を作成し、ベクトル計算と実行結果とを比較して説明せよ。

図15.2　FANOUTゲート

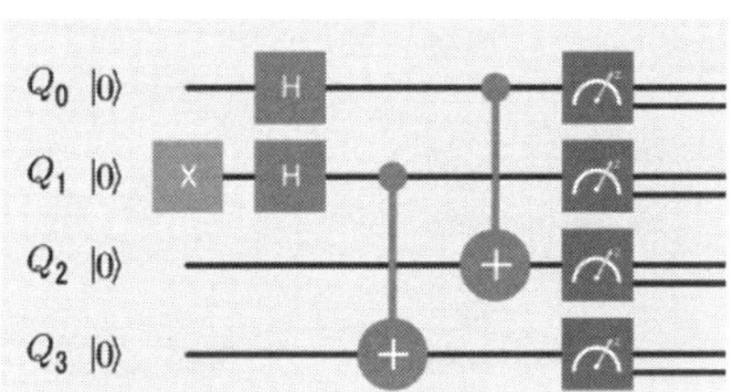

演習 15-2

量子シミュレータで、図 15.3 のような量子回路を作成し、演習 15-1 と等価であることを、ベクトル計算と実行結果とを比較して示せ。

図15.3　量子高密度符号化ゲートと等価ゲート（1）

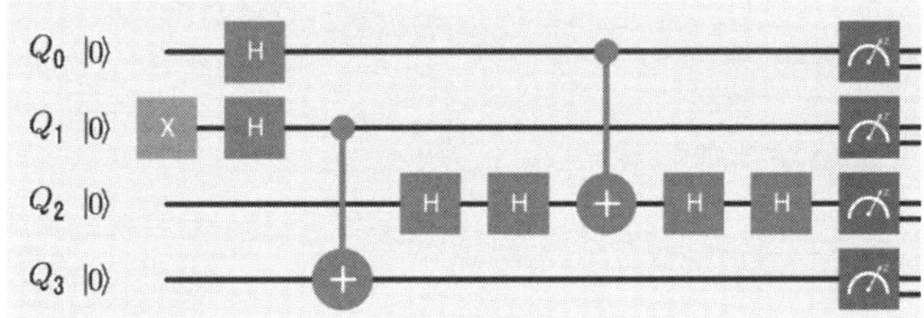

演習 15-3

量子シミュレータで、図 15.4 のような量子回路を作成し、演習 15-2 と等価であることを、ベクトル計算と実行結果とを比較して示せ。

図15.4　量子高密度符号化ゲートと等価ゲート（2）

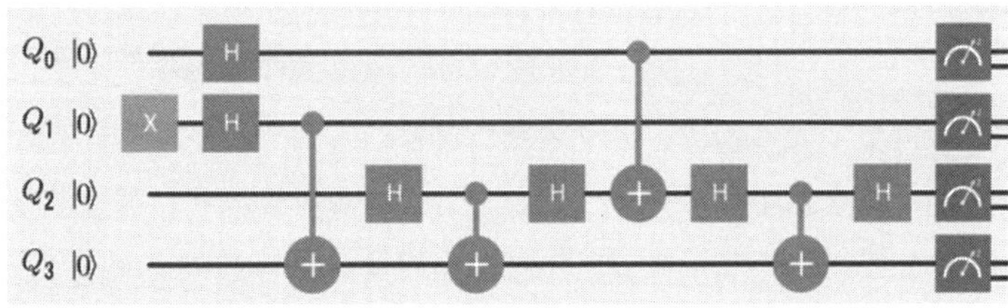

演習 15-4

量子シミュレータで、図 15.5 のような量子回路を作成し、演習 15-3 と等価であることを、ベクトル計算と実行結果とを比較して示せ。

図15.5　量子高密度符号化ゲートと等価ゲート（3）

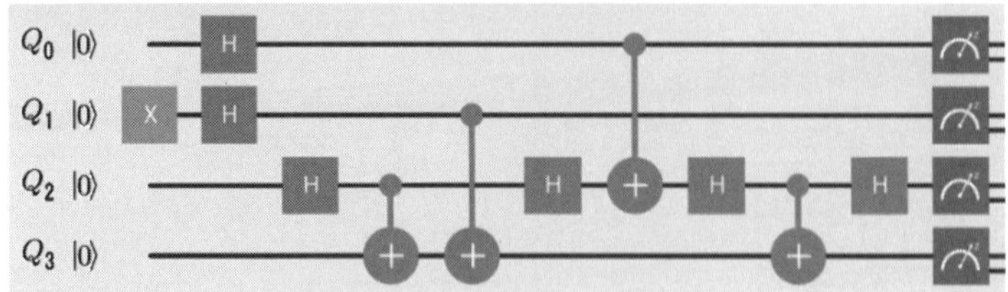

演習 15-5

量子シミュレータで、図 15.6 のような量子回路を作成し、演習 15-4 と等価であることを、ベクトル計算と実行結果とを比較して示せ。

図15.6　量子高密度符号化ゲートと等価ゲート（4）

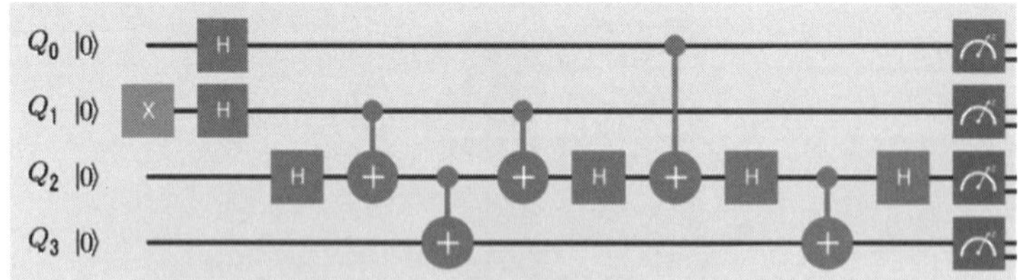

15.1.2　量子高密度符号のための量子ゲート

量子高密度符号のための量子ゲートは、演習 15-5 にその原形があり、演習 15-5 の量子回路を変形すれば図 15.7 のようになる。ここでは、2 量子ビットによるもつれ状態が使われ、もつれ状態の片方の量子ビットをアリスが操作でき、操作後、その量子ビットをボブに送れるとする。アリスは送り出したい古典的な 2 ビット情報（00, 01, 10, 11）のどれかに従って、ボブに送る量子ビットに制御 NOT ゲートや制御 Z ゲートを使って巧みに操作できる。ボブはもつれ状態の別な片方をあらかじめ持っているので、アリスから送られたもつれ状態の片方の量子ビットを受け取るので、実質的には 2 量子ビット持っており、これらを観測すれば、アリスがボブに知らせたかった古典的な 2 ビット情報（00, 01, 10, 11）のどれかが判明できる。

つまり、ボブはアリスから送られてきた量子ビットを自分の持っていた量子ビットとで制御NOTゲートとアダマール変換をしてもつれを解消すると、アリスが送りたかった古典的な2ビット情報（00, 01, 10, 11）を復元できることになる。

図15.7 量子高密度符号のための量子ゲート

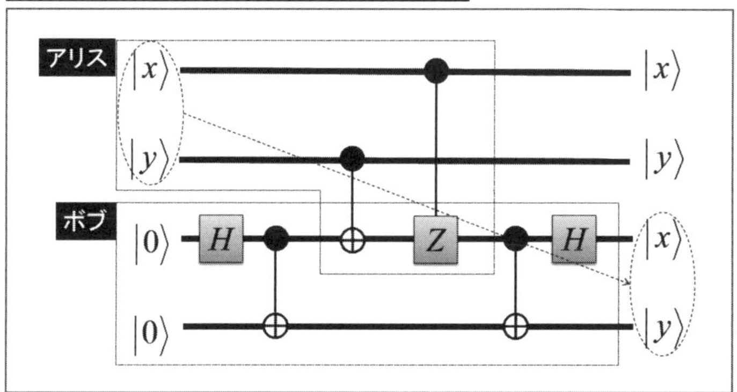

この量子高密度符号を一般式でベクトル計算できるが、複雑になる。そこで、ここでは、4通りしかないので、アリスが送りたい古典的な2ビット情報（00, 01, 10, 11）に従って、個別にベクトル計算して確かめてみよう。

(1) アリスが送った2ビット情報（00）

アリスからボブへ送りたい古典的な2ビット情報を00とすると、量子高密度符号のための量子ゲートで、制御NOTゲートと制御Zゲートは実行しないので、アリスは、もつれ状態の片方の量子ビットをそのままボブに送ることになる。そのために、下位の2量子ビットは左右対称で同じユニタリ変換があるので、当然、ボブがもつれ状態を観測すれば、初期状態の|00>が観測される。

つまり、アリスからボブへ送りたい古典的な2ビット情報が00のときは、アリスはボブに何も変えなくてそのまま観測してくださいと伝言を送っているみたいに見える。これをベクトル計算式で示すと、次のようになる。

$$|\mathbf{00}\rangle|00\rangle \xrightarrow{I\otimes I\otimes H\otimes I} |00\rangle\frac{|00\rangle+|10\rangle}{\sqrt{2}} \xrightarrow{CNOT_{23}} |00\rangle\frac{|00\rangle+|11\rangle}{\sqrt{2}} \xrightarrow{CNOT_{23}} |00\rangle\frac{|00\rangle+|10\rangle}{\sqrt{2}} \xrightarrow{I\otimes I\otimes H\otimes I} |00\rangle|\mathbf{00}\rangle$$

15

例題 15-1　情報 00 を量子高密度符号で伝送せよ

量子シミュレータで、量子高密度符号のための量子ゲートを作成し、アリスがボブへ送りたい古典的な 2 ビット情報を 00 として実験し、実行結果を求めよ。

【解答】

量子シミュレータで、図 15.8 のように量子高密度符号のための量子ゲートを作成してみよう。ここで、制御 Z ゲートは $Z=HXH$ を使えば、アダマール変換と制御 NOT ゲートで作成できた。アリスがボブへ送りたい古典的な 2 ビット情報を 00 とすると、確かにボブが受け取った観測結果は 00 となり、転送成功となった。

図15.8　量子高密度符号化ゲートによる00の伝送実験

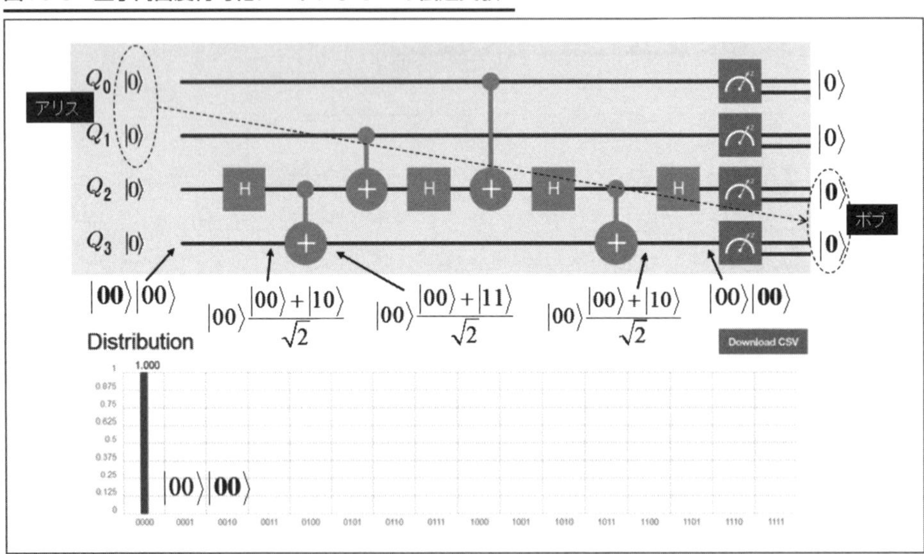

(2) アリスが送った 2 ビット情報（01）

次に、アリスからボブへ送りたい古典的な 2 ビット情報を 01 とすると、量子高密度符号のための量子ゲートで、アリスは持っているボブに送る量子ビットであるもつれ状態の片方に制御 NOT ゲートだけを実行して、ボブに送ればよい。そうすれば、先ほどボブは |00> を観測していたのでビット反転が下位ビットに波及してビット反転するので、ボブがもつれ状態を観測すれば、下位ビットだけがビット反転した |01> が観測される。

つまり、アリスからボブへ送りたい古典的な 2 ビット情報が 01 のときは、アリスはボブに下位ビットだけ変えておきましたのでそれで観測してくださいと伝言を送っているみたいに見える。これをベクトル計算式で示すと、次のようになる。

$$|\mathbf{01}\rangle|00\rangle \overset{I\otimes I\otimes H\otimes I}{\rightarrow} |01\rangle\frac{|00\rangle+|10\rangle}{\sqrt{2}} \overset{CNOT_{23}}{\rightarrow} |01\rangle\frac{|00\rangle+|11\rangle}{\sqrt{2}} \overset{I\otimes I\otimes X\otimes I}{\rightarrow} |01\rangle\frac{|10\rangle+|01\rangle}{\sqrt{2}}$$

$$\overset{CNOT_{23}}{\rightarrow} |01\rangle\frac{|11\rangle+|01\rangle}{\sqrt{2}} \overset{I\otimes I\otimes H\otimes I}{\rightarrow} |01\rangle|\mathbf{01}\rangle$$

例題 15-2　情報 01 を量子高密度符号で伝送せよ

量子シミュレータで、量子高密度符号のための量子ゲートを作成し、アリスがボブへ送りたい古典的な 2 ビット情報を 01 として実験し、実行結果を求めよ。

【解答】

量子シミュレータで、図 15.9 のように量子高密度符号のための量子ゲートを作成し、アリスがボブへ送りたい古典的な 2 ビット情報を 01 とすると、確かにボブが受け取った観測結果は 01 となり、転送成功となる。

図15.9　量子高密度符号化ゲートによる01の伝送実験

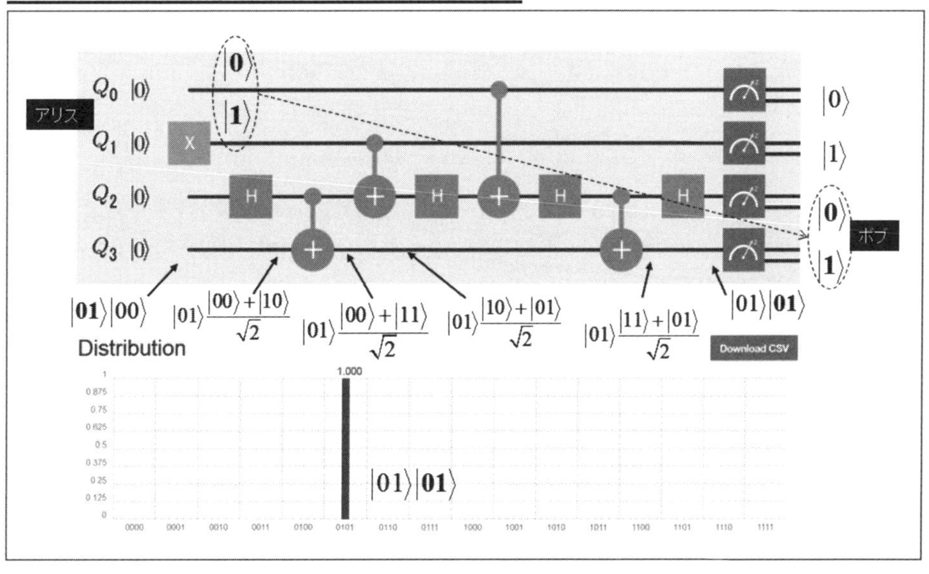

(3) アリスが送った 2 ビット情報（10）

同様にして、アリスからボブへ送りたい古典的な 2 ビット情報を 10 とすると、量子高密度符号のための量子ゲートで、アリスは持っているボブに送る量子ビットであるもつれ状態の片方に制御 Z ゲートだけを実行して、ボブに送ればよい。そうすれば、先ほどボブは |00> を観測していたので上位ビットだけが位相反転し、それがアダマール変換後にビット反転するので、ボブがもつれ状態を観測すれば、上位ビットだけがビット反転した |10> が観測される。

つまり、アリスからボブへ送りたい古典的な 2 ビット情報が 10 のときは、アリスはボブに上位ビットだけ変えておきましたのでそれで観測してくださいと伝言を送っているみたいに見える。これをベクトル計算式で示すと、次のようになる。

$$|\mathbf{10}\rangle|00\rangle \overset{I\otimes I\otimes H\otimes I}{\rightarrow} |10\rangle\frac{|00\rangle+|10\rangle}{\sqrt{2}} \overset{CNOT_{23}}{\rightarrow} |10\rangle\frac{|00\rangle+|11\rangle}{\sqrt{2}} \overset{I\otimes I\otimes Z\otimes I}{\rightarrow} |10\rangle\frac{|00\rangle-|11\rangle}{\sqrt{2}}$$

$$\overset{CNOT_{23}}{\rightarrow} |10\rangle\frac{|01\rangle-|10\rangle}{\sqrt{2}} \overset{I\otimes I\otimes H\otimes I}{\rightarrow} |10\rangle|\mathbf{10}\rangle$$

例題 15-3　情報 10 を量子高密度符号で伝送せよ

量子シミュレータで、量子高密度符号のための量子ゲートを作成し、アリスがボブへ送りたい古典的な 2 ビット情報を 10 として実験し、実行結果を求めよ。

【解答】

量子シミュレータで、図 15.10 のように量子高密度符号のための量子ゲートを作成し、アリスがボブへ送りたい古典的な 2 ビット情報を 10 とすると、確かにボブが受け取った観測結果は 10 となり、転送成功となった。

図15.10 量子高密度符号化ゲートによる10の伝送実験

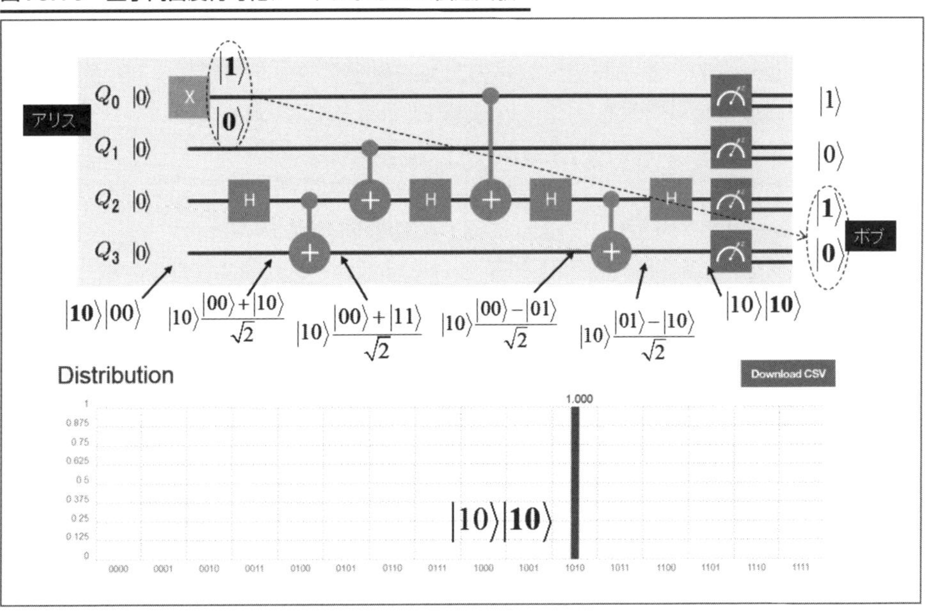

(4) アリスが送った2ビット情報（11）

最後に、アリスからボブへ送りたい古典的な2ビット情報を11とすると、量子高密度符号のための量子ゲートで、制御NOTゲートと制御Zゲートとを共に実行してから、アリスは、もつれ状態の片方の量子ビットをそのままボブに送ることになる。そうすれば、(2) と (3) を同時に行うことになり、当然、ボブがもつれ状態を観測すれば、状態の |11> が観測される。

つまり、アリスからボブへ送りたい古典的な2ビット情報が11のときは、アリスはボブにすべて変えましたのでそのまま観測してくださいと伝言を送っているみたいに見える。これをベクトル計算式で示すと、次のようになる。

$$|\mathbf{11}\rangle|00\rangle \xrightarrow{I\otimes I\otimes H\otimes I} |11\rangle\frac{|00\rangle+|10\rangle}{\sqrt{2}} \xrightarrow{CNOT_{23}} |11\rangle\frac{|00\rangle+|11\rangle}{\sqrt{2}} \xrightarrow{I\otimes I\otimes X\otimes I} |11\rangle\frac{|10\rangle+|01\rangle}{\sqrt{2}}$$

$$\xrightarrow{I\otimes I\otimes Z\otimes I} |11\rangle\frac{-|10\rangle+|01\rangle}{\sqrt{2}} \xrightarrow{CNOT_{23}} |11\rangle\frac{|01\rangle-|11\rangle}{\sqrt{2}} \xrightarrow{I\otimes I\otimes H\otimes I} |11\rangle|\mathbf{11}\rangle$$

15

例題 15-4　情報 11 を量子高密度符号で伝送せよ

量子シミュレータで、量子高密度符号のための量子ゲートを作成し、アリスがボブへ送りたい古典的な 2 ビット情報を 11 として実験し、実行結果を求めよ。

【解答】

量子シミュレータで、図 15.11 のように量子高密度符号のための量子ゲートを作成し、アリスがボブへ送りたい古典的な 2 ビット情報を 11 とすると、確かにボブが受け取った観測結果は 11 となり、転送成功となった。

図15.11　量子高密度符号化ゲートによる11の伝送実験

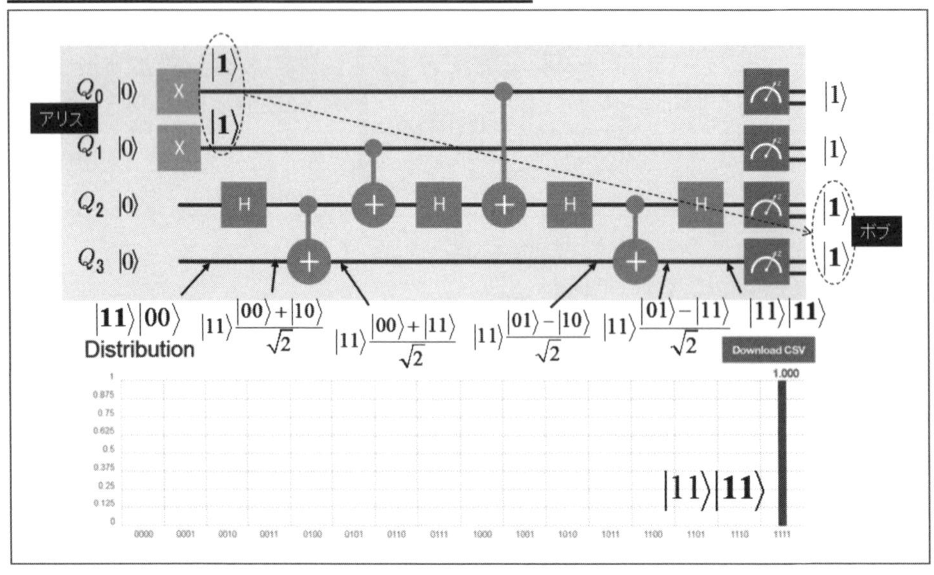

15.2 量子転送

15.2.1 量子転送とは

量子転送とは、2 ビットの古典的情報（00, 01, 10, 11）を転送し、1 量子ビットを伝送できるという量子通信方式である。量子転送は、1 量子ビットを転送して 2 ビットの古典的情報を伝送する量子高密度符号と逆な関係にあるともいえる。この量子転送は、光や原子を用いていろいろな方式で実験的にも成功している。量子転送ももつれ状態を利用していて、この後に説明する量子誤り訂正にも応用されている。

量子転送の基本的な考え方は、5.4.1 項で説明した |*c*> と |0> との交換ゲートである。この交換ゲートは、一方から |*c*> の量子ビットが制御 NOT ゲートを 2 回使って、もつれ状態を生成して他方に転送されているように見える。

図15.12　入力ビットに|0>が含まれた交換ゲート

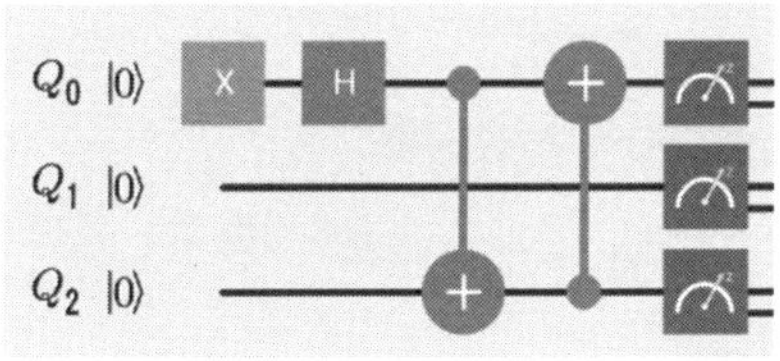

たとえば、図 15.12 のような Q_0 と Q_2 との交換ゲートでは、次のようにベクトル計算でき、確かに交換されていることが分かる。

$$
|000\rangle \xrightarrow{X\otimes I\otimes I} |100\rangle \xrightarrow{H\otimes I\otimes I} \frac{|\mathbf{0}\rangle - |\mathbf{1}\rangle}{\sqrt{\mathbf{2}}}|0\rangle|\mathbf{0}\rangle = \frac{|000\rangle - |100\rangle}{2} \xrightarrow{CNOT_{02}} \frac{|000\rangle - |101\rangle}{2}
$$

$$
\xrightarrow{CNOT_{20}} \frac{|000\rangle - |001\rangle}{2} = |\mathbf{0}\rangle|0\rangle\frac{|\mathbf{0}\rangle - |\mathbf{1}\rangle}{\sqrt{\mathbf{2}}}
$$

ここでは、アリスが送りたい量子ビットは (|0>–|1>)/ $\sqrt{2}$ であったが、一般に 1 量子ビットの任意の重ね合わせ状態 *a*|0>+*b*|1> の量子転送では、アリスはボブにアリスの持っている 1 量子ビットの重ね合わせ状態 *a*|0>+*b*|1> をボブに送れるかという問題設定となる。このとき、あらかじめ 2 量子ビットでもつれ状態を作成し、アリスとボブは共有でき、アリスはボブに古典的な 2 ビット情報を教えてもよいとしている。そのために、3 量子ビット使われる。

演習 15-6

量子シミュレータで、図 15.13 のような量子回路を作成し、ベクトル計算と実行結果とを比較して、Q_0 と Q_2 との交換ゲートになっているか調べよ。

図15.13　交換ゲートと等価な量子ゲート（1）

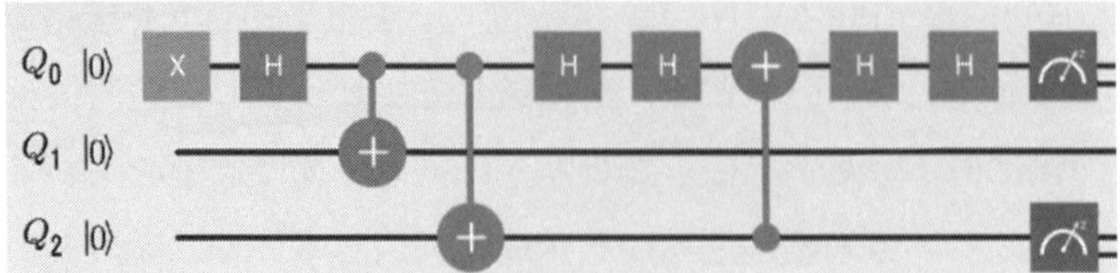

演習 15-7

量子シミュレータで、図 15.14 のような量子回路を作成し、演習 15-6 と等価なのかどうかを、ベクトル計算と実行結果とを比較して示せ。

図15.14　交換ゲートと等価な量子ゲート（2）

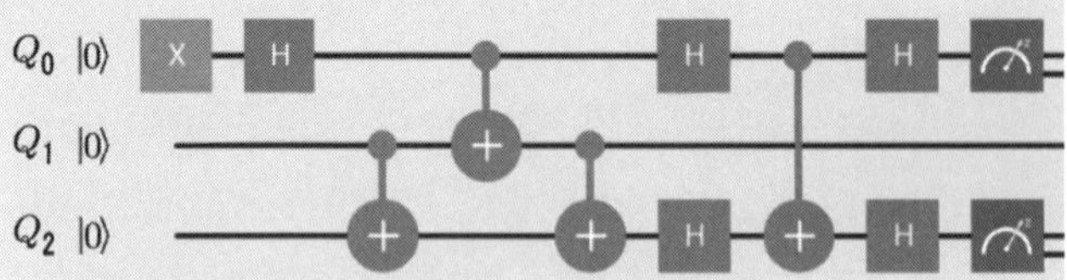

演習 15-8

量子シミュレータで、図 5.15 のような量子回路を作成し、演習 15-7 と等価ではないが、Q_0 の量子ビット $(|0>-|1>)/\sqrt{2}$ が転送されているかどうかを、ベクトル計算と実行結果とを比較して示せ。

図15.15　量子転送ゲート

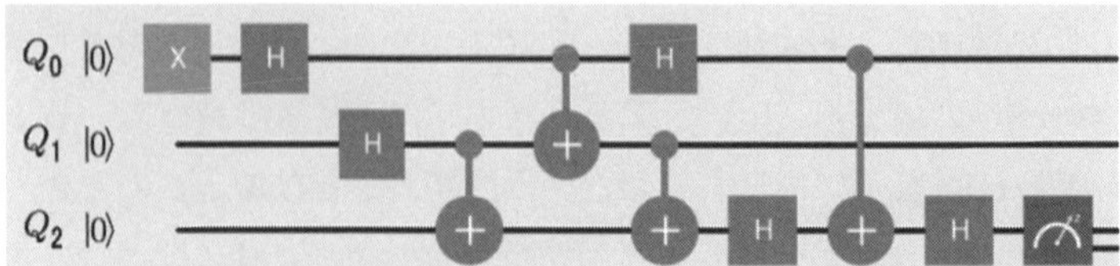

15.2.2　重ね合わせ状態 $a|0\rangle+b|1\rangle$ の量子転送

演習 15-8 で量子転送ゲートはほとんど完成したが、ここでは、アリスは送りたい量子ビットを $|x\rangle=a|0\rangle+b|1\rangle$ として一般的に考えることにする。

図15.16　量子転送のための量子ゲート

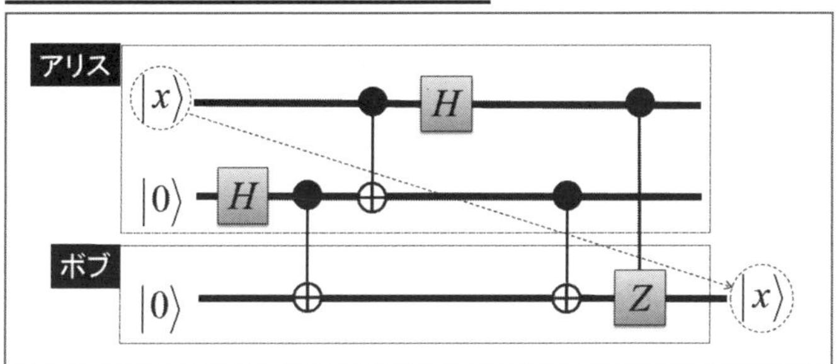

そうすれば、図 15.16 のような量子転送ゲートにおいて、次のようにベクトル計算できる。つまり、この量子転送ゲートに通せば、アリスのどの 2 ビットの古典的情報（00, 01, 10, 11）でも、アリスが送りたかった量子ビット $|x\rangle=a|0\rangle+b|1\rangle$ がボブに $|x\rangle=a|0\rangle+b|1\rangle$ として転送されていることが分かる。

$$
\begin{aligned}
|x\rangle|00\rangle &= (a|0\rangle+b|1\rangle)|00\rangle \xrightarrow{I\otimes H\otimes I} (a|0\rangle+b|1\rangle)\frac{|0\rangle+|1\rangle}{\sqrt{2}}|0\rangle \xrightarrow{CNOT_{12}} (a|0\rangle+b|1\rangle)\frac{|00\rangle+|11\rangle}{\sqrt{2}} \\
&\xrightarrow{CNOT_{01}} \frac{1}{\sqrt{2}}\left[a|000\rangle+a|011\rangle+b|110\rangle+b|101\rangle\right] \\
&\xrightarrow{H\otimes I\otimes I} \frac{1}{\sqrt{2}}\left[a\frac{|0\rangle+|1\rangle}{\sqrt{2}}(|00\rangle+|11\rangle)+b\frac{|0\rangle-|1\rangle}{\sqrt{2}}(|10\rangle+|01\rangle)\right] \\
&\xrightarrow{CNOT_{12}} \frac{1}{\sqrt{2}}\left[a\frac{|0\rangle+|1\rangle}{\sqrt{2}}(|00\rangle+|10\rangle)+b\frac{|0\rangle-|1\rangle}{\sqrt{2}}(|11\rangle+|01\rangle)\right] \\
&= \frac{1}{2}\left[|00\rangle(a|0\rangle+b|1\rangle)+|01\rangle(a|0\rangle+b|1\rangle)+|10\rangle(a|0\rangle-b|1\rangle)+|11\rangle(a|0\rangle-b|1\rangle)\right] \\
&\xrightarrow{CZ_{02}} \frac{1}{2}\left[|00\rangle(a|0\rangle+b|1\rangle)+|01\rangle(a|0\rangle+b|1\rangle)+|10\rangle(a|0\rangle+b|1\rangle)+|11\rangle(a|0\rangle+b|1\rangle)\right] \\
&= \frac{1}{2}\left[|00\rangle+|01\rangle+|10\rangle+|11\rangle\right]|x\rangle
\end{aligned}
$$

15

例題 15-5　量子転送ゲートで $|x\rangle=(|0\rangle+|1\rangle)/\sqrt{2}$ を転送せよ

量子シミュレータで量子転送ゲートを作成し、アリスから転送したい量子ビットを $|x\rangle=(|0\rangle+|1\rangle)/\sqrt{2}$ として、ボブに転送されているかどうかブロッホ測定で調べよ。

【解答】

図 15.17 のように量子転送ゲートを作成し、アリスから転送したい量子ビットを $|x\rangle=(|0\rangle+|1\rangle)/\sqrt{2}$ として、ボブに転送してみよう。ここで、制御 Z ゲートは、$Z=HXH$ を使えば、アダマール変換と制御 NOT ゲートで作成できた。この量子転送ゲートに通せば、アリスのどの 2 ビットの古典的情報（00, 01, 10, 11）でも、アリスが送りたかった量子ビット $|x\rangle=(|0\rangle+|1\rangle)/\sqrt{2}$ がボブに $|x\rangle=(|0\rangle+|1\rangle)/\sqrt{2}$ として転送されていることが分かる。

図15.17　重ね合わせ状態の量子転送ゲートの実装実験

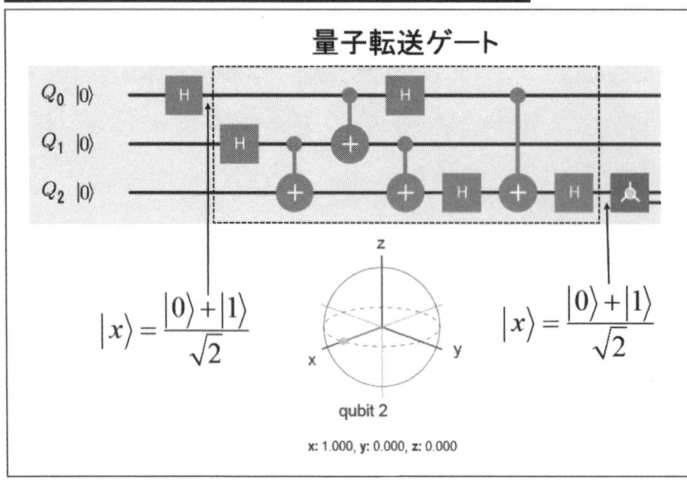

この量子転送ゲートのベクトル計算では、次のようになる。

$$\frac{|\mathbf{0}\rangle+|\mathbf{1}\rangle}{\sqrt{\mathbf{2}}}|00\rangle \xrightarrow{I\otimes H\otimes I} \frac{|0\rangle+|1\rangle}{\sqrt{2}}\frac{|0\rangle+|1\rangle}{\sqrt{2}}|0\rangle \xrightarrow{CNOT_{12}} \frac{|0\rangle+|1\rangle}{\sqrt{2}}\frac{|00\rangle+|11\rangle}{\sqrt{2}}$$

$$\xrightarrow{CNOT_{01}} \frac{1}{2}\left[|000\rangle+|011\rangle+|110\rangle+|101\rangle\right]$$

$$\xrightarrow{H\otimes I\otimes I} \frac{1}{2}\left[\frac{|0\rangle+|1\rangle}{\sqrt{2}}\left(|00\rangle+|11\rangle\right)+\frac{|0\rangle-|1\rangle}{\sqrt{2}}\left(|10\rangle+|01\rangle\right)\right]$$

$$\xrightarrow{CNOT_{12}} \frac{1}{2}\left[\frac{|0\rangle+|1\rangle}{\sqrt{2}}(|00\rangle+|10\rangle)+\frac{|0\rangle-|1\rangle}{\sqrt{2}}(|11\rangle+|01\rangle)\right]$$

$$=\frac{1}{2\sqrt{2}}\left[|00\rangle(|0\rangle+|1\rangle)+|01\rangle(|0\rangle+|1\rangle)+|10\rangle(|0\rangle-|1\rangle)+|11\rangle(|0\rangle-|1\rangle)\right]$$

$$\xrightarrow{CZ_{02}} \frac{1}{2\sqrt{2}}\left[|00\rangle(|0\rangle+|1\rangle)+|01\rangle(|0\rangle+|1\rangle)+|10\rangle(|0\rangle+|1\rangle)+|11\rangle(|0\rangle+|1\rangle)\right]$$

$$=\frac{1}{2}\left[|00\rangle+|01\rangle+|10\rangle+|11\rangle\right]\frac{|\mathbf{0}\rangle+|\mathbf{1}\rangle}{\sqrt{\mathbf{2}}}$$

例題 15-6　量子転送ゲートで $|x\rangle=(|0\rangle-|1\rangle)/\sqrt{2}$ を転送せよ

量子シミュレータで量子転送ゲートを作成し、アリスから転送したい量子ビットを $|x>=(|0>-|1>)/\sqrt{2}$ として、ボブに転送されているかどうかブロッホ測定で調べよ。

【解答】

量子シミュレータで、例題 15-5 と同様に、図 15.18 のようにビット反転 X とアダマール変換で入力ビットを $|x>=(|0>-|1>)/\sqrt{2}$ にして、量子転送ゲートに入力するとボブに転送できていることが分かる。

図15.18　符号パリティの異なる重ね合わせ状態の量子転送ゲートの実装実験

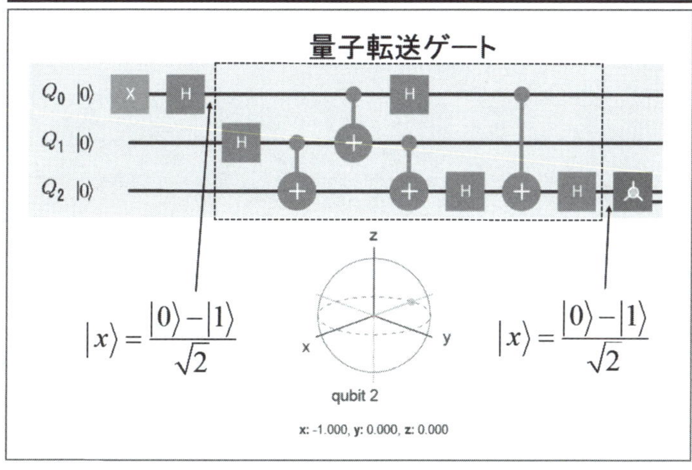

15

例題 15-7　量子転送ゲートで |x>=THTH|0> を転送せよ

量子シミュレータで量子転送ゲートを作成し、アリスから転送したい量子ビットを |x>=THTH|0> として、ボブに転送されているかどうかブロッホ測定で調べよ。

【解答】

例題 15-6 と同様にして、入力ビットを指定されたように |x>=THTH|0> と量子シミュレータで作成して、図 15.19 のように量子転送ゲートに入れるだけでよい。入力ビットが複雑なので、同じ量子ビットが転送されたかの確認のために、同じ |x>=THTH|0> を Q_3 に生成し、比較したが、一致していた。

図15.19　複雑な重ね合わせ状態の量子転送ゲートの実装実験

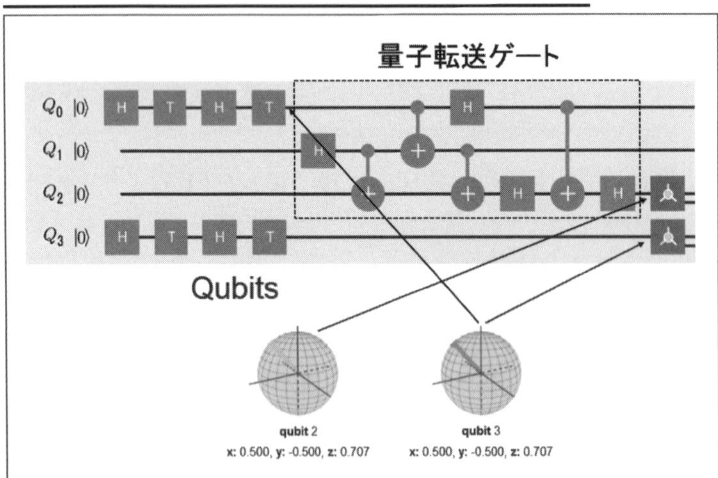

15.2.3　もつれ状態 a|00>+b|11> の量子転送

量子転送によって、2 ビットの古典的情報（00, 01, 10, 11）を転送し、もつれ状態を利用して 1 量子ビットの任意の重ね合わせ状態 |x>=a|0>+b|1> を伝送できたが、さらに、a|00>+b|11> のようなもつれ状態そのものが転送できるか考えてみよう。

論文（quant-ph/9906110v1）によれば、もつれ状態は GHZ 状態を使えば可能であると結論づけられている。その論文の図に従って、量子シミュレータで実験してみた。

図15.20　もつれ状態の量子転送ゲートの実装実験

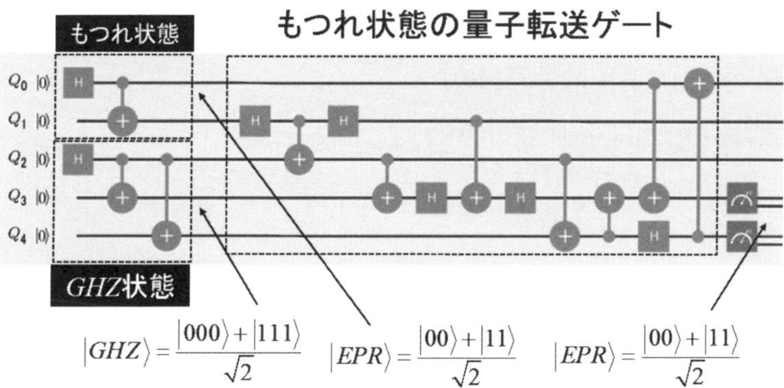

たとえば、転送したいもつれ状態は(|00>+|11>)/ $\sqrt{2}$ として、使用する*GHZ*状態は(|000>+|111>)/ $\sqrt{2}$ とすると、次のようにベクトル計算できる。*GHZ*状態を使えば、もつれ状態|***EPR***>=(|00>+|11>)/ $\sqrt{2}$ が確かに転送されている様子が見て取れる。

$$|\boldsymbol{EPR}\rangle|GHZ\rangle = \frac{|00\rangle+|11\rangle}{\sqrt{2}}\frac{|000\rangle+|111\rangle}{\sqrt{2}} \xrightarrow{I\otimes H\otimes I\otimes I\otimes I} \frac{1}{4}(|00\rangle+|01\rangle+|10\rangle-|11\rangle)(|000\rangle+|111\rangle)$$

$$\xrightarrow{CNOT_{12}} \frac{1}{4}\left[|00\rangle(|000\rangle+|111\rangle)+|01\rangle(|100\rangle+|011\rangle)+|10\rangle(|000\rangle+|111\rangle)-|11\rangle(|100\rangle+|011\rangle)\right]$$

$$= \frac{1}{4}\left[(|00\rangle+|10\rangle)(|000\rangle+|111\rangle)+(|01\rangle-|11\rangle)(|100\rangle+|011\rangle)\right]$$

$$\xrightarrow{I\otimes H\otimes I\otimes I\otimes I} \frac{1}{4}\left[(|0\rangle+|1\rangle)(|0\rangle+|1\rangle)(|000\rangle+|111\rangle)+(|0\rangle-|1\rangle)(|0\rangle-|1\rangle)(|100\rangle+|011\rangle)\right]$$

$$= \frac{1}{4}\left[(|0\rangle+|1\rangle)(|0\rangle+|1\rangle)(|000\rangle+|111\rangle)+(|0\rangle-|1\rangle)(|0\rangle-|1\rangle)(|100\rangle+|011\rangle)\right]$$

$$\xrightarrow{CNOT_{23}} \frac{1}{4}\left[(|0\rangle+|1\rangle)(|0\rangle+|1\rangle)(|000\rangle+|101\rangle)+(|0\rangle-|1\rangle)(|0\rangle-|1\rangle)(|110\rangle+|011\rangle)\right]$$

$$\xrightarrow{I\otimes I\otimes I\otimes H\otimes I} \frac{1}{4\sqrt{2}}\begin{bmatrix}(|00\rangle+|01\rangle+|10\rangle+|11\rangle)(|000\rangle+|010\rangle+|101\rangle+|111\rangle) \\ +(|00\rangle-|01\rangle-|10\rangle+|11\rangle)(|100\rangle-|110\rangle+|001\rangle-|011\rangle)\end{bmatrix}$$

$$\xrightarrow{CNOT_{13}} \frac{1}{4\sqrt{2}}\begin{bmatrix}(|00\rangle+|10\rangle+|01\rangle+|11\rangle)(|000\rangle+|010\rangle+|101\rangle+|111\rangle) \\ +(|00\rangle+|01\rangle-|10\rangle-|11\rangle)(|100\rangle-|110\rangle+|001\rangle-|011\rangle)\end{bmatrix}$$

$$\xrightarrow{I\otimes I\otimes I\otimes H\otimes I} \frac{1}{4\sqrt{2}}\begin{bmatrix}(|00\rangle+|10\rangle+|01\rangle+|11\rangle)(|000\rangle+|101\rangle) \\ +(|00\rangle+|01\rangle-|10\rangle-|11\rangle)(|110\rangle+|011\rangle)\end{bmatrix}$$

15

$$\xrightarrow{CNOT_{24}} \frac{1}{4\sqrt{2}}\begin{bmatrix}(|00\rangle+|10\rangle+|01\rangle+|11\rangle)(|000\rangle+|100\rangle)\\ +(|00\rangle+|01\rangle-|10\rangle-|11\rangle)(|111\rangle+|011\rangle)\end{bmatrix}$$

$$\xrightarrow{CNOT_{43}} \frac{1}{4\sqrt{2}}\begin{bmatrix}(|00\rangle+|10\rangle+|01\rangle+|11\rangle)(|000\rangle+|100\rangle)\\ +(|00\rangle+|01\rangle-|10\rangle-|11\rangle)(|101\rangle+|001\rangle)\end{bmatrix}$$

$$\xrightarrow{CNOT_{03}} \frac{1}{4\sqrt{2}}\left[(|00\rangle+|01\rangle)(|00\rangle+|10\rangle)(|0\rangle+|1\rangle)+(|10\rangle+|11\rangle)(|01\rangle+|11\rangle)(|0\rangle-|1\rangle)\right]$$

$$\xrightarrow{I\otimes I\otimes I\otimes I\otimes H} \frac{1}{2\sqrt{2}}\left[(|00\rangle+|01\rangle)(|00\rangle+|10\rangle)|0\rangle+(|10\rangle+|11\rangle)(|11\rangle+|01\rangle)|1\rangle\right]$$

$$\xrightarrow{CNOT_{40}} \frac{1}{2\sqrt{2}}(|00\rangle+|01\rangle)\left[(|00\rangle+|10\rangle)|0\rangle+(|01\rangle+|11\rangle)|1\rangle\right]$$

$$=\frac{1}{2\sqrt{2}}|0\rangle(|0\rangle+|1\rangle)(|0\rangle+|1\rangle)\left[|00\rangle+|11\rangle\right]$$

$$=\frac{1}{2}|0\rangle(|0\rangle+|1\rangle)(|0\rangle+|1\rangle)|\boldsymbol{EPR}\rangle$$

演習 15-9

量子シミュレータでの GHZ 状態を使ったもつれ状態の転送ゲートで、図 15.21 のように送りたいもつれ状態を (|01>+|10>)/ $\sqrt{2}$ として、GHZ 状態は (|000>+|111>)/ $\sqrt{2}$ として、実験して試してみよう。また、ベクトル計算式でも確かめよう。

図15.21　異ったもつれ状態の量子転送ゲートの実装実験

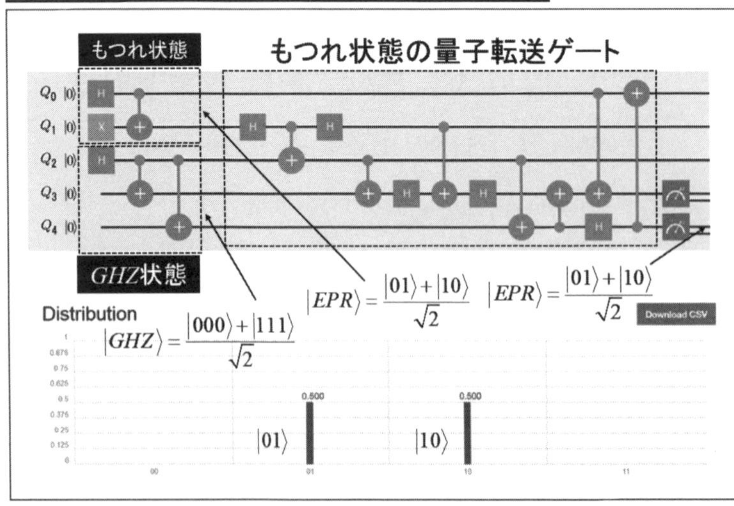

実験 15-1

本章で作成した量子回路を量子シミュレータではなく、実際の IBM の量子コンピュータを使って、量子実験をしてみよう。理論値と異なり、どの程度の誤差が発生するか実験で確かめてみよう。量子コンピュータでの測定には、ブロッホ測定はできないので、標準基底測定で行うこと。また、量子シミュレータでは置けた演算子が、実際の量子コンピュータ実験では置けない位置もあるので工夫して作成してみよう。

16 量子エラーと スタビライザー測定

IBMの量子シミュレータではエラーはなく動作していたが、量子コンピュータでは量子ビットが外部環境からの撹乱による影響を受けて、ディコヒーレンス現象によるエラーが発生した。この**ディコヒーレンス現象**によるエラーとは、量子エラーのことで3種類あり、縦緩和時間に関係したビットエラーと横緩和時間に関係した位相エラー、その両方に関係した位相・ビットエラーであった。

ここでは、量子状態ベクトルのビットパリティや符号パリティのシンドローム診断を行い、量子ビットを破壊することなく、ビットエラーや位相エラーを発見する。

一方、状態ベクトルの個別の状態そのものでエラーシンドロームを調べるよりも、スタビライザーと呼ばれる状態ベクトルを安定化させる演算子で調べた方が、いろいろな状態ベクトルの量子エラーをより一般的に記述できる。そこで、スタビライザー測定も解説し、量子誤り訂正への道筋とした。

16.1 量子エラーとシンドローム診断

16.1.1 量子エラーとは

量子エラーとは、古典的コンピュータでは発生し得ないエラーであり、古典的なエラーと比較すると表16.1のようになる。

表16.1　エラー

	古典的コンピュータ	量子コンピュータ
情報	0 か 1 に離散的符号化	$a\|0>+b\|1>$ に連続的符号化
ビットエラー	$0 \rightleftarrows 1$	$a\|0>+b\|1> \to a\|1>+b\|0>$
位相エラー	ない	$a\|0>+b\|1> \to a\|0>-b\|1>$
位相・ビットエラー	ない	$a\|0>+b\|1> \to a\|1>-b\|0>$

つまり、量子コンピュータでは、量子エラーとして、ビットエラーや位相エラー、位相・ビットの同時エラーの 3 種類がある。**ビットエラー**とは、重ね合わせ状態にある量子ビットで、次のように外部環境からの攪乱による影響を受けて**ディコヒーレンス現象**によるエラーが発生し、縦緩和時間 T_1 に関係したビット反転が起きてしまう現象である。

$$\text{ビットエラー：}\ a|0\rangle + b|1\rangle \to a|1\rangle + b|0\rangle$$

次に、**位相エラー**は、ビット反転は起きないが、重ね合わせ状態の量子ビットのどちらかの状態ベクトルに、次のような横緩和時間 T_2 に関係した位相反転が起きてしまう現象である。量子コンピュータに特徴的で、古典的コンピュータでは存在しないエラーである。

$$\text{位相エラー：}\ a|0\rangle + b|1\rangle \to a|0\rangle - b|1\rangle$$

さらに、周囲の状況が悪いと位相エラーとビットエラーとが同時に発生し、次のような**位相・ビットエラー**が発生する。これも量子コンピュータに特徴的で、古典的コンピュータでは存在しないエラーである。

$$\text{位相・ビットエラー：}\ a|0\rangle + b|1\rangle \to a|1\rangle - b|0\rangle$$

このように情報処理とはエラーとの戦いである。古典的コンピュータではシャノンによる反復符号やハミング符号、パリティ符号、巡回符号、QR コードで利用されているリードソロモン符号を利用して古典的エラー補正を行ってきた。たとえば、反復符号では、1 ビットの情報を 3 回繰り返し、000 や 111 として符号化される。このように符号化された状態を**符号語**（codeword）と呼ぶ。

一方、量子情報処理では、古典的コンピュータでは発生し得ない位相エラーや位相・ビットエラーもさらに発生し、量子誤り訂正がどうしても必要となってくる。量子ビットの問題点として、観測すると量子ビットが壊れてしまうので、観測しないで量子ビットを診断する必要がある。

16.1.2 シンドローム診断とは

シンドローム診断は、一般にメタボリックシンドロームのように腹位や中性脂肪などから内臓脂肪症候群を調べ、開腹手術しなくても病気を発見するものである。量子コンピュータでの**シンドローム診断**とは、量子ビットを破壊することなくビットエラーや位相エラーを発見しようというものである。

量子コンピュータでの量子エラーは、ビットエラーや位相エラー、位相・ビットエラーの3種類があったが、その量子エラーの特徴を見ると次のように考えられる。ビットエラーは、重ね合わせ状態にある量子ビットにビット反転が起きた現象で、ビット反転演算Xが作用したと考えられる。

ビットエラー：$a|0\rangle + b|1\rangle \xrightarrow{X} a|1\rangle + b|0\rangle$

また、位相エラーは、次のような位相反転演算Zが作用したと考えられる。

位相エラー：$a|0\rangle + b|1\rangle \xrightarrow{Z} a|0\rangle - b|1\rangle$

さらに、位相エラーとビットエラーとが同時に発生した位相・ビットエラーは、次のように位相反転演算Zに続くビット反転演算Xが連続で作用したと考える。

位相・ビットエラー：$a|0\rangle + b|1\rangle \xrightarrow{Z} a|0\rangle - b|1\rangle \xrightarrow{X} a|1\rangle - b|0\rangle$

これらの量子コンピュータに特有な量子エラーをシンドローム診断するには、まず、次のようなパリティを調べる必要がある。

16.2 ビットパリティ識別

16.2.1　2量子ビットのビットパリティ識別

ビットパリティとは、1の現れるビット数の偶奇性である。たとえば、|00>, |11> は1が偶数個現れるか何もないときで**偶数パリティ**と呼び、|01>, |10> は1が奇数個現れるときで**奇数パリティ**と呼ぶ。このビットパリティは、量子ビットを壊すことなく、次のようにシンドローム診断すれば判別できる。

たとえば、2量子ビットでのビットパリティは、図16.1のように2つの制御NOTゲートを使い、**シンドロームビット**と呼ばれる補助的なビットを制御すれば識別可能である。すなわち、偶数パリティのときには、制御NOTゲートが0回か偶数回働くので、シンドロームビットは0となる。一方、奇数パリティのときは、制御NOTゲートが奇数回しか働かないので、シンドロームビットは1となる。

図16.1　ビットパリティのシンドローム診断

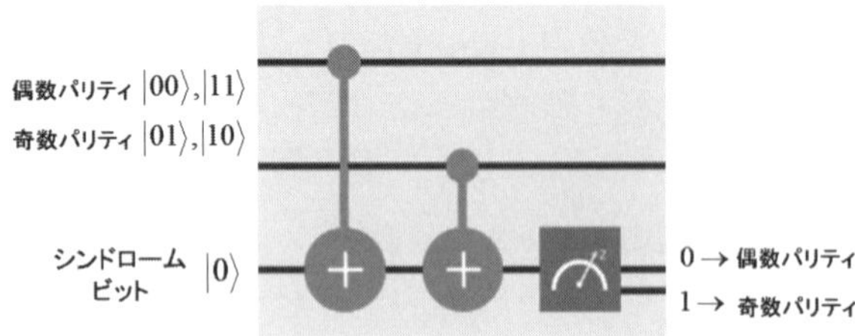

そのために、**エラーシンドローム**（誤り症候群）のビットを観測し、0のときには偶数パリティ、1のときには奇数パリティと診断できる。これは、2量子ビットを一切壊さないでビットパリティを識別でき、2量子ビットはそのまま続行して、量子回路へ入力されて利用できることになる。

演習 16-1

2量子ビットにシンドロームビットを追加して、2つの制御NOTゲートでその2量子ビットのビットパリティを調べる過程を、ベクトル計算式で示し、エラーシンドロームの診断ができることを証明せよ。

例題 16-1　ビットパリティの量子回路での偶奇性診断

量子シミュレータで、2量子ビットのビットパリティを調べる量子回路を作成して、実際にビットパリティのエラーシンドロームの診断ができるか示せ。

【解答】

図16.2のように量子シミュレータで2量子ビットのビットパリティを調べる量子回路を作成した。

図16.2　ビットパリティの違いによるシンドローム診断ゲートの実装実験

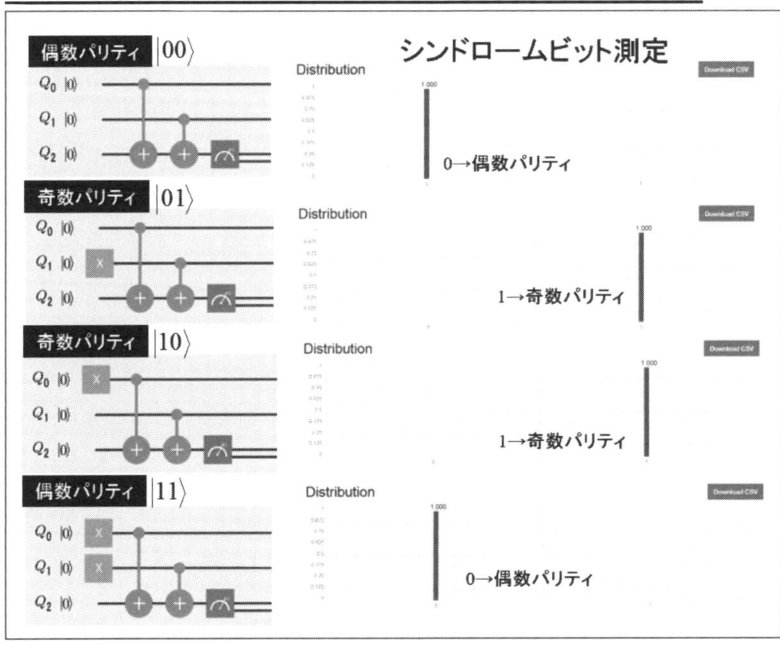

調べる入力ビットには、個別に |00>, |01>, |10>, |11> を入力した。それぞれのシンドロームビットを調べると、確かに、入力ビットが偶数パリティのときはは0で、奇数パリティのときは1であった。これにより、2量子ビットのビットパリティは状態を破壊することなしに識別できることが分かった。

16.2.2　2量子ビットのスタビライザー測定

この2量子ビットのエラーシンドロームは、状態ベクトル |00>, |01>, |10>, |11> そのもので調べていたが、位相反転演算 Z で評価することも可能である。すなわち、位相反転演算 Z の固有

ベクトルと固有値は、次のようであった。

$$Z|0\rangle = |0\rangle, Z|1\rangle = -|1\rangle$$

そこで、2 量子ビットに対しては、演算 ZZ と繰り返して行うと次のようになる。

$$ZZ|00\rangle = Z|0\rangle \otimes Z|0\rangle = |00\rangle, ZZ|11\rangle = Z|1\rangle \otimes Z|1\rangle = |11\rangle$$
$$ZZ|01\rangle = Z|0\rangle \otimes Z|1\rangle = -|01\rangle, ZZ|10\rangle = Z|1\rangle \otimes Z|0\rangle = -|10\rangle$$

つまり、偶数パリティの状態ベクトル |00>, |11> に対して、演算 ZZ は固有値 +1 を持ち、奇数パリティの状態ベクトル |01>, |10> に対して、演算 ZZ は固有値 –1 を持っている。

すなわち、演算 ZZ はビット反転エラーを検出するのに役に立つ。量子ビット数が増えると、図 16.3 のように作用する量子ビット位置を演算子の添字で示す。

図16.3　スタビライザー測定（Z_0Z_1測定）

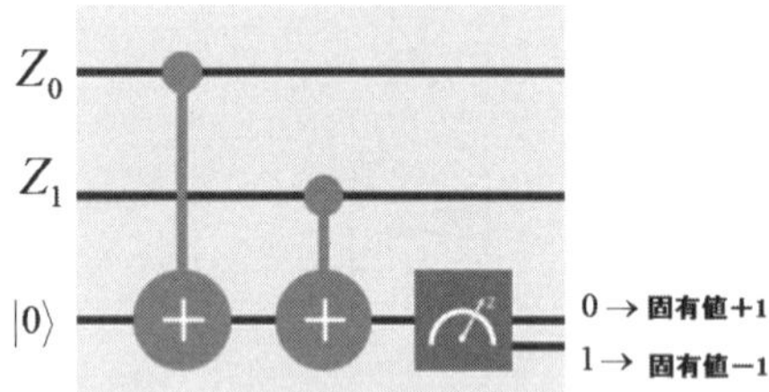

ここで、演算 ZZ の固有値 +1 の固有ベクトルは、偶数パリティを持っていて、これが**量子符号語**（quantum codeword）となる。演算 ZZ による固有値 –1 を持った固有ベクトルは奇数パリティを持っていると識別できる。

さらに、次のような偶数パリティを持った重ね合わせ状態でも、ビット反転演算 XX を用いても同様なことが起き、固有値 +1 を持つ。

$$ZZ\left(\frac{|00\rangle + |11\rangle}{\sqrt{2}}\right) = \left(\frac{|00\rangle + |11\rangle}{\sqrt{2}}\right),\quad XX\left(\frac{|00\rangle + |11\rangle}{\sqrt{2}}\right) = \left(\frac{|00\rangle + |11\rangle}{\sqrt{2}}\right)$$

このような状態ベクトルは演算子 ZZ, XX によって状態ベクトルが変わらない。すなわち、撮影カメラのスタビライザーで撮影対象がふらつかないで撮影できるように、演算子 ZZ, XX によって状態ベクトルがふらつかないで安定化されて測定されている。

状態ベクトルの個別の状態そのものでエラーシンドロームを調べるよりも、**スタビライザー**

と呼ばれる状態ベクトルを安定化させる演算子で調べた方が、いろいろな状態ベクトルの量子エラーをより一般的に記述できると考えられた。そこで、量子エラーを検出するために、*ZZ*, *XX* のような演算子で状態ベクトルの固有値を調べることを、**スタビライザー測定**という。つまり、スタビライザーの *ZZ* 測定でビットパリティやビットエラーを検出できる。

16.2.3　3量子ビットのビットパリティ識別

2量子ビットでのビットパリティは、1つのシンドロームビットを追加してビットパリティを診断できたが、次に、3量子ビットのビットパリティを診断してみよう。状態ベクトル |000>, |111> は多数決ルールにより雑音は含まれていない正常な状態ベクトルとしよう。

そのためには、図16.4のように4つの制御NOTゲートと2つのシンドロームビットが必要である。シンドロームビットを調べると、正常な状態ベクトル |000>, |111> に比較して、後から何番目のビットが反転しているかまで診断できるようになる。

図16.4　ビットエラー箇所を見つけるためのシンドローム診断ゲートの実装実験

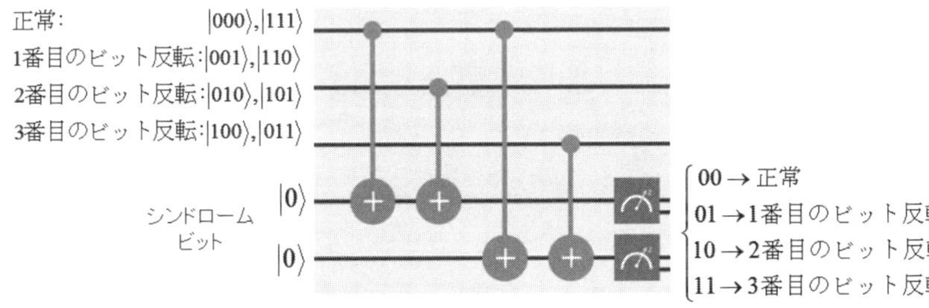

演習 16-2

3量子ビットに2つのシンドロームビットを追加して、その3量子ビットの状態ベクトル |000>, |001>, |010>, |011>, |100>, |101>, |110>, |111> を個別に入れ、ベクトル計算して、図16.4に示したようなエラーシンドロームの診断ができるかを証明せよ。

このシンドロームビットの多数決ルールにより、何番目のビットに雑音が含まれていたかまで診断できれば、その量子ビットをビット反転で戻せば、量子誤り訂正が可能である。

演習 16-3

量子シミュレータで図 16.5 のような量子回路を作成し、入力ビット |000>, |111> を入れたときのエラーシンドロームが 00 となるか、実際にシミュレートして確かめよ。

図16.5　ビットエラーのシンドローム診断ゲート（00は正常）

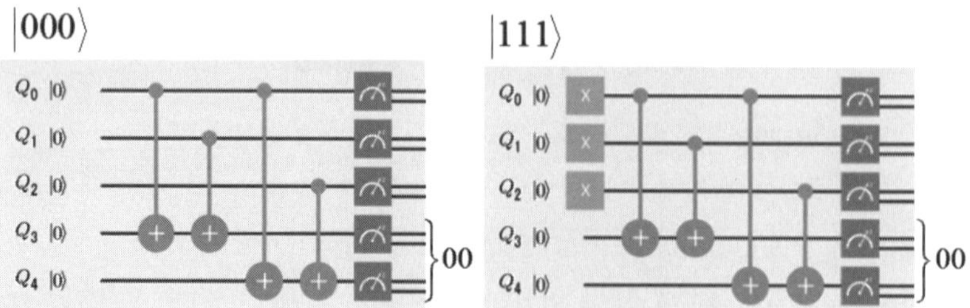

演習 16-4

量子シミュレータで図 11.6 のような量子回路を作成し、入力ビット |001>, |110> を入れたときのエラーシンドロームが 01 となるか、実際にシミュレートして確かめよ。

図16.6　ビットエラーのシンドローム診断ゲート（01は1番目がエラー）

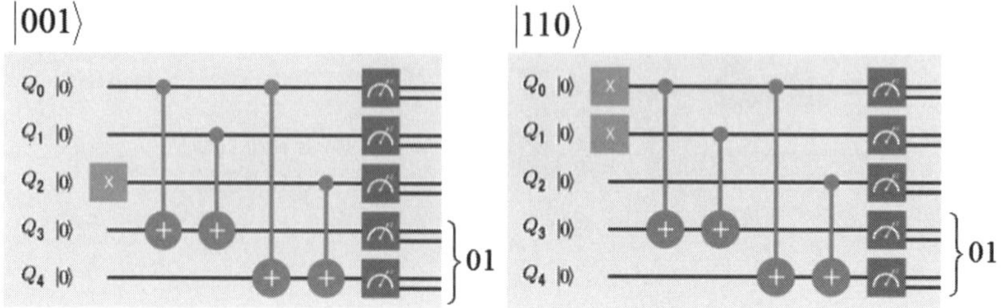

演習 16-5

量子シミュレータで図 16.7 のような量子回路を作成し、入力ビット |010>, |101> を入れたときのエラーシンドロームが 10 となるか、実際にシミュレートして確かめよ。

図16.7　ビットエラーのシンドローム診断ゲート（10は2番目がエラー）

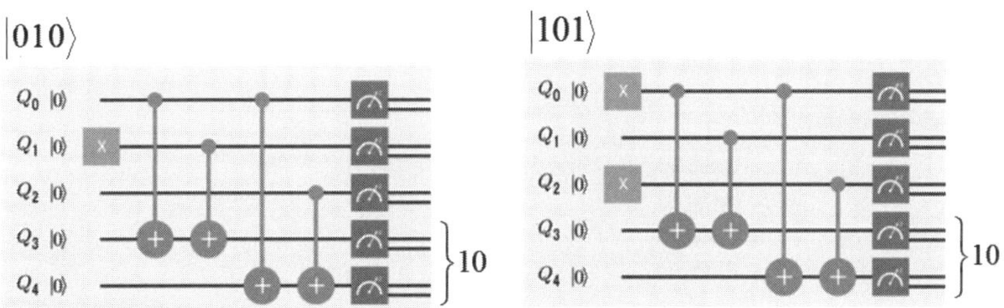

演習 16-6

量子シミュレータで図 16.8 のような量子回路を作成し、入力ビット |100>, |011> を入れたときのエラーシンドロームが 11 となるか、実際にシミュレートして確かめよ。

図16.8　ビットエラーのシンドローム診断ゲート（11は3番目がエラー）

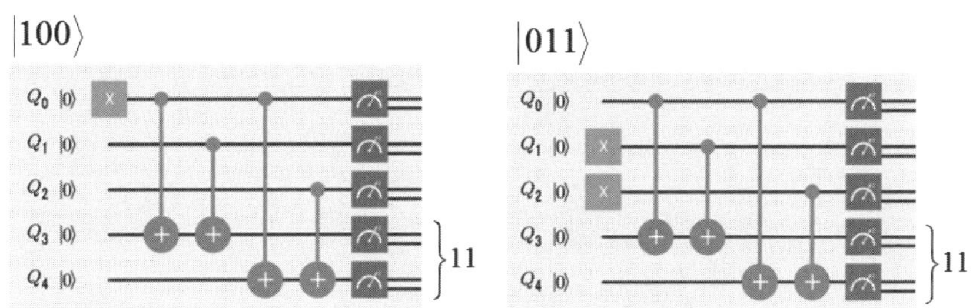

16.2.4　3 量子ビットのスタビライザー測定

3 量子ビットのスタビライザー測定では、最初の左の ZZ 測定では、次のように計算できる。つまり、Q_0 と Q_1 との状態ベクトルを比較し、同じであれば固有値は +1、異なれば −1 となる。量子ビット数が増えたので、作用させる量子ビット位置を演算子の添字で示した。

$$Z_0Z_1|000\rangle=+|000\rangle,\ Z_0Z_1|001\rangle=+|001\rangle,\ Z_0Z_1|110\rangle=+|110\rangle,\ Z_0Z_1|111\rangle=+|111\rangle$$
$$Z_0Z_1|010\rangle=-|010\rangle,\ Z_0Z_1|011\rangle=-|011\rangle,\ Z_0Z_1|100\rangle=-|100\rangle,\ Z_0Z_1|101\rangle=-|101\rangle$$

また、次の右の ZZ 測定では、図のように Q_0 と Q_2 との状態ベクトルを比較し、同じであれば固有値は +1、異なれば –1 と計算できる。

図16.9　スタビライザー測定（Z_0Z_1, Z_0Z_2測定）

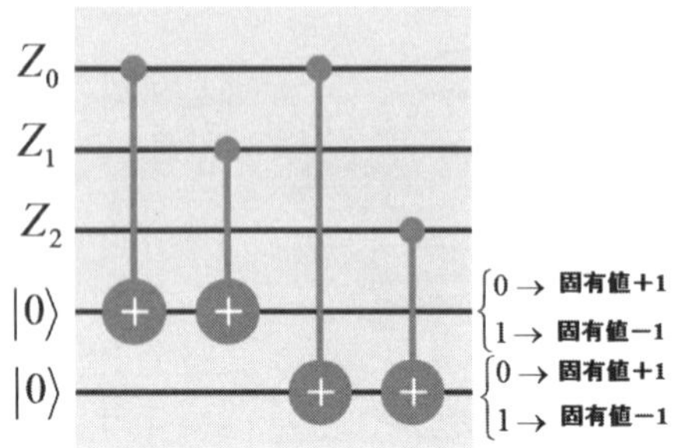

$$
\begin{aligned}
&Z_0Z_2|000\rangle = +|000\rangle, Z_0Z_2|001\rangle = -|001\rangle,\\
&Z_0Z_2|110\rangle = -|110\rangle, Z_0Z_2|111\rangle = +|111\rangle,\\
&Z_0Z_2|010\rangle = +|010\rangle, Z_0Z_2|011\rangle = -|011\rangle,\\
&Z_0Z_2|100\rangle = -|100\rangle, Z_0Z_2|101\rangle = +|101\rangle
\end{aligned}
$$

そこで、それぞれのエラーシンドロームを調べて、0, 1 の結果から固有値の正負が識別でき、表 16.2 のように 4 通りの組合せから、同じようにエラー箇所を識別できる。このように 2 つのスタビライザー Z_0Z_1, Z_0Z_2 で量子エラーが分かるので、これらを**スタビライザーコード**という。

表16.2　スタビライザーコード

Z_0Z_1	Z_0Z_2	エラー位置	誤り補正
+1	+1	エラーなし	不要
+1	–1	ビット 0 にエラー	ビット 0 をビット反転
–1	+1	ビット 1 にエラー	ビット 1 をビット反転
–1	–1	ビット 2 にエラー	ビット 2 をビット反転

ここで、ビット 2 は最上位ビットで 1 番目のビットとなり、ビット 1 は上位から 2 番目のビット、ビット 0 は最下位ビットで 3 番目のビットとなる。

演習 16-7

図 16.10 のようにスタビライザーの測定位置を変えても、スタビライザーコードとして Z_0Z_1, Z_0Z_2 を選んでも、量子エラー位置が特定できることを示せ。

図16.10 スタビライザー測定（Z_0Z_1, Z_0Z_2測定）

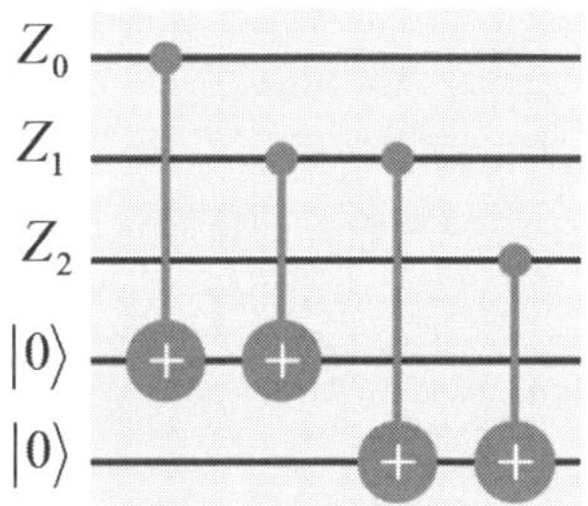

16.3 符号パリティ識別

16.3.1 2 量子ビットの符号パリティ識別

符号パリティとは、2 量子ビットでは |00>±|11> のように符号が違った状態を示す。ここでは、この符号の違いを状態そのものは壊さないで区別する方法を説明する。

演習 16-8

異なった符号パリティの状態ベクトル |00>±|11> は、2 量子ビットをそれぞれアダマール変換すれば、それぞれビットパリティの異なる状態ベクトル |00>+|11> と |01>+|10> に変換できることを、ベクトル計算式で示せ。

図 16.11 のように、2 量子ビットをそれぞれアダマール変換すれば、その後はビットパリティのシンドローム診断と同じ量子回路（図 16.1）を通しているので、シンドロームビットが 0 のときには符号パリティがプラスとなり、偶数パリティの状態ベクトル |00>+|11> となる。

図16.11　2量子ビットでの符号パリティのシンドローム診断ゲートの実装実験

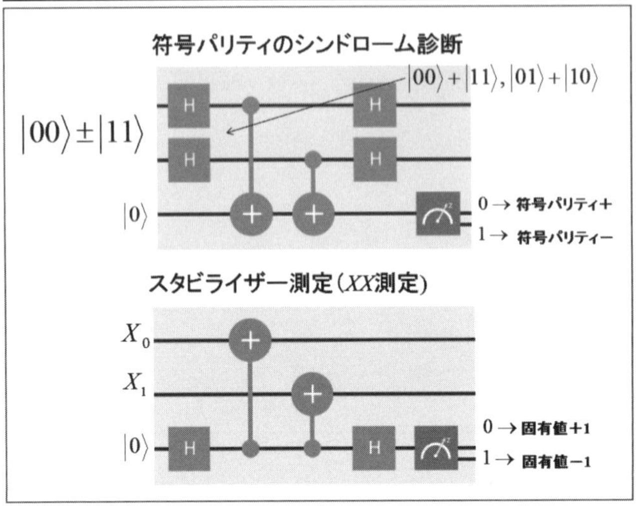

また、シンドロームビットが 1 のときには符号パリティがマイナスとなり、奇数パリティの状態ベクトル |01>+|10> となる。シンドロームビットとしてもつれ状態の符号パリティが判定でき、量子エラーでの位相反転を調べることに利用できる。

このような符号パリティのシンドローム診断をスタビライザー測定では、次のような XX 測定となり、図のような量子回路でシンドロームビットが 0 のときには固有値は +1 となり、1 のときには固有値は −1 となる。つまり、スタビライザーの XX 測定は位相エラーを検出できる。

$$XX\left(\frac{|00\rangle+|11\rangle}{\sqrt{2}}\right)=\left(\frac{|00\rangle+|11\rangle}{\sqrt{2}}\right),\quad XX\left(\frac{|00\rangle-|11\rangle}{\sqrt{2}}\right)=-\left(\frac{|00\rangle-|11\rangle}{\sqrt{2}}\right)$$

演習 16-9

上の図に示した符号パリティのシンドローム診断の量子回路とスタビライザー測定の量子回路が等価であることを証明せよ。

演習 16-10

量子シミュレータで、図 16.2 のような符号パリティを調べるシンドローム診断の量子回路を作成し、実行結果を考察せよ。ここでは入力として 4 種類のもつれ状態を入力している。

図16.12 4つのもつれ状態の符号パリティのシンドローム診断ゲート

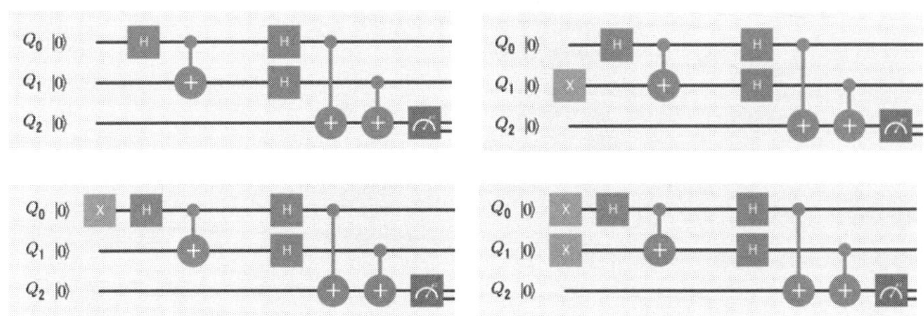

16.3.2 3 量子ビットの符号パリティ識別

次のような 3 量子ビットの *GHZ* 状態の符号パリティを識別してみよう。それには、2 量子ビットの符号パリティ識別と同じようにして、3 量子ビットをそれぞれアダマール変換すればよいことが分かる。

$$|000\rangle + |111\rangle \overset{H\otimes H\otimes H}{\rightarrow} |000\rangle + |011\rangle + |101\rangle + |110\rangle$$

$$|000\rangle - |111\rangle \overset{H\otimes H\otimes H}{\rightarrow} |001\rangle + |010\rangle + |100\rangle + |111\rangle$$

演習 16-11

異なった符号パリティの状態ベクトル |000>±|111> は、3 量子ビットをそれぞれアダマール変換すれば、それぞれ偶数パリティの状態 |000>+|011>+|101>+|110> と奇数パリティの状態 |001>+|010>+|100>+|111> に変換できることをベクトル計算式で示せ。

この 3 量子ビットの *GHZ* 状態の符号パリティを識別するための量子回路は、図 16.13 のように構成される。右側の 3 つのアダマール変換は、特にそれらの量子ビットを使っているわけではないので、ここではなくてもよい。それぞれアダマール変換と制御 NOT ゲートを実行する

16

と、シンドロームビットで 0 が観測されると、1 が偶数個のパリティとなり *GHZ* 状態の + の符号パリティとなる。一方、シンドロームビットで 1 が観測されると、1 が奇数個のパリティとなり *GHZ* 状態の – の符号パリティとなる。

図16.13　3量子ビットでの符号パリティのシンドローム診断ゲートの実装実験

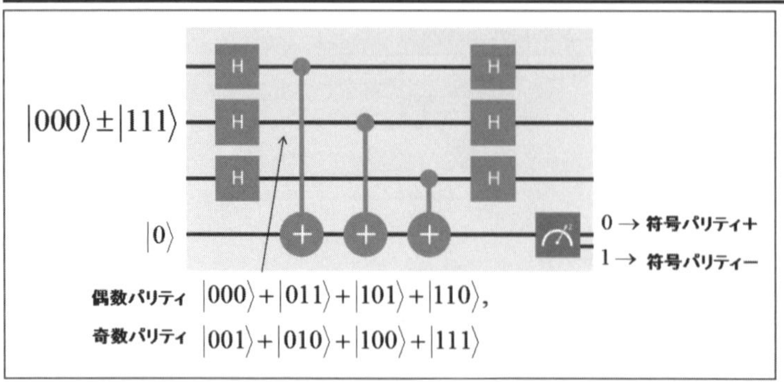

このような符号パリティの違いをアダマール変換することにより、ビットパリティと同様に状態ベクトルそのものを観測しないでシンドロームビットだけを観測して、診断することができ、位相反転による量子エラーを調べることに利用できる。

一方、スタビライザー測定では、*ZZ* 測定はビットエラーを検出でき、*XX* 測定は位相エラーを検出できる。このように、エラーシンドロームは、量子エラーの位置を検出するために、必要十分な *ZZ* 測定や *XX* 測定を準備すればよいことになる。

16.3.3　3 量子ビットのスタビライザー測定

スタビライザー測定に慣れるために、いろいろな状態ベクトルで固有値が変化しないスタビライザー測定を調べてみよう。

たとえば、簡単な状態ベクトル |000> を考えると、スタビライザー測定は次のようになる。

$$Z_0|000\rangle = ZII|000\rangle = |000\rangle$$
$$Z_1|000\rangle = IZI|000\rangle = |000\rangle$$
$$Z_2|000\rangle = IIZ|000\rangle = |000\rangle$$

ここで、状態ベクトル |000> はこれらの演算を施しても変わっていないことが見て取れる。

例題 16-2　状態ベクトル (|0>+|1>)|00> のスタビライザーコード

次の状態ベクトルの固有値を変えないスタビライザーコードを求めよ。

$$\left(|0\rangle+|1\rangle\right)|00\rangle$$

【解答】

与えられた状態ベクトル (|0>+|1>)|00> の固有値を変えないスタビライザー測定は、X(|0>+|1>)=|1>+|0>=|0>+|1> や Z|0>=|0> より、次のように考えられる。

$$X_0\left(|0\rangle+|1\rangle\right)|00\rangle = XII\left(|0\rangle+|1\rangle\right)|00\rangle = \left(|0\rangle+|1\rangle\right)|00\rangle$$
$$Z_1\left(|0\rangle+|1\rangle\right)|00\rangle = IZI\left(|0\rangle+|1\rangle\right)|00\rangle = \left(|0\rangle+|1\rangle\right)|00\rangle$$
$$Z_2\left(|0\rangle+|1\rangle\right)|00\rangle = IIZ\left(|0\rangle+|1\rangle\right)|00\rangle = \left(|0\rangle+|1\rangle\right)|00\rangle$$

例題 16-3　状態ベクトル (|00>+|11>)|0> のスタビライザーコード

次の状態ベクトルの固有値を変えないスタビライザー測定を求めよ。

$$\left(|00\rangle+|11\rangle\right)|0\rangle$$

【解答】

与えられた状態ベクトル (|00>+|11>)|0> の固有値を変えないスタビライザー測定は、XX(|00>+|11>)=|11>+|00>=|00>+|11> や ZZ|00>=|00>, ZZ|11>=(−|1>)(−|1>)=|11> より、次のように考えられる。

$$X_0X_1\left(|00\rangle+|11\rangle\right)|00\rangle = XXI\left(|00\rangle+|11\rangle\right)|00\rangle = \left(|00\rangle+|11\rangle\right)|00\rangle$$
$$Z_0Z_1\left(|00\rangle+|11\rangle\right)|0\rangle = ZZI\left(|00\rangle+|11\rangle\right)|0\rangle = \left(|00\rangle+|11\rangle\right)|0\rangle$$
$$Z_2\left(|00\rangle+|11\rangle\right)|0\rangle = IIZ\left(|00\rangle+|11\rangle\right)|0\rangle = \left(|00\rangle+|11\rangle\right)|0\rangle$$

例題 16-4　状態ベクトル |000>+|111> のスタビライザーコード

次の状態ベクトルの固有値を変えないスタビライザー測定を求めよ。

$$|000\rangle+|111\rangle$$

【解答】

与えられた状態ベクトル |000>+|111> の固有値を変えないスタビライザー測定は、同様にして、次のように考えられる。

$$X_0X_1X_2(|000\rangle+|111\rangle)=XXX(|000\rangle+|111\rangle)=|000\rangle+|111\rangle$$
$$Z_0Z_1(|000\rangle+|111\rangle)=ZZI(|000\rangle+|111\rangle)=|000\rangle+|111\rangle$$
$$Z_0Z_2(|000\rangle+|111\rangle)=ZIZ(|000\rangle+|111\rangle)=|000\rangle+|111\rangle$$
$$Z_1Z_2(|000\rangle+|111\rangle)=IZZ(|000\rangle+|111\rangle)=|000\rangle+|111\rangle$$

さらに、位相・ビット反転演算 Y を含めると、Y|0>=i|1>, Y|1>=–i|0> となるので、YY|00>=–|11>, YY|11>=–|00> となる。そのために、次のようになる。

$$(-YY)(|00\rangle+|11\rangle)=|00\rangle+|11\rangle$$

そうすれば、例題 16-3 にも厳密には追加すべきであるが、次のようなスタビライザー測定も可能である。マイナスを付けなければ、固有値が –1 となるスタビライザー測定となる。

$$(-X_0Y_1Y_2)(|000\rangle+|111\rangle)=-XYY(|000\rangle+|111\rangle)=|000\rangle+|111\rangle$$
$$(-Y_0X_1Y_2)(|000\rangle+|111\rangle)=-YXY(|000\rangle+|111\rangle)=|000\rangle+|111\rangle$$
$$(-Y_0Y_1X_2)(|000\rangle+|111\rangle)=-YYX(|000\rangle+|111\rangle)=|000\rangle+|111\rangle$$

そこで、これらのスタビライザー測定は、恒等演算 III を含めて、次のようにスタビライザー群 S の構成要素になる。

$$S=\{III,ZZI,ZIZ,IZZ,XXX,-XYY,-YXY,-YYX\}$$

演習 16-12

量子シミュレータで、図 16.14 のような符号パリティのシンドローム診断を行う量子回路を作成し、上位の 3 入力ビットに状態ベクトル (|0>±|1>)(|0>±|1>)(|0>±|1>) の 8 つの組合せを入れて、シンドロームビットがどうなるか調べよ。

図16.14　3量子ビットの符号パリティのシンドローム診断ゲート

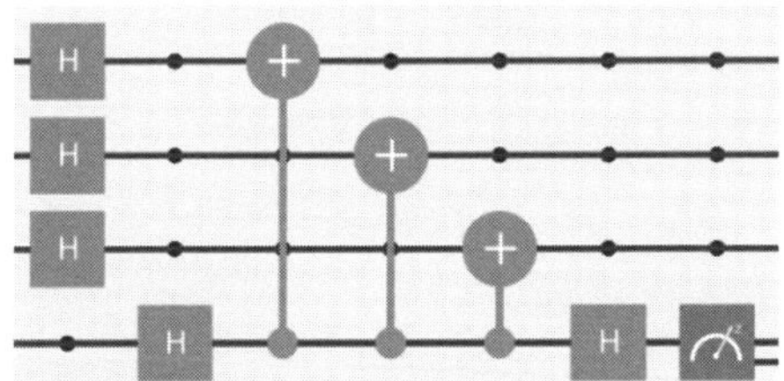

実験 16-1

本章で作成した量子回路を量子シミュレータではなく、実際の IBM の量子コンピュータを使って、量子実験をしてみよう。理論値と異なり、どの程度の誤差が発生するか実験で確かめてみよう。量子コンピュータでの測定には、ブロッホ測定はできないので、標準基底測定で行うこと。また、量子シミュレータでは置けた演算子が、実際の量子コンピュータ実験では置けない位置もあるので工夫して作成してみよう。

17 量子誤り訂正の量子実験

量子誤り訂正は、ビットエラーや位相エラー、位相・ビットエラーのような量子エラーを自動的に直してくれる機能である。量子コンピュータは、IBM の量子コンピュータ実験で行ってきたように、理想的な量子シミュレータとは異なり、ディコヒーレンスの影響でノイズが多く含まれていて、信頼性のある量子コンピュータを構築するには、この量子誤り訂正が必須となる。

ここでは、量子ビットの反復符号を用いて、符号化と復号化の量子回路を説明し、ビットエラーや位相エラーが通信路に入った場合の量子誤り訂正として、トフォリゲートを用いた量子回路について説明する。

17.1 量子誤り訂正のための符号化と複合化

17.1.1 量子ビットの反復符号化

量子誤り訂正とは、ビットエラーや位相エラー、位相・ビットエラーのような量子エラーを自動的に直してくれる機能である。量子コンピュータは、IBM の量子コンピュータ実験で行ってきたように、理想的な量子シミュレータとは異なり、ディコヒーレンスによるノイズが多く含まれていて、信頼性のある量子コンピュータを構築するには、この量子誤り訂正が必須となる。

量子誤り訂正にも、古典的コンピュータで使われていた反復符号の方式が使える。たとえば、反復符号として |000> や |111> を量子回路で作成すると、図 17.1 のように制御 NOT ゲートを 2 回使えばできる。ただし、|000> は特に制御 NOT ゲートを使わなくても作成可能である。

図17.1　量子ビットの反復符号化ゲート

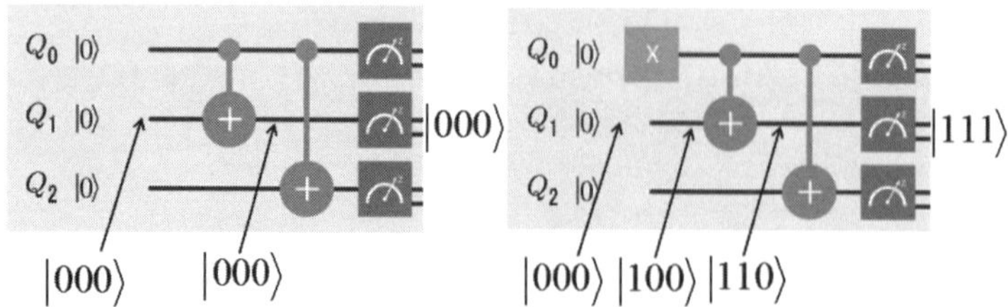

また、量子誤り訂正でよく使うが、1 量子ビットの重ね合わせ状態を *GHZ* 状態 |000>+|111> として生成した量子回路を作成すると、図 17.2 のようになる。

図17.2　重ね合わせ状態の量子ビットの反復符号化ゲート

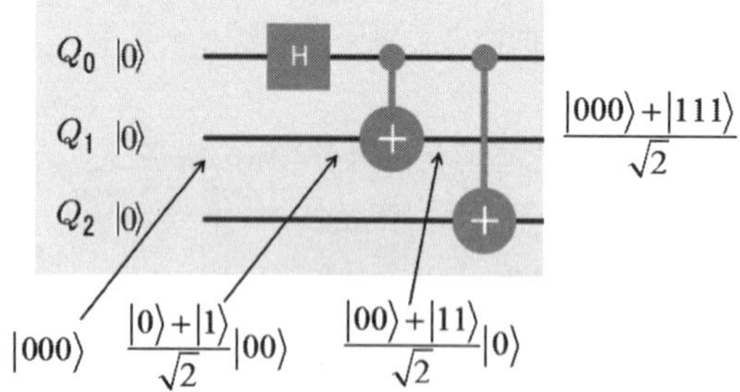

ベクトル計算では、次のように計算できる。

$$
|000\rangle \xrightarrow{H\otimes I\otimes I} \frac{|0\rangle+|1\rangle}{\sqrt{2}}|00\rangle
$$

$$
\xrightarrow{CNOT_{01}} \frac{|00\rangle+|11\rangle}{\sqrt{2}}|0\rangle \xrightarrow{CNOT_{02}} \frac{|000\rangle+|111\rangle}{\sqrt{2}}
$$

例題 17-1　*GHZ* 状態 |000>–|111> 生成の量子回路

量子シミュレータで、符号パリティの異なる *GHZ* 状態 |000>–|111> を生成する量子回路を作成し、ベクトル計算で示し、実行結果を求めよ。

【解答】

符号パリティの異なる *GHZ* 状態 |000>–|111> は、図 17.3 のような量子回路を作成でき、次のようなベクトル計算になる。

図17.3　符号化パリティの異なる*GHZ*状態を生成する簡単な量子ゲート

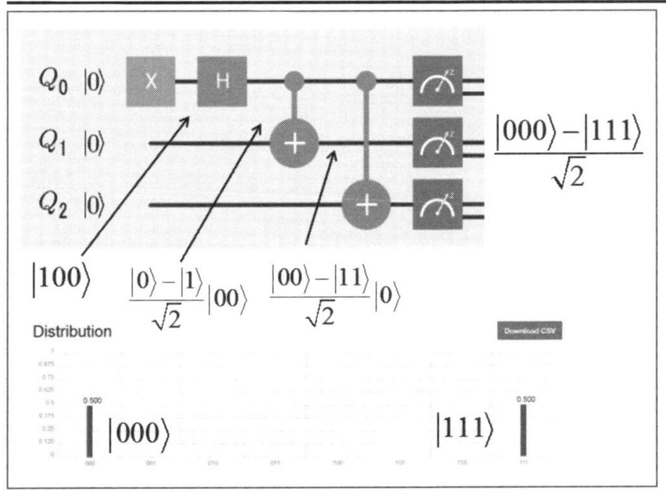

$$|000\rangle \overset{X\otimes I\otimes I}{\rightarrow} |100\rangle \overset{H\otimes I\otimes I}{\rightarrow} \frac{|0\rangle-|1\rangle}{\sqrt{2}}|00\rangle$$

$$\overset{CNOT_{01}}{\rightarrow} \frac{|00\rangle-|11\rangle}{\sqrt{2}}|0\rangle \overset{CNOT_{02}}{\rightarrow} \frac{|000\rangle-|111\rangle}{\sqrt{2}}$$

ここでの符号パリティの異なる *GHZ* 状態は、14.2.1 項の図 14.4 でも生成したが、こちらの方が単純な生成ゲートになっている。

17

演習 17-1

図 17.4 の 2 つの量子回路は、量子シミュレータで異なった入力ビットに対して、量子ビットの反復符号ゲートとシンドローム診断ゲートを設定したものであるが、この実行結果を説明せよ。

図17.4

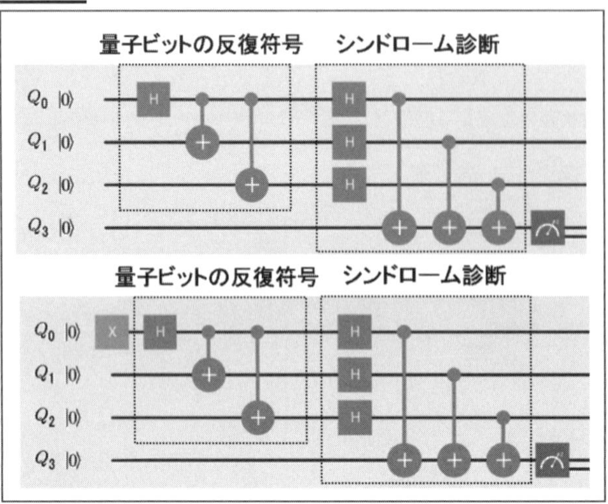

演習 17-2

量子シミュレータで図 17.5 のような量子回路を作成し、実行結果を求め、どのような量子回路になるか説明せよ。

図17.5

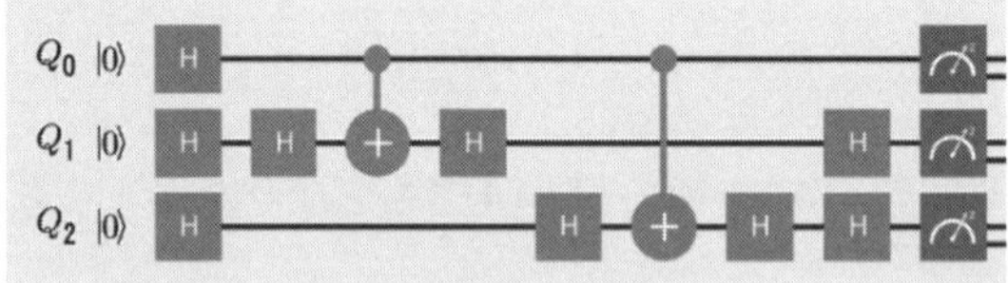

17.1.2　反復符号の復号化

量子ビットを 2 回の制御 NOT ゲートで符号化された量子符号語は、2 つの制御 NOT ゲートがユニタリ変換で可逆であるので、逆の量子ゲートを通すことにより、元の量子ビットに復元できるはずである。

先の量子回路では、量子ビットの反復符号化された符号パリティの異なる *GHZ* 状態は、図17.6のような量子回路に示すように逆の量子ゲートを通せば復号化できる。

図17.6 反復コードの符号化と複合化ゲート

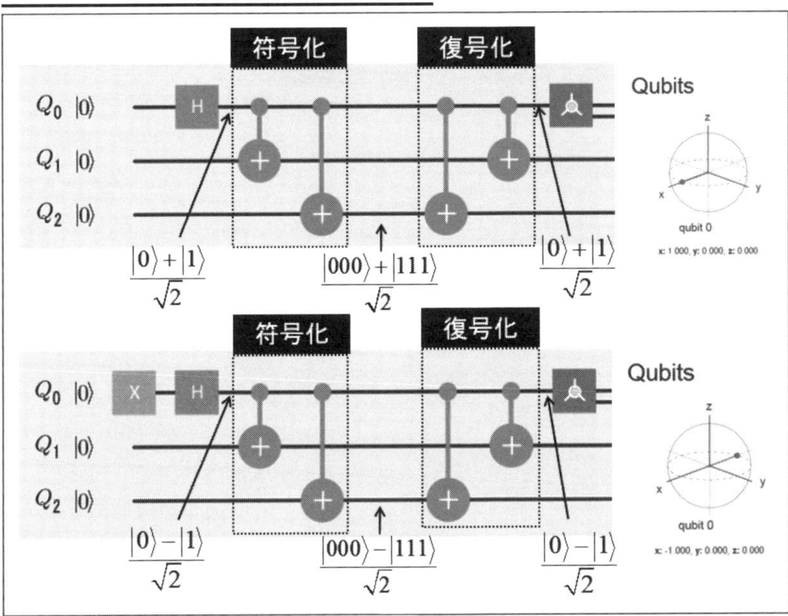

異なった符号パリティの *GHZ* 状態の復号化を、それぞれベクトル計算で示せば、次のようになる。

$$\frac{|000\rangle+|111\rangle}{\sqrt{2}} \xrightarrow{CNOT_{02}} \frac{|00\rangle+|11\rangle}{\sqrt{2}}|0\rangle \xrightarrow{CNOT_{01}} \frac{|0\rangle+|1\rangle}{\sqrt{2}}|00\rangle$$

$$\frac{|000\rangle-|111\rangle}{\sqrt{2}} \xrightarrow{CNOT_{02}} \frac{|00\rangle-|11\rangle}{\sqrt{2}}|0\rangle \xrightarrow{CNOT_{01}} \frac{|0\rangle-|1\rangle}{\sqrt{2}}|00\rangle$$

確かに、復号化ゲートにより、元の状態ベクトルに戻っていることが分かる。

しかし、このように符号化・復号化された *GHZ* 状態は、途中でビットエラーや位相エラー、位相・ビットエラーの量子エラーが発生する可能性があり、量子エラーが入ると、受信元で正しく復号化されない。そこで、受信元で正しく復元させるためには量子誤り訂正が必要となる。

演習 17-3

量子シミュレータで、図 17.7 のような量子ビットを符号化・復号化してみよう。正常に転送されたか確認のために同じ量子ビットを Q_4 に作成し、Q_0 と比較してみよう。

図17.7

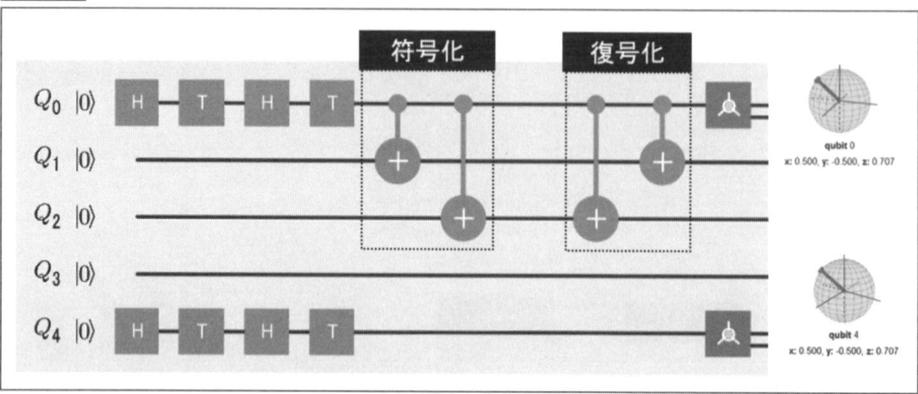

17.2 量子誤り訂正ゲート

17.2.1　通信路での量子エラー

量子ビットの反復符号を用いて符号化を行い、その量子ビットの復号化にも成功した。量子エラーのない理想的な量子コンピュータでは何の問題もないが、図 17.8 のように実際の量子コンピュータではビットエラーや位相エラーなどの量子エラーが通信路で発生する。

図17.8　通信路上で発生する量子エラー

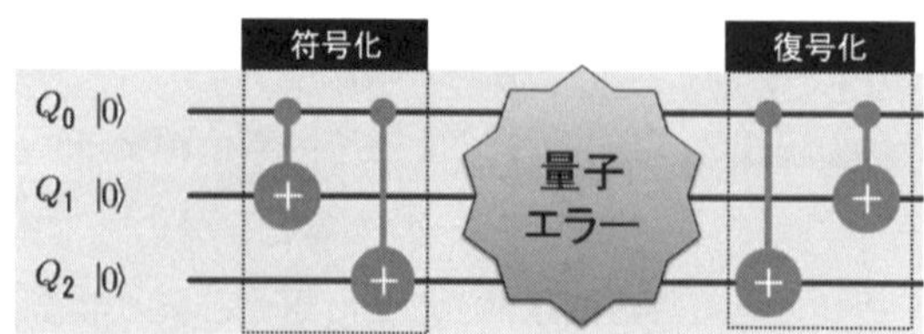

そこで、量子ビットの反復符号による冗長度を利用して、量子エラーがあっても元の量子

ビットが復元できる量子誤り訂正を考えてみよう。

17.2.2 ビットエラーの量子誤り訂正ゲート

前節でシンドロームビットを利用し、シンドローム診断によって量子エラー箇所を見つけた。量子エラーの中でビットエラーは、エラーのビット箇所が分かれば、それをビット反転すれば、量子誤り訂正できる。3 量子ビットのビットパリティのシンドローム診断では、2 つのシンドロームビットで診断できた。

それには、多くの制御 NOT ゲートが必要で、また、ビット数も多くなりすぎる。そこでここでは、ビットエラーのための量子誤り訂正ゲートとして、図 17.9 のように訂正したい量子ビットの状態ベクトル $a|0>+b|1>$ を反復符号で符号化し、$a|000>+b|111>$ にビットエラーが入っても復号化ゲートにトフォリゲートだけを追加した簡単な量子回路で、量子誤り訂正ができる。

図17.9 ビットエラーの量子誤り訂正ゲート

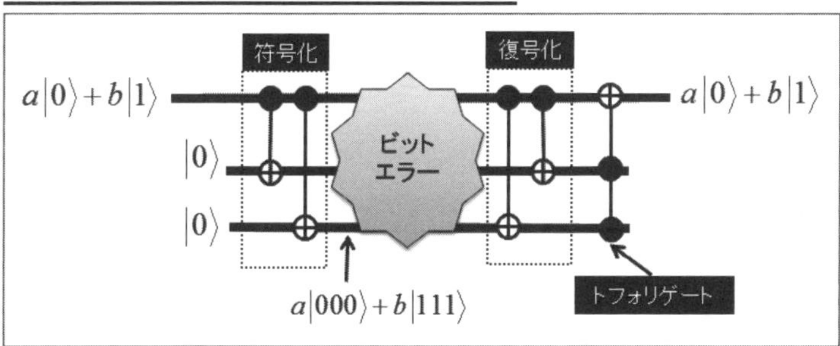

ここでは、下位の 2 量子ビットがビットエラーのシンドローム診断になっており、下位の 2 量子ビット $|11>$ のときだけ上位ビットを訂正するだけでよいので、トフォリゲートが使われている。

演習 17-4

図 17.9 で示したビットエラーの量子誤り訂正ゲートの量子回路で、訂正したい入力量子ビットの状態ベクトル $a|0>+b|1>$ として、反復符号で符号化し 3 つの通信路のどれでビット反転が 1 つ起きても、量子誤り訂正ができていることをベクトル計算で証明せよ。

17

例題 17-2　ビットエラーの量子誤り訂正ゲートの実装

量子シミュレータで、ビットエラーの量子誤り訂正ゲートの量子回路を作成し、訂正したい入力量子ビットの状態ベクトル (|0>+|1>)/ $\sqrt{2}$ を入れて、3 つの通信路にビットエラーを入れて、実行結果を確かめよ。

【解答】

量子シミュレータで、図 17.10 のようにビットエラーの量子誤り訂正ゲートを作成した。ここでは、上下反転したトフォリゲートを入れる必要があり、多少長い量子ゲートになるが、6.2 節で使用したトフォリゲートを設定した。

図17.10　ビットエラー訂正ゲート

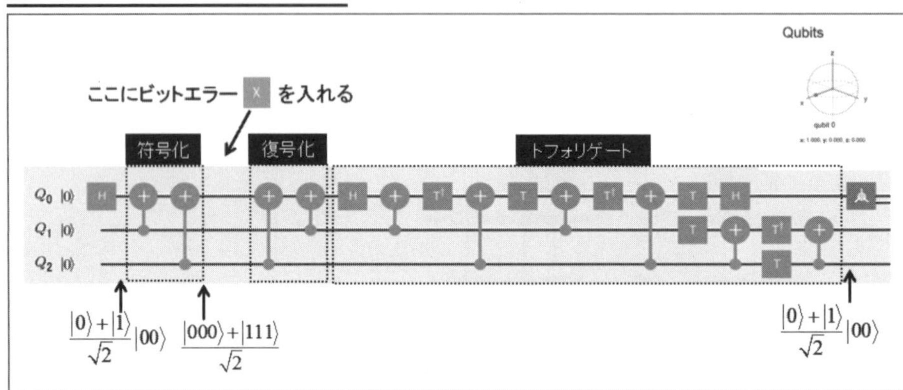

入力ビットは、アダマール変換した状態ベクトル (|0>+|1>)/ $\sqrt{2}$ を入れた。まず、ビットエラーがないときに入力した状態ベクトル (|0>+|1>)/ $\sqrt{2}$ が復元できているか確認すると、確かに復元できている。

さらに、3 つの通信路にビットエラーとしてビット反転演算 X を入れて、実行結果を確かめると、どのようなビットエラーが入っても復元されていることが確認できた。ここでは、入力ビットの形が単純すぎて、重ね合わせ状態の確率振幅が同じ $a=b$ だったので、3 つのビットエラーが同時に発生しても復元できた。そのため、ビットエラー訂正の確認には、もう少し複雑な重ね合わせ状態で調べる必要がある。

演習 17-5

ビットエラー訂正ゲートの量子回路で、訂正したい入力量子ビットの状態ベクトル a|0>+b|1> の一般的な場合、2 つ以上のビットエラーに対して入力された状態ベクトルが復元できないことをベクトル計算で証明せよ。

演習 17-6

量子シミュレータで、ビットエラー訂正ゲートを作成し、訂正したい入力量子ビットの状態ベクトルを $THTH|0>$ として入力すると、通信路上での 1 つのビットエラーに対しては、元の状態ベクトルが復元できるが、2 つ以上のビットエラーに対して入力された状態ベクトルが復元できないことを実験で確かめよ。

図17.11　ビットエラー訂正ゲート

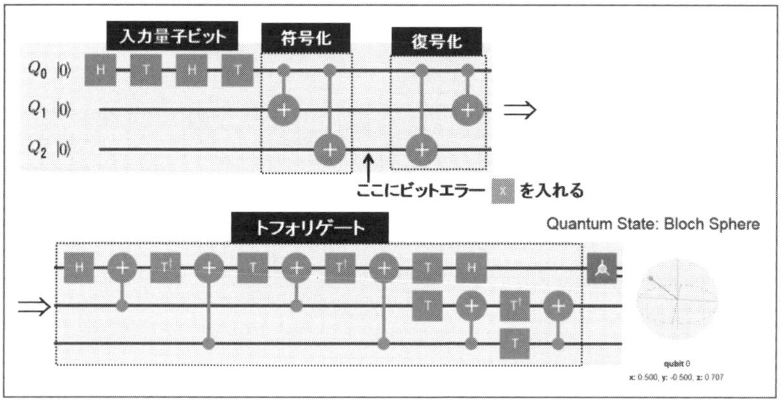

17.2.3　位相エラーの量子誤り訂正ゲート

ビットエラーの量子誤り訂正ゲートは完成したので、次に、位相エラーの量子誤り訂正ゲートに移ろう。

位相エラーは、$HZH=X$ によってアダマール変換で挟めばビットエラーになるので、位相エラー訂正ゲートは、図 17.12 のように位相エラーをアダマール変換で挟めば、そのままビットエラー訂正ゲートが使えることになる。

図17.12　位相エラーの量子誤り訂正ゲート

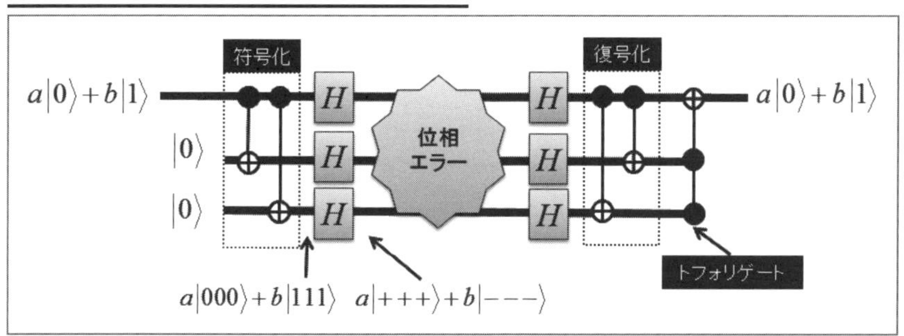

17

演習 17-7

3 量子ビットの反復符号 $a|000>+b|111>$ をそれぞれアダマール変換した結果が、$a|{+}{+}{+}>+b|{-}{-}{-}>$ となることをベクトル計算式で示せ。ここで、$|\pm>=(|0>\pm|1>)/\sqrt{2}$ であった。

そこで、状態ベクトル $|\pm>=(|0>\pm|1>)/\sqrt{2}$ に対する位相反転演算 Z は、次のように符号パリティが反転し、これが通信路での位相エラーとなる。

$$Z|+\rangle=|-\rangle,\quad Z|-\rangle=|+\rangle$$

このような位相エラーはアダマール変換で、次のようにビットエラーと同じになる。

$$H|+\rangle=|0\rangle,\quad H|-\rangle=|1\rangle$$

ビットエラー訂正ゲートと同じく制御 NOT ゲートで復号化し、トフォリゲートで修正すれば、位相エラーの量子誤り訂正ゲートは完成する。

演習 17-8

位相エラーの量子誤り訂正ゲートで 3 量子ビットの反復符号 $a|000>+b|111>$ のアダマール変換後 $a|{+}{+}{+}>+b|{-}{-}{-}>$ となったが、これらに位相エラーが起きて、$a|{-}{+}{+}>+b|{+}{-}{-}>$ や $a|{+}{-}{+}>+b|{-}{+}{-}>$, $a|{+}{+}{-}>+b|{-}{-}{+}>$ になったときに、制御 NOT ゲートで復号化し、トフォリゲートで修正すれば、位相エラーが修正されることをベクトル計算式で証明せよ。

例題 17-3　位相エラーの量子誤り訂正ゲートの実装

量子シミュレータで、位相エラーの量子誤り訂正ゲートの量子回路を作成し、訂正したい入力量子ビットの状態ベクトル $TH|0>=(|0>+\sqrt{i}\ |1>)/\sqrt{2}$ を入れ、3 つの通信路に位相エラーを入れて、実行結果を確かめよ。

【解答】

量子シミュレータで、図 17.13 のように位相エラーの量子誤り訂正ゲートを作成した。ここでも上下反転したトフォリゲートを入れる必要がある。また、ビットエラーを位相エラーに変換するためにアダマール変換で両側から挟んでいる。

図17.13　位相エラー訂正ゲート

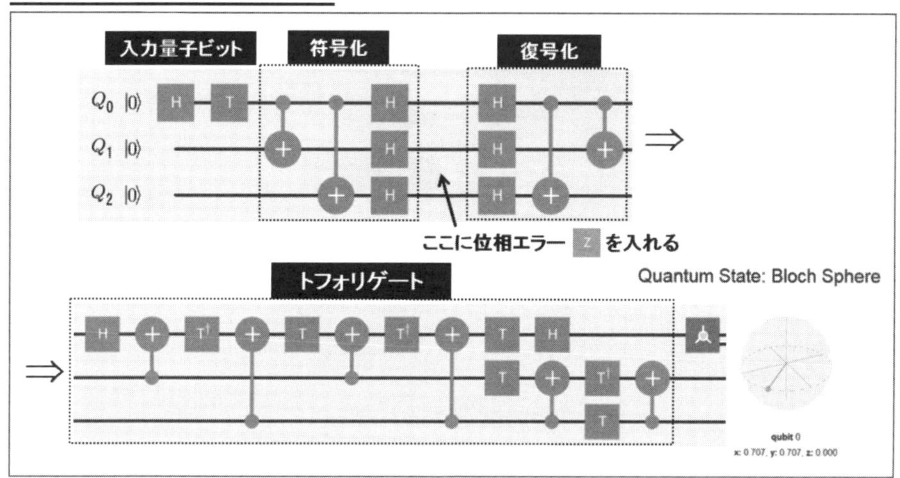

入力ビットは、初期状態 |0> に位相シフト演算 T とアダマール変換で生成した状態ベクトル $TH|0>=(|0>+\sqrt{i}\ |1>)/\sqrt{2}$ を入れた。まず、位相エラーがないときに入力した状態ベクトル $TH|0>=(|0>+\sqrt{i}\ |1>)/\sqrt{2}$ が復元できているか確認すると、確かに復元できている。

さらに、3 つの通信路に位相エラーとして位相反転演算 Z を入れて、実行結果を確かめると、どの通信路に 1 つだけの位相エラーが入っても復元されていることが確認できた。しかし、2 つ以上の位相エラーが同時に発生すると復元できないことが確かめられた。

17.2.4　ビットエラー訂正ゲートへのアダマール変換の影響

ビットエラー訂正ゲートと位相エラー訂正ゲートはそれぞれ完成したので、これらを組み合わせれば、9 量子ビットを使って、位相エラー訂正ゲートの 3 つの通信路にそれぞれにビットエラー訂正ゲートを入れ込めば、ビットエラーと位相エラーとが同時に発生しても訂正できる量子誤り訂正ゲートが完成する。しかし、これには 9 量子ビット必要となり、IBM の量子シミュレータでは実現できない。

しかし、この 9 量子ビットでの量子誤り訂正ゲートでは、ビットエラー訂正ゲートがアダマール変換で挟まれている形になるので、図 17.14 のような量子回路でビットエラー訂正ゲートへのアダマール変換の影響を調べる必要がある。アダマール変換の影響がないとなれば、9 量子ビットでの量子誤り訂正ゲートは問題なく完成する。

図17.14　ビットエラー訂正ゲートへのアダマール変換の影響

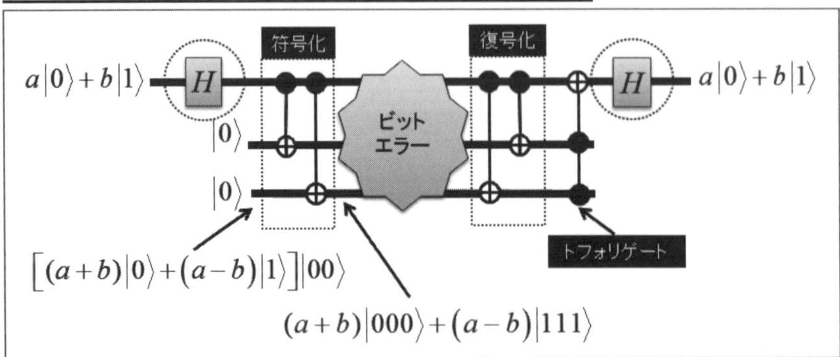

演習 17-9

図 17.14 を参考にして、ビットエラー訂正ゲートの上位ビットの両側からアダマール変換で挟んでも、ビットエラー訂正には影響がないことをベクトル計算式で証明せよ。

例題 17-4　アダマール変換で挟まれたビットエラー訂正ゲートの実装

量子シミュレータで、アダマール変換で挟まれたビットエラー訂正ゲートの量子回路を作成し、訂正したい入力量子ビットの状態ベクトル $TH|0\rangle=(|0\rangle+\sqrt{i}\ |1\rangle)/\sqrt{2}$ を入れ、3 つの通信路にビットエラーを入れて、アダマール変換の影響を調べよ。

【解答】

量子シミュレータで、図 17.15 のようにアダマール変換で挟まれたビットエラー訂正ゲートを作成した。上下反転したトフォリゲートを入れた。

図17.15　ビットエラー訂正ゲートへのアダマール変換の影響

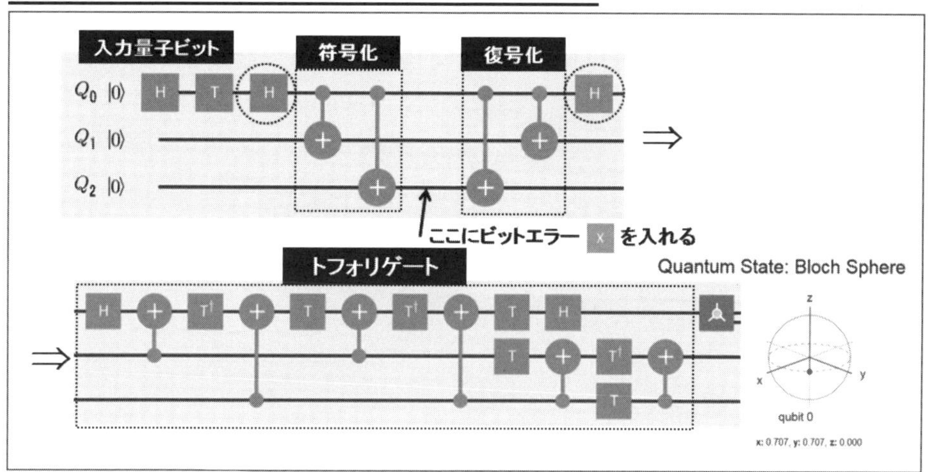

入力ビットは、初期状態 |0> に位相シフト演算 T とアダマール変換で生成した状態ベクトル $TH|0>=(|0>+\sqrt{i}\ |1>)/\sqrt{2}$ を入れた。ビットエラーがないときに入力した状態ベクトル $TH|0>=(|0>+\sqrt{i}\ |1>)/\sqrt{2}$ が復元できているか確認すると、確かに復元できている。さらに、3 つの通信路にビットエラーとしてビット反転演算 X を入れて、実行結果を確かめると、どのようなビットエラーが入っても復元されていて、アダマール変換の影響がないことが確認できた。

実験 17-1

本章で作成した量子回路を量子シミュレータではなく、実際の IBM の量子コンピュータを使って、量子実験をしてみよう。理論値と異なり、どの程度の誤差が発生するか実験で確かめてみよう。量子コンピュータでの測定には、ブロッホ測定はできないので、標準基底測定で行うこと。また、量子シミュレータでは置けた演算子が、実際の量子コンピュータ実験では置けない位置もあるので工夫して作成してみよう。

17

索引

さ

た

は

ま

や

ら

■ 著者プロフィール

中山　茂（なかやま・しげる）

京都生まれ。京都大学大学院工学研究科博士課程修了後、上智大学、英国 Reading 大学、京都工芸繊維大学、兵庫教育大学、英国 Oxford 大学、鹿児島大学を経て、2014 年に定年退職。京都大学工学博士。鹿児島大学名誉教授。

著書：『HotJava 入門』『HTML と JavaScript』（以上、工学図書）、『Turbo C、Turbo C++ グラフィックスプログラミング入門』『Java 2 グラフィックスプログラミング入門』『Fortress 言語』『量子アルゴリズム』（以上、技報堂出版）、『Swift 言語入門』『Swift アプリ開発入門』『Swift Apple Watch アプリ開発入門』（以上、カットシステム）など。

クラウド量子計算入門

IBM の量子シミュレーションと量子コンピュータ

2016 年 10 月 10 日　初版第 1 刷発行

著　者　中山 茂
発行人　石塚 勝敏
発　行　株式会社 カットシステム
〒 169-0073 東京都新宿区百人町 4-9-7　新宿ユーエストビル 8F
TEL（03)5348-3850　FAX（03)5348-3851
URL　http://www.cutt.co.jp/
振替　00130-6-17174
印　刷　シナノ書籍印刷 株式会社

本書に関するご意見、ご質問は小社出版部宛まで文書か、sales@cutt.co.jp 宛に e-mail でお送りください。電話によるお問い合わせはご遠慮ください。また、本書の内容を超えるご質問にはお答えできませんので、あらかじめご了承ください。

Printed in Japan　ISBN978-4-87783-408-1